한국산업인력공단 출제기준 **완벽** 반영

컬러리스트

박연지 | 노은석 편저

기사/산업기사 **필기** 따라잡기

▶ 강의 수강절차
❶ 시스컴 회원 가입 ➡ ❷ 나의 공간 ➡ ❸ 인증번호 등록 ➡ ❹ 강의 선택 ➡
❺ 수강료 결제 ➡ ❻ 강의 시청

쿠폰 관련 문의 : 02) 2026-6883 (내선 115)

인쇄일 2014년 1월 10일 2판 1쇄 인쇄
발행일 2014년 1월 15일 2판 1쇄 발행
편저자 박연지, 노은석
발행인 송인식
책임편집 강보람
발행처 시스컴 출판사

주소 서울시 금천구 벚꽃로 286, 1307호 (가산동)
홈페이지 www.siscom.co.kr
E-mail master@siscom.co.kr
전화 02.2026.6881
FAX 02.2026.6882
등록 제17-269호
판권 시스컴 2014
정가 30,000원
ISBN 978-89-6009-745-2 13630

Preface

글로 표현하지 않는 시각언어, *Color*

컬러는 가장 신속하고, 직접적이며, 정확하게 인간의 의사를 대변할 수 있는 커뮤니케이션 매체로서 그 중요성이 더욱 커지고 있습니다. 단순히 디자인에서만 활용되는 것이 아니라 순수미술, 사진, 푸드 스타일링, 플라워 디자인 등 많은 분야에서 중요한 요소로 부각되고 있으며 컬러를 빼고서는 좋은 디자인, 효과적인 마케팅이 있을 수 없을 정도로 위상이 높아졌습니다. 컬러의 전략적 사용은 시각전달의 중요한 요소이자 소비자의 기억 속에 가장 강하게 인지되는 요소로 작용하여 소비자의 상품 구입의도를 높이거나 차별화된 전략을 표현하여 상품 선택으로 연결시키는 작용을 하기도 합니다. 또한 컬러는 인간의 생리적, 심리적 사고에 영향을 미치며, 컬러 자체만으로도 각기 다른 감각과 감성을 가지고 자극합니다.

우리는 보는 것에서 끝나는 것이 아니라 의식적이든 무의식적이든 컬러의 영향을 받고 있습니다. 다양한 컬러 속에서 생활하고 있는 오늘날 컬러를 전문적으로 다루는 전문가의 수요가 급증하고 있습니다. 이에 세계적으로 우리의 경쟁력을 키우고 전문 인력을 양성하고자 한국산업인력공단에서는 2002년부터 컬러리스트 기사와 컬러리스트 산업기사 종목을 신설하여 자격시험을 실시하고 있으며 디자인 분야뿐만 아니라 생활 전반에 걸쳐 그 수요는 점차 확대되는 추세입니다.

목차는 Ⅰ 색채 심리·마케팅, Ⅱ 색채 디자인, Ⅲ 색채 관리, Ⅳ 색채 지각론, Ⅴ 색채 체계론으로 구성하였고, 필요한 분야마다 실천적 지식과 함께 보다 쉽게 시각적으로 이해할 수 있도록 이미지를 사용하여 컬러의 여러 가지 내용을 전하고자 노력하였습니다. 특히, 컬러전략에 성공한 사례 등 실무 tip 부분을 통하여 컬러가 얼마나 많은 영향을 주고 있는가를 확인할 수 있을 것입니다.

이 책이 색에 관한 지식과 색채의 사용방법을 알고자 하는 여러분들에게 효과적으로 활용되길 바랍니다. 또한 출판에 많은 도움을 주신 시스컴 여러분께도 감사의 뜻을 전달하고 싶습니다.

Contents

SAVAGE STREET

I 색채심리 · 마케팅

1 색채의 정서적 반응

⭐ 색채와 심리

1. 색채심리

색채심리는 색채와 관련된 인간의 반응을 연구하는 학문이다. 우리의 감각기관인 눈을 통해서 망막 상에 떨어진 빛 자극에 의해 대뇌까지 전달되어진 빛의 색은 객관적으로는 동일하다. 그러나 실제 생활에서의 정서적 경험은 개인의 경험이나 주위 환경과 문화적인 배경 또는 지역과 풍토의 영향을 받아 두뇌 속에서는 주관적 현상으로 나타난다.

인간의 색채경험은 대상의 윤곽과 실체를 파악하며 유용한 정보와 심미적인 효과를 제공한다. 색채 심리는 인간의 일반적 반응과 주관적 현상을 가진 색채의 심리적 특성을 이해하는 것이다.

(1) **색채의 일반적 반응** : 개인의 심리적 상태, 경험, 문화적 배경에 따라 주관적인 현상이 나타나기는 하지만 보편적으로 인식되는 색채 반응인 온도 감, 흥분과 침정, 중량감, 시간성, 팽창과 수축 등을 말한다.

① 온도 감 : 색의 3속성 중 가장 쉽게 인식되는 감정효과이다.

㉠ 난색 : 따뜻해 보이는 장파장 계열의 색

㉡ 중성색 : 연두, 녹색, 보라, 자주색과 같이 면적과 배색에 따라 난색, 한색으로 느껴지는 색

㉢ 한색 : 차갑게 보이는 단파장 계열의 색

② 흥분과 침정 : 색의 3속성 중 색상의 영향을 가장 많이 받는 감정효과이다.

㉠ 흥분색 : 난색계열의 고채도의 색

실무 Tip

2002년 시청광장에 모인 응원하는 시민[1]

붉은색은 대한민국 축구대표팀을 떠올리면 가장 먼저 떠오르는 축구의 상징적인 색채가 되었다. 붉은색은 열정과 흥분을 나타내는 상징적인 색채로 상대편 선수들을 자극한다고 착용하지 않았으나 2002년도 한일 월드컵이후 새로운 문화코드가 형성되었다. 붉은 옷을 착용한 선수들과 응원하는 시민들 모두 흥분과 열정, 유대감이 가득한 2002년을 기억하고 있다.

---

1) http://www.mediaus.co.kr/news/articleview.htmi?idxno=6965

ⓛ 침정색 : 한색계열의 저채도의 색
③ **중량감** : 색의 3속성 중 명도의 영향을 가장 많이 받는 감정효과이다.
　　㉠ **가벼운 색** : 고명도의 밝은 색(같은 명도의 물체라면 채도가 높은 색)
　　㉡ **무거운 색** : 저명도의 어두운 색(같은 명도의 물체라면 채도가 낮은 색)
④ **시간성** : 색채와 시간, 속도감은 색상과 채도의 영향이 크다.
　　㉠ 장파장은 속도감은 빠르고, 시간은 길게 느끼게 한다.
　　㉡ 단파장은 속도감은 느리고, 시간은 짧게 느끼게 한다.
⑤ **팽창과 수축** : 색의 3속성 중 색상과 명도의 영향을 받는 감정효과이다.
　　㉠ **팽창색** : 난색계열이나 고명도의 색
　　㉡ **수축색** : 한색계열이나 저명도의 색

(2) 색채의 주관성

① 색채는 망막 상에 떨어진 빛 자극에 의해 우리의 대뇌가 결정하지만, 색채의 시각적 효과는 주관적 해석에 따라 달라진다.
② 페히너(G. T. Fechner) 효과 : 흰색과 검은색만으로 칠한 원판을 회전시켰을 때 유채색을 경험하는 효과를 말한다.

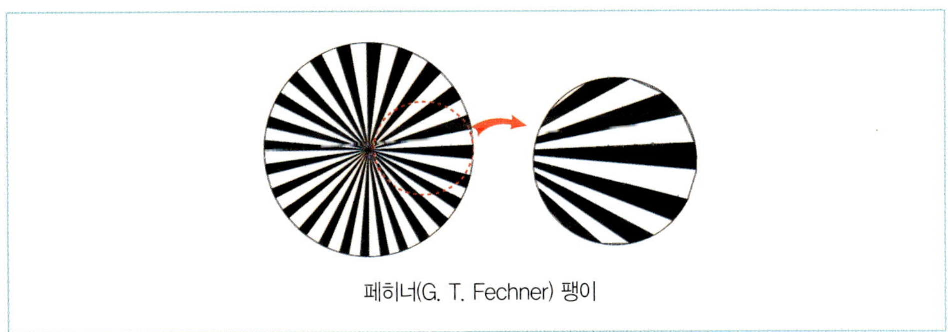

페히너(G. T. Fechner) 팽이

③ 영국의 벤함(Benham)의 팽이
　　㉠ 팽이의 회전속도에 따라 각기 다른 색채감각이 나타난다.
　　　• 백색광 아래 시계방향으로 회전 : 바깥쪽에서 청색, 청록색, 녹색, 황록색을 경험
　　　• 백색광 아래 시계반대방향으로 회전 : 바깥쪽에서 황록색, 녹색, 청록색, 청색을 경험
　　㉡ 우리의 눈은 끊임없이 자발적으로 움직여 주관적인 색채감각을 일으킨다.

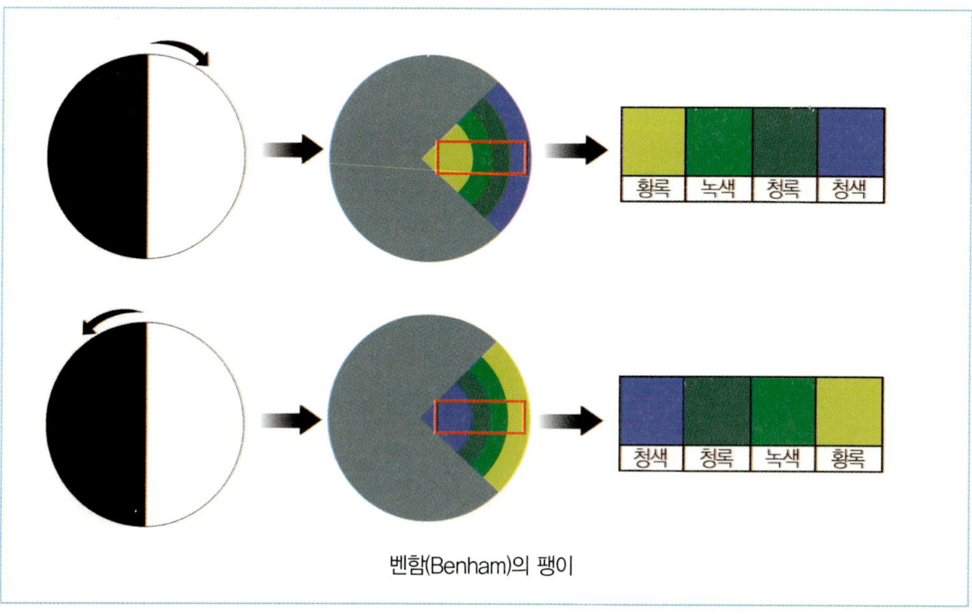

벤함(Benham)의 팽이

(3) **기억색(memorial color)** : 일반적으로 대상의 표면색에 대한 무의식적 추론에 의해 결정되는 색채를 말한다. 예를 들면 사과하면 떠오르는 빨강은 실제 표면색보다 더욱 선명하게 보이며 오렌지는 실제보다 더 노랗게 보이는 경향이 있다.

실무 Tip

기억하고 있는 색채와 다른 또 다른 예로는 피부색을 들 수 있다. 아시아계는 인쇄물에서 노란 기운의 피부색을 싫어한다고 하며 붉은 느낌으로 표현된 것에는 관대한 편이라고 한다. 이처럼 아름답다고 생각하는 피부색(1.5YR7.4/3.4)과 인쇄물에서 재현된 피부색(1.8YR7.4/3.9)은 차이를 나타낸다.

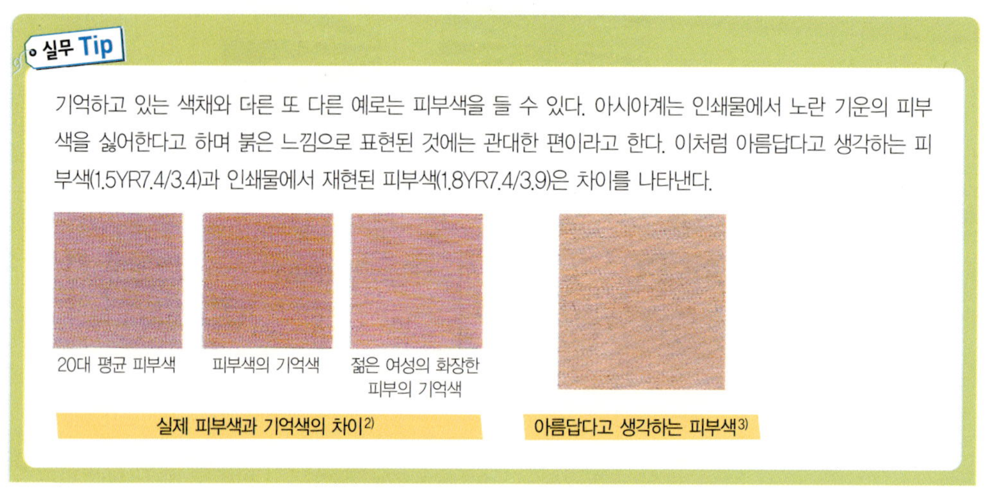

(4) **항상성** : 광원이나 조명이 되는 빛의 자극이 변하여도 우리 망막에 비치는 대상물체의 색은 그대로 유지된다고 느껴지는 현상이다.

2) 도쿄상공회의소, 컬러코디네이션의 실제 패션색채, 휴앤즈, 2009, p33
3) 도쿄상공회의소, 컬러코디네이션의 실제 패션색채, 휴앤즈, 2009, p33

핵심 Plus

메타메리즘(metamerism, 조건등색)

분광반사율이 다른 두 가지 물체색이 특정한 광원 아래서 같은 색으로 보이는 현상을 말한다.

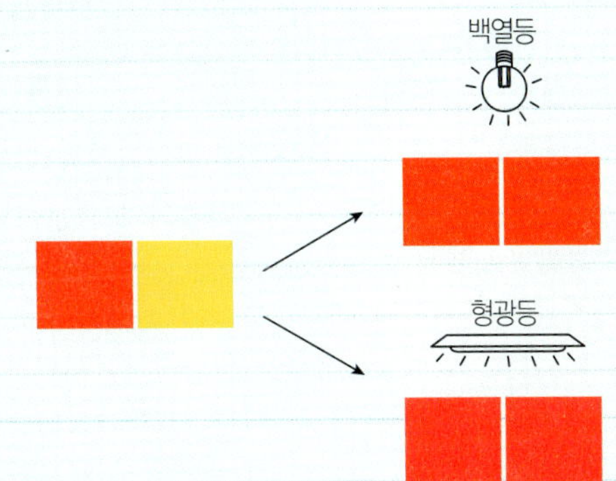

아이소메리즘(isomerism, 무조건등색)

분광반사율이 완전히 일치하여 어떤 조명 아래서나 어떤 관찰자가 보더라도 같은 색으로 보이는 두 색은 아이소메리즘 관계에 있다고 말한다.

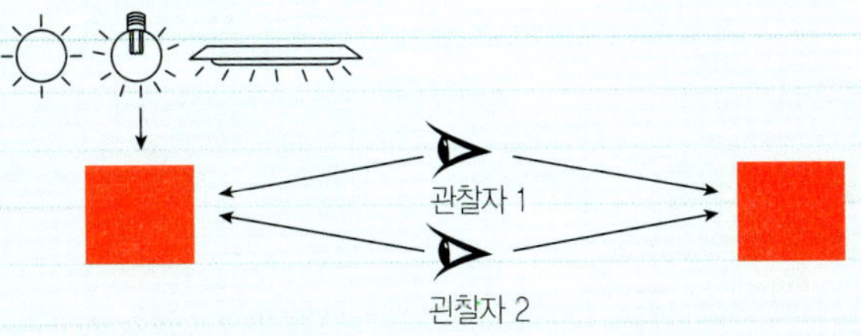

연색성(color rendering)

동일한 물체색이 광원에 따라 물체의 색이 달라지는 효과를 말한다. 백열등은 따뜻하고 안정된 분위기, 형광등은 밝고 활발한 분위기를 나타내는 것은 연색성과 관련이 깊다.

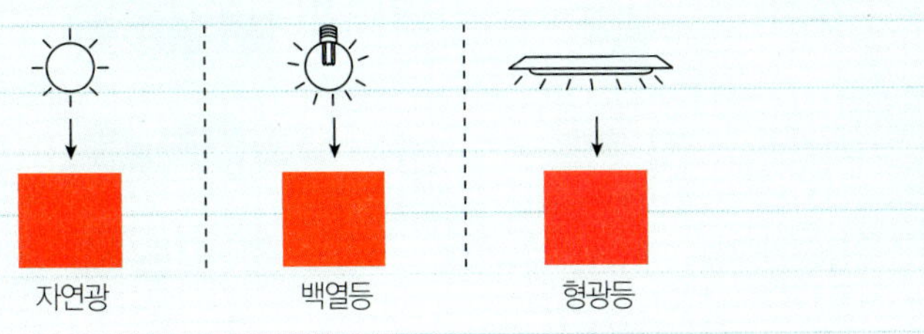

(5) 착시 : 시각에 의하여 생기는 착각으로서 색상대비, 명도대비, 채도대비, 잔상 등의 효과를 말한다.

① **색상대비** : 색상이 다른 두 색을 동시에 인접하여 대비시켰을 경우, 두 색은 서로의 영향으로 인해 색상환에서 멀어져 보인다.

② **명도대비** : 명도가 다른 두 색을 동시에 인접하여 대비시켰을 경, 두 색은 서로의 영향으로 밝은 색은 더 밝게, 어두운 색은 더 어둡게 보인다.

③ **채도대비** : 채도가 다른 두 색을 동시에 인접하여 대비시켰을 경우, 두 색은 서로의 영향으로 저채도 위에 놓으면 채도가 높아 보이고, 고채도 위에 놓으면 채도가 낮아 보이는 현상을 말한다. 유채색과 무채색의 대비에서 가장 뚜렷하게 일어나며, 무채색과의 대비에서는 일어나지 않는다.

④ **잔상** : 눈에 비추었던 원래의 색자극이 사라진 뒤에도 색 감각이 남아있는 현상을 잔상이라고 하며, 자극의 강도와 지속시간, 크기에 비례한다.

⭐ 색채의 상징과 연상

1. 색채의 상징

색채상징은 색을 보았을 때 특정한 현상이나 뜻이 상징되어 느껴지는 것을 말한다. 대표적으로 국가의 상징, 신분과 계급의 구분, 방위의 표시, 지역의 구분, 종교의 상징, 국제적 언어로서의 안전색채 등이 있으며, 문화와 종교, 신화, 전통의식, 예술 등에서 각기 다르게 상징되는 경우가 있으므로 사용에 주의해야 한다. 디자인에 있어서는 기업이미지를 효과적으로 나타내는 수단으로 사용하고 있다.

색명	상징	색명	상징
빨강(R)	정렬, 열정, 혁명, 분노, 불, 흥분, 적극성, 위험	파랑(B)	희망, 이상, 진리, 냉정, 젊음, 하늘, 평화, 신비로움
주황(YR)	따뜻함, 기쁨, 명랑, 적극, 가을, 활력, 즐거움, 만족	남색(PB)	차가움, 공포, 이해, 냉철, 숙연함, 천국, 위엄, 추위
노랑(Y)	환희, 희망, 황제, 발전, 도전, 바나나, 미숙, 활발	보라(P)	고귀, 슬픔, 우울, 우아, 고풍, 권력, 도발, 섬세함
연두(GY)	생명, 봄, 초여름, 자연, 새싹, 신선, 젊음, 어린이	자주(RP)	권력, 도회적, 화려, 사치, 신비, 애정, 사랑, 화려함
초록(G)	평화, 안전, 휴식, 안전, 위안	흰색(W)	순결, 단순함, 눈, 설탕, 순수함, 깨끗함
청록(BG)	심미, 시원함(깊은 숲, 바다, 산)	검정(K)	밤, 강함, 두려움, 공포, 암흑, 죽음, 슬픔, 정숙

(1) 국가의 상징색채 : 국가의 상징색채는 한 국가의 이미지를 창출하고, 자국민에게는 정체성과 단결심을 유발하며, 상징성이 강하여 같은 색이라도 의미가 다르게 사용된다.

① 국기에 대표적으로 사용되는 색의 의미와 상징

색채		의미와 상징
빨강		애국자의 희생적인 피, 정렬, 혁명, 박애, 무용 등
노랑		황금, 국부, 태양, 사막, 번영 등
초록		농업, 삼림, 국토와 자연의 아름다움, 번영, 희망, 이슬람교 등
파랑		강, 바다, 물, 하늘, 희망, 자유 등
검정		흑인, 역사의 암흑시대, 고난, 의지, 독립, 정의, 자유, 단결, 이념 등

② 여러 나라의 국기에 적용된 색채

국기		색채와 상징
대한민국 (태극기)		• 흰색 : 밝음과 순수, 평화를 상징하는 민족성 • 태극문양의 파랑과 빨강 : 음과 양의 조화 • 4괘(건곤감리)의 검정 : 건은 하늘, 곤은 땅, 감은 물, 리는 불
미국 (성조기)		• 빨강 : 혁명성과 용기 • 흰색 : 순결함 • 청색 : 정직함과 평화
프랑스 (라트리콜로레)		• 파랑 : 자유 • 흰색 : 평등 • 빨강 : 박애
이탈리아 (라트리콜로레)		• 녹색 : 자유 • 흰색 : 평등 • 빨강 : 박애
인도 국기		• 주황 : 용기와 희생(힌두교) • 흰색 : 진리와 평화(통일) • 초록 : 공평과 기사도(이슬람교)
중국 (오성홍기)		• 빨강 : 혁명 • 노랑 : 황인종

(2) **신분과 계급 구분의 상징색채** : 염료의 미발달로 제한되어있는 색은 신분과 계급의 차이를 나타내어 권위나 권력과 관련된 상징적 의미를 나타내었다. 예를 들면 우리나라 임금의 복색은 오방의 중앙을 상징하는 황색을 사용하여 최고 권위를 상징하였다. 높은 신분일수록 자색, 조색(검정색), 적색을 많이 사용하였으며 일반 서민이 유채색의 옷을 입으면 벌할 정도로 규제되었다.

(3) **방위의 표시의 상징색채** : 우리나라는 방위를 표시할 때 음양오행설에 바탕을 둔 오방색으로 표시하였다. 동쪽은 청(靑-파랑), 서쪽은 백(白-흰색), 남쪽은 적(赤-빨강), 북쪽은 흑(黑-검정), 중앙은 황(黃-노랑)으로 표시하였다.

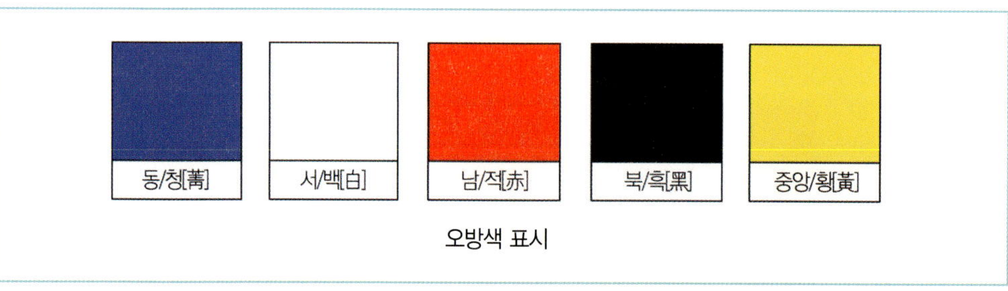

동/청[靑]	서/백[白]	남/적[赤]	북/흑[黑]	중앙/황[黃]

오방색 표시

실무 Tip

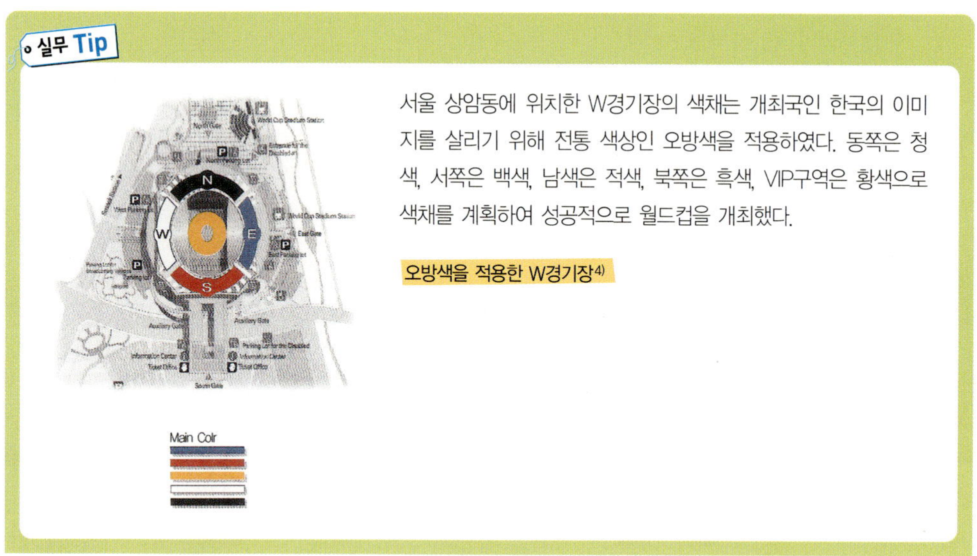

서울 상암동에 위치한 W경기장의 색채는 개최국인 한국의 이미지를 살리기 위해 전통 색상인 오방색을 적용하였다. 동쪽은 청색, 서쪽은 백색, 남색은 적색, 북쪽은 흑색, VIP구역은 황색으로 색채를 계획하여 성공적으로 월드컵을 개최했다.

오방색을 적용한 W경기장[4]

(4) **지역 구분의 상징색채** : 지도에서 기능적으로 색채를 구분하는데 사용하며 대표적으로 지역을 구분한 것은 올림픽의 오륜기이다. 오륜기는 5대주의 근대 올림픽을 상징하는 색채로써 청색(유럽), 황색(아시아), 흑색(아프리카), 적색(아메리카), 초록(오세아니아)의 오색 고리가 연결되어있는 형태로 세계를 뜻하는 월드의 이니셜인 W를 형상화한 것이다.

Olympic Rings,1912

올림픽 오륜기[5]

4) 윤혜림, 기사·산업기사를 위한 컬러리스트 배색이론, 국제, 2006, p253
5) http://blog.naver.com/rkskekz0?Redirect=Log&logNo=130100709937

(5) 종교의 상징색채

색명		종교
빨강		기독교
주황		힌두교
노랑		불교
녹색		이슬람교
파랑, 흰색		천주교

(6) 국제적 언어로 상징되는 안전색채

① 국제적으로 이해될 수 있는 언어로서 커뮤니케이션의 좋은 도구가 된다.

② 교통 및 공공시설물에 사용되는 안전을 위한 표준색이 있다.

안전색의 일반적 의미[6]

안전색(참고값)	의미 또는 목적	사용보기
빨강(7.5R 4/15)	방화	방화표지, 배관계 식별 소화 표지
	금지	금지표지
	정지	긴급 정지 버튼, 정지 신호기
	고도위험	화학 경고표, 발파 경고표, 화학류의 표시
주황(2.5YR 6/15)	위험항해, 항공의 보완시설	위험표지, 배관계 식별 위험 표시, 스위치 박스 뚜껑 안쪽 면, 기계의 안전 커버 안쪽 면, 노출 기어의 옆면, 눈금판의 위험범위, 구명보트, 구명구, 구명대, 수로 표지, 선박 계류부표, 비행상용 구급차, 비행장용 연료차
노랑(2.5Y 8/15)	주의	주의 표지, 감전 주의 표시, 크레인, 구내 기관차의 범퍼, 낮은 대들보, 충돌할 우려가 있는 기둥, 바닥의 돌출물, 피트 가장자리, 바닥 면의 끝, 계단의 발 디디는 곳 가장자리, 걸쳐놓은 다리, 전선 방호구, 도로상의 바리케이드, 해로운 물질을 잘게 부수는 용기 또는 사용 장소, 가전제품의 경고 표시
초록(10G 4/10)	안전	안전 지도 표지 및 안전기
	위생, 구호, 보호	유도 표지, 비상구 방향을 나타내는 표지, 대피소 위치를 나타내는 경표 및 대피소 갱구, 특정구역의 방향을 나타내는 표지의 표시
	진행	통행신호기
파랑(2.5PB 3.5/10)	의무적 행동	지시 표지
	지시	보호 안경의 착용, 가스 측정 등을 지시하는 표지, 수리 중 또는 운전 휴게 장소를 나타내는 표지, 스위치 박스의 바깥 면
보라(2.5RP 4/12)	방사능	방사능 표지, 방사능 경표, 방사능 동위 원소 및 이것에 관한 폐기 작업실, 저장 시설, 관리 규격 등에 설치하는 울타리 등

6) 한국산업규격(KS) 국가표준인증종합정보센터(http://www.standard.go.kr)

모양 및 의미[7]

모양	의미
○	금지, 정지, 고도의 위험, 의무행동, 지시, 안전, 구호, 지도, 보호, 방사능
◇	위험
△ ▽	주의
□ ▭ ▯	정보(지시포함, 금지, 정지, 고도의 위험, 방화, 안전, 구호, 지도, 보호, 방사능, 유도, 보조표시)

(7) **기업의 상징색채** : 기업이 지향하는 의지와 기업이 지향하는 의지와 이념을 색으로 상징화시킨 색채이다. 예를 들어 삼성그룹의 상징색인 청색은 안정감과 신뢰감을 주는 색으로 고객과 보다 친숙하려는 의지를 담았으며 사회에 대한 책임감을 상징하고 있다. 롯데그룹의 상징색상인 금적색(밝은 적색)은 젊음과 정열을 느끼는 색으로 정직하게 땀 흘리는 기업, 사회에 봉사하는 기업, 정열을 다하는 청년정신을 상징하고 있다.

---

7) 한국산업규격(KS) 국가표준인증종합정보센터(http://www.standard.go.kr)

- 검정색(Lotte Black) BL : 100%, Pantone Process Black C/DIC 582
- 빨강색(Lotte Red) M : 100%, Y : 100%, Pantone 485C/DIC 156
- 금색(Lotte Gold) M : 30%, Y : 70%, K : 40%, Pantone 871C/DIC 620
- 은색(Lotte Silver) K : 30%, Pantone 877C/DIC 621
- 오렌지(Lotte Orange yellow) M : 50%, Y : 100%, Pantone 152C/DIC 120
- 녹색(Lotte Green) C : 80%, M : 7%, Y : 67%, Pantone 339C/DIC 2569
- 청색(Lotte Blue) M : 47%, C : 100%, Pantone 300C/DIC 182

롯데그룹 CI[8]

2. 색채의 연상

색채연상은 색을 보았을 때 무엇인가를 느끼거나 이미지를 떠올려 느끼게 되는 인간의 감정으로 주관적인 감정, 문화, 생활환경, 정서, 사상, 경험, 기억, 시대, 국가 등의 영향으로 느끼는 정도와 연상되는 언어가 다를 수 있다.

색채연상의 이미지는 크게 구체적 연상과 추상적 연상으로 표현할 수 있으며 구체적 연상은 일반적 사물이나 구체적 사물의 단어를 떠올리게 되며, 추상적 연상은 색의 상징적인 의미가 담겨있는 단어를 떠올리게 된다.

세계적으로 공통되는 긍정적, 부정적 연상의 이미지를 갖는 색은 흰색과 검정색이며 무채색은 추상적인 연상의 이미지를 갖는다. 빨강, 파랑, 노랑 등과 같은 원색의 유채색은 연상되는 언어가 많다. 디자인에 있어서는 제품의 이미지를 효과적으로 나타내는 수단으로 사용되고 있다.

무채색의 연상언어

색상		연상
흰색		청순, 결백, 신성, 추위, 청정, 유령, 영적(신), 공허, 순수, 소박, 웨딩드레스, 눈, 솜, 병원, 백합, 설탕
회색		소극, 우울, 평범, 고상, 무기력, 차분, 쓸쓸함, 안정, 스님
검정		공포, 죽음, 비애, 침묵, 절대, 절망, 불안, 암흑, 부정, 밤, 악함, 상복, 모던, 장엄함, 강함, 고상함

---

8) http://www.lotte.co.kr

유채색의 연상언어

색상	구체적 연상	추상적 연상
빨강	우체국, 피, 불, 태양, 적기, 사과, 딸기, 장미꽃, 입술	승리, 애정, 정열, 공포, 흥분, 자극적, 야망, 혁명, 위험, 분노, 활력, 폭발
주황	귤, 오렌지, 감, 당근, 가을, 저녁노을	쾌활, 활기찬, 애정, 만족, 풍부, 건강, 식욕, 적극
노랑	개나리, 병아리, 나비, 레몬, 바나나	즐거움, 명랑, 화려, 환희, 미숙, 팽창, 경박, 야심, 질투
초록	풀, 초원, 산, 자연, 개구리, 수박, 에메랄드, 숲	번영, 희망, 안정, 평화, 조화, 지성, 휴식, 성장, 이상, 건전
청록	삼림, 바다, 심해, 깊은 바다	침정, 심원, 엄숙, 외로움, 차가움, 비방
파랑	아침, 청량음료, 바다, 하늘, 물, 호수, 사파이어	이상, 과학, 명상, 냉정, 영원, 경계, 소원, 젊음, 정숙, 소원
남색	도라지 꽃	고귀, 귀품
보라	제비꽃, 포도, 라일락, 포도, 가지	불길, 창조, 우아, 신비, 원숙함, 신성
자주	자두, 모란꽃	화려함, 열정, 몽상, 환상, 비애

(1) **계절의 연상 색채** : 요하네스 이텐의 이론을 바탕으로 한다.

계절	배색	색채
봄		• 신선하고 밝고 맑은 톤으로 구성 • 노란색, 연두색, 황록색, 밝은 분홍, 밝은 파랑 등
여름		• 화려하고 강렬한 원색의 고채도 톤으로 구성 • 빨간색, 녹색, 파란색 등
가을		• 봄과 다른 강한 대비로 구성 • 오렌지색, 황금색, 갈색, 보라색 등
겨울		• 차갑고 후퇴하고 희박성을 나타내는 회색과 한색으로 구성 • 흰색, 밝은 회색, 하늘색

(2) **제품정보로서의 연상 색채** : 색이 지닌 공감각의 특성은 기본적인 색채만으로도 그 상품의 메시지를 전달하고 연상시킴으로서 소비자들이 정확하고 효과적으로 제품을 구매할 수 있도록 돕는다. 특히 포장디자인에서 사용되는 색채는 내용물의 특성을 정확하게 연상할 수 있다. 예를 들어 초콜릿포장의 경우 밀크초콜릿은 흰색과 초콜릿색, 시원한 민트향 초콜릿은 녹색과 은색, 바삭바삭 씹히는 맛의 초콜릿은 다소 거친 질감의 밝은 노랑과 초콜릿색의 조합으로 색채 연상 효과를 제품 차별화에 활용할 수 있다.

다양한 기능을 제어하는 TV 리모트 컨트롤러 등은 메뉴를 선택하는 다양한 버튼이 시각적으로 쉽게 인지되고 기능 정보에 적합한 색채를 사용하여 사용자의 편의성을 높이는 것이 바람직하다.

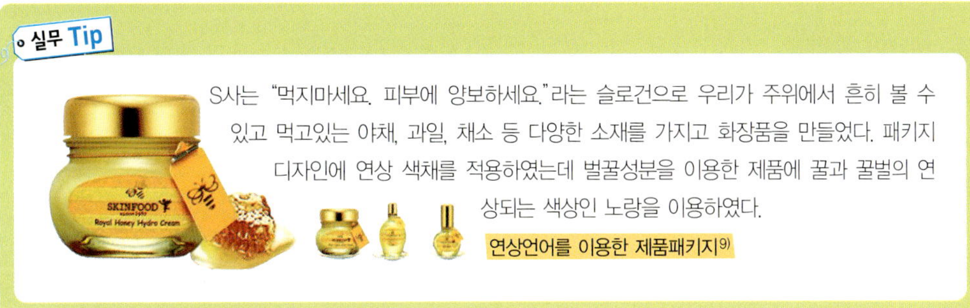

(3) 사회 · 문화 정보로서의 연상 색채

① 노란색은 동양 문화권에서 신성한 색채인데 반해, 서양문화권에서 검쟁이, 배신자의 뜻이다.

② 권력과 고급스러움의 상징은 붉은색, 황금색, 자색이다.

③ 동서양을 막론하고 녹색은 봄과 새 생명의 탄생을 의미하는데, 북유럽은 녹색인간(Green Man)의 신화로서 영혼과 자연의 풍요로움을 상징한다.

④ 파란색은 평화, 협동, 진실을 의미하며, 기독교에서는 하느님과 성모마리아를 고귀한 청색으로 연상한다.

⑤ 서양 문화권에서 흰색은 순결한 신부를 상징하고, 동양 문화권에서는 죽음(소복)을 의미한다.

⑥ 스포츠분야에서 색채는 경기의 흐름을 쉽게 읽게 하는 정보체계로서의 역할과 함께 응원하는 팀의 감정을 고조시킨다. 팀의 색채는 곧 지역 및 기업을 상징하기도 한다.(정체성 보여줌)

국내 야구팀의 색채10)

국내 야구팀	연상 색채
KIA Tigers	호랑이 구단의 본성을 드러낼 수 있는 강인하고 활력 있는 레드와 젊고 패기 있는 구단이 연상되는 다크블루의 색상을 사용하였다. 날카로운 호랑이 발톱이 연상되는 이니셜 T의 모습은 워드마크를 상징한다.
SAMSUNG Lions	블루색상은 삼성의 이미지 자산으로, 생동감 있고 역동적이며 전진하는 구단의 젊은 미래상이 연상되는 라이트블루 색상을 사용하였다.
Giants	스포츠의 본질적인 적극적이고 활동적인 면을 친숙하게 다가가기 위해 젊고 밝은 느낌이 연상되는 오렌지 색상을 사용하였다.

9) http://www.theskinfood.com
10) http://www.tigers.co.kr/tigers/emblem01.asp(기아), http://www.giantsclub.com/(롯데), http://www.samsunglions.com/intro/intro_4_1.asp(삼성)

⭐ 색채와 공감각

1. 색채와 공감각

인간의 감각 기간 중 대상판별능력이 전체정보의 약 80% 이상의 영향력을 가진 시각을 통하여 청각, 촉각, 미각, 후각이 뇌에 적용되어 반응하는 상호작용을 활용하면 메시지와 의미를 보다 정확하고 강하게 전달할 수 있다.

(1) 색채와 모양(시각)

① 노란색은 가장 명시도가 높은 색으로 뾰족하고 날카로운 느낌을 준다. 또한 세속적이기보다는 영적인 느낌을 주기에 역삼각형을 연상시킨다.

② 빨강은 눈길을 강하게 끌면서 단단하고 견고한 느낌을 주기 때문에 사각형이 연상된다.

③ 파랑은 차갑고, 투명하고, 영적인 느낌을 주는 색이므로 원이나 구를 연상시킨다.

④ 요하네스 이텐(Johannes Itten)과 파버 비렌에 의해 연구되었다.

색채와 모양

빨강	주황	노랑	초록	파랑
Red	Yellow Red	Yellow	Green	Blue
보라	갈색	흰색	회색	검정
Purple	Brown	White	Gray	Black

(2) 색채와 소리(청각)

: 일반적으로 작곡가들은 D장조 → 노랑 , G장조 → 빨강, B장조 → 파랑, F장조 → 녹색, C장조 → 흰색, E단조 → 검정으로 색과 음을 연결시킨다.

① 색채와 음

　㉠ 높은음 : 고명도, 고채도의 강한 색

　㉡ 낮은음 : 저채도, 저명도의 어두운 색

　㉢ 탁음 : 채도가 낮은 무채색

　㉣ 예리한 음 : 황색기미의 선명한 빨강, 순색에 가까운 밝고 선명한 색

② 뉴턴은 일곱 가지 색을 칠음계(일곱 계의 다른 음으로 이어진 음계)와 연결시킨다.

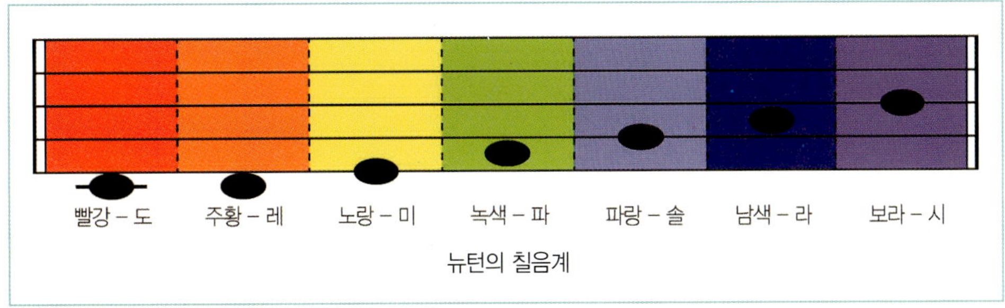

뉴턴의 칠음계

③ 카스텔은 음계와 색을 연결 : C → 청색, D → 녹색, E → 노랑, G → 빨강, A → 보라

④ 몬드리안(Mondrian)의 브로드웨이 부기우기 : 노랑, 빨강, 청색, 밝은 회색을 사용하여 뉴욕의 브로드웨이가 전하는 다양한 소리와 역동적인 움직임을 표현하여 시각과 청각의 조화에 의한 색채언어의 가능성을 보여준다.

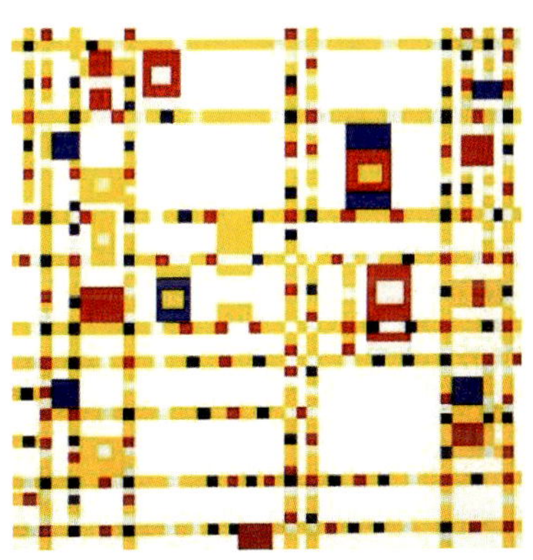

몬드리안의 브로드웨이 부기우기[11]

(3) 색채와 촉각

① 부드럽다(pale, very pale 톤) : 유아제품, 밝은 핑크, 밝은 노랑, 밝은 하늘색

② 강하고 딱딱한 느낌 : 어둡고 채도가 낮은 색채

③ 건조하다 : 빨강, 주황 등 난색 계열

④ 촉촉하다 : 파랑, 청록 등 한색 계열

---

11) http://cafe.naver.com/artistfanclub.cafe

부드러운 느낌을 나타내는 색채인 핑크는 부드러운 소재의 특성과 귀여운 여아가 연상되어 소비자의 구매충동을 느끼게 만든다. 또한 촉촉함을 느끼는 연상 색채인 블루는 바디워시의 특성을 보여주고, 강하고 단단함을 느낄 수 있는 어둡고 채도가 낮은 블랙은 단단해야하는 카메라의 특성을 고려한 색채계획이다.

부드러운 촉각 제품[12]

강하고 단단한 촉각 제품[13]

촉촉한 촉각 제품[14]

(4) 색채와 맛(미각)

① 미각과 관련된 색은 난색계열이 주류를 이룬다.

② 회색계통은 맛과는 거리가 먼 색이다.

③ 식욕을 돋우는 색은 오렌지, 주황색이다.

④ 프랑스의 색채연구가인 모리스 데리베레(Maurice Deribere)의 연구

맛			배색
단맛			• 빨간색, 주황색, 노란색의 배색 • Red, Pink의 배색(R/B, YR/B, Y/B, Y/P, R/P 등)
짠맛			연녹색 + 회색, 연파랑 + 회색의 배색
신맛			녹색과 노랑의 배색
쓴맛			올리브 그린, 갈색, 마룬(어두운 빨강 5R 2.5/6), 파랑 배색

12) http://www.allo-lugh.com/jsp/kor/main/main.jsp
13) http://www.canon-ci.co.kr/actions/ProductMainAction?cmd=view&product_code=NPAB796842
14) http://www.happybath.co.kr/product/product_view.jsp

(5) 색채와 향(후각)

① 후각

    ㉠ 순색, 고명도, 고채도의 색 : 향기로운 느낌

    ㉡ 명도와 채도가 낮은 난색 계열 : 나쁜 냄새

    ㉢ deep톤 : 짙은(진한) 냄새

    ㉣ 물건이나 음식과 비슷한 색에서 냄새를 느끼기도 한다.

실무 Tip

오감 중에 네 번째의 소비심리에 영향을 미치는 후각을 이용한 B사의 아이스크림 전문점은 매장에 초콜릿 향과 페퍼민트 향을 도입하고 매출과의 관계를 보사해보니 일평균 40% 증가하였다. 또한 달콤한 것을 좋아하는 여성들의 취향에 잘 맞추어 인테리어 색채계획에 여성의 선호도가 높은 핑크색상을 사용하였고 여성이 남성보다 향기에 더욱 민감한 사전계획을 적절히 사용한 사례이다.

후각을 이용한 인테리어 색채[15]

② 프랑스의 색채연구가인 모리스 데리베레(Maurice Deribere)의 연구

    ㉠ camphor향 : white, light yellow

    ㉡ musk(사향)향 : red-brown, golden yellow

    ㉢ floral향 : rose

    ㉣ mint(박하)향 : green

    ㉤ ethereal(공기)향 : white, light blue

    ㉥ lilac향 : pale purple

    ㉦ coffee향 : brown, sepia

③ 향수용기포장

    ㉠ spicy향 : 동적인 빨강이나 검정색 포장을 피한다.

    ㉡ 섬세하거나 에로틱한 향 : 난색계열, 검정, 흰색, 금색포장을 사용한다.

---

15) http://www.baskinrobbins.co.kr/main/br_main.jsp

2. 색채와 문화

 색채와 자연환경

1. 지역색

특정 지역의 습도, 하늘, 흙, 돌 등에 자연스럽게 어울리고 선호되는 색채이다. 즉, 그 지역 주민들이 선호하는 색채로 국가, 지방, 도시 등의 이미지를 부각시키는 색채이며 지역의 정체성을 대변하는 진정한 색채로 보아야 한다. 지역색은 우리의 눈에 보여지는 건물과 도로와 같은 지역의 색만을 의미하지 않는다. 예를 들어 일본은 강렬한 빨강으로 상징되기는 하지만 지역색인 회색과 오래된 나무에서 볼 수 있는 진한 브라운의 섬세한 쉐이드에서 더욱 강하게 인지된다. 지역색에는 시드니(항구도시)의 백색, 런던 템즈강변의 갈색, 우리나라 전통 하회마을의 지붕과 토담색 등이 있다.

지역색 연구사례(장 필립 랑크로)[16]

---

16) http://blog.naver.com/isa0814?Redirect=Log&logNo=20060458122

실무 Tip

H건설사는 세계적인 컬러리스트 장 필립 랑크로와 함께 지역적, 환경적 요소를 연구하여 차별화된 힐스테이트의 색채를 추출하여 심미적 도시 경관연출과 건축형태 구조의 안정감, 리듬감 있는 디자인 계획으로 브랜드 가치를 높이는 색채계획을 하였다. S전자 또한 장 필립 랑크로가 제안하는 자연에 가까운 탁월한 색 재현을 실현하고 있다.

2011년 색채디자인상을 수상한 H아파트[17)

지역색을 적용한 H아파트 색채[18)

2. 풍토색

서로 다른 환경적 특색을 지닌 지역적 특징의 색으로 그 지역의 토지, 자연이 인간과 어울려 형성된 특유의 풍토로 생활, 문화, 산업에 영향을 주는 색을 풍토색이라고 한다. 나라와 지역마다 차이가 있으나 우리나라의 경우에는 제주도를 제외하고는 지역적 특색이 뚜렷하지 않은 특징이 있다.

17) http://designlib.tistory.com/7015
18) http://blog.naver.com/isa0814?Redirect=Log&logNo=20060458122

⭐ 문화발달과 색채어휘

1. 문화발달과 색채어휘

(1) 문화가 발달할수록 흰색, 검은색 → 빨강 → 노랑, 녹색 → 파랑 → 갈색 → 보라, 핑크, 오렌지, 회색의 색 이름의 진화과정을 보인다(Berlin과 Kay의 색 이름 진화과정)

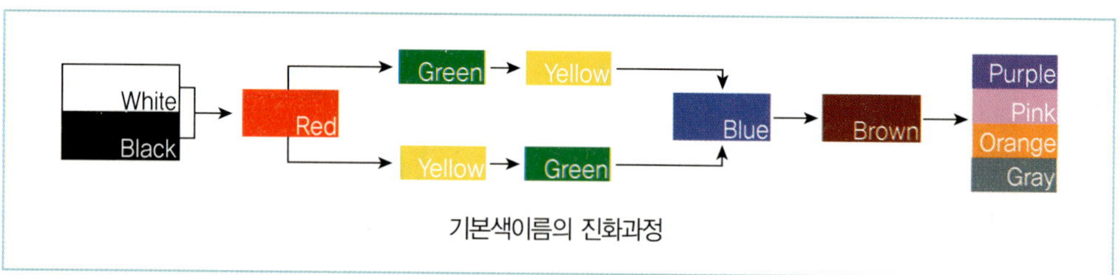

기본색이름의 진화과정

(2) 시대적 흐름과 색채와의 관계
① 19세기 : yellow nineteen's
② 20세기 : 모던의 시대 → white&black
③ 21세기 : 과학, 디지털의 시대 → blue

3 색채와 기능

⭐ 색채와 기능

1. 색채선호의 원리

일반적으로 색채마다 공통된 감성을 갖고 있으나 색채 선호는 특정한 색채를 선호하는 것으로 민족성, 지리적 배경, 개인적 특성(연령, 성별, 교육의 정도) 등에 따라 선호하는 색채가 다르게 나타난다. 세계적으로 선호도가 가장 높은 색채는 파란색이며 우리나라의 경우 남성은 대개 파랑색이나 초록색 계통의 비교적 어두운 톤을 여성은 노란색이나 하늘색 계통의 밝고 맑은 톤을 좋아한다.

(1) 국가별 선호색 : 문화적, 기후적 영향에 따라 국가별 선호색은 다르게 나타난다.
① 아메리카 : 보편적으로 난색계열을 선호하며 대표적으로 미국의 선호 색상은 적색, 황색, 베이지, 핑크, 연두색, 청색, 흰색, 회색 등이 있으며, 기피하는 색상은 흑색과 갈색이다.
② 아시아 : 불교문화권이 많은 아시아는 난색계열 중 빨간색과 노란색을 선호하며 대표적으로 우리나라

의 선호 색상은 음양오행사상에 입각한 전통 색으로 오방색과 오간색을 선호한다.

색명으로 판단한 한국이 좋아하는 색상 조사[19]

	빨강	분홍	갈색	주황	노랑	녹색	청색	물색	자주	흰색	회색	검정
한국	6	0	0	0	9	15	32	4	6	17	0	11

③ **유럽** : 유럽의 절반 이상이 청색을 선호한다. 대표적으로 스웨덴은 청색과 노란색을 선호하며 검정색은 기피한다.

④ **아프리카** : 일반적으로 강렬한 순색을 선호하나 반항과 전쟁을 의미한다고 믿는 빨간색은 기피하는 색상이며, 자연과 평화를 뜻하는 파랑과 녹색은 선호한다.

색상	선호국	혐오국
적색	대한민국, 중국, 인도, 미국, 태국, 스위스, 덴마크, 루마니아, 아르헨티나, 필리핀, 멕시코, 오만, 그리스, 노르웨이	독일(불운), 아일랜드(영국색채인 적, 백, 청색을 싫어함), 나이지리아(불운)
핑크	프랑스(숙성된 포도주), 칠레	뉴질랜드
황색	스웨덴, 영국, 스페인, 필리핀, 홍콩, 베트남, 중국, 말레이시아, 싱가폴	말레이시아(회교, 황제색), 시리아(죽음) 등 회교국가, 태국, 파키스탄(이도교인 바라몬교의 승복색), 아일랜드(이도교인 프로테스탄트의 색), 브라질(절망에 빠진다는 미신), 미국(비겁자)
녹색	대한민국, 말레이시아, 인도, 이라크, 필리핀, 파키스탄, 아일랜드, 튜니지아 등 회교도가 신성시, 이집트, 멕시코, 오스트리아, 캐나다, 콜롬비아	프랑스(옛 독일의 군복), 홍콩(모자), 불가리아
청색	대한민국, 이스라엘, 시리아, 그리스, 스웨덴, 프랑스(소년), 벨기에, 네덜란드(여성), 이탈리아	중국, 이라크, 터키, 독일(검은색과 녹청색의 셔츠와 붉은 넥타이를 싫어함), 아일랜드, 스웨덴(차가움)
남색	시리아	–
보라	루마니아	브라질(비애, 죽음), 페루(종교의식에만 사용)
다색	볼리비아	독일, 브라질
순색	태국, 터키, 독일, 미국, 쿠바, 파키스탄, 노르웨이, 파라과이, 미얀마	모로코
흰색	대한민국, 이스라엘(유태민족), 스위스, 그리스, 멕시코, 파라과이, 독일, 러시아, 프랑스, 모로코, 칠레	중국, 일본, 동남아, 인도(비애), 아일랜드
회색	이탈리아(진회색)	니카라과
검정	쿠웨이트, 이집트	중국, 태국, 이라크(상색), 스위스, 독일 등 모든 크리스트교 국가(상색), 미국

19) 도쿄상공회의소, 컬러코디네이션의 실제 제2분야 제품 색채, 도쿄상공회의소, 2008, p23

(2) 지역적 선호색

① 난대기후지역

　㉠ 스페인, 라틴아메리카의 사람들은 난색계를 선호한다.

　㉡ 머리카락색과 눈동자색이 검정이나 흑갈색인 민족은 난색계를 선호한다.

② 한대기후지역 : 북극의 게르만인과 스칸디나비아 민족은 한색계를 선호한다.

(3) 개인적 특성에 따른 선호색

① 연령에 따른 선호색

　㉠ 어린이의 색채선호 : 노랑, 흰색, 빨강, 주황, 파랑, 녹색, 보라의 순으로 채도가 높은 원색과 밝은 톤을 선호한다.

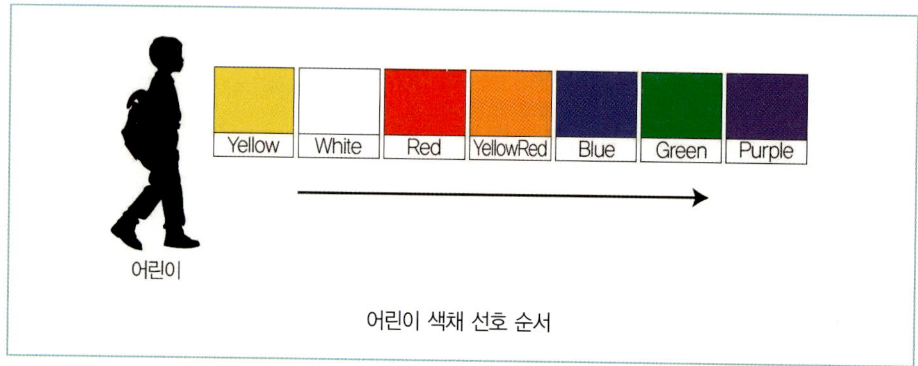

어린이 색채 선호 순서

　㉡ 성인들의 색채선호 : 파랑, 빨강, 녹색, 흰색, 보라, 주황, 노랑의 순으로 장파장보다 단파장의 색을 선호한다.

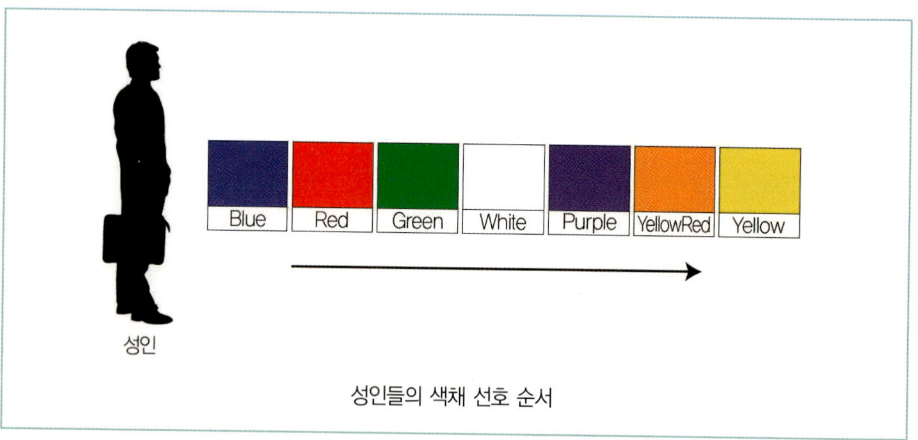

성인들의 색채 선호 순서

② 성별에 따른 선호색

 ㉠ 남성 : 비교적 어두운 톤의 청색, 갈색, 회색 dark tone-blue, brown, gray를 선호한다.

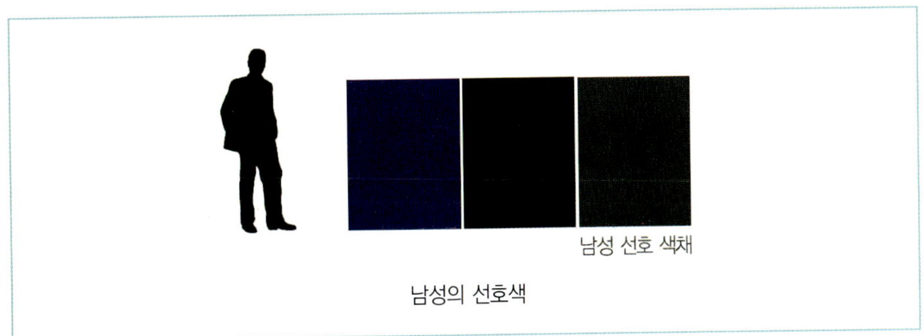

 ㉡ 여성 : 밝고 맑은 톤 bright, pale tone을 선호한다.

③ 지적수준에 따른 선호색 : 일반적으로 지적 능력이 높은 사람이 단파장계열의 색을 선호하는 경향이 있다.

(4) **제품의 선호색** : 제품의 색채선호는 신소재, 디자인, 유행에 따라 변화하며 제품기능 정보 등에 적합한 색채 사용으로 선호경향과 특정 제품에 대한 선호색은 차이가 있다. 예를 들어 자동차의 선호 색채는 지역의 환경 및 빛의 강도, 기후, 생활패턴에 따라 다르게 나타난다.

① **빠른 속도감을 상징하는 스포츠카** : 페라리의 빨강

② **고급 세단을 상징** : 제규어의 메탈 릭 청색과 은색

③ **귀여운 이미지의 뉴 비틀** : 노랑과 테크노 그린 등

⭐ 색채조절

1. 색채 조절

색채 조절은 색채의 사용에 있어서 심리학, 생리학, 조명학, 미학 등에 근거를 두고 환경이나 전체를 염두하여 과학적으로 결정하려는 시도이며, 대표적으로 F. 비렌, L, 체스킨 등의 선구자의 지도와 뒤퐁사 등

과 같은 도료 제조회사가 색채 조절을 함께 추진하였다.

올바른 색채조절을 위해서는 객관적으로 색채를 선정해야 하며, 효율의 극대화를 활용하여 색채계획과 색채조절을 한다.

(1) **색채조절의 3속성** : 명시성, 기억성, 전달성이 있다. 심미성은 기능과는 거리가 멀고, 주관적 메시지를 담고 있다.

(2) **색채조절의 목적 및 효과**

① 과학적인 색채계획으로 심신의 안정, 피로회복

ㄱ 신체의 피로를 줄인다.

ㄴ 눈의 피로를 막아주는 역할을 한다.

② 작업능률향상

ㄱ 산만해지지 않고, 일에 대한 집중력을 높이므로 실수가 적다.

ㄴ 안전색채를 사용하므로 안전이 유지되고, 예상치 못한 사고가 줄어든다.

ㄷ 깨끗한 환경을 제공하므로 정리정돈 및 청소가 쉬워진다.

ㄹ 건물의 내외를 보호하고, 유지하는데 효과적이다.

ㅁ 일반적인 조건 하에서 천장과 벽의 명도를 높여 조명의 효율을 높인다.

(3) **색채 조절을 이용한 색채 계획**

① 색의 심리효과를 활용 : 냉난감, 대소감, 원근감, 가시성 등

심리적 기능	색채
냉난감(온도감)	• 붉은 자주색, 빨강, 오렌지, 노랑 : 따뜻한 느낌 • 녹색, 청록색, 파랑, 남색 : 차가운 느낌의 대소감(진출과 후퇴감)
원근감	• 따뜻한 느낌을 주는 색 : 다가오는 듯 크게 보임 • 차가운 느낌을 주는 색 : 작고 먼 느낌
가시성	명도 · 색상 · 채도의 차이가 클 때 가시성이 높아 보임

실무 Tip

H건설의 G백화점 주차장에 "Grove Story"는 작은 숲 이야기로 2011년 색채디자인상을 수상하였으며 쉽게 지나칠 수 있는 공간을 하루를 시작하고 마치는 공간으로 재해석하였다. 고객의 감성을 자극하면서도 깨끗한 환경을 제공하는 색채계획을 볼 수 있다.

깨끗한 환경을 제공하는 색채조절한 G주차장[20]

---

20) http://www.hankyung.com/news/app/newsview.php?aid=201110125468e

⭐ 색채 치료

1. 색채 치료

미국의 색채학자인 체스킨(Louis Cheskin)은 색채 중 빛의 삼원색인 적색과 청색, 녹색이 인간의 심리와 신체에 어떠한 영향을 주는지 알아보기 위해 실험을 하였는데 적색 방에 있는 사람은 혈압이 높아지고 맥박이 빨라지는 흥분상태를 보이고 청색 방에 있는 사람은 혈압과 맥박이 떨어지며 생기가 없어졌으며 몸이 나른해 일을 제대로 할 수 없는 상태를 보였다. 마지막으로 녹색 방에 있는 사람은 정상적인 반응이 나타났으나 녹색 한 가지 만으로는 단조롭고 활기가 없어 약간의 자극이 필요한 상태를 보였다. 따라서 색채 치료란 적절한 색채를 사용하여 물리적, 정신적인 영향을 주어 환자의 상태를 호전시키는 조치를 말한다.[21]

실무 Tip

색채조절로 희망대피소가 된 초등학교[22]

2010년 11월 23일 연평도 사건 1년이 지난 후 연평도의 한 초등학교의 대피소에는 편안한 휴식처가 될 수 있도록 희망대피소가 만들어졌다. 사건 직후 대피소에 있었을 당시 어둡고 추운 환경 속에서의 공포감을 없애기 위해 pale톤의 밝고 화사한 목재가구는 안락함을 주면서도 편안함을 느끼게 하는 공간으로 재창조되어 대피소에 있을 때의 공포감을 없앨 수 있도록 색채계획 한 것을 볼 수 있다.

(1) 색채별 치료효과

① 간 기능저하 : 빨강색과 노란색

② 우울증치료 : 다홍색

③ 탈모증과 복통치료 : 주황색

④ 기억력감퇴 : 노란색

⑤ 염증, 통증치료 : 파랑색

⑥ 구토와 치통치료 : 남색

⑦ 불면증치료 : 자주색

⑧ 발기불능과 불감증치료 : 마젠타

---

21) 김선현, 컬러가 내 몸을 바꾼다, 넥서스 Books, 2009, p19~20
22) MBC 특집 다큐멘터리 연평도, 그날 이후 영상 캡쳐

치료효과		색채						
		빨강	주황	노랑	초록	파랑	남색	자주
신경질환	신경통, 중풍, 죄골신경통, 히스테리, 경련, 졸도, 시경염, 간질					○		
심장 및 순환계 질환	심계항진, 갑상선부종, 류마티스, 관절염(자극을 주려면 빨간 빛, 진정시키려면 파란 빛을 조사함)	○				○		
호흡기 질환	결핵, 천식, 기관지염, 늑막염, 코감기, 디프테리아, 백일해			○		○		
소화기 질환	위염, 구역질, 소화불량, 간 기능 저하, 설사, 변비, 신장질환, 신장 기능저하, 방광염	○		○	○	○		
피부 질환	타박상, 화상, 단독, 습진					○		○
열병	장티푸스, 천연두, 성홍열, 홍역					○		
암					○	○		

1 색채 마케팅의 개념 및 소비자 행동

⭐ 색채 마케팅의 원리

1. 색채 마케팅의 원리

(1) **마케팅의 정의** : C.F Philip Kotler(코틀러)는 고객의 필요한 욕구를 파악하여 이익발생을 목적으로 고객에게 투입한 기업의 자원, 정책, 재활동 등 모든 자료를 분석 · 계획하며 조직, 통제하는 것이라 정의하였다. 즉 생산자가 상품 또는 서비스를 소비자에게 유통시키는데 관련된 경영활동을 계획 · 실천하는 과정이다.

(2) **색채 마케팅의 정의** : 색을 이용하여 판매를 극대화 시키는 전략으로 색채의 의미와 상징을 제품이나 회사의 CIP에 맞추어 효과적으로 고객의 욕구를 충족시키면서도 고객의 감성을 리드해 나갈 수 있도록 한다. 컬러 컨설턴트인 라만쿠사(Kathy Lamancusa)는 "소비자가 제품에 대해 갖게되는 첫인상의 60%는 컬러에 의해 결정 된다"고 말하였다. 이정도로 컬러마케팅은 중요하다.[23] 기업에서의 색채 마케팅의 시초는 1920년 미국 파커(Parker)의 빨간색 만년필을 들 수 있다. 만년필의 색상은 대부분 검은색과 갈색으로 여성용 만년필은 조금 가늘었을 뿐 남성용과 같은 색채를 사용하였는데 파커(Parker)는 파격적인 빨간색을 대담하게 도입하여 여성용 만년필 시장을 석권하였다.[24]

(3) **마케팅의 기초** : 매슬로(Maslow)는 소비자의 필요와 욕구를 충족시키며 기업 목표를 달성하는 효과적인 마케팅을 위하여 마케팅의 가장 기초인 인간의 다양한 욕구를 다섯 가지 계층으로 구분하였다. 마케팅 믹스를 계획하고 실행함에 있어서 마케팅의 구성인 제품(product), 가격(price), 유통(place), 촉진(promotion) 등을 고려해야한다.

① 매슬로우(Maslow)의 욕구단계

㉠ 생리적 욕구(physiological) : 배고픔, 갈증해결과 같은 삶의 원초적 문제

㉡ 안전욕구(safety) : 위험으로부터 안전하게 있고픈 인간의 욕구

㉢ 사회적 욕구(love) : 소속감, 애정을 추구하고픈 갈망

㉣ 존경 욕구(esteem) : 다른 사람에게 존경을 받고 싶은 욕구

㉤ 자아실현욕구(self-actualization) : 지식 및 자기표현을 추구하는 자아실현의 욕구

---

23) 홍지원, 디자인 마케팅, 미진사, 2009, p161
24) http://100.naver.com/100.nhn?docid=750718

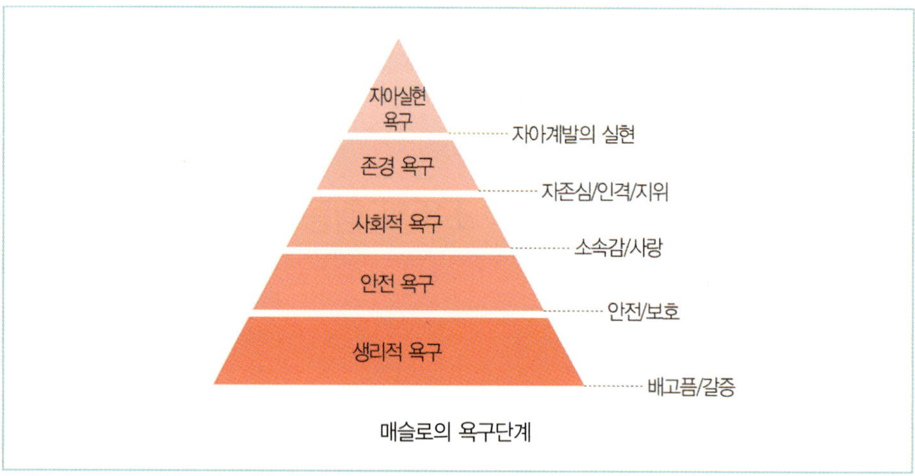

매슬로의 욕구단계

② **마케팅의 구성** : 매카시(E.J McCathy)는 마케팅의 4대 구성 요소를 제품, 가격, 유통, 촉진, 즉 4P로 설명하였다.

㉠ 제품(Product)

- 마케팅의 구성요소 중 가장 핵심 요소이다.
- 물건, 공연, 아이디어, 서비스 등 포괄적인 판매상품이며 이 중에는 컨설팅 등 모든 것이 포함된다.

㉡ 가격(Price)

- 소비자선택에 가장 큰 영향을 준다.
- 가격방식은 아래와 같이 네 가지로 분류한다.
  - 침투가격정책 : 타사의 가격보다 낮게 책정
  - 경쟁가격정책 : 경쟁기업과 같게 책정
  - 고가가격정책 : 경쟁기업보다 높게 책정
  - 명성가격정책 : 명품 등 가격을 월등히 높게 책정

㉢ 유통(Place) : 제품이 판매되고 소비되는 장소와 경로를 말한다.

㉣ 촉진(Promotion)

- 제품이나 서비스 등 제품을 판매하고 소비하는 모든 활동을 말한다.
- 광고, 대인판매, 직접 판매(카탈로그, DM, 인터넷쇼핑), 판매촉진(POP, 이벤트, 경연대회, 경품, 쿠폰), PR, 홍보 등이 있다.

③ **마케팅 믹스** : 소비자의 욕구나 필요를 충족시키며, 이익 · 매출 · 이미지 · 사회적 명성 · ROI(Return On Investment, 투자자본수익률)와 같은 기업목표를 달성할 수 있게 된다.

㉠ 제품 · 서비스 믹스 : 브랜드, 가격, 서비스, 제품라인, 스타일, 색상, 디자인 등을 말한다.

㉡ 유통믹스 : 수송, 보관, 하역, 재고, 소매상, 도매상 등을 말한다.

㉢ 커뮤니케이션 믹스 : 광고, 인적판매, 판매촉진, 디스플레이, 퍼블리시티, 머천다이징, 카탈로그 등을 말한다.

⭐ 소비자 욕구 및 행동 분석

1. 소비자 행동 요인

제품과 관련하여 고객이 충족하려는 욕구와 문제를 발견하는 일로서 크게 네 가지로 나뉘며 사회적요인, 문화적요인, 심리적요인, 개인적 요인(연령, 라이프스타일, 개성, 직업 등) 등을 고려한다.

(1) **사회적 요인** : 가족에서부터 회사 등 집단의 특성에 영향을 받는다.

① **준거집단(reference group)** : 사회구성원의 태도, 의견, 가치관 의사결정 행동 등에 영향을 미치는 집단이며 한 가지 목적을 가지고 모이는 회원집단 등 비교적 크게 자신의 의사나 행동에 영향을 미치는 집단이다.

② **가족(family)** : 개인의 구매행동에 가장 밀접한 영향을 미치는 중요한 집단이며 가족 중 누가 상품을 구입하느냐에 따라서 기업이 유통, 경로, 광고, 판촉 등에 대한 마케팅 전략을 적극적으로 수렴하고 집행해야 한다.

③ **대면집단(face to face group)** : 가족, 친구, 이웃, 직장동료 등 접촉빈도가 높은 집단이다.

(2) **문화적 요인** : 소속되어 있는 문화 환경이나 사회계급에 영향을 받는다.

① **사회계급(social class)** : 유사한 수준의 사회적 신망과 재정적인 능력을 보유하고 있는 사회집단으로 신념, 태도, 가치관 등이 유사하여 상품선택에 대한 정보나 영향력이 크게 자리 잡는다.

② **하위문화(subculture)** : 전체 사회와는 이질적인 사고방식, 행동양식, 생활관습, 종교 등을 지니고 있는 집단으로 동일문화권의 구성원 중에서 비교적 공통된 생활 및 경험과 상황에 맞는 사람들끼리 유사한 가치관과 라이프스타일을 갖게 되는 것을 의미한다. 상당한 규모의 크기를 이루고 있고 특정 제품에 대한 하위시장을 형성한다.

(3) **심리적 요인** : 상황에 따른 심리와 지각상태에 영향을 받는다.

① **지각(perception)** : 감각기관을 통해 관념과 연결시키는 심리적 과정이다.

② **학습(learning)** : 배워서 익히는 경험에서 나오는 개인 행동변화이며 다양한 경험의 반복으로 이루어진다.

③ **동기유발(motive)** : 사람으로 하여금 모든 행동을 일으키게 하여 개인의 만족을 위하여 추구되는 것이다. 인간의 모든 행동은 동기유발에서 시작한다.

④ **신념과 태도(attitude)** : 사람들이 가지고 있는 평가, 감정 및 행동경향을 나타낸다.

(4) **개인적 요인**

① **나이와 생활주기(lifestyle)** : 소비자 개인의 나이와 가족 생활주기를 고려한다.

> **실무 Tip**
>
> 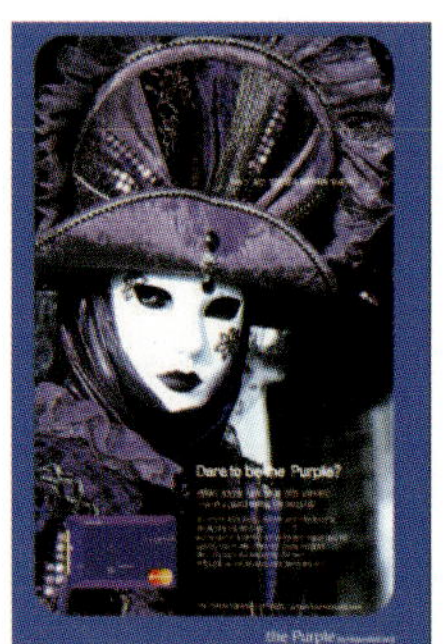
>
>
> H카드사의 고객 라이프스타일을 세분화하여 그에 맞도록 상품을 기획하여 탄생한 알파벳마케팅과 컬러마케팅이 적절한 조화를 이루고 있다. [the Black]으로 시작한 컬러마케팅 중 [the Purple]은 원색인 빨강과 파랑이 극단적으로 대립하는 속성과 화려하면서 우아하며 고상함과 자존심을 상징하는 색채에 걸맞게 상위 5% 내의 상위층을 타깃으로 색채계획한 것을 볼 수 있다.
>
> **라이프스타일과 컬러마케팅의 조화**[25]

② **직업과 경제적 상황** : 직업은 교육 및 소득과 더불어 소비자가 속하는 사회계층을 결정짓는 요소로 작용하여 소비자의 생활양식 등에도 영향을 미침으로써 구매행동에 영향을 미치게 된다.

③ **개성과 자아개념** : 개성은 상품, 상표의 선택과 상관관계가 있으므로 개성 분류에는 소비자 행동을 분석하는데 유용한 변수가 일어난다. 자아개념은 자신을 의식하며 규정하는 인격구조의 중심부로 소비자의 제품이나 상표선호도에 영향을 미친다.

⭐ 소비자의 생활유형

1. 소비자 생활유형(life style)

제임스 엥겔스는 '사람들이 살아가고 돈을 쓰는 양태' 라고 정의하였으며, 윌리엄 레이저는 '사회전체 또는 사회 일부 계층의 차별적이고 특정적인 생활양식' 이라고 정의하였다. 소비자의 생활유형은 특정문화나 집단의 생활양식을 표현하는 구성요소와 관계가 깊고 소비자의 가치관을 반영하므로 소비자행동을 결정하는 중요한 지표가 된다.

(1) **소비자의 생활 유형 측정**

① **AIO 측정법** : 활동(Activities), 흥미(Interests), 의견(Opinions) 등으로 구분하여 측정하는 방법이다.

② **VALS(Value And Life Style) 측정법** : 소비자의 유형을 욕구 지향적, 외부 지향적, 내부 지향적인 분류로 구분하여 생활 유형을 측정하는 방법이다.

(2) **소비자의 구매의사결정과정(AIDMA원칙)** : '주목 → 흥미 → 욕망 → 기억 → 구매 → 구매 후 행동' 과정인 소비자의 구매심리과정을 요약한 것이다.

① **A(attention, 주의)** : 신제품의 출현으로 소비자의 주목을 끌어야 하며 제품의 우수성, 디자인, 여러 가지 서비스에 따라 결정한다.

---

25) http://www.fnnews.com/viewra=Sent0601m_View&corp=fnnews&arcid=0920862866&cDateYear=2006&cDateMonth=11&cDateDay=14

② I(interest, 흥미) : 색채가 좋은 요소가 되며 타제품과의 차별화로 소비자의 흥미를 유발한다.

③ D(desire, 욕구) : 색채의 연상이나 기억, 상징 등을 활용하며 제품구입으로 인해 얻어지는 이익이나 편리함으로 제품을 구입하고자 하는 욕구가 생기는 단계이다.

④ M(memory, 기억) : 소비자의 구매의욕이 최고치에 달하는 시점으로 제품의 광고나 정보 등을 기억하고 심리적으로 구매를 결정하는 단계이며 색채디자인과 광고의 효과가 가장 크게 영향을 미친다.

⑤ A(action, 행위) : 소비자가 직접 구입하는 행동을 취하는 단계이다.

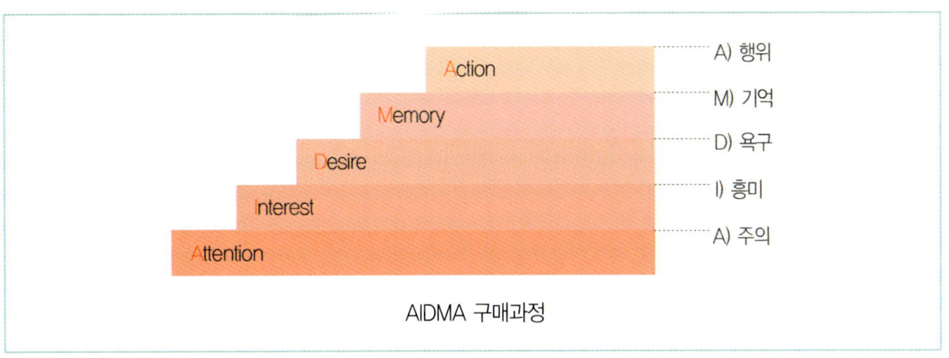

AIDMA 구매과정

2 색채 시장조사

⭐ 색채 시장조사 기법

1. 색채시장조사

소비자 구매의 기초가 되는 언제, 어디서, 어떻게, 왜 제품을 구매하는가에 대한 구매자의 행동 중 제품의 색채분포나 경향 또는 소비자의 색채에 대한 기호나 이미지를 조사하여 효과적인 색채정보를 얻기 위한 것으로 물건의 색과 색채를 보는 사람이 조사대상이 된다.

(1) 색채시장조사의 과정

① 컨셉 확인 : 자사의 타겟 고객과 컨셉을 확인한다.

② 조사방침결정 : 어떤 조사를 할지 조사 분야를 선택한다.

③ 정보수집 : 현장조사의 경우 조사대상, 샘플 수, 시기, 장소 등을 설정한다.

④ 정보의 취사선택 : 수집된 정보를 평가하여 불필요한 자료를 제거한다.

⑤ 정보의 분류 : 타겟별, 아이템별, 지역별로 색채를 분류하고 정리한다.

⑥ 정보의 분석 : 각 집계항목마다 출현빈도를 분석한다.

⑦ 정보의 활용 : 분석결과를 상품기획부문, 영업부분 등 차기 계획에 활용하도록 한다.

(2) **색채정보 수집 방법** : 실험연구법(조사연구법/관찰법), 패널조사법(표적 집단조사) 등을 적용하나 색채 정보수집에 가장 많이 적용되는 연구방법은 표본조사방법이 있다. 표본조사방법에는 표적 집단 또는 불 특정 다수를 상대로 설문조사하는 방법이 있다.

① **실험연구법** : 조사연구법 혹은 관찰법(인위적 관찰, 자연적 관찰/비체계적 관찰, 체계적 관찰)이라고 하 며 주로 실험 연구에서 많이 사용한다. 어떤 대상의 특성, 상태, 언어적 행위 등을 관찰하여 자료를 수 집하며 관찰자의 주관성이 개입될 우려 때문에 면접이나 질문지 조사방법과 함께 쓰인다.

② **패널조사법(질문지법, 면접법)** : 신제품 출시 전에 실시하는 조사법으로 설문지를 이용하여 자료를 얻거나 직접 질문 하는 방식으로 관련자료를 수집(직접 색견본을 제시하기도 함)하여 성향파악을 할 수 있다.

③ **표본조사법** : 색채정보수집에 가장 많이 쓰인다.

㉠ **표본추출방법** : 대규모집단에서 소규모집단으로 표본을 추출하고 무작위로 선정하도록 한다.

- 집략표본추출
  - 모집단을 모두 포괄하고 있는 목록을 가지고 체계적으로 표본을 선정하도록 한다.
  - 모집단의 개체를 구획하는 구조를 활용하여 표본추출 대상개체의 집합으로 이용하면 표본추 출의 대상 명부가 단순해지며 표본추출도 단순해진다.
- 층화표본추출
  - 조사 분석을 위한 모집단의 특성을 고려, 여러 하위집단으로 분류한 뒤 비례적으로 표본을 선 정한다.
  - 표본을 선정하기 전에 여러 하위집단으로 분류하고 각 하위집단별로 비례적으로 표본을 선정 한다.
  - 조사결과에 크게 영향을 미치는 변수를 기준으로 하위 모집단을 구분하는 것이 좋다.
  - 지역적인 특성에 따른 소비자의 자동차 색채 선호 특성 등을 조사할 때 유리하다.

㉡ **표본의 크기**

- 적정표본의 크기, 사례수가 중요하므로, 허용오차의 크기나 오차확률을 고려하는 선행연구의 표 본 크기를 고려하여 사례수를 결정하도록 한다.
- 적정표본의 크기는 조사 대상 변수의 변수도, 연구자가 감내할 수 있는 허용오차의 크기 및 허용 오차 범위내의 오차가 반영된 조사결과 확률을 고려하여 결정해야 한다.

㉢ **표본추출의 적절한 방법**

- 편견배제상태에서 객관적이고 적합한 대상을 선정한다.
- 표본의 오차는 표본의 크기와 집단크기에 정비례한다.
- 표본의 사례수는 오차와 관련이 있다.
- 전문성이 부족한 연구원들은 선행연구의 표본크기를 고려하여 따르도록 한다.
- 다수의 전체집단에서 소수의 집단을 구성하는 것을 원칙으로 한다.
- 전수조사(집단에 속하는 사례 전부를 조사)와 대비되는 방법으로서 일부조사, 표본추출조사, 샘 플조사 등으로도 불린다.

④ 설문조사 : 설문지를 통해 조사하는 방법으로 표적 집단, 불특정다수를 상대로 실시한다. 설문지의 문항작성, 설문대상의 선정을 위한 샘플링이 중요하며 설문조사의 결과는 통계처리나 평균, 빈도의 산출로 아이디어를 추출한다.

　㉠ 설문조사 과정
- 주제의 설정
- 자료수집 방법의 결정 : 자료수집의 가능성, 시간, 비용 등 산출
- 설문조사 계획 작성 : 조사내용, 방법, 일정, 예산, 조사원 산출
- 모집단 : 조사대상이 되는 집단을 추출
- 표본크기의 결정과 표본추출 과정 : 큰 표본은 작은 표본보다 높은 정확도를 보이지만 시간과 비용이 증가

　㉡ 설문지의 구성내용
- 설문지(questionnaire)는 일련의 질문들을 체계적으로 담은 작은 책자 또는 서류 형식으로 응답자가 직접 질문에 기입하기 위한 질문서 또는 앙케이트(enquette)라고 한다.
- 조사 목적에 따라 유용한 자료들을 수집하는 수단이며, 필요한 정보의 종류와 측정방법, 분석의 내용과 방법까지 모두 고려해야 한다.

　㉢ 설문조사 문항작성
- 약 15~20개 정도가 적합하다.
- 개방형설문과 폐쇄형설문(대상의 수가 적거나 아이디어 수집 시)으로 나뉜다.

본 과정의 학습에서 만족스러웠던 사항은 무엇입니까?

본 과정의 학습에서 불만족스러웠던 사항을 말씀해 주시면 개선하겠습니다.

저희 e-Campus에서 향후 개설되었으면 하고 바라는 교육과정(분야)가 있으면 적어주시기 바랍니다.

개방형설문[26]

---

26) http://work.e-campus.co.kr

▸ 튜터만족도(050601)

본 과정의 튜터는 과정의 학습내용에 대한 전문성을 보유하고 있습니까?
○ 매우만족　● 만족　○ 보통　○ 불만족　○ 매우불만족　○ 해당사항 없음

본 과정의 학습 중 튜터로부터 학습진행 관련 e-mail 안내서비스를 받으셨습니까?
○ 매우만족　○ 만족　● 보통　○ 불만족　○ 매우불만족　○ 해당사항 없음

본 과정의 학습 중 학습내용 또는 평가관련 문의사항에 대하여 튜터로부터 24시간 이내 만족할만한 답변을 받으셨습니까?
○ 매우만족　○ 만족　○ 보통　● 불만족　○ 매우불만족　○ 해당사항 없음

본 과정의 학습 중 평가항목(과제,시험,토론 등)에 대하여 튜터로부터 36시간 이내 평가점수 또는 평가의견을 받으셨습니까?
○ 매우만족　○ 만족　● 보통　○ 불만족　○ 매우불만족　○ 해당사항 없음

본 과정의 학습 중 튜터는 자료실을 통해 학습에 도움이 되는 관련 자료를 제공하였습니까?
○ 매우만족　● 만족　○ 보통　○ 불만족　○ 매우불만족　○ 해당사항 없음

폐쇄형설문[27]

- 미세한 차이가 나는 반복질문을 피해야 하나 관련된 질문은 연결하여 배치해야 한다.
- 질문의 유형은 개방형에서 폐쇄형으로, 전반적인 질문에서 구체적인 질문으로 배치함으로써 응답자의 반응을 유도해야 한다.
- 각 질문은 문법적으로 정확한 어휘를 사용한다.
- 전문용어나 복잡한 용어는 피하도록 한다.
- 각각의 질문은 하나의 내용만 구체화한다.
- 전문지식이나 특정견해, 미래의 행동 등을 예상하는 질의는 가급적 피하도록 한다.

ⓔ 설문지 조사자 교육에 필요한 내용
- 조사의 취지와 표본선정 방법에 대한 설명이 필요하다.
- 면접과정의 지침이 필요하다.
- 참가자의 응답에 영향을 주지 않도록 중립적이고 객관적인 태도를 유지한다.
- 특수상황에 대한 대응방침이 필요하다.
- 색채기호, 선호조사 시 색채도구를 활용하는 경우 조사자들에게 색채에 대한 정신물리학적, 심리학적 이해와 더불어 색채체계에 관한 교육이 필요하다.
- 구체적인 방법
  - 개별 면접조사 : 심층적인 정보를 수집하는데 용이하고 표본의 대표적인 성향이 잘 나타난다.
  - 전화 조사 : 즉각적인 응답반응을 아는데 용이하다.
  - 우편 조사 : 비용과 시간이 많이 소요되는데 반해 응답률이 낮다.

(3) **색채정보 분석 방법** : 색채정보 분석 방법으로는 산술평균, 중앙값, 최빈값, 산포도, 교차분석, 상관관계 분석, SD법, 다변량분석, 결과분석 등이 있다. 또한 개인의 내적인 색채를 파악하는 방법으로 심층 면접법과 언어 연상법을 사용한다.

---

27) http://work.e-campus.co.kr

핵심 Plus

- **심층 면접법** : 피험자와 실험자는 1 : 1로 깊이있는 면담을 통하여 피험자의 내재된 색채의 의미를 분석하는 방법이다.
- **언어 연상법** : 직접적으로 밝혀낼 수 없는 응답자의 내재된 색채의 의미를 응답자가 연상한 언어들의 분석을 통하여 알아내는 방법이다.

복잡하고 파악하기 어려운 이미지를 단순한 설계에 의해 그 의미 공간을 파악할 수 있는 SD법(Semantic Differential method)은 색채 조사법으로 가장 많이 사용하고 있다. SD법을 이용하여 Hue & Tone 체계의 130색에 대한 이미지 조사를 실시함으로써 한국인이 가지고 있는 색채에 대한 의미 공간을 구현하면 색채감성을 연구하고 이해하는데 유용한 정보가 될 수 있다.

① SD법(Semantic Differential method) : 미국의 심리학자 오스굿(Charles Egerton Osgood 1916~)이 개발하였으며, 형용사의 반대어를 쌍으로 척도를 만들어 그것을 피험자에게 평가하게 하는 것으로 복잡하고 파악하기 어려운 인간의 여러 가지 현상을 비교적 단순한 설계에 의해 포착할 수 있다.

　㉠ 개념
- 어떤 개념의 이미지를 측정할 것인가 로부터 시작되는데 사람의 정서적인 의미를 느낄 수 있는 모든 자극은 SD법의 개념으로 사용가능하다.
- 낯선 개념이나 망설이게 만드는 피상적인 것, 혹은 어느 쪽도 아니다와 같은 문항이 많아지지 않도록 주의하고, 친숙한 개념을 사용하도록 한다.

　㉡ 반대 형용사 척도의 선정
- 과거 선행되었던 SD법의 조사 내용을 참고해도 좋고 전문 디자인분야의 사람들에게 연상어를 수집해도 좋다.
- 측정하고자 하는 반대 형용사 쌍을 고른다.

> **예** 여성적 ──────────────── 남성적
> 따뜻한 ──────────────── 차가운
> 가벼운 ──────────────── 무거운

　㉢ 척도의 결정
- 형용사척도가 완성되면 '상당히', '약간' 등 척도의 단계를 결정한다.
- 3단계, 5단계, 7단계, 9단계를 많이 사용한다.

> **예** 가벼운 ← ① ── ② ── ③ ── ④ ── ⑤ ── ⑥ ── ⑦ → 무거운

- ①은 매우 가벼운, ②는 가벼운, ③은 약간 가벼운, ④가볍지도 무겁지도 않은, ⑤는 약간 무거운, ⑥은 무거운 ,⑦은 매우 무거운 정도를 의미한다.

㉣ 평가의 실시

- 직관적 회답을 구해야 하므로 깊이 생각하도록 하거나 나중에 고쳐 쓰는 것을 피하도록 한다.
- 평가척도를 파악하고 인자분석을 통하여 점으로 표기(plotting)한 후 점을 이은 그래프(프로필)로 나타낸다.

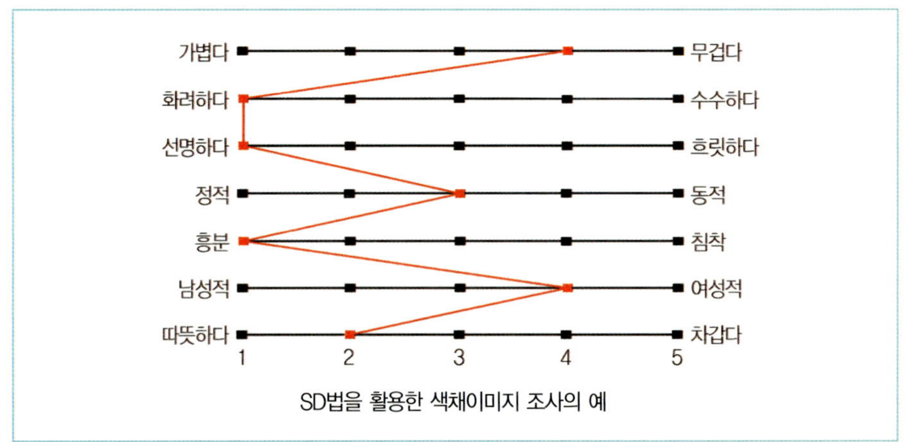

SD법을 활용한 색채이미지 조사의 예

㉤ 요인분석

- 의미공간을 최소한의 차원으로 밝혀주는 가장 대표적 방법이다.
- 여러 변수들 사이의 상관관계를 기초로 하여 정보의 손실을 최소화하면서 자료를 변수의 개수보다 적은 수의 요인으로 설명하는 분석방법이다.
- 변수들을 몇 개의 요인으로 분류하여 변수 내에 존재하는 특성 또는 차원을 발견할 수 있다.
- 오스굿은 요인분석을 통해 3가지 의미공간의 대표적인 구성요인(평가요인, 역능요인, 활동요인)을 밝혀냈다.

2. 유행색

유행색은 색채전문가들에 의해 예측하는 색으로 일정기간동안 사람들이 선호한 색으로 일정기간을 가지고 반복되는 특성이 있다. 특정한 사회적, 경제적 사건이 있을 때, 예외적인 색이 유행하기도 한다. 특히 패션디자인부분은 유행색이 매우 중요한 요인으로 유행색관련기관에 의해 12개월~18개월 이전에 제안된다.

(1) 유행색전문기관

① 유행색 협회 : JAFCA(일본), C.M.G(미국), KOFCA(한국), INTER-COS(이탈리아), CAUS(미국), INTER-COLOR(국제유행색협회) 등
② 안료 종합회사 : BASF, MERCK, DUPONT 등

핵심 Plus

시장의 유행성

- **플로프(flop)** : 수용기 없이 도입기에 제품의 수명이 끝나는 유형
- **패드(fad)** : 단시간에 나타났다가 사라지는 유행
- **크레이즈(craze)** : 지속적인 유행으로 생활의 패턴, 양식, 사고 등을 이끌어 가는 현상
- **트렌드(trend)** : '경향'을 말하며 어느 특정부분의 유행
- **유행(fashion)** : 유행의 양식, ~풍, ~식 등 추세, 유행의 스타일

실무 Tip

P사에서 발표한 2012 Sprig색상으로는 남·여 모두 밝고 화사하면서 따뜻한 봄의 색 Tangerine Tango를 대표색상으로 선정하였다. 원활한 의사소통을 유도하면서 진실한 감성을 드러내는 자리에는 Tangerine Tango색상의 옷을 착용하여 좋은 인상과 패션 감각을 살릴 수 있다.

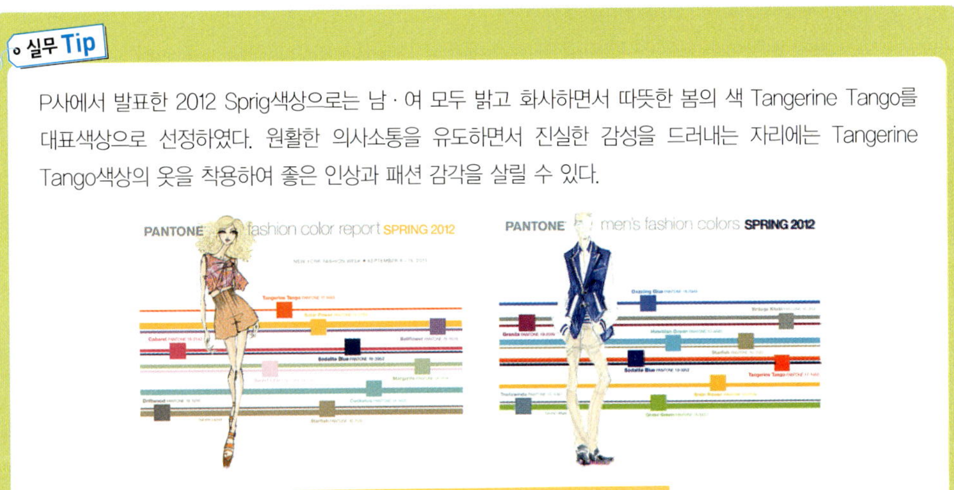

2012 Spring women's · men's P사의 유행색[28]

3 색채 마케팅

⭐ 시장세분화 전략

1. 시장 세분화 전략의 방법

다양한 욕구를 가진 전체 시장을 일정한 기준에 따라 공통된 욕구와 특성을 가진 부분시장으로 나누는 것으로 시장세분화의 조건에는 측정가능성, 접근가능성, 실질성, 실행가능성 등이 있다.

---

28) http://www.fashiontrendsetter.com/content/color_trends

(1) **표적마케팅** : 시장 세분화 전략은 제품개발의 초기부터 이루어지는 것은 아닌데, 기업은 우선 모든 소비자를 대상으로 대량생산, 대량분배, 판촉을 하는 대량마케팅(mass marketing)을 시작으로 제품다양화 마케팅(product variety marketing), 세분화된 시장을 선택하여 이에 알맞은 제품을 제공하는 표적 마케팅(target marketing)으로 변화하였다.

① 표적마케팅(target marketing) : 다품종 소량색상 체제로 변하면서 세분화된 시장을 선택하여 이에 알맞은 제품을 제공하는 마케팅으로 최근의 시장은 표적 마케팅에 주력한다.

② 표적마케팅 3단계(STP전략)

　㉠ 시장세분화(market segmentation)

　　• 시장을 상이한 제품을 필요로 하는 소비자의 구매집단으로 분할하는 것이다.

　　• 시장세분화의 기준

　　　- 사회 심리적 세분화 : 자기현시욕, 기호

　　　- 지리적 세분화 : 국내 각 지역, 도시와 지방, 해외의 각 시장지역

　　　- 인구통계학적 세분화 : 연령, 성별, 소득별, 가족 수별, 가족의 라이프사이클별, 직업별, 사회 계층별 등

　　　- 행동 분석적 세분화 : 경제성, 품질, 안전성, 편리성

　㉡ 시장표적화(market targeting) : 여러 세분화된 시장 중에서 하나 또는 그 이상의 세분화된 시장을 선정하는 과정이다.

　㉢ 시장의 위치선정(market positioning) : 경쟁 제품과의 위치와 그에 따른 상세한 마케팅 믹스를 개발하는 단계이다.

(2) **경쟁사 분석** : 현재의 경쟁사와 잠재적인 경쟁사 등 경쟁이 될 수 있는 강점(strength), 약점(weakness), 기회(opportunity), 위협(threat) 요인의 모든 부분을 분석해야 한다.

(3) **소비자 분석** : 제품의 소비자 유형, 구매동기, 대상, 구매심리 등 여러 분야에서 세심한 자료 분석이 필요하다.

2. 제품 차별화

(1) **제품 포지셔닝(product positioning)** : 포지셔닝이란 제품이 소비자들의 의해 지각되고 있는 모습을 말하며 소비자들이 원하는 경쟁자의 포지션에 따라 기존 제품의 포지션을 새롭게 전환시키는 전략을 말한다. 소비자들이 경쟁제품과 비교하여 갖게 되는 지각, 인상, 감성, 가격 등의 복합적인 영향으로 형성된다. 따라서 세분화된 특성에 따라 제품의 가격이나 성능, 안정성을 강조하는 등의 마케팅 믹스가 필요하다.

① 제품의 포지셔닝의 과정 : 소비자를 분석하고 경쟁자를 확인한 후 자사제품의 포지션을 개발하여 포지셔닝의 확인과정을 거친다.

② 제품의 수명주기(product life cycle)

　㉠ 도입기 : 신제품시장에 등장하는 시기로 이익은 낮고 유통경비와 광고 판촉비를 높이는 시기이다.

ⓛ **성장기** : 수요가 점차 늘어남으로 이윤이 급격히 상승하고 경쟁회사의 유사제품이 나오는 시기로 시장점유율이 극대화된다.

ⓒ **경쟁기** : 기업 간의 경쟁이 심화되는 시기로 급속한 판매율과 이익률은 아니지만 이윤이 이어지는 시기로서 차별화 전략이 필요하다.

ⓔ **성숙기** : 수요가 포화상태에 이르는 시기로 이익감소와 매출의 성장세가 정점에 이르며 반복수요가 늘고 제품의 리포지셔닝과 브랜드 차별화 전략이 필요하다.

ⓜ **쇠퇴기** : 소비시장이 급격히 감소하고 대체상품의 출현 등으로 제품시장이 사라지는 시기로서 신상품개발전략이 필요하다.

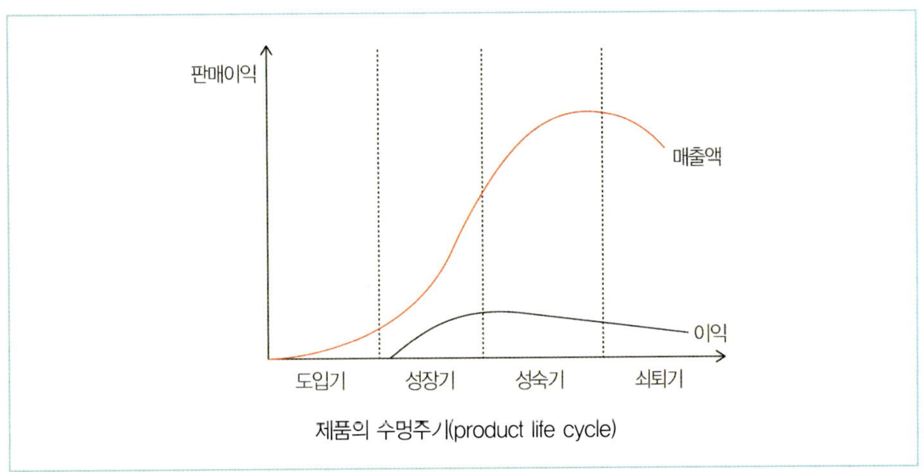

⭐ 색채 마케팅

1. 색채 마케팅의 영향 요인

(1) **인구 통계적, 경제적 환경** : 소비시장을 파악하기 위해 인구 통계학적 변화인 연령별, 거주 지역별, 성별, 가족구성원의 특성, 라이프스타일에 따라 마케팅전략을 구축해야하며 경제적 환경의 변화를 고려해야 색채 마케팅을 실현할 수 있다.

(2) **기술적, 자연적 환경** : 21세기 디지털 시대의 경향과 특성을 파악하고 자연 환경적인 환경주의와 재활용 등 새로운 패러다임에 맞추어 그에 적합한 색채 마케팅을 실현한다.

(3) **사회, 문화적 환경** : 다양한 사회 구성원들의 삶의 형태와 가치관을 파악하여 그들의 활동, 의견, 관심, 생활주기 등을 분석하여 그에 적합한 색채 마케팅을 실현한다.

2. 색채를 활용한 BI(Brand Identity)

특정 브랜드에 대해 소비자가 가지고 있는 이미지를 말한다. 다양한 브랜드에서 브랜드 이미지를 통일시킴으로써 제품의 인지도와 선호도를 높이려는 차별화된 마케팅 전략이다. 즉, 치열한 제품 경쟁에서 살아남기 위해서는 각 제품이 갖는 차별적 우위가 있어야 한다. 구체적인 방법으로 상품 브랜드의 로고 · 마크 · 색상 · 취향 · 마인드 · 코디네이션 · 판매촉진활동 · 광고 · 홍보전략 등을 통일하는 것이 있다.

◦ 실무 Tip

시사성이 강한 B사의 광고[29]

특허청에 따르면 최근 6년간 색깔이름이 들어간 상표는 해마다 늘어나고 있는 추세이다. 녹색(그린)이 35.5%로 가장 많았고 파랑(푸른, 블루) 21.4%, 흰색(화이트) 15.3%, 빨강(레드) 10.9%, 검정(블랙) 9.7%의 순이다. 녹색의 대표적인 예는 B사의 '언헤이트' 캠페인으로 초상권 침범 등 세계적으로 파장을 몰고 오고 있지만 특유의 시사성이 강한 비주얼로 소비자들에게 강하게 인지시키기며 [UNITED COLORS OF BENETTON]의 녹색 BI를 각인시키고 있다.

⭐ 홍보전략

1. 홍보전략

소비자들에게 특정한 상품에 대한 정보를 효과적으로 전달하기 위해 광고매체인 TV광고, 라디오광고, 신문광고, 잡지광고, SP광고(POP광고, 포지션광고) 등을 사용하여 효과적인 홍보 전략을 세워야 한다.

(1) TV광고

① 특징과 장점 : 실물의 구체적인 사항을 전달하는 방법으로 용이하며 매체의 영향력과 대중 분포가 가장 넓다. 시각, 청각, 문자 등의 다양한 방법으로 전달하며 반복 재생이 가능하고 감정이입의 효과가 커 반응이 빠르게 나타난다.

② 단점 : 시청률에 따라 광고의 효과가 달라지며 광고비가 비싸다.

③ TV광고의 종류

   ㉠ 프로그램 광고(program ad) : 20~30초 정도로 프로그램과 프로그램 사이에 나오는 광고를 말한다.

   ㉡ 스팟 광고(spot ad) : 일반적으로 15초 광고로서 프로그램이 시작하기 전에 하는 광고와 프로그램과 프로그램 중간에 삽입되는 형식의 광고를 말한다.

   ㉢ 블록 광고(block ad) : 일정한 시간을 정해놓고 10개정도의 광고를 보여주는 형식의 광고를 말한다.

---

29) http://www.benettonkorea.co.kr/2011fw/

ㄹ 스폰서쉽 광고(sponsor-ship ad) : 물자나 자원, 경비로 프로그램을 지원하여 광고효과를 높이는 형식의 광고를 말한다.

ㅁ 네트워크광고(network ad) : 전국에 방송망을 가지고 있는 방송본국에서 전국을 대상으로 하는 광고를 말한다.

ㅂ 로컬광고(local ad) : 지역방송국을 이용해서 원하는 지역을 골라서 광고할 수 있다.

(2) 라디오광고

① **특징과 장점** : 경제성이 가장 좋은 광고로 전파가 있는 곳이면 장소의 구애를 받지 않으며 지역별 광고가 가능하다. 식품, 약품, 가전제품 등의 광고에 좋다.

② **단점** : 청각에만 의존하므로 구체적 상품제시가 불가능하며 이해도가 필요한 제품의 광고는 어렵다. 또한 다양한 층에게 전달하는 것이 어렵다.

(3) 신문광고(주간신문, 일간신문, 월간지)

① **특징과 장점** : 전통적인 매체로 신뢰성, 편의성, 안정성, 설득성, 자료전달 용이, 기록성, 경제성, 신속성의 특징을 갖고 있다.

② **단점** : 인쇄컬러의 질이 낮아 고급스런 광고가 어려우며 광고의 수명이 짧고 독자의 계층선택이 어렵다. 여러 신문을 모두 취급해야 하고 다른 광고나 기사의 영향을 받을 수 있다.

③ **신문광고의 구성요소**

ㄱ 내용적 요소 : 헤드라인, 서브헤드라인, 바디카피, 슬로건, 캡션, 회사명과 주소

ㄴ 조형적 요소 : 일러스트레이션, 트레이드마크, 코퍼리트 심벌, 보더라인

(4) 잡지광고

① **특징과 장점** : 명확한 독자층을 대상으로 하고 설득력이 강하며 인쇄컬러의 질이 높아 감정적인 광고가 가능하다. 지면의 독점이 가능하여 여성용품, 식당, 화장품, 자동차광고에 적당하다.

② **단점** : 페이지의 위치에 따라 가격 변동이 이루어지며, 각 잡지의 크기가 달라 제작비가 상승하며 신속한 전달이 어렵다.

(5) SP(Sales Promotion)광고 : 구매시점에 소비자를 유도하여 행동에 옮기도록 하기 위한 세일즈 수준의 광고를 한다.

① **POP(Point Of Purchase)광고** : 소비자가 상품을 구입하는 곳에 있는 모든 종류의 광고(안내문포스터)를 말하며 구매시점 광고 또는 3차원 광고라 한다.

② **포지션(position advertising)광고** : 옥외광고, 교통광고, 영화광고 등 집 밖에서 작용하는 광고를 말한다.

SAVAGE STREET

Ⅱ 색채 디자인

1 디자인의 정의 및 목적

 디자인의 정의

디자인이란 상품을 만들려고 하는 목적을 구상, 계획하고 그 이미지를 구체적으로 실현하려고 하는 행위와 그에 따른 결과로 정의될 수 있다. 표면적인 장식이 아니라 어느 하나의 목적 아래 사회적, 인간적, 경제적, 기술적, 예술적, 심리적, 생리적 등의 요소를 통합하여 공업생산의 궤도에 오를 수 있도록 제품을 설계하고 그에 가장 알맞은 기능이나 아름다움을 조화시키는 일체의 행위를 의미한다.

본래, 동사로서 디자인(design)이라는 말은 '지시한다(to make out)', '계획을 세운다' 라는 의미를 가진 라틴어의 데지그나레(designare)에서 유래한다. 또 '밑그림을 그리다', '목적한다(purpose)' 는 의미를 가진 이탈리아어의 디세뇨오(disegno), 프랑스어로 목적이나 계획의 의미인 데생(dessein)과도 관계가 있다. 모든 조형 활동에 대한 기획, 계획, 의장(意匠), 도안, 밑그림, 착상, 구상, 의도적 계획 및 물적 환경의 설비와 공간의 계획과 설계도 포함 하는 등 넓은 의미의 조형 활동을 의미한다.

 디자인의 목적과 방법

1. 디자인의 목적

디자인은 명확한 목적을 지닌 활동이며, 각각의 디자인에서 구체적 목적은 다르지만 거기에 공통되는 기본목적은 미의식과 기능성을 동시에 추구하는데 있다. 미적인 것과 기능적인 것의 조화를 통해 인간의 근본적인 생활을 보다 더 윤택하게 하고, 편리함과 아름다움을 실현하여 제품으로 통합하는 것이 실용적 조형계획, 미적인 조형계획, 생활의 목적표현인 것이다.

2. 루이스 설리반(Louis Sullivan)

기능적 형태가 가장 아름답다고 하는 디자인의 기능주의 입장에서 미국의 건축가 루이스 설리반은 "형태는 기능을 따른다.(Form Follows Function)"라고 말했다. 이는 형태와 기능의 관계를 말하는 것이지만, 기능에 충실했을 때의 형태가 아름답다는 뜻으로 해석할 수 있다. 기능이 가장 효과적으로 직관될 수 있는 형태를 디자인하면 미적인 요소도 증대될 것이다. 이는 현대디자인의 사상적 배경이 되고 있다.

3. 빅터 파파넥(Viter Papanek)

20세기 디자인철학에 큰 영향을 미친 실천하는 디자이너이자 생물 형태학적 디자인의 창시자였던 빅터 파파넥은 디자이너의 사회적인 책임감을 강조하고 환경까지 고려한 디자인을 추구하였다.《인간을 위한 디자인》이라는 책을 출판하면서 그는 일시적인 욕망보다 영구한 필요성을 위한 디자인을 실천해야 한다고 주장했다. 빅터 파파넥은 형태와 기능을 분리시키지 않고 좀 더 포괄적인 의미에서의 기능을 복합 기능(function complex)이라는 용어로 이론을 정리했다. 그 기능은 방법, 용도, 필요성, 텔레시스, 연상, 미학 6가지로 구성된 복합된 기능이라고 강조하고 있다.

Viter Papanek, 1925-1998[1]

(1) 방법(method) : 재료와 도구, 제작 공정의 상호관계를 말하며, 정직한 재료와 저렴한 도구, 효율적 제작 공정의 선택을 강조한다.

(2) 용도(use) : 여러 가지 물건 자체의 쓰임새에 맞게 도구를 이용해야 한다.

(3) 필요성(need) : 일시적이고 변덕스러운 소비자의 욕구에 대응하기보다는 인간의 경제적, 정신적, 기술적, 지적인 요구가 복합된 디자인이 필요하고, 이러한 것은 디자이너들의 책임이다.

(4) 텔레시스(telesis) : 특수한 목적을 최종적으로 달성하기 위한 자연과 사회, 문화의 변천작용에 대한 계획적이고 의도적인 실용화를 의미한다.

(5) 연상(association) : 불확실한 예상이나 짐작 등에 의해 연상의 가치가 결정되고, 많은 연상적 가치는 보편적인 것이며, 인간의 마음속 깊이 자리 잡고 있는 충동과 욕망에 관계된다.

(6) 미학(aesthetics) : 대상의 심미적 가치를 평가하는 기준으로 지속가능성을 전제로 하며, 그 형태나 조형원리, 색채는 소비자를 감동시켜 의미 있는 실체로 만들어내는 도구이다.

 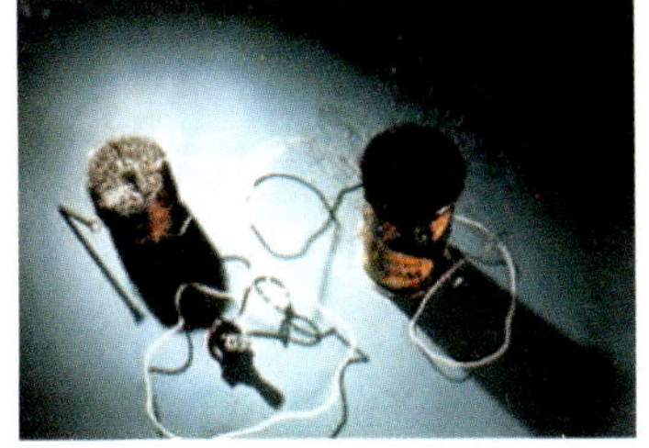

Planet Products Pty. 의뢰로 디자인한 작품인 이중의 포물선형 반사갓의 그린쉐이드(Greenshade)램프[2]와
인도네시아 사람들을 위해 버려진 깡통을 재활용하여 만들어진 9센트짜리 깡통라디오(1960년)[3]

---

1) 조영식, 인간과 디자인의 교감 빅터 파파넥, 디자인하우스, 2000, p102
2) 빅터 파파넥, 인간과 디자인, 미진사, 1986, p106
3) http://home.ebs.co.kr/jisike/main.jsp, 2008년 11월 10일, 90%를 위한 디자인

4. 디자인의 과정

디자인 작업은 실용성과 미적 요소를 결합시켜 인간에게 유용한 제품을 창조해 가는 작업으로, 효과적으로 디자인을 실행하고 색채 디자인을 수행하기 위해 '욕구 → 조형 → 재료 → 기술' 의 과정을 거친다.

(1) 제1단계(욕구) : 새로운 것을 추구하는 심리적인 욕구의 단계로, 창조적 이미지를 형성하고 필요성과 소유욕을 자극한다.

(2) 제2단계(조형) : 욕구에 따라 새 형태를 만들어 내는 시각화단계로 창조적 이미지 실현을 위한 구체적 방법의 발상 및 착상을 한다.

(3) 제3단계(재료) : 이미지에 구상한 형태를 부여하는 단계이다. 재료와 구조에 대한 특성을 파악한다.

(4) 제4단계(기술) : 선정된 재료를 기술적 요소를 첨가한 형태로 구체화하고, 제작기술과 제작공정 등의 과학적 검토가 필요하다.

욕구과정 (기획단계)	색채디자인 대상의 기획
	시장조사
	소비자조사
▼	▼
조형과정 (디자인단계)	색채분석, 색채계획서 작성
	색채 디자인
	주조색, 보조색, 강조색 결정
▼	▼
재료과정	소재 및 재질 결정
	제품 계열별 분류 및 체계화
▼	▼
기술과정 (생산단계)	시제품 제작
	평가(품평회)
	생산

5. 디자인 관리

(1) 일관성 있는 계획수립과 조직, 조정 및 통제 등을 담당하여 실행하는 것이다.

(2) 시장조사, 아이디어 전개, 프리젠테이션 등을 관리한다.

(3) 디자인 평가 기준 : 기능성, 차별성, 생산성을 평가한다.

(4) 디자인의 전개과정 전반을 계획하고 필요한 인원을 충당한다.

(5) 디자이너가 자발적으로 창의력을 발휘하도록 지휘하고 수행여부를 측정하고 분석한다.

(6) 디자인 관리의 진행과정 : '계획화 → 조직화 → 동기화 → 조정 → 통제화'의 과정을 거친다.

6. 디자인 아이디어 발상법

(1) 브레인스토밍(brain storming)

① 1950년대에 오스번(A. F. Osborn)이 회의 방식에 도입한 기법이다.

② 창조적인 아이디어를 표출해내는 자유분방한 아이디어의 산출을 의미한다.

③ 자유연상을 통하여 다양하고 새로운 아이디어를 얻는다.

④ 비판엄금, 자유분방, 다양성 추구, 조직 개선 등을 제시한다.

⑤ 브레인스토밍의 특성

㉠ 하나의 주제에 대해 의논한다.

㉡ 많은 양의 의견을 말한다.

㉢ 타인의 아이디어를 합하여 제2, 제3의 아이디어를 표출한다.

(2) 시네틱스(synetics)법

① 그리스어 synthesis(종합, 통합, 합성)에서 유래하였다.

② 1944년 미국의 윌리엄 고든(William J. Gordon)에 의해 개발된 아이디어 발상법이다.

③ 2개 이상의 서로 관련이 없어 보이는 요소를 결합하거나 합성한다는 의미이다.

④ 유사한 것에서 발상하는 것으로 직접유추, 개인적 유추, 상징적 유추, 환상적 유추 등과 같은 4가지 방법이 있다.

⑤ 전문가 집단을 조직하여 문제의 해결안을 얻고 있다.

(3) 고든(Gordon)법

① 미국의 윌리엄 고든(William J. Gordon)에 의해 개발된 아이디어 발상법이다.

② 브레인스토밍과 마찬가지로 집단적으로 발상을 하는 방식이다.

③ 명확한 주제가 아닌 컨셉이나 키워드로만 주어지고 진행되며 기발한 아이디어 발상을 도모한다.

(4) 연상법

① 아이디어를 구하는 가장 기본적인 방법으로 모든 사물을 발상의 근원으로 한다.

② **접근법** : 공간이나 시각적으로 비슷한 위치에 접근하고 있는 관념이나 경험에 의한 발상법이다.

③ **유사법** : 서로 유사한 사물이나 관념, 경험에 의한 발상법이다.

④ **대비법** : 서로 상반되거나 대조를 이루는 관계에 의한 발상법이다.

⑤ **인과법** : 원인과 결과에 따른 발상법이다.

⭐ 디자인 분류 및 특징

디자인은 목적에 의해 생산되고(제품 디자인) 그 결과로써 환경의 한 요소가 되어(환경 디자인) 사람과 이 야기도 되는(시각 디자인) 경로를 거치게 된다. 생산에서 환경, 환경에서 정보, 다시 생산이라는 부단히 연속되어지는 순환이 형성된다.

	시각전달 디자인	제품 디자인	환경 디자인
2차원 디자인 (평면)	• 그래픽 디자인, 포토 디자인 • 사인 디자인, 심볼 디자인 • 편집 디자인, 상업 디자인 • 타이포그래피(typography) • 일러스트레이션(illustration) • 레터링(lettering)	• 텍스타일 디자인 • 벽지 디자인 • 태피스트리(tapestry) 디자인 • 인테리어 패브릭(벽면무늬) 디자인	
3차원 디자인 (입체)	• 포장(패키지) 디자인 • POP 디자인 • 디스플레이 디자인	• 패션 디자인, 가구 디자인 • 엔지니어링 디자인 • 액세서리(accessory) 디자인 • 조명 디자인	• 점포 디자인 • 조경, 정원 디자인 • 인테리어 디자인 • 스트리트 퍼니처 (street furniture)
4차원 디자인 (공간)	• TV, CF, 영상 디자인 • 컴퓨터 애니메이션 • 무대 디자인		

1. 시각 디자인(Visual Communication Design)

시각적인 요소의 전달을 목적으로 하는 디자인이다.

(1) 2차 디자인

① **심볼 마크(symbol mark), 로고 마크(logo mark)** : CI에서 가장 핵심적인 요소로서, 기업의 경영이념과 방침을 그림으로 상징화한 것을 심볼 마크라고 하며, 기업명 자체를 레터링하여 마크화한 것을 로고 마크라 한다.

② **CI(Corporate Identity program) 디자인** : 기업 이미지를 통합화한 디자인이다.

③ **타이포그래피** : 일반적으로 이미 디자인된 글자체를 포함한 모든 글자를 디자인하는 것이고, 넓은 의미로는 레터링을 포함한다.

④ **그래픽 디자인** : 평면적인 디자인의 시각적 효과

⑤ **슈퍼그래픽** : 건물의 대형화에 따른 대형 광고들의 출현과 도시환경에 미적 감각을 부여하여 건축물이나 공간의 표정을 시각적으로 변화시키는 디자인이다.

⑥ **일러스트레이션** : 전달하고자 하는 의미를 집약화, 단편화 시킨 것으로 캐리커처나 캐릭터를 통해 시각적 양식을 전달한다.

⑦ **사인(sign) 디자인** : 일반적으로 간판디자인을 의미한다.

⑧ **편집 디자인** : 출판매체를 편집한다.

⑨ 리플릿(leaflet) : 일반적으로 접는 광고지, 전단지를 의미한다.

⑩ 팜플릿(pamphlet) : 카달로그, 영업안내, 보고서 등의 소책자를 의미한다.

(2) 3차 디자인

① 포장(패키지) 디자인 : 포장을 목적으로 한 디자인이다.

② POP 디자인 : 구매시점광고로 구매와 광고가 동시에 일어나는 디자인이다.

③ 디스플레이(display) : 판매의 목적과 교육 공개 등의 PR 목적이나 기획을 의도적으로 관객에게 호소하는 3차원 시각적 조형 기술이다.

(3) 4차 디자인 : 컴퓨터 애니메이션, TV, CF, 무대 디자인, 영상 디자인 등이 있다.

2. 제품 디자인(Product Design)

제품의 아름다움과 개성, 재료, 기능성 등의 요소를 통하여 편리성과 실용성을 목적으로 하는 디자인이다.

(1) 텍스타일 디자인 : 직물디자인으로 섬유원료로 실, 천을 만들고, 염색, 가공에 이르기까지 모든 공정이 텍스타일 산업에 속한다.

(2) 태피스트리(tapestry) : 회화나 디자인을 표현하는 장식용 직물로, 가구를 덮거나 벽을 장식하기 위해 손이나 기계로 짠 직물을 말한다.

(3) 인테리어페브릭 디자인 : 실내 인테리어에 쓰이는 모든 직물 등을 사용하여 디자인한다.

3. 환경 디자인(Environmental Design)

인간과 환경을 바람직하게 구축하는 생활터전에 관한 분야의 디자인을 말한다. 환경 디자인이라는 용어는 도시나 지역 사회와 같은 광범위한 지역의 계획에서부터 좁게는 가로등이나 벤치와 같은 스트리트 퍼니처(Street Furniture)의 디자인에 이르기까지 다양한 영역을 포괄하는 폭넓은 개념이다.

4. 기타 디자인과 디자인 기법

(1) 티저(teaser)기법 : 호기심과 궁금증을 유발시키면서 놀리듯이 하나씩 메시지를 전달하는 기법이다.

(2) 클립아트(clip art) : 이미지를 쉽게 삽입할 수 있도록 사전에 제작된 이미지 요소를 말한다.

(3) 리디자인(개량 디자인, 혁신 디자인) : 기존의 디자인을 수정개량하는 것으로 소비자 선호도의 변화나 시대감각의 흐름에 따라 기존의 기능을 새로운 용도와 형태로 창조하는 디자인이다.

(4) 광고 디자인(advertising) : 상품판매를 위해 소비자의 구매 심리를 자극하여 구체적 행동을 취하도록 하는 것을 주목적으로 삼고 있다.

(5) 익스테리어 : 생활 외부 공간 디자인을 말한다.

2 디자인의 요건

 디자인의 요건(Good Design)

인간에게 있어서 좋은 디자인(good design)은 인간이 요구하고 필요로 하는 합목적성, 심미성, 경제성, 독창성, 질서성의 조건들이 서로 조화를 이루고 충족되는 것이다.

1. 합목적성

(1) 일정한 목적에 도달하는데 적합한 대상 또는 행위를 말한다.

(2) 실용성과 효율성을 갖추어야 하며, 이성적, 합리적, 객관적 특성을 가지게 된다.

2. 심미성(미의식)

(1) 합목적성과 반대되는 개념으로 아름다움을 느낄 수 있는 미적 의식을 말한다.

(2) 인간생활의 질적 수준을 향상시키기 위해서는 외형장식(표현장식, 형식미)과 유기적으로 결합된 형태(조형미, 내용미, 기능미)의 아름다움이 나타나야 한다.

(3) 개인의 기호에 따라 주관적, 감성적 특징을 지니게 되고 사회, 문화적으로 평가가 달라질 수 있다. 시대성, 민족성, 국제성, 허용된 범위 내에서의 개성적 표현이 복합되어 나타난다.

3. 경제성(지적 활동)

(1) 최소한의 비용으로 최상의 디자인을 만들어 내고, 최소한의 재료와 노동력으로 최대의 효과를 얻는 경제원칙이다.

(2) 좋은 디자인을 만들려면 심미성과 합목적성을 잘 조화시켜 재료의 선택, 형태, 제작기술, 전 공정의 계획 등의 단계부터 세워 한정된 경비로 최상의 디자인이 창출되도록 한다.

4. 독창성(감정적 활동)

(1) 현대 디자인의 핵심으로 디자인 자세, 아이디어 등 새로운 가치를 추구하는 것을 말한다.

(2) 독창성으로 다른 제품과 차별화되고, 부분 수정을 통해서도 독창성이 나타난다.

(3) 창조적이며 이상을 추구하고 독창적인 요소를 가미할 수 있도록 한다.

(4) 대중성을 무시한 독창성은 없다.

5. 질서성

(1) 디자인은 질서(order)이다.

(2) 디자인의 조건을 하나의 집합체로 각 원리에서 가리키는 모든 조건을 하나의 통일체로 하는 것을 질서성이라 한다.

(3) 디자인의 4대 조건인 합목적성, 심미성, 경제성, 독창성이 서로 조화를 이루어 유지 관리 시키는 데는 질서성이 절대적으로 필요하다.

6. 합리성

(1) 합리성은 지적요소로 합목적성과 경제성을 고려한 디자인의 조건이다.

(2) 비합리성은 감정적요소로 심미성과 독창성을 고려한 디자인의 조건이다.

(3) 합리성과 비합리성을 통일시키는 것이 질서성의 원리이다.

◦실무 Tip **굿 디자인 마크(GD mark)**

4) http://www.gd.or.kr

⭐ 지역성

국가, 나라, 도시마다 가지고 있는 고유의 특징을 말한다. 인간은 태어난 지역의 기후, 풍토, 위도에 따라 지역 특성에 적응하게 되어 있다. 일조가 좋은 지역에서는 강한 색으로, 흐린 날이 많은 지역에서는 약한 색으로 각각 색채 대비를 생리적, 감각적으로 충족시킨다. 이를 팔레트 효과(Pallet effect)[5]라고 한다. 디자인에 있어서 지역성은 무척 중요한 요소 중 하나이므로 디자인 계획 시 지역성을 충분히 조사하고 분석하여야 한다.

⭐ 친자연성(친환경성)

생태학적으로 건강하고 유기적 전체에 통합되는 인공 환경의 구축을 궁극의 목표로 삼아 인간과 자연이 함께 할 수 있는 조화로운 디자인을 생각하는 것이 친자연성(친환경성)이다. 생태학적 사고, 삶의 방식, 소비와 생산의 방식을 바꾸지 않으면 미래는 존재하지 않는다. 디자인교육, 디자인개발, 디자인 정책 등은 반드시 생태적 과정에 의해 방법과 수단이 결정되어야 하며, 환경 친화적 디자인의 개념, 그린 디자인(green design), 생태학적 디자인(eco-design)등이 나타난다.

⭐ 문화성

어떤 사회든 통용되는 색에 대한 고정관념은 존재하는 법이고 사회의 성원들은 무의식적으로 그 고정관념에 따르게 된다. 이 경향은 그 사회가 보수적이고 폐쇄적일수록 강한데 그것은 다른 고정관념도 마찬가지이다.

한 지역의 지리적, 풍토적 자연환경과 인종적인 배경 위에서 자생적인 미의식이 여러 세대(代)를 거치면서 형태의 세련과 사용상의 개선이 이루어져 생태계에 유기적으로 적응하는 인간중심의 디자인 전통을 말한다.

청계천 광장[6]

5) 노무라 준이치(김미지자), 색의 비밀, 도서출판 국제, 2005, p174
6) http://www.cheonggyecheon.or.kr(청계천 홈페이지)

1 조형 예술사의 이해

⭐ 원시 시대

1. 원시 미술

(1) **최초의 벽화** : 남프랑스에서 발견된 라스코 동굴벽화에는 풍요와 종족 번성의 기원이 담겨 있다.

(2) **문자의 발명** : 수메르인들에 의해 발명되었으며 문화, 사회, 경제 등에 일대 혁신을 가져왔다. 그림 문자들은 점토에 갈대로 만든 세필로 기록되었고 초보적 십진법을 사용하였다.

(3) **부족문화의 생성** : 재산의 사유화 및 교역, 상업의 발달로 소유권을 시각적으로 나타낼 필요가 생겼다.

라스코 동굴벽화, 기원전 1만~1만 3000년, 프랑스 도르도뉴[7]

2. 메소포타미아 문명

디자인이라는 현대적 개념이 성립되거나 인식되기 이전부터 생활의 필요에 의해 많은 종류의 물품들이 제작되었으며, 고대인들은 나름대로 각기 물품의 용도에 가장 적합한 기능과 미적요소를 부가해 왔다. 메소포타미아 문명의 기초를 세운 최초의 사람은 수메르인으로 기원전 3500년경부터 티그리스강과 유프라테스강이 합류하는 지역에 수많은 도시를 건설하고 인류 최초로 문자를 사용하였으며, 공통의 종교, 수학, 법률, 건축법을 발달시켰다.

---

7) http://www.lascaux.culture.fr

수메르 인은 쐐기 문자(설형 문자)를 사용하였다. 이것은 주위에서 쉽게 구할 수 있는 진흙으로 만든 점토판에 뾰족한 갈대 펜으로 글씨를 새기다 자연스럽게 형성된 문자인데 표음 문자로 발전했다. 페니키아인들이 사용한 문자는 오늘날 알파벳의 시조가 되었다.

기원전 300~900년, 메소포타미아, 실린더 형태 행정도판과
기원전 2250~150년, 메소포타미아 아카드 시대 후기, 사냥장면이 압축장식된 평판과 실린더[8]

 고대 시대

1. 이집트

이집트의 피라미드 건축과 스핑크스는 파라오 영혼의 영원한 영광을 위해 존재하였으며, 불멸의 오리엔트문화로서 거대문명발전의 초시를 이루었다. 신격화된 고대 이집트 왕조의 부장품목들인 인물초상, 부조벽화, 금은 세공품, 도자기 등에는 정치, 예술, 문화, 전쟁 등에 직접적으로 관여한 왕족들의 발자취와 일상생활을 어떻게 영위했었는지에 대한 자취가 뚜렷하게 표현되고 있다. 이집트인들은 그 밖에도 문학, 의학, 고등 수학을 발달시켜 인류문명에 중요한 기여를 하였다. 종이와 비슷한 파피루스(Papyrus)의 개발은 커뮤니케이션에 중요한 역할을 하였다.

이집트인에게는 독특한 종교적 색채 상징관념이 있어서 색마다 특정한 의미를 가지고 있었다. 예를 들면 백색은 기쁨, 흑색은 재생, 적색은 악마, 황색은 신성, 녹색은 활력을 의미하여 그러한 법칙에 따라서 종교적인 공예품의 채색이 결정된 경우가 많다. 그러나 일반적인 회화는 화가가 관찰한 대로 자연스럽게 채색되었다.

 Plus

이집트벽화의 정면성의 법칙

- 고대 이집트인들은 대상의 특징이나 성격이 잘 드러날 수 있도록 눈에 보이는 대로 그리는 방식 대신, 자신들이 알고 있는 대로 그리는 방식을 선택했다.
- 태양신을 숭배하고 영혼불멸의 내세를 믿었으며, 회화에서는 피라미드 내부의 벽화에 정면성의 법칙을 적용하였다.

---

8) http://www.metmuseum.org/collections

- '정면성의 원리'는 회화의 표현양식 중 하나가 아닌, 이집트인들의 관념체계를 보여준다.
- '정면성의 원리'는 현실의 사회질서를 뚜렷하게 드러내는 방식으로 신분이 높은 인물을 표현할 때에는 정면성의 원리를 적용했지만, 미천한 신분의 인물은 그 적용에서 제외되었고 동식물의 경우에는 자연주의가 적용되고 있다.

기원전 2040~1010년경,
네베페트르 멘투호테프 부조[9]

2. 그리스와 로마

그리스 철학이 사고의 명석함과 조화질서를 강조했듯, 그리스 미술과 건축 역시 균형을 강조하였다. 당시의 디자인은 색채보다 선과 형의 균형미에 중점을 두었으며 소재는 주로 식물이나 말, 사자와 같은 동물로 나선형이나 기하학적 형태를 사용했다. 도기화에는 표면에 회화적인 부조를 새기는 독창적인 디자인 표현방법을 개발하여 사용하였고 그리스 신화 속에 신과 영웅들의 이야기와 전쟁이나 잔치와 같은 현세적인 주제가 주로 그려져 있다.

기원전 3세기경 그리스의 식민지였던 남부 이탈리아와 시칠리아 섬에서 로마인과 그리스인의 교류가 시작되었는데, 로마인들은 그리스의 미술뿐만 아니라, 시, 수사학, 철학 등에도 매료되어 많은 지식인들과 교사, 조각가, 화가를 고용하여 여러 분야에서 그리스의 영향이 보인다. 로마인들은 현실적이고 실용적인 생활을 중시하였고, 헬레니즘 문화를 계승 발전시키면서 점차 자신들의 특징적인 양식을 발전시켜 나갔다. 로마 예술은 전기 그리스 예술보다 지적이고 이상적인 면은 덜하였지만 모방에 의하여 실용적이고 기능적이며 현세 생활을 중요시하였다.

기원전 750년경, 테라코타 항아리와 잔, 남자와 켄타우로스의 조각상[10]

---

9) http://www.metmuseum.org/collections
10) http://www.metmuseum.org/collections

⭐ 중세사회

1. 초기 기독교시대

초기 기독교 시대에는 고도의 기능을 갖춘 건축가에 의해 여러 곳에 거대한 성당이나 수도원이 세워졌다. 교회 벽면과 천장을 장식하기 위하여 프레스코에 의한 대담한 벽화나 초기 벽면 모자이크가 전문가에 의해 만들어 졌다. 로마 건축이 서서히 사라지고, 이상적인 기독교인의 상이 건축에 반영되기 시작되면서 외부는 소박하지만 내부는 성령을 상징하는 모자이크, 프레스코, 스테인드 글래스로 화려하게 장식되었다.

2. 비잔틴(Byzantine)

중세 미술의 황금기로 불리어지며, 5세기부터 15세기까지 동로마제국(비잔틴)의 수도 콘스탄티노플(Constantinople)을 중심으로 발전, 지속됐던 지중해 동부 지방의 예술양식이다. 초기 기독교 미술을 발전 시켰으며 동서양의 문화와 종교 등이 복합적 요소를 형성하면서 르네상스 이전 중세 시대 동안 조형예술의 모든 영역에 큰 영향을 미쳤다.

주로 사원건축과 촛대나 성배 등의 기독교 예술품, 그리고 일상적으로 사용되었던 생활공예품을 중심으로 발전했다. 빛을 신의 존재를 강조하기 위한 수단으로 여기며, 빛에 의한 색채 변화를 예술문화에 적용시키면서 스테인드 글라스(stained glass)와 같은 모자이크 유리공예나 벽화가 발달했다. 모자이크는 11세기 라프니 수도원이 대표적이다.

금으로 된 포도주잔과 유리모자이크로 된 그리스도의 초상[11]

3. 로마네스크(Romanesque)

로마네스크는 10세기부터 12세기에 걸쳐 이탈리아 북부와 프랑스를 중심으로 부흥한 미술양식을 일컫는 것으로, 서로마를 중심으로 유럽 전체의 중세 미술을 대표한다. 원래 이 용어는 고대 로마 건축물에서 파생된 것이다. 따라서 고대 로마 문명과 비잔틴 예술의 영향을 받아 대담하고 추상적이며 종교적 모티브를 문양적인 디자인으로 보여준다.

금속공예가 주류를 이루었으며, 특히 칠보공예가 발달하였다. 조형에서는 프레스코와 장식이 많았으며, 건축은 로마풍으로 아치형의 창, 두터운 벽, 작은 창(피사 대성당)이 설계되었다.

---

11) http://www.metmuseum.org/collections

스태인드 글라스(Stained Glass)와 귀걸이[12]

4. 고딕(Gothic)

로마네스크에 이어 12세기 중반부터 15세기 초까지 유럽을 중심으로 발전한 고딕 양식은 주로 성당 건축을 중심으로 확산되었다. 고딕이라는 명칭은 게르만의 한 부족인 고트족 이름에서 유래했다.

고딕시대에는 수직선의 효과를 강조하여 기둥과 지붕의 높이를 높인 수직 첨탑사원이 주류를 이루고 있다. 창문은 스테인드글라스를 통해 신비스럽고 환상적인 느낌을 조성하였다. 스테인드글라스는 빛이 투과하는 순간의 신비감과 성스러운 느낌 때문에 성당이나 교회에서 빠지지 않는 예술이다.

프랑스 초기 고딕성당의 대표작, 노트르담 대성당

⭐ 르네상스(Renaissance)

'다시 깨어나다' 는 의미의 르네상스는 신흥 시민계급을 중심으로 그리스의 이상미와 고대 로마문화가 발전시켰던 고전주의를 계승해가는 문예부흥 운동이다. 르네상스 예술가들은 균형, 비례 등을 중요 요소로 부각시켰는데 이는 회화에서 원근법의 발전으로 이어졌다. 르네상스 미술은 대표적 작가인 레오나르도 다 빈치, 미켈란젤로, 조각가 도나텔로와 비너스의 탄생을 그린 화가 보티첼리 등에 의해 전개되었다.

르네상스 시대에는 그리스, 로마의 미술과 문학이 재음미되었고 인체와 생태계에 대한 과학적인 탐구가 이루어졌으며, 자연의 형태를 사실적으로 묘사하려는 경향이 팽배하였다. 해부학을 통한 정확한 인체상을 묘사하는 등 화가들은 회화의 새로운 지평을 열었다.

이 시대에 이루어진 기술적인 혁신과 창조적인 발견은 현실을 표현하는 새로운 양식의 등장을 가져왔다. 가장 중요한 발견은 회반죽된 벽 위에 그리는 프레스코화나 나무판자 위에 그리는 템페라화 대신 캔버스

---

12) http://www.metmuseum.org/collections

위에 그리는 유화가 발명된 것이다. 이 발명으로 회화는 단순히 소묘를 기초로 채색하는 단계에서 벗어나, 빛과 그림자를 사용하여 부피감을 살리고, 원근법을 이용하여 3차원적인 공간감을 주었으며, 피라미드 구성도 발달하였다.

보티첼리(Sandro Botticelli)의 비너스의 탄생[13]

⭐ 바로크(Baroque)

바로크라는 말은 '찌그러진 형태의 진주'라는 뜻의 포로투갈어에서 유래한다. 허세를 부리고 지나치게 과장되어 있다는 부정적인 의미로 종종 사용되지만, 르네상스 전성기가 지난 17세기 무렵부터 등장한 유럽 건축미술의 한 특징을 가리키는 말로 사용되었다. 동적인 움직임과 복잡한 구도로 격정적 느낌을 주는 남성적인 미술이다. 주요 표현 특징은 곡선의 화려한 색채를 사용한 장식적 효과이다. 당시 귀족들의 취향에 부합하는 것으로 감정적이고 역동적인 스타일은 화려한 의상과 장신구, 생활용품에 이르기까지 널리 사용되었다. 유럽 아르누보 양식의 발생에도 큰 영향을 미쳤다.

페테르 루벤스(Peter Paul Rubens), 비너스와 아도니스[14]

---

13) 세계일보, 2006년 6월 29일, 명화 속 여성
14) http://www.metmuseum.org/collections

⭐ 로코코(Rococo)

로코코는 원래 더위를 피하기 위한 석굴이나 분수를 장식하는 데에 쓰이는 조약돌 혹은 조개 장식을 말하는 프랑스어 로카이유(rocaille)에서 유래되었다. 바로크의 발생과 비슷한 시기에 잇달아 등장한 로코코 양식은 루이 15세 양식으로 프랑스를 중심으로 일어난 장식적인 예술형식이다. 독일, 오스트리아를 비롯한 중부 유럽에서는 18세기 말까지 사치스런 궁전이나 교회를 장식하는데 널리 사용되었다.

핵심 Plus

로코코의 특징

- 고도의 세련된 기법이 특징으로 바로크 양식보다 호화로운 장식, 정밀한 조각 등으로 여성적, 감각적으로 발전시켰다.
- 꽃모양의 소용돌이를 이용하여 장식하였으며, 물결치는 연속 곡선 형식으로 우아함을 강조하였다.
- 균형과 비례의 미보다 상반되는 비대칭의 자유로운 디자인을 선호하였다.
- 꽃무늬와 조가비, 나뭇잎 같은 소용돌이무늬, 다양한 식물무늬 등을 사용하여 자유로운 디자인을 선호하였다.
- 로코코 예술은 장식적이었으나 당시의 무능한 귀족 계급만큼이나 비실용적이었다.

장-오노레 프라고나르(Jean-Honore Fragonard)의 그네[15], 은으로 된 식기[16]

2 근대 디자인사조

⭐ 근대 디자인의 성립

시대적으로 프랑스혁명이 진행되고 있을 무렵 영국에서는 명예혁명 이후 상공업이 크게 발전하여 기술혁신에 필요한 자본이 축적되어 있었고 기업가들의 열의도 대단해졌다. 최초로 산업혁명을 이룸으로써 자연히 영국은 세계의 공장이라 불리어질 만한 지위를 차지한 후에 자유 무역론을 내세워 세계시장을 지배하는 돌풍을 일으켰다. 과학기술을 선도하여 새로운 재료와 기술을 낳게 하여 디자인 및 예술운동을 발전시키는 요소가 되었다.

15) Wallace Collection Online
16) http://www.metmuseum.org/collections

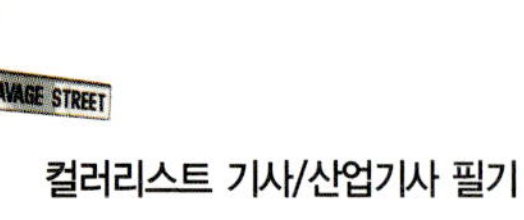

영국의 런던에서 열린 세계 최초의 만국박람회장 건물인 수정궁은 유리와 주철로 된 구조물의 미학적 가능성을 보여주었다. 이 박람회는 각국의 기계공업의 성과를 한곳에 모은 것으로 전시품들은 예전처럼 공예가의 수공 기술로 만든 것이 아니라 기계로 제작되어 미적 수준은 낮았으나, 새로운 기계의 시대가 열렸음을 알리고 디자인에 대한 중요성을 일깨우는데 커다란 공을 세웠다. 만국박람회 이후 1860년 뉴욕에는 시민을 위한 대중공원인 센트럴 파크가 만들어졌고, 1889년 파리 만국 박람회에서는 철골 구조의 에펠탑이 세워지는 등 새로운 형태의 디자인이 이루어졌다.

Joseph Paxton, 1851년 런던의 박람회장으로 쓰였던 수정궁Crystal Palace[17]

산업혁명 시기의 '파르테논'으로 통하는 이 건물은 대리석에서 벗어나 새로운 탄생과 함께 채광의 중요성을 강조한 건축물로, 길이가 564m에 이르고 비계공사 없이 해낸 일화로 유명하다.

⭐ 산업혁명

18세기 말에 영국에서 발생한 산업혁명은 산업구조에 따라 기계공업과 노동분업의 생산체계가 이루어지는 계기가 되었는데 사회혁명인 동시에 디자인혁명이었다. 디자인이 귀족의 전유물에서 대중화, 대량생산체제로 전환되는 시기로, 수공업과 가내공업이 기계공업, 대량생산으로 유도되고 전 세계로 더욱 확산되었다. 대량생산체제로 품질 좋은 산업용품이 보급되었으며 기계에 대한 의존도를 더욱 높이는 결과를 낳았다. 기계의 의해 조잡한 제품의 범람으로 미적 수준의 저하를 가져오기도 했다. 이농현상이 발생하여 도시인구가 급팽창하였고, 저렴한 가격으로 원하는 기능제품 구입이 가능해지자, 구매력 증대가 기술개발을 자극했으며 부의 분배도 확산되었다.

⭐ 미술공예운동(Art and Craft Movement)

1. 미술공예운동의 배경

1850년대 전후의 사상가이자 활동작가였던 윌리엄 모리스(William Morris 1834~1896), 존 러스킨(John Ruskin 1819~1900) 등은 산업혁명에 따른 기계생산에 의한 제품의 품질 저하를 비난하고, 귀족적인 중

---

17) H.H.Arnason, HISTORY OF MODERN ART, Harry N Abrams, 1998, p91

세 수공예에 높은 가치를 부여하는 공감대를 형성했다.

윌리엄 모리스와 필립 웹(Philip Webb)이 건축한 '레드 하우스(Red House)'를 미술공예운동의 중심지로 삼고, 수공예품들을 생산하기 시작했다. 후에 유럽전역에 영향을 미쳐, 프랑스의 아르누보 양식을 창출시키고 근대 디자인 운동에 많은 영향을 미쳤다. 하지만 소수 부유층만이 소유할 수 있는 값비싼 제품이라는 한계 때문에 '민중을 위한 예술'은 오래 지속되지 못했다.

필립 웹(Philip Webb)이 건축한 '레드 하우스(Red House)' [18]

2. 미술공예운동의 특징

장식미술분야의 새로운 미술운동으로, 주로 중세 고딕(Gothic)의 형식언어를 추구하였다. 색채는 올리브그린, 크림색, 어두운 파랑, 황토색, 검정색 등의 톤이 어둡거나 칙칙한 색이 주로 사용되었다.

윌리엄모리스(William Morris)의 딸기도둑 Strawberry Thief, 날염과 핑크색장미 벽지 디자인 [19]

3. 윌리엄 모리스(William Morris 1834~1896)

윌리엄 모리스는 영국의 공예가, 시인, 사회사상가로 빅토리아 시대의 대표적인 비판적 지식인의 한 사람으로서, 그의 사상과 실천은 근대 디자인의 출발점이며 이후 디자인의 역사에 미친 영향은 지대하다. 1861년 마샬 포크너 상회를 설립하여 벽면장식과 스테인드글라스, 금속세공, 가구 등 직접 공예품을 디자인, 제작

18) The William Morris Society(www.morrissociety.org)
19) http://www.metmuseum.org/collections

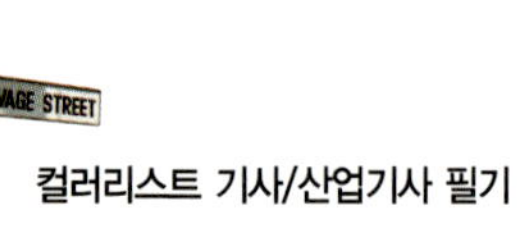

하면서 이념실천에 적극적이면서 기계에 의한 기쁨 없는 노동을 윤리적인 입장에서 비판하였다. 1890년에는 캠스코트 출판사를 설립하여 중세의 필사본 전통의 계승을 시도하였다.

존 러스킨의 사상을 이어받아 민중을 위한 조형을 역설하고 '만인이 함께 나누어 가질 수 있는 예술'을 추구했는데, 이는 바로 근대 디자인의 이념적 기초가 되었다. 산업혁명으로 파괴된 인간성과 미의 회복을 목적으로 미술과 공예를 통일하며 수공예를 부흥시키기 위해 수공예의 사회적 책임이 중요하다고 주장했다는 점에서 모리스는 20세기 예언자이며 근대 디자인 운동의 아버지였다.

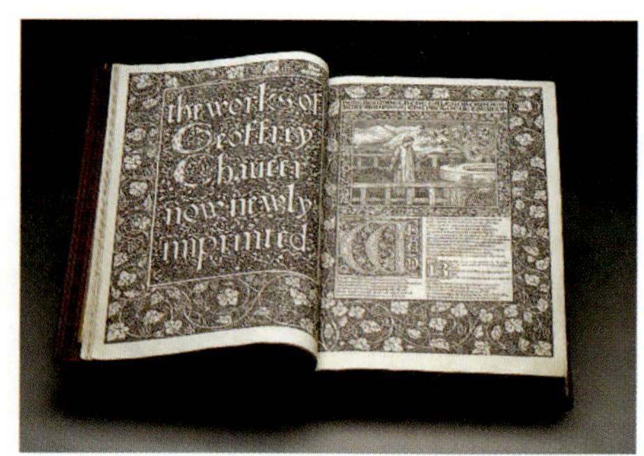

윌리엄 모리스 (William Morris)의 kelmscott Chaucer 중세 필사본[20]

핵심 Plus

러스킨(John Ruskin, 1819-1900)

인생의 전반을 비평가로, 후반을 사회주의자로 지낸 존 러스킨은 그의 저서 《건축의 7등불(1849)》과 《베니스의 돌(1851-1853)》 등을 통해서 고딕의 리바이벌을 주장했다. 그는 1851년 런던 만국박람회의 수정궁을 오이의 온실이라고 부르고, 기계를 사용해서 대량생산 되는 제품을 비난했다. 그리고 중세 고딕 길드의 공예가들이 엄격하면서도 창조적 노동의 기쁨을 바탕으로 제작한 소박하며 생명감 넘치는 제품에 매료되었고, 고딕에 있어서 공예가들의 자유로운 창조능력과 자연의 연구와 숭배를 찬미하면서 중세정신의 부흥을 강조했다.

 아르누보(Art nouveau)

1. 아르누보의 의미와 기원

아르누보는 new art(신예술)이란 뜻의 불어로, 새로움이라는 개념으로 해석되었으며, 주로 식물을 모방한 유동적인 곡선을 애용했기에 '꽃의 양식', '물결의 양식', '당초양식' 등으로도 불리고 있다. 아르누보는 영국·미국에서의 호칭이고, 독일에서는 '유겐트스틸(Jugendstil)', 프랑스에서는 '기마르양식(Style Guimard)', 이탈리아에서는 '리버티양식(Stile Liberty : 런던의 백화점 리버티의 이름에서 유래)' 등으로 불린다.

아르누보의 양식적인 기원은 영국의 미술공예운동에 두고 있으며, 빅토르 오르타에 의해 1890년부터 약

---

20) http://www.morrissociety.org, The William Morris Society

20년간 벨기에와 프랑스를 중심으로 전개되어 제1차 세계대전 무렵까지 유럽과 미국 등지에서 건축, 조각, 회화, 공예, 디자인 등 모든 장르에서 새로운 생명과 풍부한 혁신을 불러일으킨 장식 미술운동이다.

2. 아르누보의 발생 배경

아르누보 양식의 발생 배경은 산업혁명, 새로운 재료에 대한 기술의 발전, 새로운 건축에 대한 필요성 인식의 3가지를 들 수 있다.

18세기 후반부터 영국에서 시작된 산업 혁명으로 인해 철의 제조기술이 발전함과 동시에 방적, 섬유 공업이 발전하면서 막대한 노동력이 필요해지게 되었다. 이는 도시의 인구집중을 초래하게 되었다. 건축에 있어서 철이 값싸게 공급되고 유리 기술이 진보하면서 빛이 충분히 들어올 수 있는 건축물을 만들 수 있게 되었고 이는 건축주제의 변화를 가져오게 하였다. 그동안은 사원이나 궁전이 대건축을 지칭하였지만 산업 혁명에 의한 인구의 도시집중으로 귀족이 아닌 노동자의 주택, 백화점, 증권거래소, 철도의 발달에 의한 정거장과 각종공장 등으로 건축의 주제를 확대시켰다.

Hector Guimard가 디자인한 프랑스 파리의 지하철 입구[21]와 Rapp 거리 29번지 현관[22]
Jules Lavirotte 작품으로 당시로서는 파격적인 형식의 이 건물 설계도는 1901년 파리 건축경연대회에 출품하여 1위의 영예를 안았다.

3. 아르누보의 특징

(1) 아르누보는 장식성을 강조한 미술공예운동의 영향을 받아 탄생된 신예술 운동이다.

(2) 자연물의 유기적 형태를 빌려 건축의 외관, 조명, 실내장식, 회화, 포스터 등을 장식할 때 사용되었던 양식이다.

(3) 인상주의의 영향을 받아 환하고 연한 파스텔 계통의 부드러운 색조가 유행했으며, 부드럽고 연한 색조 또는 복잡한 이중적인 색채효과로 섬세한 분위기를 연출하였다.

(4) 지나친 장식에서 벗어나지 못하고, 섬세한 디테일과 덩굴의 곡선무늬, 일본 목판화 스타일의 표현요소들

---

21) http://www.lartnouveau.com/artistes
22) http://www.lartnouveau.com/artistes

을 애용했다.

(5) 아르누보를 통해 선과 색채, 면과 형태라는 조형적 요소에 새로운 장식적 가치가 부가되었으며, 종합적인 디자인의 수단으로서 새로운 의의를 갖게 되었다.

(6) 과거의 복고주의적 장식에서 탈피하여 상징주의 형태와 패턴의 미학을 받아들임으로써 미술을 모든 생활에 실용화하여 했던 점에서 커다란 의의가 있다.

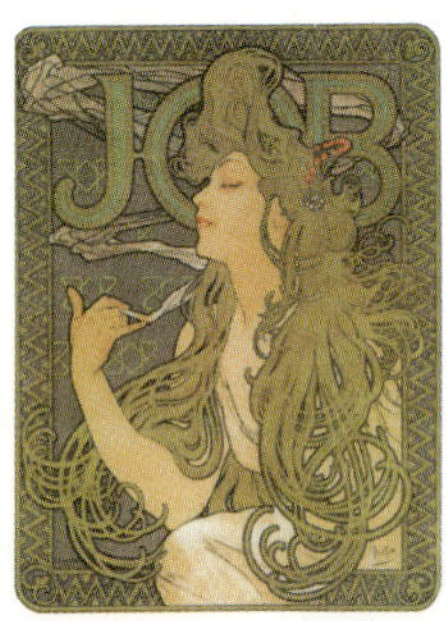 

알퐁스 뮈샤(1860~1939)의 Job[23], A. 맥머도에 의한 '렌의 옛 런던시의 교회'의 속표지 그림[24]

⭐ 유겐트스틸(JugendStil)

독일에서도 바이마르(Weimar), 다름슈타르(Darmstadt) 그리고 뮌헨(München)을 중심으로 자연을 하나의 조형적인 모티브로 하여 구조가 간단하고 제작이 용이한 조형적인 표현에 대하여 의미 있는 노력들이 진행되었다.

유겐트스틸(JugendStil)은 1895년 독일 뮌헨에서 미술잡지 《유겐트(Jugend)》가 발행되면서 유래된 독일식 아르누보 양식으로 기존의 아르누보에 비해 꽃과 잎 등의 식물적 요소를 주제로 곡선의 변화, 율동적인 패턴에 의한 추상화, 양식화된 점과 중후한 느낌이 특징이다. 근본적인 사고는 영국의 미술공예운동이었으며, 윌리엄 모리스의 영향을 받은 헨리 반 데 벨데가 선구자적인 역할을 하였다.

⭐ 세세션(Secession, 분리파)

세세션(분리파)은 아카데믹한 예술 그리고 과거의 모든 예술로부터의 탈퇴, 분리를 목표로 한다는 의미에서 붙여진 것이다. 19세기말 신예술인 아르누보의 영향을 받아 주로 독일과 오스트리아를 중심으로 일어난 반 아카데미즘 미술운동으로 조셉 호프만, 오토 와그너, 콜먼 모저, 구스타프 클림트 등이 과거의 모든 예술로부터의 단절을 주장하고 조셉 호프만에 의해 설립된 빈 공방을 중심으로 개성적인 창조를 목적으로 새로운 시대의 예술을 추구하였다.

23) HSAN H.HOFSTATTER 저, CRAPHIK UND DRUCKKUNST, OUUS, 1998, p253
24) 와카미야 노부하루, 현대디자인사, 김학성, 배정순 공역, 조형사, 2000, p66

세세션(분리파)의 특징은 다음과 같다. 보수적, 폐쇄적인 과학적 미술에서 벗어나 당시 아르누보가 유행시킨 곡선 장식 효과를 배제하여, 클래식한 직선미, 기하학적인 개성을 창조하였다. 빈 공방을 통해 아름답고 질적으로 좋은 생활용품을 생산하는 등 회화, 건축, 공예의 각 분야에 걸쳐 새로운 시대를 개척, 보수적 양식에서 벗어나 개성적 창조의 자유를 주장하였고, 표현파의 색채가 짙었다. 실천적 리얼리즘과 결합되지 않고, 시민 예술을 표방했으나 제품의 판매가격이 낮아질 수 없는 한계에 부딪히자, 장식적 귀족주의가 되었다.

구스타프 클림트(Gustav Klimt, 1862~1918)의 Portrait of Adele Bloch-Bauer I , The Kiss[25]

⭐ 사실주의(Realism)

사실주의는 고전주의나 낭만주의, 이상주의의 대립되는 개념으로 19세기 중반에 프랑스를 중심으로 일어난 예술사조로서 대상의 진실을 그대로 사실적으로 표현하고자 하였고 눈에 보이는 것만을 그리도록 노력하였다. 프랑스의 화가 구스타프 쿠르베(Gustave Courbet, 1819~1877)는 당시의 화풍을 반항하여 〈돌 깨는 사람〉, 〈오르낭의 매장〉 등의 지극히 현실적인 작품으로 사실주의를 주장하였다.

사실주의는 우아한 포즈나 미끈한 선, 인상적인 색채는 없으나 자연스럽고 균형 잡힌 구도로 안정감을 준다. 무겁고 어두운 톤의 색채는 사실주의의 특징이다.

구스타브 쿠르베(Gustave Courbe), 만남-안녕하세요 쿠르베씨[26]
화가의 길을 걸어가려는 당당함이 극히 사실적으로 그려져 있다.

---

25) Catherine Dean 저, KLIMT, PHAIDON, 1996, p34, 36
26) 박갑영, 청소년을 위한 서양미술사, 두리미디어, 2001, p69

⭐ 독일공작연맹(Deutscher Werkbund)

독일공작연맹은 기술 주도적 디자인에 관심을 가지며 1907년 건축가이자 관리였던 헤르만 무테지우스(Hermann Mutherius)를 중심으로 결성되었다. 예술가나 건축가뿐만 아니라 공업이나 상업에 종사하는 실업가를 포함한 디자인 진흥 단체로, 미술과 산업의 협력으로 공업 제품의 질을 높이고 규격화하는 것을 목적으로 결성되었다. 간결하고 합리적인 양식을 만들어 대량생산하면 그 목적을 달성할 수 있다고 생각하였다. 단순한 공예 운동이나 건축 운동이 아니라 건축, 공예, 가구 일반의 합목적인 구성을 의도하였으며, 생산품에서 문제를 고찰하며 결집된 형태의 운동을 전개함으로써 디자인의 근대화를 추구했다는 점에 그 의의가 있다. 바우하우스의 창설에도 많은 영향을 주었으며, 디자인을 개인적 실험 상태에서 벗어나 보편적으로 인정된 표준스타일로 설정하여 현대의 디자인 역사에서 중요성을 인정받았다.

⭐ 아르데코(Art Deco)

아르데코는 1925년 파리에서 개최된 현대장식 산업미술 국제박람회(L' Exposition Internationaledes Art Decoratifs et Industriels Modernes)의 약칭에서 유래되었고, 장식미술을 의미하는 이름이다. 1920~1930년대 프랑스를 중심으로 전 세계에 전파되고 유행되었다. 후기 아르누보에서 바우하우스 디자인이 확립되기까지 중간적 장식 양식이다.

1. 아르데코의 특징

채색이나 형태를 제한하여 보다 간결한 형태, 곡선에서 직선으로 향하는 경향, 기하학적 문양이 새로이 선보이게 된다. 또한 투명성, 광채, 가소성이 중시되고 소재 자체의 아름다움을 추구하였다.

현대의 도시적인 모더니즘 감각과 양차 세계대전 사이의 낙관적, 향락적 분위기가 잘 드러난 예술사조로, 기본적인 형태와 패턴반복, 동심원 등의 기하학적인 문양을 선호했다. 햇빛이나 무지개, 분수, 번개 등 특정 모티브가 자주 등장한다. 아르데코는 20세기의 입체파, 미래파 등에 의해 개척된 모더니즘 양식을 기본으로 하면서도 그것을 장식적으로 활용했다는 점에서 모더니즘의 장식적 가능성을 보여준다. 기계에 대한 감각이 보다 강하게 반영되었고, 패션, 향수병, 공예, 자동차, 건축 등 전반적인 생활에 파급되었다.

2. 아르누보와의 비교

아르누보가 수공예적인 것에 의해 나타나는 비대칭의 화려한 식물의 유기적인 곡선을 지향했다면, 아르데코는 공업적 생산방식을 미술과 결합시켜 대칭으로 기하학적인 형태의 패턴을 반복하고, 기능적이고 고전적인 직선미를 추구하여 모더니즘을 탄생시켰다.

아르데코는 건축과 공예, 패션, 자동차 등 생활 디자인의 다양한 분야에 파급되었고, 그 때문에 아르데코는 아르누보보다 종합적이며 광범위한 스타일이라고 할 수 있다.

아르데코 양식에 의한 조의 향수 분무기[27]

27) 와카미야 노부하루(김학성, 배정순 공역), 현대 디자인사, 조형사, 2000, p86

3. 미국의 아르데코

1930년대 할리우드 양식, 또는 재즈양식으로 불리었던 미국의 아르데코는 프랑스와는 달리 대도시의 고층건물에 적용되는 등 웅장하면서도 사치스런 방향으로 발전했다. 합성재료나 스피드한 움직임을 느끼게 하는 형태 등 미래 지향적 표현요소들이 등장했다. 또한 미국의 기계 산업 발전에 따라 자동 생산 시스템에 맞춰 제품을 디자인하게 되었다.

4. 아르데코의 색채

1890~1900년대까지의 아르누보 시대의 엷은 색조에서 야수주의 영향을 받아 20세기로 향하는 강렬한 색조로 변화했으며, 강하고 단순한 형상을 적절히 표출하기 위해서 밝은 색상과 뚜렷한 색채 대비를 구사하였다. 국가별, 작가별로 다양한 특성을 나타내지만 검정, 회색, 녹색의 조합과 빨강과 검정의 색채조합이 대표적인 배색이다. 갈색, 크림색, 주황색, 은색은 기하학적 모티브들을 위해 사용되었고 오리엔탈리즘의 영향으로 어두운 것 대신 담홍색, 청회색, 노란색, 짙은 군청색 등을 사용하였다.

유럽아르데코 도자기그릇과 미국아르데코 벽지를 위한 플라워 디자인[28]과 아르데코 양식의 스테인드글라스[29]

⭐ 바우하우스(Bauhaus)

1919년에 월터 그로피우스(Walter Adolph Georg Gropius)를 중심으로 독일의 바이마르에 설립된 조형학교이다. 독일공작연맹의 이념을 계승하는 새로운 교육기관으로, 바우하우스의 목표는 과거문화를 과감히 타파하고 모든 조형의 예술과 기술을 하나로 통합하는 것이며, 현대건축, 회화, 조각, 디자인 운동에 결정적인 영향을 주었다.

바우하우스에서는 색채교육을 주도한 요하네스 이텐(Johannes Itten), 라이오넬 파이닝거(Lyonel Feininger), 폴 클레(Paul Klee), 오스카 슐레머(Oskar Schlemmer), 바실리 칸딘스키(Wassily Kandinsky) 등이 교육을 담당하였다.

바우하우스, 월터 그루피우스, 1925~26년, 데사우[30]

28) http://www.artmia.org/modernism
29) http://www.lartnouveau.com/artistes
30) http://www.bc.edu/bc_org/avp/cas/fnart/fa267/gropius.html

1. 바우하우스의 특징

(1) 기계의 단점을 제거하고 장점만을 유지하여 기계의 의존도를 줄이면서도 바우하우스 디자인교육의 본질적인 특성은 제품의 균질성에 두었으며, 사물을 간결하고 충실하게 본질적인 특성에 따라 디자인하려는 노력에 기초를 두었다.

(2) 바우하우스의 교육은 기초, 공방, 건축 등의 순서로 실시되었으며 실용성을 추구하는 디자인의 독자적 범주를 확립하고 예술과 공업기술의 합리적 통합화를 이루었다.

(3) 바우하우스는 과거문화에 연루되지 않고 고루한 것을 과감하게 타파하는 것이 목표였으므로 색에 어떤 제한도 없었으며, 합목적적이면서 기본주의를 표방하여 기능과 관계없는 장식을 배제한 스타일로 단순하고 자연스러운 색을 주로 사용하였다.

(4) 경제적 불황과 정치적 이유로 1925년 이후 뎃사우시로 학교를 이전하였고 새로운 교장의 부임 등으로 바우하우스는 변화되었다. 당시의 바우하우스의 디자인 영향력은 유럽뿐만 아니라 미국에까지 큰 영향을 미쳤다.

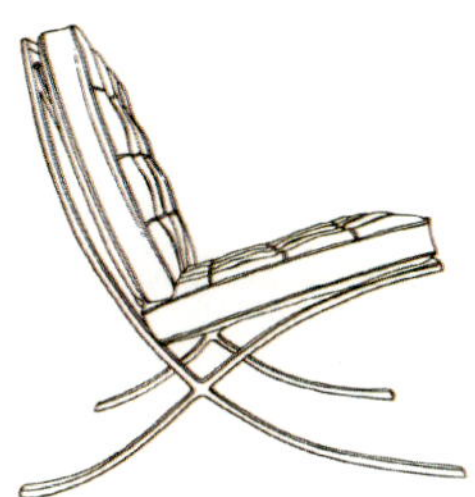

미스 반 데 로에(Mies van der Rohe, 1866~1969)의 바르셀로나 의자(1929)와
월터 그루피우스의 국립바우하우스의 책커버[31]

2. 월터 그로피우스(Walter Adolph Georg Gropius, 1883~1969)

바우하우스의 설립자이자 근대건축과 디자인 운동의 대표적인 지도자이다. 뮌헨과 베를린에서 건축을 공부하고 1914년 쾰른에서 열린 독일공장연맹 전시회에 파구스 공장의 설계안을 출품하여 주목을 받았으며, 1919년에는 바우하우스 교장으로 임명되어 중심적인 인물로 활동하다가 1928년 사임하였다. 1929년에는 근대 건축 국제회의의 부의장으로 추대되기도 하였다. 바우하우스 폐교 이후 1937년에는 미국으로 건너가 하버드 대학에서 건축을 가르치면서 미국 디자인계에 영향을 미쳤다.

3. 라즐로 모홀리 나기(Laszlo Moholy Nagy, 1895~1946)

바우하우스는 새로운 장식과 산업미술을 일으켜서 현대의 생활환경을 개선하고 발전시키고자 했던 응용미술가들과 건축가들, 화가들의 개혁주의적 협동 정신을 대표하고 있었다. 그는 바우하우스 운동의 중심

31) http://www.metmuseum.org(메트로폴리탄 미술관 사이트)

인물로 표하예술운동의 이론을 정립하고, 예술 활동을 통해 바우하우스를 키워 나갔다.

모홀리 나기의 사진작업은 시각예술이라는 차원에서의 '새로운 시각' 의 모색이었다. 이것은 근대적 세계관을 떠받쳐 온 원근법의 단일시점으로부터 현대적인 다원시점으로 전환하려는 것이다. 그의 사진작업을 보면 과학적 속성에 의한 물리적이나 화학적 기능을 망라하여 육안의 한계를 초월한 시각을 이루고 있다. 육안의 한계를 초월한 시각이란 바로 자아를 기점으로 세계를 내다보는 절대적인 시각이 상대적인 시각으로 전환하는 것을 의미한다. 모홀리 나기가 사진을 통해서 추구한 것은 육안을 상대적 시각으로 파악한 데 따르는 시각의 확장이었다.

Scandinavia(1930)[32]

 인상파(Impressionism)

19세기 후반 프랑스를 중심으로 일어난 미술사조이다. 슈브럴과 루드의 영향으로 병치혼색 현상을 도입한 회화적 표현인 점묘화법이 발달하였다. 최초로 색을 도구화하고 화가들 자신의 시각적 경험을 바탕으로 야외에서 실제로 보면서 작업함으로써 색채의 발전에 기여하였다. 대표화가로는 시냑, 쇠라, 모네, 고흐 등이 있다.

빈센트 반 고흐의 별이 빛나는 밤[33]

---

32) http://www.metmuseum.org/collections
33) H.H.Arnason 저, HISTORY OF MODERN ART, Harry N Abrams, 1998, p78

⭐ 야수파(Fauvism)

20세기 초 프랑스에서 일어난 혁신적인 회화운동으로 1905년 살롱 도톤느에 출품된 한 소녀상 조각을 보고 비평가 루이 보크셀이(Louis Vauxcelles) 마치 야수의 우리 속에 갇혀 있는 도나텔로 같다고 평한 데서부터 유래한 명칭이다. 앙리 마티스(Henri Matisse)를 중심으로 강렬하고 단순한 색채를 표현하고 명쾌한 질서와 절제된 형태로 야수파의 성격을 보여준다.

앙리 마티스의 정물화[34]

⭐ 추상 표현주의(Abstract Expredionism)

미국 뉴욕을 중심으로 전 세계로 파급된 추상적인 회화운동으로, 1929년 미국 전시회에서 새로운 예술을 개척하던 러시아 출신의 바실리 칸딘스키(Wassily Kandinsky, 1866~1944)의 작품을 표시하기 위해 이 용어를 처음 사용하였다. 추상 표현주의는 비정형, 반조형미술과 맥락을 같이 하며, 순수 추상과 기하학적 추상에 대립하는 경향의 명칭이다. 순간의 행위를 통하여 나타난 우연성의 효과와 같이 즉발적인 경향의 뜨거운 추상을 통칭하며, 한정된 의미에서는 미국의 액션페인팅을 의미한다.

자기의 표현과는 무관하고, 구성과 명암의 제거와 색채의 원색사용에서 극도의 명도대비를 이용한 대담한 작품으로 리드미컬한 화면구성들을 보였다. 기존 형태를 벗어난 기하형태와 색채의 단순화나 색의 위계를 무너뜨림으로 존재의 영역을 확장하였다.

칸딘스키의 composition VII와 잭슨 폴록(Jackson Pollock, 1912~1956)[35]

34) http://www.metmuseum.org/collections
35) H.H.Arnason, HISTORY OF MODERN ART, Harry N Abrams, 1998, p160

⭐ 큐비즘(Cubism)

큐비즘은 20세기 초 파리를 중심으로 야수파운동과 전후해서 일어난 미술운동으로 피카소와 브라크라는 두 대가의 독립된 조형상의 모색을 통해 탄생한 운동이다. 독창적인 반 자연주의적 형상으로 추상과 재현 사이의 인위적인 경계선을 파괴한 운동으로 당시 회화에서 추구했던 시각의 리얼리즘을 넘어 '이념의 리얼리즘'을 추구하며 자연을 원통, 구, 원추로 보아야 한다고 주장하였다. 다양한 색채 활용이 이루어졌는데, 형태에서 벗어나 작품 속 색채에 상징성을 부여하기도 하였다.

세잔느(P. Cezanne)의 자연해석과 아프리카 원시조각의 형태감을 동기로, 세잔느의 이론은 화가가 3차원의 세계에서 본 모든 측면들을 2차원의 표면 위에 재현하는 것을 목표로 삼았다. 브라크는 에스타크의 집과 같은 풍경화에서 입방체적 환원, 간결화 시켜 단순함으로 표현하여 피카소보다 먼저 큐비즘의 양식을 마련했다. 피카소는 사물을 대담하게 변형하고 면들을 분할하여, 형식에 대한 형식주의를 살림으로써 사물을 체계적으로 변형시켰다.

파블로 피카소(Pablo Picasso)의 게르니카(guernica) [36]
명도 대비를 통한 색채의 예술을 보여준다.

⭐ 구성주의(Constructivism)

러시아 혁명기의 대표적인 아방가르드 운동의 하나로서 1920년대 말레비치, 로드첸코, 엘 리시츠 등에 의해 러시아에서 일어난 추상주의 예술운동이다. 1차 세계대전을 전후로 기계예찬의 경향으로부터 시작되었으며, 사회주의 혁명과 함께 그에 적합한 새로운 조형예술을 추구하고자 귀족과 부르주아의 전유물이었던 미술의 대중화를 주장하였다. 개인적이고, 실용성이 없는 예술을 부정하면서, 예술가가 기계적 생산과 건축공학 및 그래픽과 사진을 통한 의사전달에 직접적인 관련을 맺음으로서 대중에게 사상을 주입하는 것으로 이용했다. 구성주의자들의 궁극적인 목표는 조형을 통한 사회주의 문화건설에 있었으나, 당시 낙후된 러시아의 생산력으로 말미암아 그들의 시도는 대부분 계획으로 그칠 수밖에 없었다.

구성주의의 특징은 다음과 같다. 자연을 모방하거나 재현하는 전통적인 미술개념을 전면적으로 부정하고 현대의 기술적 원리에 따라 실제 산물을 생산하는 것을 예술적 목표로 삼았다. 따라서 일반생산과 예술 창작이 구별되지 않았다.

미술을 건축과 관련시키고, 의상 디자인 등 다양한 여러 분야와 실험하면서 사회적, 산업적 요구에 맞추어 적

---

36) H.H.Arnason, HISTORY OF MODERN ART, Harry N Abrams, 1998, p341

용하려 했다. 기계적 또는 기하학적인 형태를 중시하여 역학적인 미를 창조하고자 하였으며, 예술의 추상적 소성(순수한 표면, 구성, 선과 색 등)을 과학적 실천적 입장에서 탐구하고자 했다. 대표적 작가 말레비치는 독립된 단위로서의 색채를 강조하면서 명시도와 가시도 같은 시각적 특성을 고찰하여 합리적으로 사용되었다.

카지미르 말레비치(Kazimir Malevich)의 Morning in the Village after a Snowstorm [37]

⭐ 모더니즘(Modernism)

모더니즘은 산업화, 도시화, 기계화에 따른 자본주의적 생산양식으로 제1차 세계대전의 영향을 배경으로 시작된 근대적 감각을 나타내는 초현실적인 경향의 여러 운동을 가리켜 말한다. 넓은 의미로는 교회의 권위 또는 봉건성에 반항하고 과학이나 합리성을 중시하여 근대화를 지향하는 것을 말하지만, 좁은 의미로는 기계문명과 도회적 감각을 중시하여 현대풍을 추구하는 것을 뜻한다.

프랑스 상징주의의 영향을 받아 주관성과 개인주의를 기본 원칙으로 객체보다는 주체를, 외적 경험보다는 내적 경험을, 집단보다는 개인의식을 중요시한다. 모더니즘의 대두와 함께 주목을 받게 된 색은 흰색과 검정이다.

⭐ 데스틸(De stijl)

데스틸은 네덜란드 언어이고, 영어로 표기하면 The Style이다. 1917년 파리에서 테오 반 도스버그, 몬드리안 등이 결성한 그룹이며, 잡지 이름이기도 하다. 새로운 기계시대의 상징으로 '기하학적인 형태가 기능적인 것'이라는 기능주의 철학을 대두시켰고 추상 회화의 수평과 수직으로 이루어진 단순화된 평면 구성을 회화의 영역을 넘어서 건축, 공예, 그래픽 디자인에 이용하여 새로운 형태를 부여한 운동이다.

데스틸의 특징은 다음과 같다. 조형예술의 통합을 주장하였는데, 그 원리는 회화, 건축, 산업 디자인을 막론하고 모든 공간을 동일한 평면으로 간주하여 기하학적 형태와 삼원색을 기본적인 조형요소로 적용하는 것이다. 몬드리안을 중심으로 한 추상미술운동으로 모든 조형 분야의 일체화가 목표이고, 큐비즘의 영향을 받아 직각과 유연한 평면의 조합으로 이루어진다. 색면을 어떠한 공간적 질서 속에 위치시키고 배분하느냐의 면의 구성을 중요시 여긴다. 강한 원색대비를 통한 비례를 보여주거나, 흑백의 단순한 면 구성

37) H.H.Arnason, HISTORY OF MODERN ART, Harry N Abrams, 1998, p208

을 통해 색채 조형의 질서를 부각한다.

몬드리안의 Tableau Ⅱ와 브로드웨이 부기우기(Brodway Boogie-Woogie)[38]
선과 선 사이에 색채를 넣거나 선과 선 사이의 빈 공간을 흰색으로 남겨 놓았다.

⭐ 아방가르드(Avant-garde)

아방가르드는 주력부대의 전진을 위한 길을 정찰하고 예비하는 임무를 갖는 전위부대라는 군대용어에서 유래되었다. 제1차 세계대전 후부터 유럽에서 일어난 예술 운동의 총칭으로 이상적인 사회개혁을 위해 쓰이기 시작한 이후 양식이라기보다는 예술에서 창작의 자유에 대한 막연한 규범으로 제시되는 용어로 쓰인다. 급격한 진보적 성향을 일컫는 말로써 전위예술이라고도 한다.

아방가르드는 예술적으로 새로움을 느끼게 하는 이미지를 중요시 여기며, 앞선 색채를 지향한다. 밝고 화사한 색조가 유행할 경우 어둡고 칙칙한 색조를 주조색으로 사용하기도 한다. 현재 사용하지 않는 색을 주조색으로 해석해야 한다. 보색에 의한 조합을 사용하며 참신한 이미지를 강조하기 위해 백색이나 밝은 회색을 배색에 첨가하면 효과적이다.

3 현대 디자인사

⭐ 다다이즘(Dadaism)

1. 다다이즘의 시작

1차 세계대전 중 미국, 스위스, 유럽에서 거의 동시에 일어난 극단적 반이성주의를 내세우는 예술운동으로, 1916년 쮜리히의 Cabaret Voltaire에서 잡지 Dada 발간으로 시작되었다. 기존의 사상과 전통에 반

38) H.H.Arnason, HISTORY OF MODERN ART, Harry N Abrams, 1998, p388

기를 들고 새롭고 파격적인 것이 미술의 주제가 되어야 함을 강조하면서 인간의 이성을 배제한 비합리적이고, 무계획적인 예술운동이다.

2. 다다이즘의 특징

(1) 부르주아 계층의 고상한 취향을 강조하는 예술에 대한 확신을 직접적으로 공격하고 정치적, 도덕적, 미적인 위기에 대해서 개인적인 자유의 필요성을 주장하였다.

(2) '개인의 완전한 자유'를 위하여 이에 반대되는 모든 것들을 파괴하는 공격적, 파격적, 희극적인 방법이 사용되었다.

(3) 시문학과 조형예술에서 시도되어 얻은 형식적인 경험들을 연극, 영화, 건축, 음악 등으로 확산시켜 화가, 조각가, 배우의 단절된 개념들이 무너지기 시작하였다.

(4) 예술과 삶의 구분을 거부하여 관람자와 작품과의 대화가 시작되고 기성품이라는 오브제의 등장으로 새로운 민감성을 창조하는 금세기의 새로운 조형언어가 시작된다.

(5) 거의 예술을 비웃고, 비합리적이고 무계획적인 예술 활동을 통하여 새로운 재료와 표현방법을 탐구, 전통적인 예술기법을 파괴하여 예술을 현실에 직접 통합하였다.

(6) 꼴라쥬와 인쇄매체, 색채의 자유로운 사용 등 자유로운 회화양식을 보여주고 있고, 화려한 색채와 어두운 색채를 동시에 사용하여 어둡고 칙칙한 화면색채를 보여준다.

3. 다다이즘의 발전

마르셀 뒤샹(Marcel Duchamp, 1887~1968)과 다다이스트들의 반 전통, 반 부르주아적 의도는 네오다다 이후, 팝아트, 누보리얼리즘, 아르테포베라, 최근의 설치미술에 이르기까지 오브제의 긍정적 사용이라는 또 하나의 전통으로 이어지고 있다.

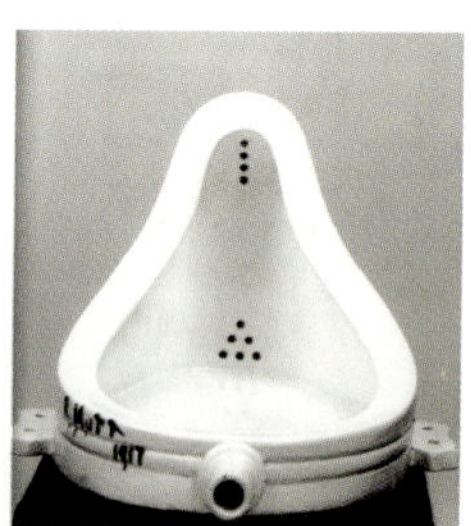

마르셀 뒤샹의 샘(Fountain)과 자전거 바퀴(Bicycle Wheel) [39]

'샘'의 경우 오브제를 발견한 오브제라 명명하고 기존의 일상적 물건에 제목을 붙임으로써 근본의미의 변화 자체가 현대 미술에서 하나의 중요한 주제가 된다는 것을 보여주었다.

39) Emmanuelle De L'Ecotais, THE DADA SPIRIT, ASSOULINE, 2002, p27, 33

⭐ 초현실주의(Surrealism)

1차 세계대전으로 인해 파괴되는 물질세계의 실망에서 비롯된 전위적 예술운동으로 프랑스 파리에서 앙드레 브루통의 초현실주의 선언(1924)으로부터 명확한 형태를 취한다. 이성의 지배를 배척하고, 프로이드의 잠재의식 표출을 통한 인간 해방을 꿈꾸는 반합리주의 운동이다.

초현실주의의 특징은 다음과 같다. 경험적인 통상적 세계보다 더 참된 세계가 존재한다는 믿음을 갖고, 무의식적인 정신세계를 통하여 초월적 세계를 확인하려는 예술적 시도, 프로이드의 학설의 영향을 받아 인간심리의 무의식을 발견하여, 심층심리학의 발달에 따라 이것과 관련된 인격이 지니고 있는 일체의 힘을 회복하는 예술을 주장하였다. 초현실주의자는 자동기술법(automatic technique)을 사용한 회화와 꿈의 세계에 바탕을 둔 회화뿐만이 아니라, 억압된 무의식의 내용에 접근할 수 있는 다양한 수단을 강구하였다. 무의식의 세계를 대중화한 작업으로 현실적인 사물의 개념을 비합리적이며 복합적 차원의 형태로 표현하는 기법을 사용하였다. 색채는 몽환적 색채와 연결되는 고명도와 밝은 색채들을 주로 사용하였으며, 표현 기법으로는 콜라주, 프로타주, 오브제, 데칼코마니 등이 나타난다.

핵심 Plus

초현실주의의 기법들

- **자동기술법** : 무의식의 세계를 작품에 투영하려는 초현실주의의 의도를 나타낸 대표적 기법으로, 고정관념이나 이성의 영향이 배제된 상태에서 손에서 자발적으로 흘러나오는 움직임과 형태를 작품화한 것이다.
- **프로타주** : 막스 에른스트가 마룻바닥의 얼룩을 보고 있다가 거기에서 온갖 환각이 생긴다는 것을 깨닫고 발견한 기법으로, 나무 파편이나 나뭇잎 위에 종이를 대고 연필을 문질러 이미지를 얻는 수법을 말한다.
- **데칼코마니** : 원래는 일정한 무늬를 종이에 찍어 다른 표면에 옮겨 붙이는 장식 기법을 일컫는 용어로, 회화에서는 미끄러운 성질의 종이에 물감을 칠하고 그것을 접었다가 다시 피거나 또는 다른 종이를 그 위에 대고 눌렀다가 뗄 때 생기는 우연한 효과를 작품에 이용한 것을 의미한다.
- **데페이즈망** : 어떤 물건을 일상적인 환경에서 떼어내는 것으로, 회화에서는 낯익은 물체를 뜻하지 않은 장소에 옮겨 기이한 만남을 화면으로 구성했는데, 이는 심리적 충격뿐 아니라 보는 사람의 마음속 깊이 잠재해 있는 무의식의 세계를 해방시키는 역할을 한다.
- **꼴라주** : 풀로 붙인다는 뜻으로 화면에 인쇄물, 천, 쇠붙이, 모래, 나뭇잎 등 여러 물질을 붙여 구성하는 기법이다. 초현실주의 작품에서도 전혀 엉뚱한 물체끼리 조합시킴으로써 새로운 현실을 만들어 비유적, 연상적, 상징적 효과를 노리는 방법으로 쓰인다.

르네 마그리트(René Magritte, 1898~1967)의 the Human Condition(1933)와 살바도르 달리(Salvador Domingo Felipe, 1904~1989)의 기억의 지속(1931)[40]

---

40) H.H.Arnason, HISTORY OF MODERN ART, Harry N Abrams, 1998, p330, 328

마그리트는 그려지는 대상의 세부 확대, 무생물을 생명력이 있는 미술로 도치, 전혀 다른 모습의 생물체 변형 등으로 다른 의미의 초현실적 이미지를 화면 속에서 보여준 작가이다. 달리는 극사실적 묘사에 의해 내용은 비합리적이지만 진실인 것 같이 매우 논리적으로 표현하였다. 이중형상, 위치전환, 성질전환을 통해서 풍경이나 공간의 공포, 변태적 에로티즘, 음식에 대한 강박관념 등을 소재로 그렸다.

⭐ 미래주의(Futurism)

1. 미래주의의 시작

20세기 초 이탈리아를 중심으로 기존의 가치와 문화에 대한 혁신을 시도한 전위예술운동으로, 기존의 낡은 예술을 모두 부정하고, 역동성과 혁명성을 강조하며, 기계시대에 어울리는 새로운 다이나믹한 미를 창조하려는 운동이다.

1909년 이탈리아의 작가 필리포 마리네티가 파리의 일간 신문 피가로에 《미래주의 선언》을 기고하면서 시작되었다. 이 선언을 이어받아 이탈리아 화가들인 움베르토 보초니, 카를로 카라, 루이지 루솔로, 지노 세베리니, 쟈코모 발라가 그 이듬해 '미래주의 화가 선언'을 발표함으로써 미래주의 운동을 본격화했다.

2. 미래주의의 특징

(1) 현대문명의 핵심은 속도에 있다고 보고 속도를 시각화했다. 생동감과 속도의 미를 새로운 미학적 관점으로 표현하기 위해 시간의 요소를 도입하여 중첩, 재현, 정지 등의 혼합된 표현을 시도하였다.

마르셀 뒤샹의 계단을 내려오는 누드 No.2[41]

'계단을 내려오는 누드'의 경우 마치 고속사진(高速寫眞)의 한 장면과 같이 역동적이며, 사진과 예술의 새로운 결합을 가능하게 하였다.

---

41) H.H.Arnason, HISTORY OF MODERN ART, Harry N Abrams, 1998, p205

⑵ 새로운 금속성 광택소재, 우레탄, 형광섬유 비닐 등을 통해 미래 지향적인 테마를 표현하였다.

⑶ 미래주의의 커다란 공적은 기계가 지닌 차갑고 역동적인 아름다움을 조형 예술의 주제로까지 높였다는 것이다.

⑷ 건축분야에 큰 영향을 끼치며 시각디자인, 문학, 연극, 음악에 걸쳐 영향력을 미쳤다.

3. 안토니오 산텔리아(Antonio Sant'elia)

1914년 '미래주의 건축선언'을 발표하였다. 그는 새로운 종류의 대도시를 제시했는데 그것은 과거의 역사상 양식들을 참고하지 않고, 신속한 수송시대의 새로운 인구집중 문제를 해결하기 위한 기계 공학의 새로운 재료와 구조적 창안들에 맞추어 디자인되었다.

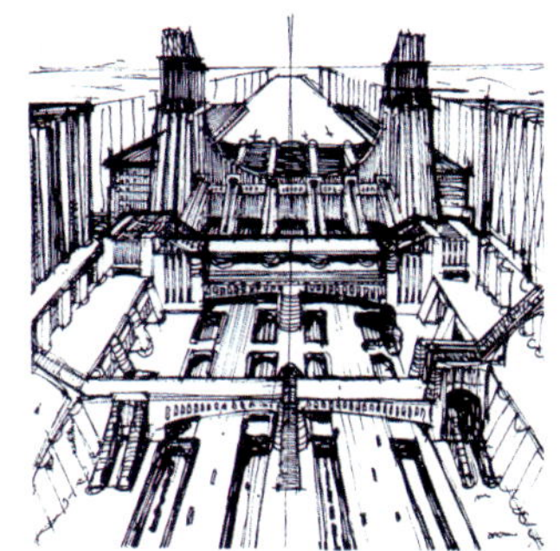

안토니오 산텔리아(Antonio Sant'elia, 1888~1916)가 그린 미래의 새로운 도시 건물 투시도 [42]

⭐ 미니멀 아트(Minimal art)

1960년대 후반부터 미국미술에 부각된 한 경향으로 '미니멀아트'라는 말은 영국의 철학자 월하임(R.-Wolheim)이 예술적 동향을 논하는 논문에서 최초로 사용했다. 미니멀은 예술상의 자기표현을 최소한도로 억제하는 것으로, 작품의 색채·형태·구성을 극히 단순화하여 제작했던 회화나 조각을 가리킨다.
미니멀아트의 특징은 다음과 같다. 주관적이며 풍부한 디자이너의 감성을 고의로 억제하며 디자인에 있어 미감을 최소한으로 줄이려는 극도의 축소화이다. 최소한의 장식과 미학으로 간결하게 처리되고 있는 디자인들은 개인적 감성과 표현을 극도로 억제한 그 절제된 단아함 속에서 더욱 세련된 면모를 보이기도 한다. 시각적인 특성은 순수한 색조 대비와 비교적 개성 없는 색채나 전체 색상의 절제이다. 따라서 구조적인 요소로서의 표면은 대개 흑색이거나 단색의 거친 금속이거나 금, 은 또는 알루미늄, 강철 등의 공업 재료의 사용 등이 돋보인다. 3차원적이며 우연히 생기거나 단순한 기하학적 형태로 형성되며 똑같은 형태가 반복된다. 예술이 모든 '기본적 조형어휘'만으로 구성될 수 있다. 그래서 감상자들이 어떤 애매함도 없이 단일한 전체적 인상을 갖도록 극단적인 시각적 단순함과 명료함, 순수성을 추구한다.

---

42) H.H.Arnason, HISTORY OF MODERN ART, Harry N Abrams, 1998, p249

도널드 저드(Donald Judd)의 책상과 의자[43] 엘리워스 켈리(Ellsworth Kelly)의 Orange and Green(1966)[44]

도널드 저드의 작품은 예술가의 기술이나 작품의 완성과는 관계없이 금속이나 나무를 최대한 단순화하여 만들어진 차갑고 현대적인 감각의 작품들이다. 엘리워스 켈리의 작품의 경우 상징적 형태를 배제하고 직설적인 색면 작품이다.

⭐ 팝아트(POP ART)

팝아트는 영국에서 젊은 예술가들이 모여 미국적 대중 이미지에 대한 학구적인 문제들을 토론하고, 전시회를 개최하면서 발단이 되었고, 미국에서는 추상표현주의의 애매하고 주관적 미학에 대한 반동으로 1955년 neo dada, 1962년 new realist 전시로 공식적인 팝아트가 시작되었다. 팝아트 용어는 영국 비평가 알로웨 (L. Alloway)가 1954년 광고문화가 창조한 대중예술이란 의미로 사용하였다. 비평계의 저항을 극복하고 대중적으로 성공하여 1964년까지 크게 유행되었다.

팝아트의 시기별 특징은 다음과 같다. 1950년대 초 영국에서 그 전조를 보였으나 1950년대 중후반 미국에서 추상표현주의의 주관적 엄숙성에 반대하고 매스 미디어와 광고 등 대중 문화적 시각이미지를 미술의 영역 속에 적극적으로 수용하고자 했던 구상미술의 한 경향이다. 1960년대 초에 미국과 영국에서 등장한 대중적 이미지를 차용한 미술로서 일상생활에서 흔히 볼 수 있는 물체, 특히 미국을 상징하는 테크놀로지와 매스 미디어의 소산(코카콜라, 마릴린 먼로의 얼굴, 미키 마우스)을 미술의 자원으로 높인 예술 장르이다. 빛나는 색채, 날렵한 디자인(때론 거대한 사이즈로 확대된), 기계적인 질감들은 대중들에게 매우 친근함을 주었다. 팝아트는 뚜렷한 양식상의 통일성을 요약해내기 어려움에도 불구하고 조형적인 면에서 볼 때 마티스 이래의 모더니즘 전통인 간결하고 명확하게 평면화된 색면과 원색을 사용한 것이 특징이다.

앤디 워홀(Andy Warhol)의 콜라병(1962)과 자화상(1986)[45]

물질문명의 비정함과 상업주의적 본질을 냉정히 판단하고, 소비문화에 대한 풍자를 보인다.

---

43) 신혜영, 월간미술 2005년 2월
44) H.H.Arnason, HISTORY OF MODERN ART, Harry N Abrams, 1998, p574
45) H.H.Arnason, HISTORY OF MODERN ART, Harry N Abrams, 1998, p531

실무 Tip | 팝아트의 기법 – 실크스크린

실크스크린은 나무 또는 금속의 테에 붙인 비단, 나일론 등 직물의 가는 구멍을 통하여 잉크나 화구(물감)를 밀어내어 판 아래 놓인 소재에 직접 인쇄하는 방법이다. 팝아트 작가들은 판화기법인 실크스크린을 자주 이용했다. 인쇄되는 소재와 형상에 구애되지 않고 적응성이 풍부하며, 사진과 같은 이미지를 쉽게 본뜰 수 있어서 그 이용 범위는 조형예술(판화 등)을 비롯하여 포스터, 인테리어 등 각 산업 분야에 활용되었다.

⭐ 옵아트(OP-ART)

옵아트는 영어의 옵티컬 아트(Optical Art)의 약칭으로 시각과 그것에 의한 시지각 원리를 바탕으로 하여 순수 형태와 색채의 시각적 현상을 작품의 주제로 사용하는 미술을 말한다. 시각적이라기보다는 오히려 생리적인 착각의 회화이며 망막의 예술이라고 불리기도 한다.

팝아트가 상업성, 상징성을 갖는 반면 옵아트는 순수한 시각적 작품에 몰두하였으며 비주얼(Visual)보다는 인간의 시지각의 원리에 근거를 둔 추상적, 기계적인 형태의 반복과 연속 등을 통한 시각적 환영, 지각, 그리고 색채의 물리적 및 심리적 효과와 관련된 것이다.

Bridget Riley의 Drift, Richard Anuszkiewicz의 Inflexion, Victor Vasarely의 Vega Per[46]

⭐ 포스트모더니즘(Postmodernism)

1. 포스트모더니즘의 의미와 시작

1970년대 말에 다원주의와 함께 부상한 문학과 예술의 한 조류이다. 찰스 젠크스(Charles Jencks)의 논문과 포스트모더니즘은 무엇인가라는 책을 통해 포스트모더니즘이 유행하게 되었고, 현대적인 것과 고전적인 것, 기능적인 것과 장식적인 것, 개인적인 것과 대중적인 것의 조화를 기대하며 '진보적인 절충주의'의 시대를 낙관적으로 예견하였다. 심미주의를 대변하는 모더니즘 예술에 반한 팝아트 작가들에 의해 급진적으로 전개되었다. 혁신적인 현상들이 나타남에 따라 기존의 가치 체계나 도덕이 효력을 상실하게 되고 새로운 것을 찾으려는 분위기 속에서 발달하기 시작한 것이다.

---

46) H.H.Arnason, HISTORY OF MODERN ART, Harry N Abrams, 1998, p568, 576

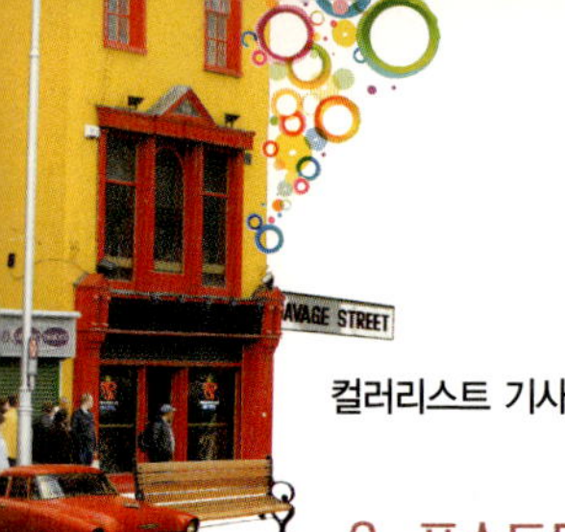

2. 포스트모더니즘의 특징

일관성 있는 사상체계가 아니며 특정한 유파는 더욱 아니었다. 재현을 거부하기 위해 전통, 혹은 과거의 형식을 빌려 현재 상황으로 변형시켜 새로움을 담는 '과거의 현존'으로 이것은 미술에서의 알레고리(allegory), 음악에서의 반복(repeat), 문학에서의 패러디(parody), 건축에서의 이중부호(dual code)등으로 각 문화 분야에서 다원화된 개념으로 나타났다.

3. 포스트모더니즘의 색채

(1) 포스트모더니즘의 기본적인 파괴적 형상에 의해 무채색에 가까운 파스텔 색조가 주를 이루고, 근대주의자들에게는 하찮게 여겨져 왔던 2차색, 파스텔색조 등 다양한 색조가 폭넓게 사용되기 시작하였다.

(2) 선호하는 색채는 복숭아색(peach), 살구색(apricot), 올리브그린(olive green), 청록색(turquoise), 보라(violet) 등이다.

(3) 포스트모더니즘은 일관성 있는 사상체계가 아니기 때문에 새로운 느낌을 위해서 여러 색이 사용하였다.

  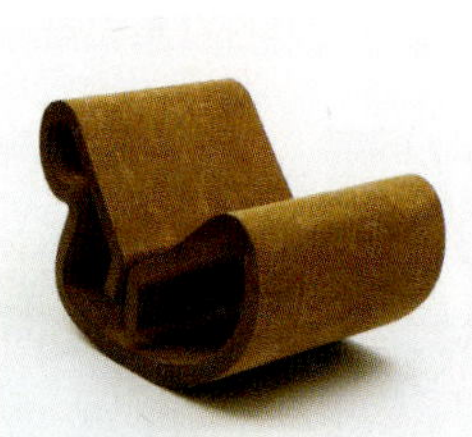 

필립 존슨(Philip Johnson)의 램프, 프랭크 게리(Frank O. Gehry)의 의자, 앤디 워홀(Andy Warhol)의 토마토주스 박스[47]

핵심 Plus

키치(Kitsch)

'싸게 만들다'라는 뜻을 가진 독일어 동사 'verkitschen'에서 유래된 말로, 19세기 후반부터 용어로 쓰이기 시작했다. '낡은 가구를 모아 새로운 가구를 만들다'라는 의미 또는 저속한 모방예술을 의미하기도 한다. 오늘날에 있어서는 예술의 수용방식이나 특수한 상태를 나타낸다. 키치는 기능보다는 장식성을 중요시 여기고, 인간의 순간적 욕망을 달래는 것을 특징으로 한다. 신문화와 구문화가 동시에 존재하고 고귀한 예술일지라도 감상자의 수준이나 관심에 따라 속물적인 이해가 가능하다. 따라서 키치는 어느 경우에나 발생할 수 있다.

47) http://www.moma.org(뉴욕현대미술관)

⭐ 플럭서스(Fluxus)

플럭서스(Fluxus)는 1962년 조지 마키우나스(George Maciunas)가 비스바덴에서 조직한 최초의 콘서트 시리즈인 〈새로운 음악〉에서 처음 사용되었으며, 흐름, 끊임없는 변화, 움직임을 뜻하는 라틴어로 1960~70년대에 일어난 국제적 전위예술운동이다. 플럭서스는 처음에는 미술에서 출발하였으나, 곧 예술의 어느 한 장르에 국한되지 않고 콘서트, 이벤트, 출판 등에 이르기까지 이용되는 전반적인 예술운동이 되었다. 대중문화에 의존하지 않고 아방가르드한 문화를 추구했다. 극적이거나 허구적인 요소 등에 의해서 전반적으로 회색조를 이루는 작품들이 많았으며, 색이 사용된 경우에도 일반적으로 어두운 톤이 주를 이룬다.

백남준(1932~2006)의 다다익선

전통적인 방법의 예술과는 반대되는 개념의 예술활동을 하였고, 예술가들의 개성과 액션, 그리고 그들의 의견을 중시하는 예술활동을 하였다.

⭐ 페미니즘(Feminism)

'여성' 이라는 뜻의 라틴어 femina에서 유래되어 남녀는 평등하며 본질적으로 가치가 동등하다는 이념을 가진다. 여성들의 권리회복을 위한 운동을 가리키는 말로 1890년대부터 쓰이기 시작해서 1960년대부터는 현대의 페미니즘을 지칭해 '여성해방운동' 이라는 용어로 대체되어 쓰이기 시작했다. 여성 억압의 원인과 결과를 설명하고 여성해방을 위한 전략을 모색하는데 있어서 페미니즘은 자유주의·마르크스주의·급진주의·사회주의 등 여러 사상이나 이론에 의해 뒷받침되거나 더불어 발전되었다.

페미니즘 예술가들은 우선 역사적으로 여성들에게 역사를 회복하고 여성적인 시각으로 이미지들을 재해석하는데 관심을 두고 있다. 따라서 페미니즘 미술에서 여성을 상징하는 자연에 가까운 어두운 계통의 색이 주를 이룬다. 어두운 색조인데 비해 따뜻한 느낌도 동반된다.

컬러리스트 기사/산업기사 필기

프리다 칼로(Frida Kahlo1907~1954)의 자화상(1940) [48]
페미니즘 미술에서는 표현주의적 요소가 강하며 초현실주의적 감각도 직접적으로 표현되고 있다.

⭐ 해체주의(De-construction)

"해체"에 대한 통속적인 이해는 조립 또는 조형에 반하여 분해 또는 풀어헤침, 건설에 반하여 파괴(des-
truction)를 의미한다. 형태의미의 불확정성은 형태의 유희라는 작업으로 나타났다.

해체주의 건축가들은 그들의 형태개념을 강조하기 위해 색을 선택하는데, 복잡한 구조의 형태를 분리 채
색하거나 강렬한 주제가 등장할 경우 의외의 색을 선택하기도 했다.

다니엘 리베스킨트(Daniel Libeskind)베를린 유대인 박물관과 내부 [49]
찢겨나간 듯 번개모양으로 생긴 유리창, 내부공간을 관통하는 보 등으로 파격적인 공간을 디자인한 작품이다.

48) H.H.Arnason, HISTORY OF MODERN ART, Harry N Abrams, 1998, p416
49) http://daniel-libeskind.com

4 우리나라의 디자인사

우리나라의 디자인은 일본에 의해서 갑오경장(1894) 이후에 시작되었으며, 1970년대에 들어서면서 산업디자인, 시각디자인, 공업 디자인 등으로 분리하여 교육이 시작되었다. 이때에 처음으로 '디자이너'라는 용어를 사용하게 되었다. 대한민국 미술전람회는 우리나라 조형예술의 배경을 이해하는데 중요한 역사적 의의를 갖는 가장 오래된 전시회이다. 우리나라 최초의 광고가 실렸던 신문은 한성주보이다.

시기	내용
1894년 갑오경장 이후	현대적 개념의 디자인 도입 및 미술교육 시작
1945~1950년대	한국 근대 디자인의 형성, 근대 디자인 교육의 시작
1960년대	수출이 증대, 산업발전과 산업 디자인의 등장, 본격적인 디자인 교육(디자인학과 학생 수의 증가)이 시작, 한국 공예디자인 연구소(1965년), 제1회 대한민국 상공 미술 전람회 상공부주최(1966년)
1970년대	한국적 디자인이 등장하고 발전하였으며, 시각디자인과 공업디자인이 분리(대학 디자인의 성장)
1970년대 후반	한국 산업디자인의 성장기로 CIP디자인이 등장
1980년대	컴퓨터 그래픽 디자이너 도입과 대기업 중심의 디자인 발전

5 미국의 현대 디자인사

미국의 디자인사 경향은 실용주의, 기능주의로 바우하우스 조형이념이 이식된 것으로 미국의 공업디자인의 발전 계기가 되었다. 2차 세계대전 후 자원과 공업력으로 전 산업분야에서 지도적 입장을 갖게 된 미국은 건축, 공업디자인을 중심으로 디자인을 활성화 시켰으며, 세계적으로 제품, 생활양식까지도 영향을 주었다.

시기	내용
1919년	공업디자인이라는 용어가 미국의 디자이너에 의해 처음 사용
1920년대	미국의 대공황이 디자인 발전에 영향을 준 가장 큰 이유는 소비의 급격한 하락으로 판매의 수단이 되는 디자인을 필요로 하게 되었기 때문임
1930년대	근대디자인의 성숙시기로 미국에서 유선형 디자인이 유행하기 시작하여 일반제품까지 사용(노만 겔 게데스 : 미국 공업디자인의 선구자로 디자인분야에 유선형의 개념을 주입)

1950년대	과학적 발전을 통하여 새로운 제품 생산 가능, 대량생산과 대량소비라는 새로운 시대로 접어들게 되면서 미국적 스타일의 생성, 디자인에 대한 합리주의적인 접근에 관한 탐구, 디자인학교의 영향력이 커짐
1960년대	디자인은 마케팅 기술을 지닌 기술적 직업임을 증명
1960년대 후반	포토리얼리즘(극사실주의), 회화와 조각의 새로운 경향으로 원색적이고 사진과 같은 극명한 화면을 구성

기업 이미지를 고양시키는 디자인의 초기 예라고 할 수 있는 그레이하운드 버스(1940)[50]

6 유럽의 현대 디자인사

⭐ 공업디자인 협의회(COLD)

1944년 영국에 설치된 세계적인 디자인 정책기구이자 모든 산업분야에 최고 수준의 디자인을 요구, 수용함으로 질적 수준을 높이는 것을 목적으로 한 단체이다.

⭐ 스칸디나비아

스칸디나비아는 산업혁명의 영향을 받아 지속적인 현대화를 시도하였지만 동시에 자신들의 수공예적 전통을 현대적으로 계승시킨다는 목적을 가지고 있었다.

현대디자인의 방향이 성능을 강조하는 과학적 방향보다 인간의 감각과의 관계를 더 중요시 하는 예술적 방향으로 흐른 나라로 역사, 풍토, 종족의 유사성 때문에 정치, 경제, 사회, 문화적으로 결속되어 있어 디자인 또한 하나의 특질을 보여주고 있다. 고유한 전통유산과 현대 디자인의 이념이 잘 융합되어 특유의 디자인을 성취하였다. 북유럽 특유의 자작나무가 많아 이를 이용하여 유기적인 가구디자인에서 강한 인상을 보여주었다.

---

50) 피터 도머재(강현주, 조미아 옮김), 1945년 이후의 디자인, 시각과 언어, 1995, p15

⭐ 멤피스 디자인 그룹

1981년에 창립된 이태리의 혁신적인 디자인 그룹으로, '에토레 소트사스(Ettore Sottsass, 1917~2007)'가 중심적인 역할이 되었으며, 후기 혁신주의 또는 후기 전위운동으로 평가된다. 멤피스 디자이너들은 소재, 색채, 패턴 장식을 통해 사용자와의 커뮤니케이션을 이성이 아닌 감성으로 해결하고 있다. 멤피스 디자인은 장난기 있는 신기한 형태 등 기묘하고 예측할 수 없는 것이었으며 차갑고 획일화 되어가는 모더니즘 디자인에는 전혀 기초를 두지 않고 있었다. 형태의 다양성과 대비로 대칭과 비대칭, 기하학적인 형태와 불규칙한 형태, 곡선적인 것과 직선적인 것을 과감히 대비시켰다. 색채 및 장식의 다양성으로 이전의 전형적인 가구의 색채로부터 탈피하여 강렬하고 밝은 색상과 다양하고 독특한 패턴 등을 사용하였다. 소재도 합판, 대리석, 강철판, 시멘트 등 다양한 재료의 사용을 시도하였다.

에토레 소트사스(Ettore Sottsass, 1917~2007)의 Valentine Typewriter(1969)와 칼튼 캐비닛(1981)[51]

---

51) http://www.designmuseum.org(디자인박물관)

PART 03 디자인의 성격

1 디자인의 구성요소와 원리

⭐ 디자인의 요소

개념요소	모든 조형의 기본요소로 실제적으로 존재하는 것이 아니라 이념상으로만 존재하는 요소이다. 점, 선, 면, 입체로 이루어진다.
시각요소	형태, 방향, 명암, 색채, 질감, 크기, 운동감 등의 요소들이 서로 밀접한 관계를 가지면서 디자인을 형성하는 역할을 한다.
상관요소	서로 간의 관계에 따라 느껴지는 요소로서 면적이나 무게, 방향, 위치 등이 있다.
실제요소	실제요소는 디자인이 계획한 목적을 충족시켰을 때 나타나는 것이다.

⭐ 형태의 기본요소

1. 점(point)

(1) 형태를 지각하는 최소의 단위로 위치만 존재한다.

(2) 점은 공간내의 조형 활동에서 시동, 교차, 정지 등 여러 가지 표현이 가능하다.

(3) 점의 크기는 일정하지 않고 점이 확대되면 면으로 인식되고 면이 축소되면 점이 된다.

(4) 점은 정적이며 방향도 없고 자기중심적이다.

2. 선(line)

(1) 점이 이동한 궤적으로 위치, 방향, 길이의 개념은 있으나 폭과 깊이의 개념은 없다.

(2) 무수히 많은 점들의 집합체이며 디자인 요소 중 가장 감정적인 느낌을 갖는다.

(3) 선은 운동감, 깊이감, 속도감, 방향감, 성장감, 통로감 등을 나타낸다.

(4) 선의 종류

종류	내용
직선	직선과 사선
곡선	곡선, 원
가는선	우아한
굵은선	힘있는
수평선	평온한, 평화로운, 정적인, 무한한, 안정적인, 정적인
수직선	희망, 상승, 권위, 엄숙함, 강직함, 긴장감, 숭고함
사선	동적인, 속도감 있는, 불안한, 강한
기하학적인 선	기계적인 긴장감을 주는
자유곡선	아름다운, 매력적인, 자유분방한, 무질서한
유기적인 선	부드러운, 자유스러운

3. 면(surface)

(1) 선이 움직인 자취로, 두께는 없이 넓이만 가진 공간이다.

(2) 최소의 면은 점이 되고, 면에서 최소의 폭은 선이 된다.

(3) 면은 입체를 생성하는 기본적이 요소이며 질감이나 원근감, 색 등을 표현할 수 있다.

(4) 면의 종류

종류	내용
직선적인 면	남성적인, 신뢰감을 주는, 안정감 있는, 명료한, 직접적인
기하학적인 면	불안정한, 기계적인, 추상적인
유기적인 면	자유스러운, 활발한
평면	간결한, 곧은, 평활한
곡면	부드러운, 동적인

4. 입체

(1) 면의 움직인 자취로, 면의 조합으로 두께와 부피를 가지는 3차원적인 요소가 된다.

(2) 입체의 형은 보는 방향과 각도에 따른 공간에서의 외곽선이다.

(3) 입체는 면이 어떠한 각도를 가진 3차원적 방향으로의 이동과 회전에 의해 만들어진다.

(4) 기본입체는 구, 육면체, 원통 등이 있다.

2 디자인의 원리

디자인의 요소들은 디자인 원리에 의해 질서와 규칙을 이루어 서로 의존적 관계를 갖는다.

⭐ 조화(Harmony)

둘 이상의 디자인 요소들이 서로 결합하여 부분적 혹은 전체적으로 균형감 있게 잘 어울리면 서로 공감대를 형성하고, 어느 한쪽으로 치우치게 되면 조화를 벗어나 산만함이나 단조로움을 주게 된다. 유사조화는 서로 공통성을 가진 요소들끼리의 조화로 안정감과 단순함, 명쾌함을 준다. 대비조화는 서로 다른 요소들이 대립되면서 나타나는 조화로 긴장감, 극적인 효과가 나타난다. 대비가 강하면 조화가 깨질 수도 있다.

⭐ 균형(Balance) : 대칭(Symmetry)과 비대칭(Asymmetry)

1. 대칭적 균형

(1) 가장 완전한 균형 상태인 대칭은 정돈의 의미로 질서, 안정, 통일, 정지, 전통의 효과가 있다.

(2) 안정감과 엄숙함이나 약간 딱딱한 감을 느끼게 한다.

(3) 좌우대칭 : 좌우 또는 상하로 1개의 직선을 축으로 같은 형태가 되는 것으로 겹치면 포개진다. (예 잠자리, 나비)

(4) 방사대칭 : 1개의 점을 중심으로 일정한 각도로 회전시켰을 때 대칭을 이루는 것을 말한다. (예 회전계단)

2. 비대칭적 균형

(1) 물리적으로는 불균형이지만 시각적인 비중이 안정되어 균형을 이루는 것을 말한다.

(2) 자유분방하고 긴장감, 율동감 등의 생명감을 느끼게 하는 효과가 크다.

3. 균형이 잡힌 작품

형태, 방향, 위치 같은 모든 요소들이 상호 간에 복합적으로 결정되며 작품전체는 각 부분의 필연적인 결속으로 나타난다.

4. 불균형한 작품

작품이 의도하는 분명한 의사를 보여주지 못하고, 위치와 형태를 바꾸려는 성향을 보인다.

⭐ 통일(Unity)과 변화(Variety)

1. 통일

통일은 변화와 함께 모든 조형에 대한 미의 근원으로 일정한 형식과 질서를 갖는 것을 말한다. 다양한 디자인 요소들을 규칙에 따라 하나로 묶어 준다.

2. 변화

무질서한 변화가 아니라 통일 속의 변화이다. 서로 대립되는 것이 아니라 상호 유기적인 관계 속에서 성립되는 것으로 통일성에서 오는 지루함을 없애고, 시각적 자극을 주어 생동감을 느끼게 한다.

⭐ 비례(Proportion)

비례는 부분과 전체 또는 부분 사이의 관계로, 요소들 간의 상대적 크기를 말한다. 가장 널리 사용되는 비례체계인 황금비례는 가로세로의 비율이 1 : 1.618일 때를 말하며 르네상스시대에 건축가와 화가들이 즐겨 사용했고 근대에는 르코르뷔지에가 예술형태나 건축구조물, 조각 등에 적용하였다. 모듈러는 건축가 르코르뷔지에가 인체의 비율을 이용하여 만든 규격화된 건축 공간의 기준 척도를 말한다.

⭐ 율동(리듬, Rhythm) : 반복(Repetition), 점이(Gradation), 강조(Emphasis)

율동은 유사한 요소가 반복, 배열됨으로서 일정한 질서를 유지할 때 시각적으로 인상이 강화되는 미적원리를 말한다. 같거나 비슷한 요소들이 규칙적으로 반복하거나 일정한 변화를 주어 시각적으로 동적인 느낌을 갖는 요소, 질서유지, 큰 변화로 강조의 느낌을 가진다.

1. 반복

동일한 요소들을 반복하면 동적인 느낌과 율동감이 얻어진다. 균형성을 유지하는 반복효과는 안정감을 주고 지나치면 지루한 느낌을 준다.

2. 교차

반복의 종류로 일정한 형식의 시각적 패턴을 만들어 낸다.

3. 점이(gradation, 계조)

어떠한 형태가 일정한 비율로 커지거나 작아지듯 단계적인 변화를 주었을 때 나타난다.

4. 강조

어느 특정한 부분에 변화를 주어 시선을 집중시키는데 효과적이다. 단조로움이나 지루한 규칙에서 벗어날 때 사용된다. 강조가 지나치면 균형이 깨지기 쉽다.

⭐ 시지각의 원리(게슈탈트의 법칙, Gestalttheorie)

인간이 대상을 지각할 때 일정불변하게 지각되지 않고, 심리상태, 과거기억, 관심, 주의, 흥미 등이 복합된 활동에 좌우된다는 형태 지각의 심리이론이다.

1. 근접성의 법칙

근접한 것이 시각적으로 뭉쳐 보이는 경향이 있다.

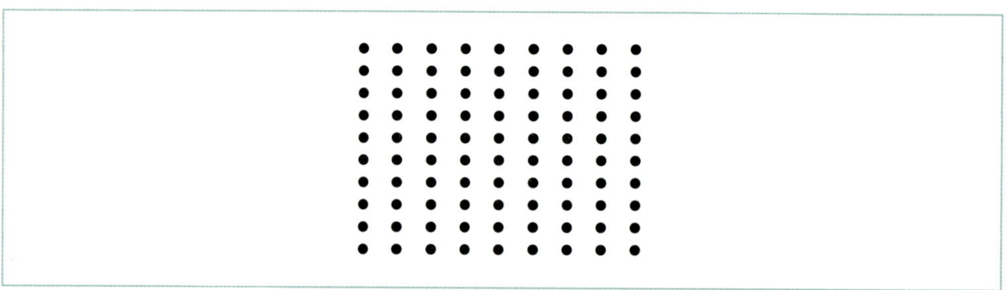

2. 유사성의 법칙

비슷한 성질을 가진 요소는 비록 떨어져 있어도 무리지어 보이는 것을 말한다. 그림이 가로열로 보이지 않고 세로열로 보이는 것은 서로 유사한 것끼리 하나의 단위로 보이기 때문이다.

3. 연속성의 법칙

어떤 형태든 방향성을 가지고 연속되어 있을 때 직선은 직선대로 곡선은 곡선대로 계속 운동하는 느낌으로 하나의 단위로 보인다.

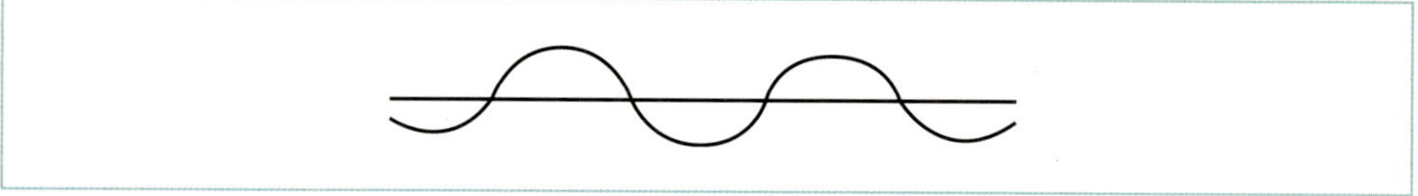

4. 완결성(폐쇄성)의 법칙

완전히 연결되어 있지 않더라도 연결되어 보이는 성질로 익숙한 선과 형태는 불완전한 것보다 완성된 형상으로 본다. 인간은 부분적인 힌트만으로도 전체 형상을 상상한다. 이 도형은 하나의 원으로 보인다. 사실 완전히 닫혀지지 않은 곡선이지만 완성된 원으로 인식한다.

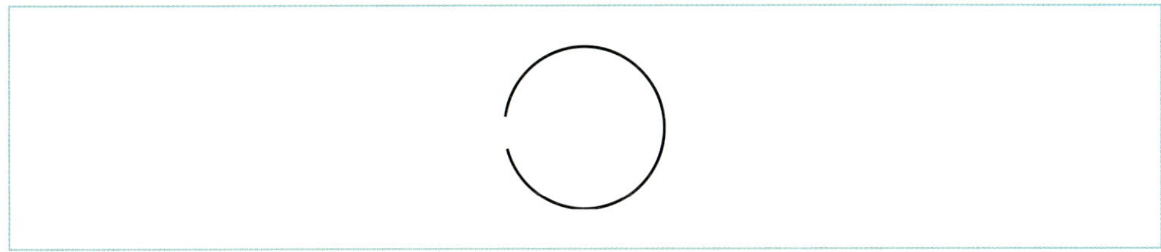

5. 공통성의 법칙

대상들이 같은 방향으로 움직일 때 그것을 하나의 단위로 인식하는 것을 말한다. 배열이나 성격이 같은 것끼리 집단화되어 보이는 성질이다. 만약 첫 번째, 세 번째, 다섯 번째 점들이 갑자기 위로 올라가고 두 번째, 네 번째, 여섯 번째 점들이 동시에 아래로 내려가면, 같은 방향을 움직이는 것들끼리 모아 보게 된다. 가령 복잡한 길거리 차들의 움직임이 같은 방향의 흐름으로 모아 보이게 되는 것과 같다.

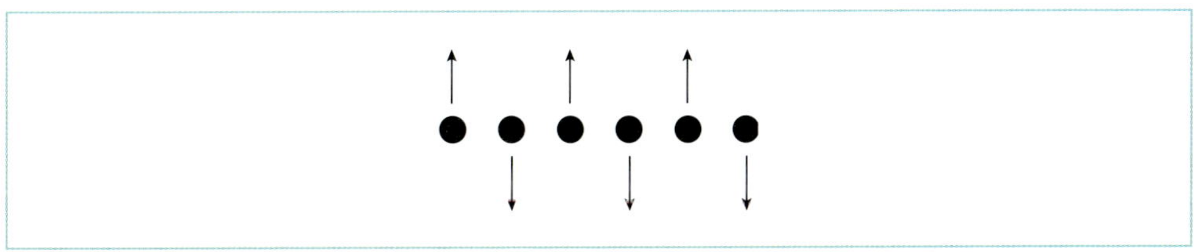

6. 도형과 배경의 법칙

덴마크의 심리학자 루빈(Edger Rubin, 1915~1958)은 바탕, 배경의 반대개념으로 형상을 설정하고 배경과의 관계를 규정하였다. 도형은 표면에 있는 것처럼 보이나 바탕은 그렇지 않다. 또한 도형은 주목성이 강하므로 기억되기 쉬운데 비해 배경은 그렇지 못하다. 도형과 배경, 두 영역의 형은 동시에 관찰될 수 없기에 구분이 명료하다면 전체적인 지각을 쉽게 할 수 있을 것이다.

루빈의 잔

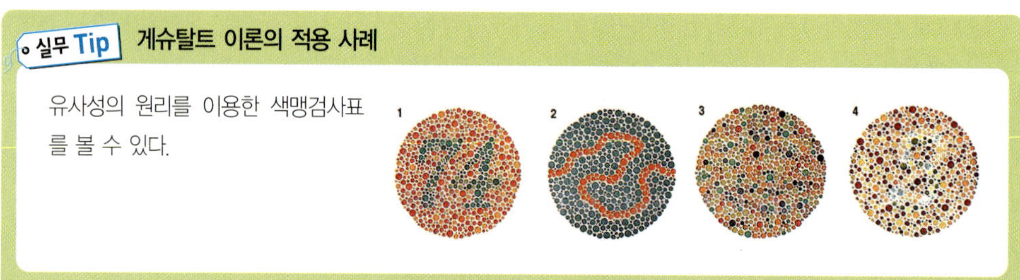

⭐ 착시

눈의 생리적 작용에 의하여 일어나는 시각적인 착각, 지각된 부분들 사이에 상호작용의 결과가 생기는 현상으로, 인간의 감각 중 가장 많은 정보를 받아들이는 곳은 시각이다.

1. 거리에 의한 착시

같은 형태지만 크기에 따라 앞, 뒤, 공간감이 다르다.

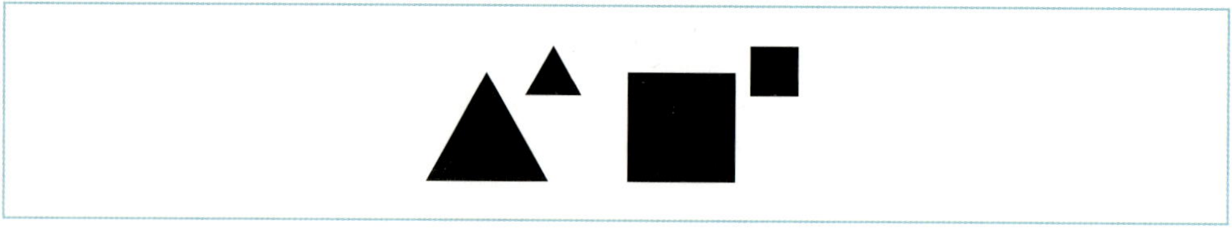

2. 면적에 의한 착시

같은 크기, 면적을 가졌어도 명도와 채도에 따라 서로 다른 크기로 느껴진다.

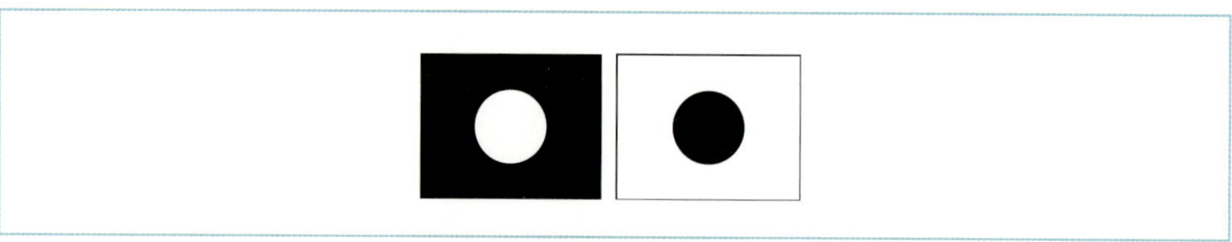

3. 방향에 의한 착시

같은 방향이라도 주변의 방향성에 따라 다르게 보인다.

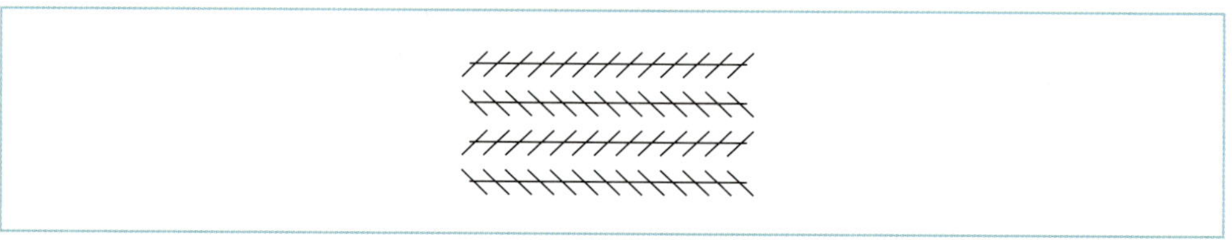

4. 위치에 의한 착시

오른쪽이 더 각이 많아 보인다.

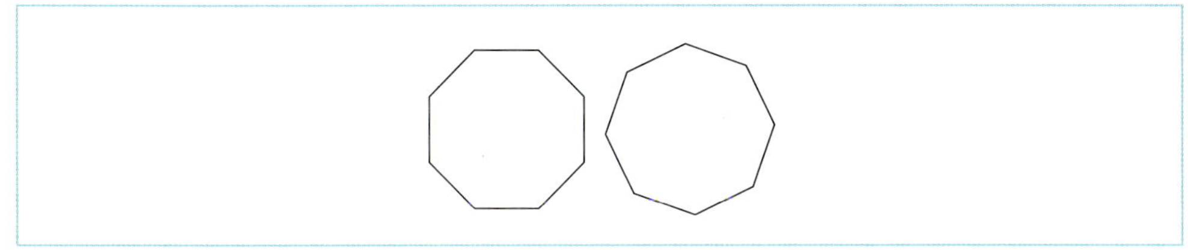

5. 길이에 의한 착시

뮬러 라이어의 도형이다. 길이가 같아도 놓인 위치나 끝 모양, 추가요소에 따라 길이가 달라 보인다.

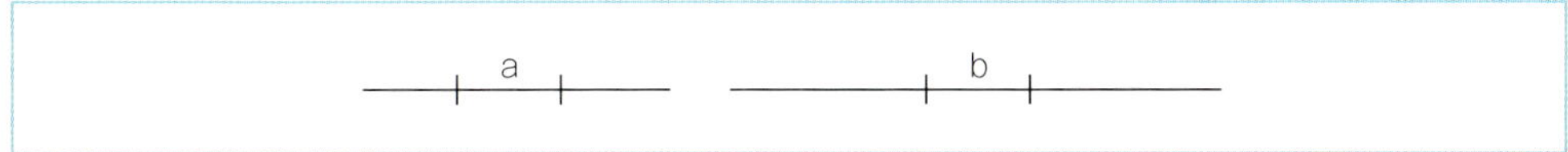

6. 수평, 수직의 착시

수직은 수평보다 길어 보이고, 수평은 수직보다 넓어 보인다.

7. 속도에 의한 착시

빠른 속도로 달리는 차안에서 글자를 보면 그 길이가 줄어들어 보인다. 그러므로 도로에 표시할 때는 의도적으로 글자를 길게 사용한다.

8. 대비에 의한 착시

같은 길이라도 a보다 b쪽이 더 길어 보인다.

9. 상방거리의 과대시

같은 크기의 도형이 상하로 겹쳤을 때 위의 도형이 더 크게 보인다. 그러므로 아래 도형을 좀 더 크게 하면 시각적으로 안정감을 가진다.

1 색채 계획 및 디자인의 목적과 정의

⭐ 색채 계획의 성립 배경과 확대

1950년대 미국에서 보급되었는데 '색채조절 = 컬러 컨디셔닝'의 사고방식이 미적효과와 심리적인 효과로 주목되어 주택, 병원, 공장, 도서관, 사무소, 점포, 백화점 등의 계획에 적용되었다. F.비렌, L.체스킨 등 실천가들의 활약이 두드러졌으며, 공업 색채조절은 현재의 색채계획(컬러 플래닝, 컬러 코디네이션)의 근원이 되었다.

⭐ 목적과 대상의 취급 방법

1. 개인의 색채

개인이 사용하는 것을 컨슈머 유즈(consumer use), 퍼스널 유즈(personal use)라고 하며, 개인이 선택하는 색채는 일시적 호감이나 유행의 경향을 받기 쉽기 때문에 수명이 비교적 짧은 주기로 변화한다.

2. 주거공간의 색채

가족의 공유공간이므로 특수한 색채는 어울리지 않는다. 베이지, 브라운, 오프 뉴트럴계 등의 저채도색을 주조색으로 선정하여 천장, 벽, 마루, 가구 등의 색채는 가급적 심리적 자극을 적게 준다. 커튼, 카펫, 인테리어 소품 등 액센트 컬러로 고채도 색을 사용한다. 기조가 되는 색채가 심리적 자극이 적기 때문에 환경색(environment colors)이라고 부르기도 한다.

3. 도시 공간의 색채

건축 외장색, 점포 간판이나 사인물의 색상, 조경, 표지색 등을 다루며, 움직이는 것이나 고정된 것들의 크기나 사용되는 시간 등의 특징을 고려하여 계획할 필요가 있다.

2 색채 계획 및 디자인 프로세스

⭐ 주조색

전체의 70% 이상을 차지하는 색으로 가장 넓은 면을 차지하여 전체 색채효과를 좌우하게 되므로 다양한 조건을 가미하여 결정한다. 일반적으로 전체의 느낌을 전달할 수 있는 배색이므로 인테리어, 환경, 제품, 소품, 그래픽디자인, 미용, 패션 등 분야별로 주조색의 선정 방법은 다를 수 있다.

⭐ 보조색

주조색 다음으로 넓은 공간을 차지하는 색으로 일반적으로 25% 정도의 사용을 권장한다. 통일감 있는 보조색은 변화를 주는 역할을 담당하며, 보조요소들을 배합색으로 취급한다.

⭐ 강조색

강조색은 디자인 대상에 악센트를 주어 신선한 느낌을 만드는 포인트 같은 역할을 하는 존재로서 주조색, 보조색과 비교하여 색상을 대비적으로 사용하거나 명도, 채도에 의해 변화를 주는 방법을 선택한다. 강조색의 분량은 전체의 5% 정도이므로 디자인 대상을 변화시키는데 있어 손쉽게 활용한다.

1 시각디자인(Visual Communication Design)

 시각디자인의 개념 및 역할

각 매체를 통하여 사람들 간에 필요한 메시지를 전달하고 소통을 원활히 하는 것으로, 커뮤니케이션과 시각 환경에 어울리는 좋은 디자인의 의미를 포괄하고 있다. 시각적인 심벌과 기호를 통해 정보를 전달하는 커뮤니케이션의 역할을 한다.

 시각디자인의 요소

1. 이미지

이미지는 어떤 사람이나 사물로부터 받는 느낌을 말한다. 시각에 직접 호소하는 이미지는 점, 선, 면, 형태 등의 기본적인 요소들에 의해 생성된다.

2. 색채

시각디자인에 있어서의 색채는 색의 재료나 물리적인 성질을 이해하는 것이 아니라 색채가 가지고 있는 의미와 기능, 색채의 상호작용, 즉 색채들 사이에서 느껴지는 감정과 효과를 이해하는 것이다. 주변과의 조화에 따라 이미지가 달라지므로 하나의 색만으로 그 가치를 평가할 수 없다.

3. 타이포그래피

(1) 문자를 다루는 기술 : 활자, 서식, 컴퓨터, 멀티미디어 등 글자에 의한 모든 커뮤니케이션의 조형적 표현을 포함하여 서체, 디자인, 조판, 가독성에서 발생하는 조형적인 사항을 말한다.

(2) 기능적인 측면 : 자간, 행간, 서체의 크기, 굵기, 스타일, 시지각, 가독성 등을 준다.

(3) 조형적인 측면 : 형태와 색채와의 조합에 의한 상징, 의미, 아름다움 등을 준다.

(4) 타이포그래피의 기능 : 보는 사람들에게 즐거움과 감동을 주며 하나의 이미지로서 총체적인 의미전달이 가능한 문자를 제공한다.

⭐ 시각디자인의 분야

1. 광고

광고는 이윤 추구를 목적으로 상품의 특성을 전달하거나 소비자의 라이프 스타일, 유행, 사회적 · 문화적 경향 등을 변화시키도록 기능적이고 심미적으로 구성하고 제작하는 것을 말한다.

2. 광고매체의 종류

(1) 인쇄매체 : 신문, 잡지, 포스터, 전단지, DM 등

(2) 전파매체 : TV광고, 라디오 광고

(3) 기타매체 : 옥외광고, 교통광고, POP광고, 전시, 판촉물, 인터넷광고

(4) 광고의 4대 매체 : 신문, 잡지, 라디오, TV

3. 신문광고

(1) 신문광고의 구성요소

① 조형적인 요소 : 상표(심벌), 회사명 등을 디자인한 문자인 로고타입, 글을 설명해 줄 수 있는 일러스트레이션, 광고에 사용되는 구획정리를 위한 경계선이나 장식선인 보더라인(윤곽) 등이 있다.

② 내용적인 요소 : 헤드라인, 서브 헤드라인, 바디 카피, 캐치프레이즈, 표어, 회사명과 소재 등이 있다.

헤드라인(head line)	소비자의 시선을 끄는 광고의 제목이나 표제로서 바디 카피를 읽도록 유도하고, 타 광고와 구별하는 역할을 한다.
바디 카피(본문)	광고의 구체적인 내용을 전달하는 본문(서론 – 본론 – 결과)
캐치프레이즈	소비자의 눈길을 끌기 위한 광고의 캠페인성 표어
슬로건	기업의 메시지를 전달하기 위해 지속적으로 사용되는 문구
캡션	사진 등의 이미지를 설명하는 짧은 글

(2) 신문광고의 장점과 단점

장점	• 신뢰도와 주목률이 높다. • 보급대상이 다양하다. • 반복광고가 가능하다. • 제품의 심층정보가 빠르다. • 광고비가 저렴하고 광고효과가 빠르다. • 보존이 용이하여 항시 정보의 재확인이 가능하다.

단점	• 광고 수명이 짧고, 전시효과가 작다. • 많은 신문을 따로 취급해야 한다. • 다른 광고나 기사에 영향을 받는다. • 특정 계층을 선택하여 전달할 수 없다. • 인쇄나 컬러의 질이 떨어지고 다양하지 않다.

(3) 신문광고의 종류와 규격

① 신문광고의 종류

   ㉠ 표현형식에 따라서 기사광고, 삽화광고, 의장광고, 지방적 광고, 안내광고 등으로 나뉜다.

   ㉡ 게재위치에 따라서 기사 아래 광고면에 게재되는 기사형 광고(보통광고)와 특별광고(돌출광고 : 제자하, 제자옆, 기사중, 돌출, 안구, 안내 가운데 등) 등으로 나눈다.

② 신문광고의 규격

   ㉠ 신문광고의 규격 구분은 세로의 높이는 단으로, 가로의 길이는 cm로 구분한다.

   ㉡ 신문광고의 세로 높이의 단은 1단 기준 3.4cm이다.

   ㉢ 전면광고를 기준으로 할 경우 광고의 크기는 세로의 높이 15단과 가로 길이 37cm이다.

4. 잡지광고

잡지는 특정한 제목을 가지고 월간, 격월간, 계간 등 일정한 간격으로 장기간에 걸쳐 발행되는 서적 형식의 간행물을 말한다. 잡지광고는 인쇄매체광고의 하나로 잡지에 실리는 광고이다.

잡지광고의 장점	• 특정 독자층을 대상으로 광고하는 효과가 높아 비용면에서 효율적이다. • 광고매체로서의 수명이 길고 회람률이 높다. • 정기구독자의 신뢰와 신용이 광고에까지 전달된다. • 색상의 높은 재현성으로 호소력이 강하다. • 감정적 광고나 무드광고에 적합하다. • 광고 메시지의 인상도가 지속된다. • 잡지광고의 열독률을 높이려면 표지 4면 광고를 이용한다.
잡지광고의 단점	• 제작기일이 늘어난다. • 순발력이 떨어진다. • 도달범위의 증가가 다른 매체에 비해 가장 늦다. • 광고비용이 높다.

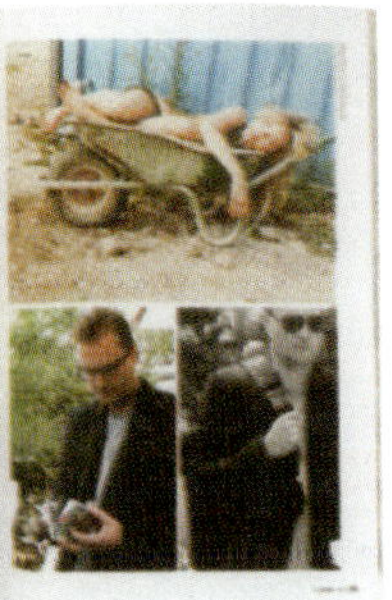

포켓 사이즈 매거진 스펙트럼(Spectrum) [52]

5. 라디오광고

라디오광고는 신문이나 잡지와는 전혀 다른 청각매체로서 잠재의식에 깊은 접근을 특징으로 하는 매체이다.

라디오광고의 장점	• 지역별로 구분하여 광고가 가능하다. • 소비자들의 감정에 호소가 가능하고 반복적인 메시지 전달이 가능하다. • 시간, 연령 등으로 세분화하여 전달가능하다. • 장소에 제한이 없다. • 신속한 전달이 가능하며, 신뢰성이 뛰어나다. • TV, 신문광고에 비해 제작과정이 간단하다.
라디오광고의 단점	• 청각에만 의존하게 되므로 청취자가 광고의 뜻을 혼동할 가능성이 있다. • 주의력의 집중상태가 약하여 이해도가 필요한 광고에는 부적합하다. • 시간대별 광고의 경우 다양한 층과 많은 인원에게 전달이 어려울 수 있다. • 다른 광고들과의 경쟁이 치열하다. • 메시지의 전달시간이 짧다.

6. TV광고

(1) TV광고의 종류

① **프로그램광고** : 일반적인 드라마 형식의 광고, 프로그램 스폰서 광고를 말한다.

② **토마광고 또는 스팟(SPOT)광고** : 프로그램과 프로그램 중간에 하는 광고를 말한다.

③ **자막광고** : TV화면에서 화면 하단에 자막으로 하는 광고이다.

④ **블록광고** : 일정한 시간을 정해서 하는 광고이다.

⑤ **시보광고** : 현재 시각 안내를 제공하는 형태로 하는 광고이다.

---

52) http://www.incasestore.co.kr

(2) TV광고의 장점과 단점

장점	• 광범위한 광고효과를 얻을 수 있다. • 방송 빈도수에 따라 반복효과가 크다. • 멀티광고(오디오 + 비디오)가 가능하여 감정이입의 효과가 크다. • 광고 타깃에 따라 방송대 선별이 가능하며, 접근범위가 넓고 속도가 빠르다. • 속보성, 반복성, 대량 전달성, 신뢰성, 시청각, 즉효성, 친근성이 있다. • 광고상품의 실제적 사용모습을 보여 줄 수 있어서 자세한 내용 전달이 가능하다.
단점	• 메시지의 수명이 짧다. • 광고비용이 가장 비싸다. • 제작 과정 기간이 길다. • 광고의 보존성이 낮다. • 시청률에 따라 효과가 좌우된다.

CJ 다시마 순 광고[53]와 Tetley's Bitter(영국맥주)의 Gladiator편[54]

7. 포스터 디자인

(1) 포스터의 종류

① **문화행사 포스터** : 연극이나 영화, 음악회, 전람회 등의 고지적 기능을 지닌 포스터이다.

② **공공캠페인 포스터** : 각종 캠페인의 매체로 대중을 설득하여 통일된 행동을 유도한다.

③ **상품광고 포스터** : 소비자와 상품과의 연결수단이 되며 구매욕을 느끼게 한다.

53) 한국방송광고공사, 광고정보(no.303), p69
54) 독일잡지 ARCHIVE, Lurzer Gmbh, ARCHIVE, 2006, p162

④ **관광 포스터** : 관광동기부여와 욕구 등을 유발시켜 관광 행위를 유도하는 포스터이다.

⑤ **장식 포스터** : 메시지전달보다 시각적 자극을 통하여 대중심리와 연결되어 있는 그대로의 반응을 유도하는 것을 목적으로 한다.

(2) 포스터의 장점과 단점

장점	• 자유로운 위치에 부착이 가능하다. • 크기와 색상의 선택이 자유롭고, 고급인쇄가 가능하다. • 여러 장을 연속적으로 부착해서 주목성을 높일 수 있다.
단점	• 훼손되기 쉽고 수명이 짧다. • 지역과 소구대상이 제한적이며 청중의 분포가 낮다.

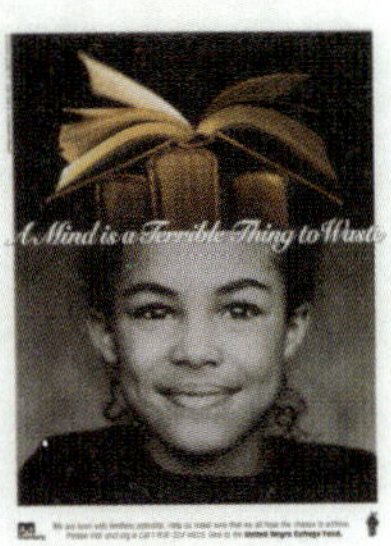

2010~2012 한국방문의 해-서울과 함께 웰컴 플랜[55]과 미국AC에서 집행한 소수 민족 교육 지원 캠페인[56]
천진난만한 아이들의 머리 위로 아이들의 가능성을 보여주며, 교육 지원을 호소하고 있다.

8. POP(Point Of Purchase)광고

POP광고란 구매시점광고, 판매시점광고라고도 한다. 판매점 주변에 전개되는 광고와 디스플레이류 광고를 총칭한다.

(1) POP광고의 종류

장소	종류
상점 입구	현수막, 상점 입구의 간판, 윈도 POP, 손님안내 인형 등
상점 내	깃발, 포스터, 모빌, 진열대 POP, 스탠드 및 쇼 카드, 가격카드 등

(2) POP광고의 특징

① 유통혁신에 의한 셀프서비스 시대의 사회에서 POP광고는 매스미디어로 시작되는 일련의 광고 캠페인을 매듭짓는 마지막 수단이다.

② 상품 패키지의 대량진열, 상품진열 수법과 전신광고가 서 있는 것 또는 매장에 전시된 세탁기나 TV 위

---

55) 디자인하우스, 월간디자인(no.397), p80
56) 한국방송광고공사, 광고정보(no.303), p17

에 있는 아크릴 조형물, 건물위의 옥외광고까지 POP광고라고 한다.

③ 상표를 식별시키고, 상품에 주목하게 만들고, 구매의 결단을 내리게 하는 설득력을 가지고 있다.

④ 충동적 동기를 이용해서 상품을 판매하는 직접적인 역할 한다.

⑤ 말없는 세일즈맨이라 불리듯이, 판매원을 돕고 판매점에 장식효과를 가져다준다.

⑥ POP광고는 보통 고객동선을 따라서 통일된 표현기획에 의해 게시될 때 효과적이다.

> **실무 Tip** | **POP광고를 이용해 제품을 알리는 기업들의 사례**
>
> 직접적으로 소비자의 마음을 움직일 수 있는 새로운 마케팅이 주목받고 있다. 기업들은 독특한 마케팅 아이디어를 통해 소비자들에게 다가가려고 노력하고 있다. 제품의 구매 직전에 제품의 기능과 컨셉을 잘 드러내는 광고물을 노출함으로써 효과를 극대화 시킬 수 있고 구매를 직접적으로 유발할 수 있다.
>
> **쇼핑카트에서 맛있는 코카콜라 소리가 울린다?**[57]

9. 교통광고

대중교통을 이용하여 내부와 외부에 행해지는 광고를 말한다. 무조건적으로 노출빈도가 높은 독특한 광고로 일반철도, 지하철, 버스, 택시, 항공기 등에서 이루어진다.

(1) 교통광고의 종류

종류	내용
동적형태	움직이는 수송기관의 안팎에 부착
정적형태	역 구내나 정류소 등에 설치
형태별 분류	포스터형, 액자형, 스티커형, 와이드 컬러형
위치별 분류	차내, 차외, 역구내, 역외, 티켓

(2) 교통광고의 장점과 단점

장점	• 지속적인 메시지 전달이 가능하여 장기간의 광고 효과가 크다. • 한정된 공간에서의 광고 도달 빈도가 높다.
단점	• 정보성과 주목성이 떨어진다. • 광고물의 보존이 어렵고, 훼손 가능성이 높다.

57) 헤럴드경제, 2007년 11월 16일

런던의 빨간 더블데커(2층 버스)

10. DM광고(Direct Mail, 직접 우편)

(1) DM광고의 종류 : 카달로그, 팜플렛, 우편엽서, 서큘러, 사보, 엽서, 브로슈어, 소책자, 간행물 등을 우편으로 우송한다.

(2) DM광고의 장점과 단점

장점	• 회원제 운영으로 예상 고객의 선별이 가능하여 소구대상이 가장 명확하다. • 설득력이 다른 매체에 비해 강하다. • 발송시기와 빈도 조절이 가능하다. • 광고의 예산 조절이 가능하며 형태, 크기 색상 등이 다양하다. • 직접광고로 타 광고와의 경쟁을 피할 수 있다.
단점	• 광고의 주목성 및 오락성이 떨어진다. • 소량 제작으로 고비용이 든다.

⭐ 편집디자인(Editorial Design)

출판디자인(publication design) 또는 에디토리얼디자인(editorial design)으로, 출판물의 지면을 보기 좋게 시각적으로 구성하며 인쇄물로 제작하는 과정을 말한다. 서적이나 신문, 잡지 등에서 지면의 구성요소인 사진이나 일러스트레이션, 서체 등을 적절히 선택하고 배치하는 역할을 한다.

1. 편집디자인의 형태별 분류

(1) 낱장(sheet)형식 : 카드 형식의 한 장짜리 인쇄물로 명함, DM, 안내장, 레터헤드, 카드 등이 있다.

(2) 스프레드(spraed)형식 : 펼치고 접는 형식으로 신문, 카탈로그, 팜플렛, 리플릿 등이 있다.

(3) 서적형식 : 제본이 되어있는 형태로 잡지, 매뉴얼, 브러셔, 단행본, 카탈로그 등이 있다.

2. 편집디자인의 구성요소

(1) 레이아웃(layout) : 사진, 그림, 글자, 기호 등의 디자인 요소들을 제한된 공간 안에 효과적으로 배열하는 것으로 눈이 이동을 유도할 수 있는 치밀한 설계와 시각적 균형미를 계획한다. 레이아웃의 요소로는 라인업, 포맷, 여백 등이 있다.

① 라인업(line-up) : 책의 내용물을 전체적으로 분할하여 배열하는 것으로 계획된 편집물들을 지면 안에서 각각 적당한 위치에 부여하는 것을 말한다.

② 포맷(format) : 책의 형태, 크기, 부피, 페이지 수 등의 외형을 갖추기 위한 설계 작업을 말한다. 현실적, 경제적 상황과 여건을 고려하여 디자인해야 한다.

③ 여백(margin) : 편집 지면의 테두리, 즉 빈 공간을 말하며 적당한 여백은 본문의 시작과 끝만을 나타내는 것이 아니라 시선의 통일감과 주목성을 준다.

(2) 타이포그래피(글자에 의한 모든 커뮤니케이션의 조형적 표현) : 메시지를 전달하는 가장 중요한 요소이며, 글자를 구성하는 디자인을 일컬어 타이포그래피라고 한다. 글자체, 크기, 사이 등의 조화와 조절이 필요하고 레이아웃, 가독성과 밀접한 관계가 있다. 근대 타이포그래피는 19세기 말 윌리엄 모리스가 그 기초를 제시하고, H.바이어 등에 의해 디자인으로 확립되어 오늘에 이르렀다.

골든로만 서체[58]

윌리엄 모리스는 활자를 디자인하여 타이포그래피에 의한 스타일을 시도했다.

실무 Tip | 타이포그래피를 이용한 광고들

보이는 미적인 면은 물론이고 얼마나 쉽게 빠르게 읽을 수 있는 것까지 요구하고 있는 타이포그래피는 직접적으로 전달하고자 하는 메시지를 미적인 기법을 살려 표현함으로 메시지 그 자체가 하나의 상징물이 되는 효과를 가져 올 수 있다. 현재는 디자인의 한 분야로서 인정받고 있다.

허브 루발린의 풍선껌 디자인[59]과 Veja의 캠페인(2004)[60]

소비자들에게 부드럽다는 느낌을 주기 위해 동그라미를 강조하여 디자인하고, 인물의 특징과 수염이 질감을 살려 디자인하였다.

---

58) http://laurapriceartandlanguage.blogspot.com
59) 송성재, 허브 루발린, 디자인하우스, 2002, p34
60) Lurzer Gmbh, ARCHIVE, 2006, p6

레터링(lettering)

오늘날에는 디자인 용어로서 일반적으로 디자인의 시각화를 위해 문자 및 문자를 그리는 모든 행위를 의미한다. 인쇄매체, TV, 판매점에 놓인 입체 선전물, 간판, 그리고 공공적인 표지나 전시회, 박람회 등의 디스플레이 매체 등 레터링의 사용 범위는 매우 넓다. 레터링은 문자에 의해 성립되는 언어 본래의 의미뿐만 아니라, 조형이나 색채에 의해 보다 풍부한 정보내용을 전달할 수 있다. 이 가운데는 로고타입이나 캘리그래피 등이 포함된다.

캘리그래피

(3) **일러스트레이션** : 목적과 내용을 효과적으로 전달하기 위한 그림으로, 시각전달 기능을 보완하는 방법과 심벌이나 사인 이외의 모든 회화적 또는 조형적 표현을 일러스트레이션이라 말할 수 있다. 목적이나 기능에 따라 다양하며, 이성적으로 사고하고 이해하기보다는 시각적이고 감각적인 것에 더욱 매력을 느끼는 사람이 많은 요즘 그 비중이 높아지고 있다. 일러스트레이션은 목적에 따라 크게 출판 일러스트레이션과 광고 일러스트레이션으로 나뉜다.

① **출판 일러스트레이션** : 잡지나 신문 등에 글과 함께 들어가는 그림부터 책의 표지나 어린이 동화책의 그림도 출판 일러스트레이션이라 할 수 있다. 광고 일러스트레이션보다 작가의 자유나 개성이 존중되고 작가의 서명을 넣을 수도 있다.

② **광고 일러스트레이션** : 소비자를 상대로 상품 또는 서비스를 팔기 위해 들어가는 그림을 말한다. 테크니컬 일러스트레이션, 브로슈어, 스토리 보드, 영화 포스터, 패키지를 위한 그림, 애니메이션 등 상업적인 목적으로 그려지는 모든 종류의 일러스트레이션이 여기에 속한다.

캐릭터 디자인

캐릭터는 기업, 단체, 행사, 제품 등을 대표하는 동물, 식물, 사람 등의 요소를 의인화하여 친근감을 주는 상징물을 말한다.

엠넷(Ment) 캐릭터[61]

---

61) http://www.zaraza.co.kr(자라자 공작소)

3. 인쇄 기법

인쇄는 글과 그림을 찍어내는 과정이며, 인쇄의 구성요소로는 원고, 판, 인쇄기기, 피인쇄기, 인쇄잉크 등이 있다.

(1) 활판인쇄(양각인쇄) : 가장 오래된 인쇄방법으로 볼록이다. 양각된 표면 위에 잉크를 묻혀 인쇄하므로 좌우가 바뀌어 나온다.

(2) 그라비어인쇄(음각인쇄) : 오목판 인쇄의 한 종류로 인쇄판 표면에 바둑판 모양의 미세한 구멍을 만들고 그 구멍에 잉크를 넣고 인쇄하는 방법이다. 인쇄의 질이 우수하여 증권, 지폐, 포장 등에 주로 사용된다.

(3) 옵셋인쇄(평판인쇄) : 오늘날 가장 널리 쓰이는 고급인쇄방식으로 직접 종이에 인쇄하는 것이 아니라 물과 기름의 반발 작용원리를 이용하여 잉크를 흡수하는 인쇄방식이다. 인쇄를 해도 좌우가 바뀌지 않으며 사진술의 원리와 같다.

(4) 실크인쇄(공판인쇄) : 실크 스크린이라고도 부르는 비교적 단순한 인쇄 방식이다. 비단 등의 섬유를 통해 불투명성 잉크를 칠하는 방식으로 망점처리가 어려우며 많은 양과 많은 색을 인쇄하기는 부적합하다.

⭐ CIP(Corporate Identity Program)

1. CIP(Corporate Identity Program)

CIP는 기업의 이미지 통일을 위한 작업을 말한다. 단일화된 이미지로 자사의 경영방침이나 이념 등의 내면적인 총체적 기업이미지를 만들어 내는 디자인으로 체계적인 관리를 통하여 기업이미지를 통합화한다. 소비자에게 신뢰를 보증하는 상징이다.

기본요소	심벌마크, 로고타입, 전용색상, 전용서체, 캐릭터, 시그니처 등
응용요소	서식류, 제품 및 포장, 유니폼, 간판, 차량 등

2. BI(Brend Identity)

브랜드는 회사 자체의 브랜드로서의 가치를 의미하기도 하지만 대부분은 회사에서 나오는 제품을 말한다. 브랜드 아이텐티티(BI)는 브랜드에 대한 선호도를 높이기 위하여 이상적인 브랜드의 이미지를 로고나 심볼 등을 중심으로 일정하게 유지, 관리하기 위한 상업전략적 실천이다. 타브랜드와 차별되고, 상품의 인지도를 높이고 기억시키는 데에 대단히 중요하며, 브랜드의 이미지를 평가하는 핵심기준이다.

3. 심벌 디자인(Symbol Design)

심벌은 기업의 이념이나 방침이 시각적, 함축적으로 담겨져 있는 기업의 상징을 의미한다.

(1) 심벌마크 : 기업의 상징이 그림 형태로 표현되는 심벌로서 전달내용을 상징하는 마크이다.

(2) 로고타입 : 기업명이나 상품명을 의미적으로 전달하기 위해 문자를 상징적으로 조형화 시킨 디자인이다.

국립중앙박물관 시그니춰 세로조합(심볼강조형)

(3) 픽토그램(pictogram) : 문화와 언어를 초월해서 전세계에서 공통적으로 사용할 수 있는 그림문자 또는 문자언어를 시각화한 것을 말한다. 올림픽경기 심벌 같은 안내 심벌 등이 있다. 단순명료하고 먼 거리에서도 눈에 잘 띄어야 하는 픽토그램은 개성적인 감성과 그 나라나 지역의 문화와 배경을 표현하는 스타일을 보여주는 방향으로 발전되고 있다.

화장실 픽토그램

⭐ 포장 디자인(Package Design)

패키지(package)란 '짐을 꾸리다' 의 의미와 더불어 '보호함' 이라는 넓은 의미로 사용되어 온 용어로서 포장디자인은 소비자에게 상품을 알리고 상품을 안전하게 보호하고 운반할 수 있는 입체 디자인이다.

1. 포장디자인의 기능

(1) 보호 보존성 : 포장의 기능 기본적인 기능으로 상품과 제품을 보호해야 한다.

(2) 편리성 : 모든 상품은 운반과 적재가 용이하도록 구조가 간단해야 한다.

(3) 심미성 : 제품의 용도에 맞는 적절한 아름다움이 있어야 한다.

(4) 상품성 : 상품이나 제품이 가지는 성격을 잘 표현해야 한다.

(5) 구매의욕 : 소비자들의 시선을 자극시켜 구매의욕을 높일 수 있어야 한다.

(6) 재활용성 : 환경보존을 위한 재사용, 절감, 재생 부분을 고려해야 한다.

2. 포장디자인의 색채 계획

포장은 제품을 보호하는 것이 1차적인 목적이며, 형태 구조, 재료, 색채가 중요하다. 포장디자인은 제품을 최대한 부각시키는 색채로 계획한다. 소비자의 기억에 오랫동안 남는 색채를 사용하거나 전시효과를 고려하여 주위와 조화를 이룰 수 있는 색채계획이 필요하다.

우유, 맥주, 과일주스 패키지 디자인[62]

러시아 영웅의 서사시에 등장할 만한 신화적 인물을 재미있게 각색해 우유 패키지에 적용했다. 크리스마스 시즌을 기념한 맥주 패키지 디자인으로 스웨덴의 전통적인 크리스마스 분위기를 표현했다. 과일주스가 방금 만들어진 듯 실제 이미지를 사용하여 깨끗하고 신선한 맛을 느끼게 하는 패키지 디자인이다.

 환경 그래픽

환경을 구성하는 여러 요소의 상관성에서 관련지어 하나의 질서로 조화를 추구하는 디자인이다. 원래는 대형 그래픽아트를 의미하였으나 근래에는 장소와 목적에 맞도록 기능적이면서 개성적인 환경을 만든다는 의미로 발전되었다.

1. 환경 그래픽의 종류

(1) **옥외광고 디자인** : 옥외광고에는 간판(사인보드), 광고탑, 슈퍼 그래픽, 네온사인, 현수막, 애드벌룬, 공중광고 등이 있다. 주변 환경과의 분위기 조성에 기여하는 특성을 가지는 매체로 정보전달 기능과 지역의 특성과 개성을 살리고 안내하는 역할을 한다.

(2) **슈퍼 그래픽** : 크기 제한에서 탈피하는 개념의 디자인으로, 건물의 벽면이나 공장의 굴뚝 등 우리가 살고 있는 공간에까지 확산되면서 환경디자인 장르로서의 의미를 갖게 되었다.

2. 옥외광고의 장점과 단점

장점	• 시장이나 지역의 선택이 가능하다. • 크기가 클수록 광고 효과가 커진다.
단점	• 많은 내용의 전달이 불가능하다. • 장소와 위치가 제한되고 법적 규제가 따른다. • 주변 환경에 따라 부정적인 결과를 초래할 수도 있다.

62) 디자인하우스, 월간디자인(no.397), p115, 120

매트 W.무어(Matt W.Moore)의 슈퍼 그래픽[63]

2 멀티미디어 디자인

음향, 사진, 문자, 그림, 동영상 등이 혼합되어 동시 병행이 가능한 매체들을 멀티미디어라고 한다. 멀티미디어와 관련된 컨텐츠의 기획 및 제작, 웹디자인, 인터넷방송, 디지털 영상제작 및 편집, 영상특수효과, 웹사이트구축, 멀티미디어 컨텐츠를 영상미디어로 표현하는 CD 타이틀 제작, 영상제작 및 편집, 인터넷 방송 등의 기획 및 실무 제작 분야와 2D, 3D 등 특수효과 등과 같은 컴퓨터 영상그래픽 관련 분야 등을 포함하여 말한다. 비즈니스 프레젠테이션, 안내시스템(kiosk), 사이버 교육, 게임, 기업홍보, 전자상거래 및 디지털 위성방송 등 다양한 분야에서 활용한다.

⭐ 멀티미디어의 특징

특징	내용
usability	유용하고 편리함
information architecture	자료의 구성
interactivity	상호작용
user-centered design	사용자 중심의 디자인
user interface	사용자 인터페이스
GUI(Graphical User Interface)	사용자가 그래픽을 통해 컴퓨터와 정보를 교환하는 작업환경을 이르는 말

---

63) http://mwmgraphics.com

⭐ 멀티미디어디자인의 기본요소

요소	내용
문자	정보전달의 가장 기본적 요소로서 흔히 폰트를 표현단위로 사용한다.
그림	문자로 나타내기 어려운 정보에 사용하고 크기, 색상, 패턴 등으로 표현된다. 파일 형식은 jpeg, bmp, gif 등이 있다.
소리	크기(loudness)와 높이(pitch) 또는 주파수(frequence)를 가지고 표현한다.
동영상	보통 프레임(하나의 화면에 완전히 생성되는 영상)을 단위로 1초당 15~30프레임 정도 사용하며, 형식은 avi, mpeg, asf 등이 있다.

3 제품 디자인

실용목적과 심미적 기능을 겸한 제품을 디자인 하는 분야이다. 생산과 사용자, 사회의 관점에서 기술적, 기능적, 경제적, 구조적, 환경적 요구의 상호관계성을 고려하여 사물의 물리적, 심미적, 사회적 가치를 증진시켜 궁극적으로 바람직한 생활문화를 제시하는 종합적 활동으로 공업적인 생산방식에 의해 복제양산적이며 대량생산을 목적으로 하는 디자인 전 분야를 말한다.

⭐ 제품 디자인의 구성요소

1. 렌더링(Rendering)

평면인 그림에 채색을 하고 명암의 효과를 주어서 입체감을 주는 기법으로 일종의 가상 시뮬레이션을 말한다.

2. 목업(Mock-up)

디자인한 제품을 실제 크기 혹은 축소크기로 제작하는 것을 말한다.

3. 모델링(Modeling)

(1) 러프 모델(rough model) : 스케치모델이라고도 한다.

(2) 프레젠테이션 모델(presentation model) : 외관상 실제 제품에 가깝도록 만드는 단계이다.

(3) 프로토타입 모델(prototype model) : 제품디자인을 최종 결정한 후 실제부품, 기능 등을 부여하여 만

드는 완성형 모델이다.

⭐ 제품디자인 색채계획 프로세스

색채계획을 추진할 때 목표한 상품색채를 달성하기 위해 업무의 순서를 결정하는 것을 색채계획 프로세스라고 한다. 대량생산되는 제품의 색채는 기능성과 합목적성에 적합해야 하며 단순한 색채를 사용하는 것이 좋고, 제품의 성격을 색채로 알린다.

기획단계 ▶	제품기획
	시장조사(경쟁상품, 관련상품의 분석)
	소비자조사(색채기호, 이미지조사)
	색채분석, 색채계획서 작성
디자인단계 ▶	이미지방향 설정
	주조색, 보조색, 강조색 결정
	소재 및 재질 결정
	제품의 계열별 분류 및 체계화
생산단계 ▶	시제품 제작(시뮬레이션, PT)
	평가(품평회)와 결정
	생산(공정 색상관리)
	홍보와 판매

4 패션 디자인(Fashion Design)

패션은 방법, 방식, 유행, 양식의 의미를 가진다. 패션디자인은 의상디자인을 포함한 패션기획, 특수소재 개발 등을 포함한 총괄적인 디자인을 의미한다. 패션에서의 색채는 패션 제품의 시각적인 미적 효과를 상승시키는 것은 물론 제품의 이미지를 형성하는 중요한 요소이다.

⭐ 패션디자인의 주요요소

1. 패션디자인의 표현요소

선	• 의복의 실루엣선, 옷깃, 포켓, 주름 등의 선으로 나뉜다. • 유행에 민감하게 영향을 받기 때문에 소비자의 구매의사 결정에 중요한 요인으로 작용하는 디자인 요소이다. • 선은 분위기나 성격을 전하는 조형활동 요소로서 직선은 단순하고 남성적인 느낌을 나타내고, 곡선은 부드럽고 여성스러운 느낌을 나타낸다.
색채	가장 먼저 지각되는 디자인 요소로 소비자의 기호, 개성, 심리에 영향을 받는다.
재질	• 섬유의 종류나 조직, 가공 상태에 따라 결정된다. • 의복의 용도나 계절을 고려하여 재질을 선택하여야 한다. • 기술과학의 발달로 신소재의 개발 및 테크노 소재(techno texile)가 등장하면서 새로운 감각의 디자인 창출을 중심으로 한 트랜드 분석이 요구되고 있다.

2. 패션디자인의 기본 조건

(1) 기능성 : 주로 신체 보호와 실용성을 목적으로 사용된다.

(2) 심미성 : 패션의 경우 시대적 감각에 부합되는 미적 표현을 전제한다.

(3) 창조성 : 실용성과 심미성을 동시에 만족시키기 위해서는 독창적인 아이디어가 필요하다.

(4) 경제성 : 의복의 용도나 소비자의 연령층, 목적에 따라 적절비용의 소요를 고려해야 한다.

3. 패션 유행색

어느 계절이나 일정 기간 동안 많은 사람에 의해 입혀지는 선호도가 높은 색이다. 패션예측색의 전달은 다음과 같다.

기간	내용
약 24개월 전	각 국가별 색채예측
약 18개월 전	유행색의 국제협의
약 12개월 전	원사전시회, 소재전시회
약 12개월~6개월 전	기성복전시회, 대중매체
실제 계절	소비자

핵심 Plus

국제 유행색 협회(International Commission for Fashion and Textile Colours)
• 1963년에 설립되었다.
• 패션산업에서는 실 시즌의 약 2년 전에 유행 예측 색이 제안되고 있다.

- 봄/여름, 가을/겨울의 두 분기로 유행색을 예측 제안한다.
- 매년 1월과 7월말에 협의회를 개최한다.
- 1992년 설립된 한국유행색산업협회(현재 : 한국패션컬러센터)가 국제 유행색협회에 공식적으로 참가하여 유행색을 제안하고 있다.

⭐ 패션의 색채계획 프로세스

패션 색채계획 시 사전에 정확한 유행색을 조사 분석한다. 사회 전반에서 추출한 유행색을, 패션에 적용될 때는 대상이 되는 상품의 색상에 대한 기호와 실제 판매상황과의 관계를 정확히 파악하여 상품의 목적에 따라 다소 차이를 준다.

1. 색채정보 분석단계

시장조사 → 소비자조사 → 유행정보 → 색채계획서 작성

2. 색채디자인단계

이미지 맵 작성 → 색채결정(주조색/보조색/강조색) → 배색디자인 → 아이템별 색채전개

3. 평가단계

소재결정, 샘플제작 → 소재품평회 → 생산지시서 작성

패션의 색채계획 프로세스

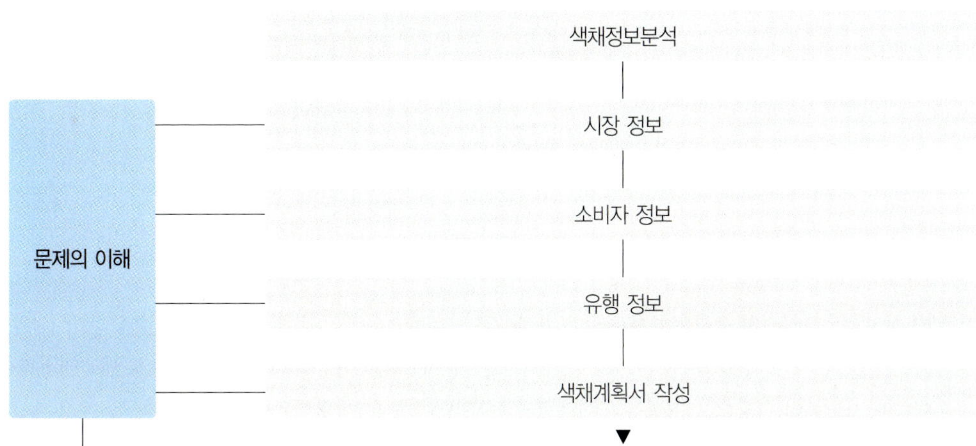

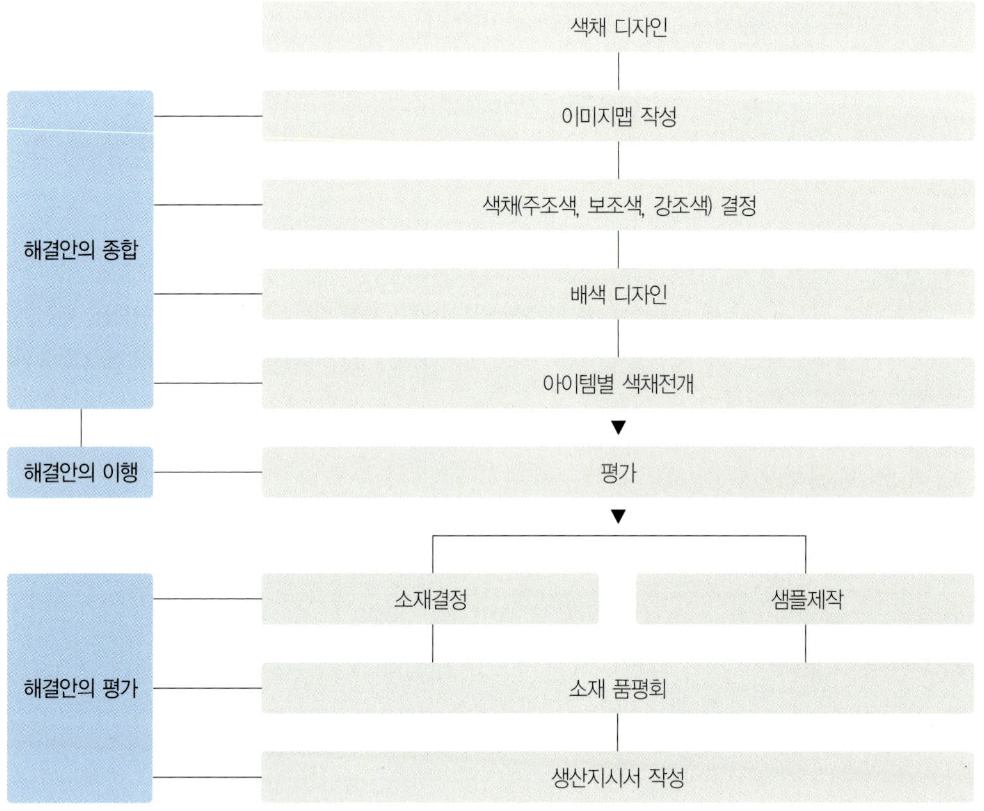

⭐ 패션색채의 변천

패션은 변화와 혁신을 의미하며, 20세기 이전에는 매우 천천히 변화하였으며, 주로 왕실이나 귀족의 초상화를 통해 서민층으로 전파되었다. 회화의 영향을 받기도 하였고, 염색기술의 발전과 더불어 다양하게 발전하기도 하였다.

1. 1900년대(아르누보와 S-커브실루엣)

1900년대 복식은 아르누보(Art Nouveau)의 영향으로 유연한 신체의 곡선을 강조하는 S-커브 실루엣으로 여성들은 코르셋을 사용하여 가슴을 앞으로 나오게 하고, 힙 부분을 뒤로 나오게 하였으며 부드럽고 여성적인 경향이 색채에도 그대로 반영되어 연한 파스텔색조가 유행하였다.

2. 1910년대(아르데코)

1910년대는 곡선적인 아르누보로부터 기계적이고 기하학적 형태의 전환이 서서히 일어나 새로운 아르데코(Art Deco)와 오리엔탈리즘(orientalism)의 영향권에 포함되는 시기이다. 또한 제1차 세계대전의 영향 때문에 기능적인 성향으로 여성복의 현대화가 이루어지기 시작하였다.

코르셋에서 해방된 원통형의 디자인[64]

3. 1920년대(기능주의와 가르손느 스타일)

1920년대는 대중문화가 태동하는 쾌락주의의 시기로, 아르데코의 성숙 단계와 보이쉬스타일(boyish style) 또는 가르손느(garconne style)스타일이 유행하였다. 아르데코의 영향으로 흑색, 원색과 금속의 광택이 등장하였다.

샤넬은 대표적인 가르손느 스타일로 흰 칼라와 커프스가 달린 울저지 드레스나 피 재킷(pea jacket : 선원 등이 입는 두꺼운 더블 모직 상의), 슈트에는 여러 가닥의 진주 목걸이를 끼워 넣은 체인을 유행시켰다.

가브리엘 코코 샤넬(coco chanel)[65]

4. 1930년대(롱 앤드 슬림 실루엣)

1930년대는 세계적인 경제공황을 반영하듯 이브닝 웨어를 제외한 일상복에서는 녹청색, 뷰 로즈, 커피색 등을 사용하였으며 전체적으로 홀쭉하고 긴 롱 앤드 슬림(long and slim)의 여성적인 실루엣이 나타났다. 1930년대 말에는 전쟁분위기 등의 영향을 받아 밀리터리 룩이 등장하였다.

64) 와까미야 노부하루(김학성, 배정순 공역), 현대디자인사, 조형사(2000), p88
65) http://www.cocobutik.pl/

5. 1940년대(제2차 세계대전과 뉴룩)

1940년대는 전쟁의 참담함을 반영하듯 차분한 색조가 계속되었고, 실용적인 기능복 형태의 밀리터리룩이 유행하였다. 전쟁 후에는 실루엣이 급격하게 변화하여 크리스챤 디오르의 여성스러운 뉴룩(new look)에서는 분홍, 회색, 옅은 파랑 등 은은한 색채가 나타나기 시작하였다.

1947년 파리에서 촬영한 사진[66]

크리스챤 디올의 뉴룩 대표작이다. 뉴룩에서 가장 전형적인 재킷과 치마차림으로 동양적 분위기의 모자로 멋을 냈다.

6. 1950년대(디자이너의 시대)

1950년에는 심리적, 경제적 안정을 이루어서 다른 디자인 분야와 마찬가지로 베이비핑크, 다양한 색조의 빨강, 베이비블루, 채도가 낮은 하늘색이 인기를 끌었다. 헐리우드 영향으로 영화 속 배우들이 인기를 얻었으며, 디오르는 뉴룩 이후 1950년대 후반까지 수많은 라인(H, A, Y, F-Line)을 발표하였고 발렌시아가, 지방시 등 디자이너들의 활약이 두드러졌다.

7. 1960년대(미니멀리즘)

1960년대는 영국이 패션에 커다란 영향을 미치게 되었으며 '작은 것이 아름답다' 는 철학이 성행하였다. 패션에 있어서는 대량 생산과 일상성을 표현한 팝 아트의 영향을 받고, 색채면에서는 대담한 몬드리안룩 형태와 사이키델릭의 영향을 함께 받으면서 유사한 색상이지만 명도와 채도가 높은 현란한 색채, 구성면에서는 단순한 최소 표현 기법인 미니멀리즘이 반영되었다.

---

66) 중앙일보, 파리의 부활을 알리다, 2010년 10월 26일

몬드리안룩[67]

수평선, 수직선, 정방형, 장방형의 형태와 공간구성에 의한 것으로 기하학적 무늬를 살려 1965년 이브 생 로랑이 처음으로 의복에 시도하여 주목을 받았다.

8. 1970년대(여성 바지의 유행)

1970년대부터 패션산업의 국제화가 시작되면서 디자이너들의 새로운 시장개척이 시작되었다. 이브 생 로랑은 '르 스모킹(Le Smorking)' 이라는 팬츠 슈트를 소개하여 여성들의 바지 유행에 초석을 놓았으며 브라운과 크림색이 주요 색상으로 사용된 스웨터, 진, 티셔츠 등의 캐주얼화가 급부상하면서 내츄럴 룩(natural look)이 나타났다.

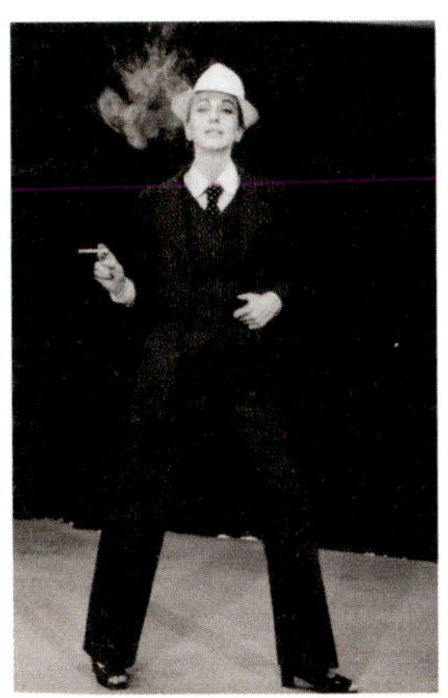

이브 생 로랑(Yves Saint Laurent) Le Smoking jacket[68]

9. 1980년대(포스트모더니즘)

1980년대는 세계 각국의 디자이너들의 등장으로 패션 경향에 역사적인 요소, 민속적인 요소, 인간과 자연의 사회적인 요소 등을 다원적이면서도 절충적으로 도입하는 특징을 보였다. 조르지오 아르마니(Georgio Armani)는 아주 잘 차려 입은 커리어 우먼의 '테일러드룩'을 유행시켰으며, 초반에 등장했던 제패니즈 룩(Japanese look), 앤드로지너스 룩(Androgynous look) 등은 검정, 흰색과 어두운 뉴트럴계

---

67) http://www.fashionencyclopedia.com
68) http://shesinvogue.blogspot.com

(Neutral)계 색을 유행시켰다. 이세이 미야케, 요지 야마모토 같은 일본 디자이너는 동양적 감성의 검정, 회색, 감색을 사용하여 미묘한 색감을 표현하였으며, 1980년대 말부터 등장한 에콜로지 경향으로 에크뤼 (ecru)와 같은 표백하지 않은 천연 그대로의 색상이나 오염되지 않은 자연을 상징하는 녹색과 파랑 등이 사용되었다.

10. 1990년대

1990년대는 특별히 어떤 양식이 정해져 있지 않고 규칙에 얽매이지 않는 다양한 스타일이 혼합되는 양상 이 나타난다. 패션 전반에 확산된 에콜로지 경향과 미니멀리즘(minimalism)의 영향은 흰색, 카키, 검정, 베이지, 회색 등의 색채를 유행시켰다.

5 미용 디자인

현대사회는 생활수준의 향상과 여가시간의 활용으로 미에 대한 사회의 관심이 높아지면서 아름다움을 창조하려는 욕구가 커지고 있다. 미용은 용모를 아름답게 꾸미는 창작활동으로 개인의 미적 욕구를 만족 시키고 사회활동에 도움이 되어야 하며, 패션의 일부이므로 시대적 유행성도 고려해야 한다.

 헤어스타일과 염색

1. 모발의 구조

(1) 주성분 : 케라틴 단백질이 주성분이다.

(2) 구조

① 표피층(cuticle) : 모발을 보호하는 딱딱한 각질층
② 피질층(cortex) : 모발의 80~90%를 차지하는 중요한 부분으로 케라틴이라는 단백질로 이루어져 있다.
③ 수질층(medulla) : 모발의 중심부위에 공기를 함유한 벌집 모양의 다각형 세포가 길이 방향으로 나열되 어 있다.

멜라닌 색소(melanin pigments)
멜라닌 색소는 인간의 피부와 동공, 모발의 색을 결정하는데 인종마다 색소의 종류와 양을 다르게 가지고 있다. 퍼머넌트나 염색을 할 경우 알카리제(염모제)가 표피세포층의 간격을 넓히게 되므로 염모제가 피질층으로 흡수 되어 발색되는 것이다.

2. 멜라닌색소의 종류

(1) 유멜라닌(eumelanin)

① 알갱이 형태의 과립성 색소(granule pigments)이다.

② 모발의 어두운 색(적갈색에서 검정색까지)을 결정하고 동양인에게 많다.

(2) 페오멜라닌(pheomelanin)

① 좀 더 작고 동그란 모양의 흩어져 있는 확산성색소(diffuse pigments)이다.

② 모발의 옅은 색(옅은 노란색부터 밝은 적색까지)를 결정하고 주로 서양인에게 많다.

⭐ 퍼스널 컬러(Personal Color)

퍼스널 컬러는 자신에게 어울리는 컬러, 자신을 돋보이게 하는 컬러를 말한다. 자신이 가지고 있는 신체색과 조화를 이루어 얼굴에 생기가 돌고 활기차 보이도록 긍정적 작용을 하는 컬러를 말한다. 퍼스널 컬러는 컬러의 성격에 따라 4계절(봄, 여름, 가을, 겨울)의 이미지에 비유하여 신체색을 분류하는 방법을 활용하고 있다.

1. 퍼스널 컬러 진단법

메이크업을 하지 않은 얼굴에 흰 천으로 머리와 의상을 가리고 실시한다. 봄, 여름, 가을, 겨울의 각 계절 색상의 천을 대어보고 얼굴색의 변화를 관찰한다. 자신과 어울리는 색을 얼굴 가까이에 두면 얼굴에 생기가 돌고 활기차 보이며 얼굴의 결점이 눈에 덜 띄게 된다.

2. 계절별 유형

(1) 봄 유형(spring type)

① 아이보리나 밝은 갈색의 노르스름한 빛이 감도는 피부와 따뜻한 느낌의 블론드나 갈색계열의 윤기나는 머리색과 노란빛의 연한 눈동자로 생기 발랄한 인상으로 귀엽고 사랑스런 유형이다.

② **잘 어울리는 색** : 금발, 샴페인, 황금 띤 갈색, 갈색 등 붉은 계열을 잘 이용해준다.

③ **효과적이지 못한 색** : 회색 띤 청색, 검정색 등 너무 어두운 색과 은색, 청회색, 청색을 띤 차가운 색은 어울리지 않는다.

(2) 여름 유형(summer type)

① 붉은 기가 도는 피부로 비교적 희고 얇으며 회갈색을 띤 머리카락과 부드러운 갈색빛의 눈동자는 차분하면서도 고급스러운 유형이다.

② **잘 어울리는 색** : 머리에 하이라이트를 주면 생기가 있어 보이고, 밝은 회색 띤 블론드, 쥐색을 띠는 블

론드와 갈색, 푸른 기미의 회색, 가지색 금발 등이 잘 어울린다.

③ 효과적이지 못한 색 : 붉은색, 황금색과 밝은 갈색을 피해야 한다.

(3) 가을 유형(autumn type)

① 누르스름한 피부에 황갈색 빛이 감도는 짙은 갈색의 머리카락과 갈색빛의 눈동자색이 차분하며 깊이 감이 있는 유형이다.

② 잘 어울리는 색 : 붉은 하이라이트를 했을 때 아름다워 보인다. 황금블론드, 담갈색, 스트로베리, 붉은색 등 주로 따뜻한 갈색계열이 잘 어울린다.

③ 효과적이지 못한 색 : 회색의 하이라이트와 검정 등은 얼굴을 어둡게 만든다.

(4) 겨울 유형(winter type)

① 투명하고 핏기없는 창백한 피부에 푸른빛이 감도는 갈색과 검은 빛의 머리카락으로, 푸른빛의 눈동자로 강렬하고 개성이 강한 유형이다.

② 잘 어울리는 색 : 강렬한 색, 파랑 띤 블루, 회색 띤 갈색, 청색 띤 자주 등이 잘 어울린다.

③ 효과적이지 못한 색 : 60대 이상의 경우 지나치게 비비드한 색조는 어색하므로 피하도록 한다.

⭐ 메이크업

메이크업은 피부 외부의 각종 자극으로부터 피부를 보호하고, 결점을 커버하며 장점을 최대한 강조하여 개성적인 아름다움을 표현한다. 얼굴색과 어울리는 다양한 색조를 이용하여 고객이 원하는 얼굴의 이미지를 표현하고 얼굴의 윤곽을 조정하거나 특정 신체 부분을 강화하거나 수정하는 목적을 가진다.

메이크업의 표현요소는 색, 형, 질감이다. 메이크업의 3대 관찰요소는 배분, 배치, 입체이다. 메이크업의 3대 균형은 좌우대칭의 균형, 색의 균형, 전체와 부분의 균형이다.

⭐ 미용 색채계획 프로세스

미용디자인의 과정은 디자인할 소재의 특성을 먼저 파악한 후 미용의 목적, 선호하는 유행과 색채 등에 대한 고객의 의견을 참조하여 결정한다. 색조 메이크업의 경우 주조색과 보조색은 의상, 헤어스타일과 전체적으로 조화되는 것이 가장 중요하며, 강조색은 목적에 따라 화장색과 유사 또는 보색대비를 사용할 수 있다.

미용대상의 특징분석(인체부분)

미용대상의 파악

미용대상의 여건분석(사용환경 등)

색채디자인 계획

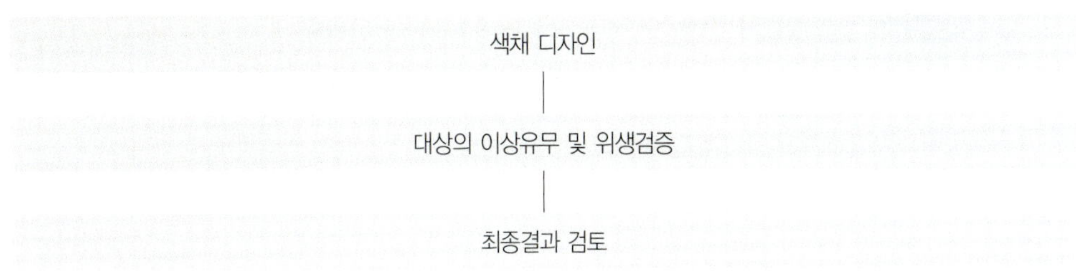

6 실내 디자인(Interior Design)

실내 디자인은 건물의 내부를 디자인하는 것으로 인간의 기본 생활에 밀접한 인간적인 스케일의 디자인이다. 실내 디자인은 아름다우면서도 실용적인 면적을 확보하고 최대한 편리하고 쾌적한 공간을 연출하는데 구체적인 목적이 있다. 또한 그 공간에서 안정감을 느낄 수 있어야 한다. 이 영역은 건축의 실내뿐만 아니라 선박, 자동차, 기차, 여객기와 같은 운송기기의 내부에 이르기까지 광범위한 영역을 다루고 있다. 건축 외에도 일상생활환경의 세부적인 구성요소인 가구, 집기, 벽지 등과도 밀접한 연관을 갖는다.

⭐ 실내디자인의 구성요소

1. 기본요소

(1) **바닥** : 실내요소 중 가장 큰 공간을 차지하며, 인간의 접촉빈도가 가장 높다. 수평적 요소의 바닥은 바닥면의 변화를 통해 공간의 구획 등의 의도를 표현할 수 있다. 동적 척도나 시각적 효과, 생활방식(좌식, 입식) 등에 따라 디자인이 달라지며, 일반적으로 바닥의 색채는 벽의 색상보다 명도를 낮게 한다.

(2) **천장** : 천장은 복잡한 요소들과 대비되는 중립적인 공간으로 바닥과 함께 가장 큰 부분을 차지한다. 외부로부터 보호해 주는 역할을 하는 수평적 요소이지만 시각적으로 가장 먼 부분이기 때문에 재료나 색채는 단조롭다.

(3) **벽** : 실내공간에서 우리의 시선과 직면하는 가장 구체적인 대상으로, 인간의 동작 범위가 가장 민감하며 실내분위기 형성에 가장 큰 영향을 미친다. 벽은 벽면과 개구부로 구성된다.

(4) **문** : 벽은 출입을 위한 개구부가 필요하다. 사람과 물건 등의 출입과 같은 1차적인 목적 기능에 따라 폭이 결정되고 개수가 결정되지만 개폐 방식에 따라 디자인이 대응된다.

(5) **창** : 창은 실내공간의 눈으로 중요한 요소로 간주된다. 조망, 환기 채광, 통풍 등의 조절을 한다. 창은 손

잡이, 경첩 등의 철과 창대와 블라인드, 커튼 등의 섬유요소가 연관된다.

(6) 기둥 : 철이나 강철, 콘크리트 골조의 현대식 대형건물에서 무게를 지탱하기 위해 세워진 수직적 요소이다. 기둥이 벽면으로부터 독립되는 경우 그 주변에는 새로운 공간감이 형성된다. 여러 재료나 질감, 색채로 표면을 다양하게 처리할 수 있다.

2. 마감요소

(1) 재료 : 재료는 기본 구조 단계에서 고려된 구조재와 마감 단계에서 디자인된 마감 재료로 나뉘어 취급된다.

(2) 색채 : 대부분의 재료에서 나타나는 고유의 색감으로 직접적이고 강한 지각적 성능이 있기 때문에 색채 취급은 전체의 표현 방향을 결정하는 중요한 요인이다. 조명을 이용한 색채계획은 채광계획과 동시적으로 이루어져야 한다.

3. 장치요소

(1) 가구 : 실내의 기능을 가장 직접적으로 지원하는 요소이다.

(2) 실내섬유 및 직물 : 섬유물은 바닥에 깔리는 것, 천장에 드리워지는 것, 벽에 걸리는 것 등으로 구분되고 각 부위의 환경 조건에 따라 섬유물의 취급도 별도의 성능과 역할이 요구된다.

⭐ 실내공간의 색채계획 프로세스

구체적인 표현작업을 하는 단계에서는 배치도, 평면도, 입면도, 천장도, 투시도 및 입체적인 축소모형을 제작하고 가구, 조명, 재료와 색채에 모형을 제작한다.

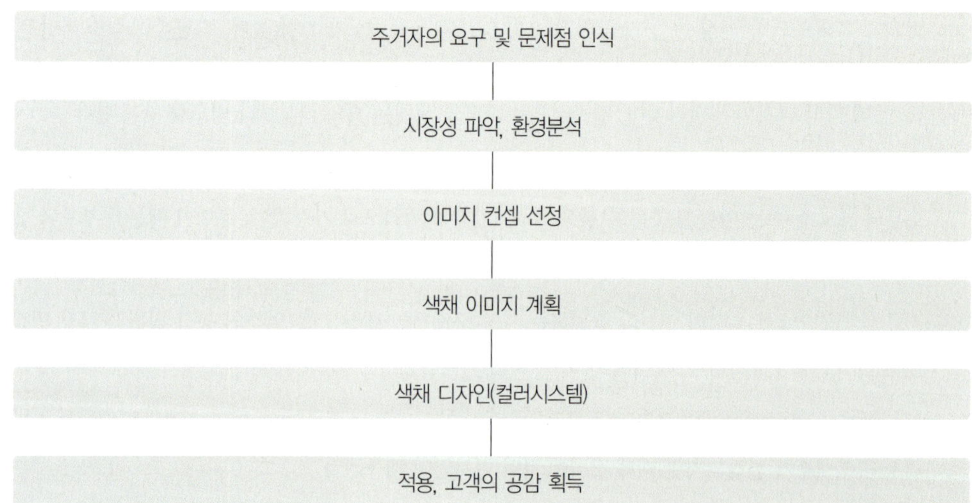

7 환경 디자인(Environmental Design)

현대인에게 환경이란 개념은 작게는 거실과 같은 사적공간에서부터 크게는 우주공간의 개념까지 확대되고 있다. 1960년대 이후 환경문제가 중요시되면서 대두된 환경 디자인 영역은 자연 생태계의 질서를 잘 유지하면서 동시에 인간에게 쾌적하고 아름다운 디자인을 하는 것이 그 목적이라 할 수 있다. 인간은 자신을 에워싸는 주변 환경의 색채와 밀접한 상호작용을 이루고 있으므로 환경디자인은 통합적인 디자인의 개념으로 받아들여져야 하며, 각 디자인의 분야를 포괄하는 조화의 개념으로 생각하는 것이 바람직할 것이다.

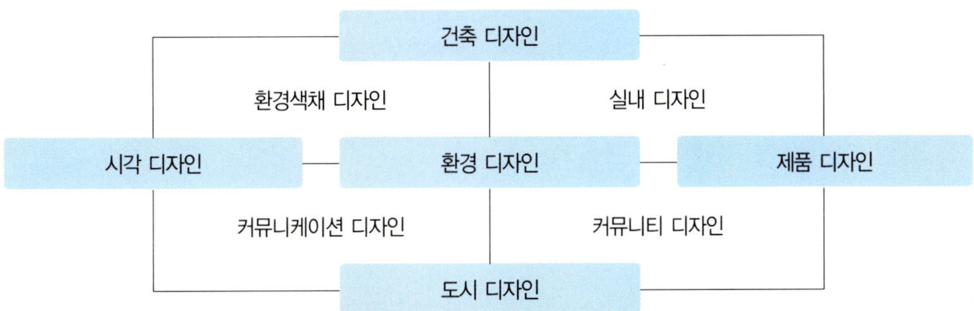

⭐ 환경 디자인의 조건과 환경 색채의 영향

1. 환경 디자인의 조건

⑴ 자연미와 인공미가 조화를 이뤄야 한다.

⑵ 자연을 보호, 보존하여 공해, 재해로부터 인간을 보호한다.

⑶ 공공 기간의 배치를 기능적으로 고려한다.

⑷ 인공구조물을 관리, 유지하여 사회와 개인의 질서를 유지한다.

⑸ 환경색으로서 배경적인 역할을 고려하여 쾌적하게 한다.

⑹ 재료의 자연색을 존중하고 광선, 온도, 기후 등의 조건을 고려한다.

2. 환경색채의 영향

(1) 환경색채의 개념 : 환경색채는 경관색채를 포괄한다. 환경색채의 구성요소는 인간의 행위에 관여되고 인간에 의해 관측되는 모든 색채 요소의 합이다.

(2) 색 경험 피라미드(프랑크 H. 만케) : 인간이 대상을 지각하는 상관관계를 6개의 요소로 나눈다.

구분	단계	인간의 반응
능동적으로 의도된 단계	6	개인적 관계 : 개인적 기호에 따라 취해지는 색채
	5	시대사조와 패션, 스타일의 경향 : 일정한 주기를 두고 반복되는 경향
수동적인 영향	4	문화적 영향과 매너리즘 : 한국의 오방색, 종교나 신비주의적 상징색 적용
	3	의식적 상징화 : 연상(나라마다, 지역마다의 색채연상)
생물학적 반응의 단계	2	집단무의식 : 인류 또는 특정집단으로부터 영향, 학습에 의한 색채반응
	1	색 자극에 대한 생물학적 반응 : 식물의 색, 동물의 보호색

⭐ 환경 디자인의 색채계획 프로세스

지역에 대한 색채조사와 건축물과 시설물에 대한 색채분포도 조사를 통해 주변경관과 건물, 전체적인 색채를 조화롭게 진행시킨다.

대상의 분석 단계	▶	대상지 분석
		대상지 자연환경 분석
		대상지 인문환경 분석
		대상지 성격부여, 분석정리

▼

색채 디자인	▶	색채 계획안 작성
		기본 색채 디자인(컬러시스템)
		대상지 구획별 색채 변화
		색채 견본제작

▼

시공 및 관리	▶	시방서 작성
		시공
		시공 후 평가, 검증

⭐ 건축물의 색채계획

1. 학교

(1) 벽, 바닥, 가구, 설비물 등의 휘도비율을 균등하게 해야 한다.

(2) 학교는 50~60%의 빛을 반사할 수 있는 색을 칠하는 것이 바람직하다.(천정은 흰색을 칠하도록 함)

(3) 학교의 바닥은 20~30%의 반사율, 책상, 설비물은 25~40%의 반사율을 갖는 것이 바람직하다.

(4) 유치원, 초등학교 어린아이들의 공간은 연노랑, 산호색, 복숭아색 등 온색의 밝은 환경을 권장한다.

(5) 한색은 상급학생과 공부방, 학교도서실에 권장한다. 연두빛, 연녹색, 물색의 벽은 집중력을 높인다.

(6) 가장 많은 시간을 보내는 교실의 벽면은 안락한 느낌의 색으로 처리 : 중간색조의 짙은 갈색, 아보카도, 에메랄드 그린, 청록색, 감청색 등을 사용한다.

(7) 학습하는 교실의 정면 벽은 안락한 느낌의 색으로 처리 : 중간색조의 짙은 갈색, 골드, 아보카도, 에메랄드 그린, 청록색, 감청색 등을 사용한다.

(8) 벽의 옆벽이나 후면 벽에는 베이지색, 황갈색 등의 색조를 사용한다.

2. 상점과 점포

(1) 소매상점의 조명은 가급적 따뜻한 느낌을 유지하도록 한다.

(2) 자연주광에 가까운 조명을 사용하고 한색 광원은 약간의 판매촉진에는 도움을 주지만, 지나치게 차가운 조명은 피한다.

(3) 충동적 유혹을 주는 마케팅을 할 경우엔 깨끗하고 산뜻한 눈에 잘 띄는 색으로 처리한다.

(4) 패션매장의 배경색에 청록색을 사용하면 사람의 안색을 좋게 하고 외모를 돋보이게 하도록 한다.

(5) 식품을 가장 보기 좋게 하는 색은 복숭아색, 산호색 계열인데 이는 식욕을 자극하는 색이다.

(6) 음식을 진열할 때 벽과 설비를 청색과 청록색으로 하면 보색대비에 의해 강한 효과를 유도할 수 있고 육류를 더 빨갛고 신선하게 보이도록 하면서도 포장된 음식물을 더욱 눈에 띄게 하기도 한다. (조명은 따뜻한 계열)

(7) 상품이 밝은 색채를 가진 경우에는 밤색, 호두나무색, 상록색, 네이비 블루 등을 사용하여 대비를 유도한다.

(8) 밝은 노란색의 벽은 시선을 끄는데 효과적이다.

(9) 상점의 장식 설비물이나 선반은 감청색이나 짙은 파랑, 네이비블루가 적당하다.

(10) 선반을 흰색으로 하여 상품과 명백한 대조를 이루게 하기도 한다.

(11) 상점조명은 산업시설에 사용되는 조명과는 달리 부분적인 직접조명을 사용하여 색과 질감을 잘 나타내주도록 한다. 예를 들어 도자기나 유리그릇, 보석과 같이 반짝이는 제품들은 밝은 부분과 그늘진 부분이 선명하게 나타날 수 있도록 해야 한다.

3. 오피스

(1) 중립적이고 눈의 깜박임 횟수를 줄여 망막의 피로를 덜어주고 집중력을 높여주는 약 30%의 반사율을 가진 온회색 혹은 회백색을 사용하는 것이 적당하다.

(2) 천장의 밝기는 일정하게 유지하도록 하고 벽면의 반사율은 40~60%, 바닥과 가구장비는 20%의 반사율이 적당하다.

(3) 책상의 상판은 황갈색, 다갈색, 콜로니얼 그린, 가벼운 청록 등의 연한 색조를 사용하여 부담을 덜어준다.

(4) 카펫은 밝고 엷은 베이지, 회색이나 녹색조로 한다.

(5) 의자커버는 벽과 대조를 이루는 것이 효과적이다.

(6) 베이지색, 갈색, 녹색이 첨가된 주황, 청색, 금색, 물색 등을 같이 사용하여 넓어 보이는 효과를 주는 것도 좋다.

4. 산업시설

(1) 적절한 색채조화는 생산량 증가와 세공기술을 향상시키고, 사고빈도의 감소, 불량품의 감소, 시설관리와 기계보존의 기준향상, 결근감소와 근로사기 고양에 많은 공헌을 하는 것으로 알려져 있다.

(2) 지나친 눈부심과 시야를 교란시키지 않는 이상적인 밝기로 하고, 천장은 백색으로 한다. 시설물이 어두울 때는 50~60%의 반사율로, 전체가 균등한 빛을 줄 수 있다면 60~70%의 반사율이 바람직하다.

(3) 산업시설에서 기계, 설비물, 책상의 요소는 25~40%의 반사율이 적당하고, 바닥은 밝으면 더욱 밝게, 어두우면 더욱 어둡게 하는 것이 좋다.

(4) 창틀은 흰색으로 하거나 외부 밝기와의 대조를 줄이기 위해 밝은 색조로 한다.

(5) 기계류는 노동자의 주의를 집중시키기 위해 담황색과 같은 엷은 색으로 두드러지게 하는 편이 좋다.

(6) 빛을 반사하고 모든 용구와 직접적으로 대조되어야 한다.

(7) 작업자의 시각을 제한하고 상대적으로 눈의 순응을 지속적으로 유지시키도록 한다.

(8) 다른 곳에서의 움직임이나 그림자를 가급적 없애 주어야 한다.

(9) 작업자에게 더 나은 포위감을 느끼도록 칸막이로 시야를 45도에서 60도까지 가려준다.

(10) 노랑과 검정 띠의 반복 : 충돌, 방해물, 위험 표시를 한다.

(11) 밝은 오렌지 : 자르고, 부수고, 태우거나 격렬한 위험을 알린다.

(12) 형광의 연녹색은 들 것이나 캐비닛, 가스 마스크, 의약품의 설비를 나타낸다.

5. 병원색채

(1) 1930년대에 들어서면서 미국은 천연자재를 이용하였는데 이는 단조롭거나 지루한 인테리어를 벗어나 쾌적함, 안정성, 정서순화, 능률성 등 여러 긍정적 측면으로 작용하였다.

(2) 벽 : 먼셀기호 5.5Y 8.5/3.5정도 사용하고 있다.

(3) 밝은 조명과 따뜻한 색채사용(적색, 핑크, 오렌지, 노랑) : 육체적 자극이 발생하면서 환자들이 주변 환경에 대해 관심을 기울이는 경향이 나타나므로 회복기 환자에게 좋다.

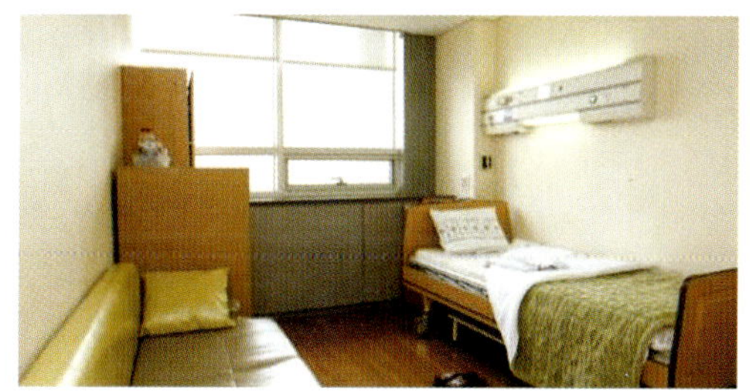

병원 색채[69]

(4) 약간 어두운 조명, 시원한 색(녹색, 청색) : 휴식을 요하는 환자나 만성 환자, 장기간 입원하는 환자에게 적합하다.

(5) 수술실에서의 녹색 : 집중감, 보색으로 잔상을 줄여준다.

(6) 부드럽고 따뜻한 베이지색 : 1인실에 적당하다.

(7) 신생아실 : 조명을 계속 켜두면 성장호르몬의 리듬을 방해하므로 조절이 필요하다.

(8) 백열등은 실제보다 안색을 좋게 보이게 하거나 황달환자를 알아보지 못하게 될 수 있으므로 deluxe cool white 형광등이 좋다.

(9) 대기실과 병실은 안방과 같은 온화하고 안정된 분위기를 창출하도록 하고 수술실과 임상 병리실은 정밀한 작업을 위해 특수 작업에 필요한 환경조성을 요한다.

69) http://ch.caumc.or.kr/about

SAVAGE STREET

Ⅲ 색채관리

1 색료

⭐ 색료

1. 색료

색료는 외부의 에너지를 받아 고유의 특성에 의해서 흡수와 반사현상을 통해 고유의 빛깔을 나타내는 성질을 갖고 있으며 선사시대 동굴벽화에도 사용되었던 카본안료부터 동물의 피를 색재로 사용하기 시작하면서 오늘날에는 7천개 이상의 합성색료가 있다. 이 중에서 탄소원자의 유무에 따라 유기색료와 무기색료로 나누게 되고 다시 염색이나 착색방식에 따라 염료와 안료로 나뉘게 된다.

(1) 색료의 여러 가지 특징

① 블리드 : 일반적으로 안료는 용제에 녹지 않지만 염료는 용해성을 가지는데 이 성질을 블리드라고 한다.

② 광변색(photochromism) : 광 노출에 기인하는 뚜렷한 표본의 가열을 수반하지 않은 시료색의 가역적인 변화를 말한다.

③ 열변색(thermochromism) : 온도변화에 따른 색의 변화를 말한다.

④ 간섭 박편 : 일반적으로 천연 진주 및 진주층과 닮은 외관을 부여하기 위하여 색료에 사용되는 진주광택 박편은 높은 굴절률을 갖는 얇고 투명한 판으로써 부분적으로는 빛을 반사시키고 부분적으로는 빛을 투과시킨다. 간섭현상을 이용하여 얇은 간섭색을 만드는 박편을 간섭 박편 혹은 간섭안료라고 한다.

> **핵심 Plus**
>
> - **화염테스트의 색** : 원자나 분자는 열을 가하게 되면 고유의 색을 내면서 타는데 리튬(Lithium)은 주홍색, 나트륨(Sodium)은 노란색, 포타슘(Potassium)은 자주색, 루비디움(Rubidium)은 빨간색과 자주색, 칼슘(Calcium)은 오렌지와 자주색이 나타난다.
>
> 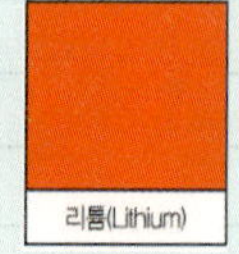   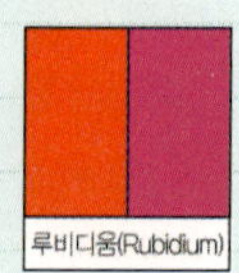 
>
>
> - **불활성기체의 색** : 네온사인과 같은 단원자 상태의 기체를 불활성기체라고 하며 기체의 종류에 따라서 특징적인 색이 나타난다. 헬륨(Helium)은 노란색, 네온(Neon)은 핑크와 빨간색, 아르곤(Argon)은 옅은 파랑계열의 색을 띠게 된다.

2. 색재

1876년 독일의 화학자 비트(Witt)는 유기화학 연구에서 색을 내는 색소를 알아냈는데, 유기분자에서 옥소크롬이라는 부분은 그 자체로는 색을 띠지 않지만, 분자의 색을 더 강하게 하는 것으로 알려져 있다. 색을 띤 색료들은 수소를 첨가하면 색을 없앨 수 있고, 수소를 제거하면 다시 색을 낼 수 있다.

(1) 색재의 종류

① 카로틴(carotin) : 오렌지색을 내는 분자이며 당근, 엽채류 등에 색소로 존재한다. 카로티노이드 중 분자 내에 산소를 함유하지 않는 것은 α-(카로틴), β-(카로틴), γ-(카로틴) 3종이 있고 이는 비타민 A의 전구체인 카로티노이드(carotinoid)의 하나이다.

② 클로로필(chlorophyll) : 엽록소라고 불리 우는 클로로필은 식물에서 녹색을 띠는 색소로 잘 알려져 있으며 중앙에 마그네슘 원자를 갖고 있는 것이 특징이다. 푸른색과 붉은 색에서 강한 흡수가 일어나 녹색이나 연두색을 띠게 된다.

단호박의 카로틴[1]	당근의 카로틴[2]	상주의 클로로필[3]

③ 헤모글로빈(hemoglobin) : 산소를 운반하는 헤모글로빈 분자는 철을 가지고 있어 붉은 색을 띤다. 각 헤모글로빈 분자는 하나의 글로빈 주위에 4개의 헴 그룹이 둘러싸 4면체를 형성하고 있다. 분자무게의 4%를 차지하는 헴은 모두 철을 함유하고 있어 녹색과 노란색 영역에서 강한 흡수가 일어난다.

④ 헤모시아닌(hemocyanin) : 탈로시아닌분자가 헤모시아닌 분자에 있으면서 중앙에 구리금속을 갖고 있다. 게나 갑각류에서 푸른색의 피를 띠게 한다.

⑤ 멜라닌(melanin) : 아미노산의 일종인 티로신의 대사과정 중 마지막 생성물로서 검은 색이나 갈색을 띠는 생물학적 색소를 말한다. 사람의 피부에 있는 점이나 기미, 그리고 대다수 흑인들의 피부에서 멜라닌세포가 관찰되며, 표피에서는 갈색의 넓게 퍼진 점들로 존재한다.

⑥ 플라보노이드(flavonoid) : 흰색, 노랑색, 빨강색, 파랑색을 주는 안료인데 그 구조는 플라본이라는 화합물과 연관되어 있다. 플라본은 앵초 꽃에서 처음 추출되었으며 색이 띠지 않아 옥소크롬을 첨가하면 플라보놀이 되어 노란색을 띠게 되고, 하나 더 첨가하면 퀘르세틴이 되어 오렌지색을 띠게 된다.

1) http://blog.naver.com/cateye99?Redirect=Log&logNo=130070616852
2) http://blog.naver.com/woghks1127?Redirect=Log&logNo=20145887051
3) http://blog.naver.com/tjfwndla?Redirect=Log&logNo=50125418611

㉠ 플라본(flavone) : 식물의 색소인 플라본은 흰색이나 크림색, 담황색을 내는 색소로 결정이 바늘 모양이다. 물에는 녹지 않고 진한 황산 용액에서 보라색 형광을 낸다. 야채를 뜨거운 물에 익히게 되면 담황색 물로 변하는 것은 플라본이 포함되어 있기 때문이다.

㉡ 안토시아닌(anthocyanin) : 플라보노이드 중에서 녹색을 강하게 흡수하는 안토시아닌은 빨간색과 푸른색을 반사하여 다양한 보라색과 붉은 색을 띠게 된다. 과꽃이나 국화, 포도주 등이 안토시아닌과 관계된 색소이다. 주로 pH의 농도에 의해 색이 변하는데, 산성에서는 빨간색, 중성에서는 보라색, 알칼리성에서는 파란색으로 변화한다.

국화꽃의 안토시아닌[4] 수국열매의 안토시아닌[5] 와인의 안토시아닌[6]

㉢ 모베인-모브(Mauve) : 합성유기염료(合成有機染料)로 모베인 또는 아닐린-바이올렛(Aniline Violet)이라고도 하며, n-페닐페노사프라닌 등을 주성분으로 하는 염기성 염료이다. 순수한 것은 적색을 띤 보라색 결정 또는 분말이며, 사용 후에는 흐릿한 보라색이 된다. 모브의 합성은 1856년 퍼킨(Perkin)에 의해 실현되었으며 이는 오늘날의 염료공업의 출발점이 된 점에서 의의가 크다.

⭐ 염료와 안료, 도료

1. 염료

물 및 대부분의 유기용제에 녹아 용해된 상태에서 직물이나 종이, 머리카락에 침투하여 착색되는 유색물질을 말하며 천연염료와 인조염료로 나뉜다. 인류에게 가장 오래된 염료중 하나인 인디고(indigo)는 벵갈, 자바, 아시아 등의 토종식물에서 얻어지는 천연염료로 청바지의 색으로 잘 알려져 있으며 합성안료는 1856년 영국의 퍼킨스(모브 : Mauve, 보라색)에 의해 처음으로 개발되었다.

(1) 천연염료 : 자연 그대로 또는 약간의 가공에 의해 염료로 쓸 수 있는 것을 말한다. 천연염료는 식물에서 얻을 수 있는 식물염료와 동물에서 얻을 수 있는 동물염료, 광물에서 얻을 수 있는 광물염료로 나뉜다. 합성염료에 비해 견뢰도가 낮고 색조가 선명하지 않으며, 복잡한 염색법이 필요하기 때문에 점차 합성염료로 대체되는 실정이다.

4) http://photo.naver.com/view/2009111908175148678
5) http://blog.naver.com/unique_gil?Redirect=Log&logNo=140141773681
6) http://blog.naver.com/rnfmaforever?Redirect=Log&logNo=110114513307

이탈리아 브랜드 E사는 페이즐리를 현대적으로 재해석하여 페가수스의 로고보다 먼저 떠올리게 되는 시각적 언어가 되었다.

잎사귀 모양의 구불구불한 페이즐리는 인간에게 '보금자리, 옷, 나무'를 제공해주는 눈물방울 모양의 '생명의 나무' 씨앗을 모티브로 삼아 만들어졌으며 염료도 환경오염을 일으키지 않으며 인체에 무해한 천연 염료인 꽃, 잎사귀에서 추출한 것을 사용하며 물감도 돌을 갈아서 만든다고 한다.

처음 페이즐리는 자연에서 모티브 삼았으며 자연주의 철학이 묻어나게 매년 자연과 함께 어우러지는 디자인을 하였다. 2011년 봄의 남성복 디자인에서는 나무를 모티브를 삼아 그린과 옐로우를 대표색상으로 내세우기도 하였다.

E사의 천연염료를 사용한 의류[7]

① **식물염료**

　㉠ 홍색 : 꼭두서니(뿌리), 오미자, 홍화(꽃), 소목(심재), 오배자, 자초(뿌리)

　㉡ 황색 : 치자(열매), 황련, 황백(나무껍질), 울금(뿌리)

　㉢ 청색 : 쪽(잎), 인디고

쪽[8]

홍화 꽃[9]

오미자 열매[10]

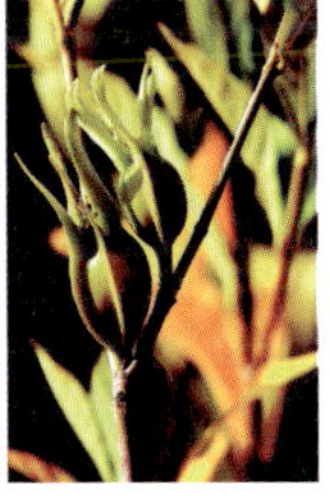
치자 열매[11]

② **동물염료**

　㉠ 자주색, 진홍색 : 패자

　㉡ 적색, 적갈색 : 코치닐(Cochineal, 연지충)

　㉢ 세피아 : 오징어 먹(어두운 회갈색, 10YR 2.5/2)

③ **광물염료** : 주로 돌이나 흙, 금속으로부터 얻을 수 있는 원료로 크롬황, 크롬 주황, 망간, 타닌 철흑, 카키 등이 있으며 주로 그림물감의 소재가 된다.

7) http://news.donga.com/3/all/20110421/36587831/1
8) http://cafe.naver.com/jsundud.cafe?iframe_url=/ArticleRead.nhn%3Farticleid=26158&
9) http://blog.naver.com/wdst5507?Redirect=Log&logNo=40071104313
10) http://terms.naver.com/entry.nhn?docId=568163
11) http://cafe.naver.com/sodamwon.cafe?iframe_url=/ArticleRead.nhn%3Farticleid=716&

(2) 합성염료

① 인공적으로 제조된 염료로서 1856년 영국의 퍼킨(Perkin)에 의해 모브(Mauve)를 처음 인공합성에 성공하게 되었다.

② 염료의 합성에 따른 분류

  ㉠ 직접염료(substantive dyes)

   • 면, 마, 양모, 레이온

   • 분말상태로 찬물이나 더운물에 간단하게 용해되고 혼색이 자유로워 손쉽게 사용할 수 있으며 세탁이나 햇빛에 약하며 탈색하기 쉽다.

  ㉡ 산성염료(acid dye)

   • 견, 양모, 나일론

   • 색상이 선명하고 일광에는 강하지만 세탁에는 약한 성질이 있으며 주요 용도는 양모의 염색이나 피혁, 종이, 셀룰로이드, 레이크안료, 잉크, 식용색소, 지시약 등으로 용도가 다양하다.

  ㉢ 염기성염료(basic dyes)

   • 견, 양모, 마, 아크릴

   • 카티온 염료라고 하며 식물성 섬유에 매염제로 타닌을 사용하면 착색력이 좋아진다. 잡화, 잉크류, 종이, 피혁의 염색에 사용되며 색조가 선명하고 착색력이 좋으나 햇빛, 세탁, 산, 알칼리, 표백분말에는 약하다.

  ㉣ 건염염료(vat dyes) : 중세유럽에서 사용하기 시작하였으며 인디고를 발효시키는데 쓰였던 vat(통)에서 유래되었다. 셀룰로오스계 섬유의 염색에 가장 적합하고 동물성 섬유에도 널리 쓰이며 햇빛과 세탁에 강하다.

  ㉤ 반응성염료(reactive dyestuff) : 1956년 영국의 ICI사(社)가 프로시온 염료의 상품명으로 생산을 개시한 후 급속히 발달하여 현재 셀룰로오스 섬유용 외에 양모 · 나일론용 등 여러 종류가 생산되고 있다. 염색물은 색상이 선명하고 세탁과 햇빛에 강하다.

  ㉥ 형광염료(fluorescent dyes) : 형광을 발하는 염료로 화학적 성분은 스틸벤, 이미다졸, 쿠마린유도체 등이며, 소량만 사용해야 하고, 어느 한도량을 넘으면 백색도가 줄고 청색이 되어 버린다. 흰 천이나 종이의 표백을 위해 사용하는 것으로 자외선을 흡수하여 일정한 파장의 가시광선을 형광으로서 발하는 성질을 이용한다.

2. 안료

안료는 구석기시대의 동굴벽화에서부터 사용된 오래된 색재이다. 산화철, 산화망간, 목탄 등과 낙타의 피와 같은 유기안료까지 여러 가지의 안료가 존재한다. 현재는 합성안료를 많이 사용하고 있으며, 반응조건, 건조조건, 희석제의 종류 등 세 가지 조건에 따라 적절한 안료입자를 형성한다. 안료입자가 작으면 전체 표면적이 커져서 빛을 더 잘 반사할 수 있지만 동시에 산란도가 커지므로 적절한 입자크기를 유지하도록 한다.

안료[12]

(1) 탄소의 유무에 따른 분류

① 원자나 분자내부에 탄소를 포함하는 것을 유기안료라고 하고, 탄소가 포함되어 있지 않은 것을 무기안료라고 부른다.

② 유기안료

  ㉠ 물에 잘 녹지 않는 금속화합물형태인 레이크안료와 물에 잘 녹는 안료로 크게 구분한다.

  ㉡ 무기안료에 비해 색채가 선명하며 착색력과 투명성이 높다.

  ㉢ 도료나 고무, 플라스틱의 착색, 안료의 날염, 합성섬유의 원액 착색 등에 사용된다.

  ㉣ 여러 가지 색채를 만들 수 있으나 유기용제에 녹아 색이 번질 수 있다.

  ㉤ 유기안료의 종류

색계열		종류
빨강		트로이신 레드(Troicin Red), 퍼머넌트 레드(Permanent Red)
노랑		한자 옐로(Hanja Yellow)
파랑		프탈로시아닌 블루(Phthalocyanine Blue)

③ 무기안료

  ㉠ 인류가 사용한 가장 오래된 색재이며 물, 기름, 알코올 등 대개의 유기용제에 녹지 않는다.

  ㉡ 광물성 안료라고도 하며 아연, 티탄, 철, 구리, 크롬 등이 대표적인 무기색료이다.

  ㉢ 은폐력이 크고 강한 빛에 잘 견디며 변색되지 않는다.

  ㉣ 도료, 잉크, 크레용, 고무, 통신기계, 요업제품 등에 사용되며 가격이 저렴하다.

  ㉤ 유기안료에 비해 불투명하고 농도도 불충분해서 색채가 선명치 않다.

(2) 기타 안료

① **체질안료** : 백색안료 중에서 바라이트, 호분, 백악, 클레이, 석고 등을 말한다. 유기안료에 비해 불투명하고 농도도 불충분해서 색채가 선명치 않다.

② **특수안료** : 형광등, 브라운관, 야광도료 등에 사용되는 형광안료를 들 수 있다.

③ **카본안료** : 천연가스에서 만들어진 그을음을 말하는데 램프블랙(lamp black)이나 소나무 뿌리로 만들어진 송연(松烟), 뼈로 만들어진 본 블랙(bone black)등이 있다.

12) http://blog.naver.com/talens?Redirect=Log&logNo=20065862308

④ **금속안료** : 구리와 아연합금의 분말로 만든 금가루나 알루미늄을 분말화한 은가루 등이 대표적인 금속 안료이다.

3. 도료

고체물체의 표면에 칠하여 피도면에 건조도막을 형성하여, 물체의 표면을 보호하고 외관을 아름답게 하기 위해 사용하는 것을 말한다.

www.pantone.com[13]

(1) 도료의 형성

① **전색제** : 도료의 최종 목적인 도막의 주된 성분을 말하며, 수지나 유지, 셀룰로오스, 아마씨 기름, 합성수지, 천연수지, 보일유, 테레핀, 페트롤 등이 모두 전색제에 속한다. 안료(顔料)를 포함한 도료로 고체성분의 안료를 도장면(塗裝面)에 밀착시켜 도막(塗膜)을 형성하게 하는 액체성분을 말한다.

② **도막성분의 부요소(용제)** : 도료의 분산, 건조, 경화 등의 도장작업의 향상을 위해(잘 섞이도록) 첨가되는 용제를 말한다.

③ **도막조 요소(첨가제/보조제)** : 도료를 칠하기 쉽게 붓질하기 위해 첨가하는 것을 말한다.

핵심 Plus

- **유성도료** : 유성페인트(보일류 + 안료)
- **수성도료** : 안료에 수용성의 유기질 전색제(카세인, 석고 등)을 배합한 것으로 내수성과 내구성이 약하다.
- **합성수지도료** : 대부분의 도료를 말한다.

실무 Tip

K사의 뉴 스포티지 차량의 하와이안 블루는 경쾌하고 신선한 느낌의 색채와 감각적인 디자인의 조화로 업계최초로 2004년 색채디자인 상을 수상 한 이후 컬러마케팅의 발전이 이루어지고 있다. 2011년 신제품 레이의 출시로 감각적인 디자인과 기능이 다양한 컬러와 조화를 이루고 있다. 소비자들의 관심을 받고 있는

---

13) http://www.pantone.com/pages/pantone/index.aspx

다양한 색상은 아쿠아 민트, 셀레스티얼 블루, 미드나잇 블랙, 티타늄 실버, 은빛 실버, 밀키 베이지, 카페모카, 시그널 레드, 엘리스 블루, 순백색 등의 색이다.

⭐ 기타소재

1. 의류소재

의류소재는 크게 천연섬유와 화학섬유로 구분할 수 있으며 천연섬유는 면, 마, 견, 모 등이 있으며 화학섬유는 레이온, 아세테이트, 나일론 등이 있다.

(1) 천연섬유

① 면 : 목화에서 추출한 천연 식물성섬유로서 부드럽고 흡습성이 강하나 견이나 마에 비하여 광택이 적다. 면직물은 시원함, 부드러움, 흡습력, 세척성 때문에 특히 여름 옷감으로 유용하게 쓰이며 염착력이 우수하여 염색이 잘되는 특성이 있다.

② 마 : 아마, 저마, 대마 등의 초피섬유에서 추출한 식물성 섬유로 낮은 유연성과 낮은 열전도율 때문에 스스로 형태를 유지하고 시원한 느낌의 특성을 갖는다.

③ 견 : 누에고치에서 추출한 동물성 섬유로 부드러운 광택과 손맛으로 오랫동안 섬유의 여왕으로 일컬어져 왔다. 친수성 섬유이므로 따뜻한 느낌을 준다.

④ 모 : 양의 털로 신축성과 탄성이 높기 때문에 옷감을 만들어 놓았을 때 구김이 덜 가고 형체 안정성이 높다. 열과 습기를 압력과 함께 가하면 형체를 잘 만들고 형체가 쉽게 풀어지지 않으므로 옷감 자체로 형태를 만드는 디자인에 좋다. 일반적으로 빛을 흡수하여 침착하고 깊이 있는 색채로 품위 있어 보인다.

(2) 화학섬유

① 레이온 : 목재 또는 무명의 부스러기 등을 적당한 화학적 방법으로 처리하여 순수한 섬유소로 이루어진 펄프를 만들고 화학적으로 이를 용해한 다음 다시 섬유로 응고시킨 것을 말한다. 천연섬유의 우수성에는 미치지 못하지만, 그 독자성과 실용성은 높이 평가되고 있으며, 의생활에 커다란 변혁을 가져왔다.

② 아세테이트 : 아세틸셀룰로오스로부터 생산되는 반합성섬유로 아세테이트 레이온이라고도 한다. 무명에 비해 가볍고 수분을 적게 흡수하며 부드럽다. 속내의 안감에 적합하다.

③ 나일론 : 합성고분자 폴리아미드의 총칭으로 아미드결합 $-CONH$으로 연결되어 있으며, 사슬 모양의 고분자이다. W. H. 캐러더스가 뒤퐁사(社)에서 연구를 거듭하여 1938년 이듬해부터 나일론 스타킹 시판을 시작으로 세계 최초의 본격적인 합성섬유로서 판매되었다.

---

14) http://ray.kia.co.kr/exterior/vr.html

2. 플라스틱소재

가소성(可塑性) 물질이라는 의미로, 가열·가압 또는 이 두 가지에 의해서 성형(成型)이 가능한 재료를 말한다. 1868년 미국에서 상아로 된 당구공의 대용품으로 발명한 셀룰로이드가 최초의 플라스틱인데, 크게 열가소성과 열경화성으로 구분된다. 대량생산이 용이하며 가격이 저렴하고 가벼운 특성으로 많은 제품의 재료로 사용되고 있다.

실무 Tip

S사의 클린징 오일은 전세계에서 15초당 1병씩 판매되는 명성과 함께 용기의 플라스틱의 색채가 주는 연상된 언어로도 사용이 되고 있다. 사용된 용기의 색상 연상언어로는 그린은 녹차추출물, 바이올렛은 푸른열매와 벚꽃잎 추출물, 옐로우는 카모마일과 감초 추출물, 오렌지는 오렌지와 아보카도 추출물, 레몬옐로우는 동백꽃과 생강의 뿌리, 핑크는 벚꽃의 추출물로 사용하였다.

S사의 플라스틱용기 다양한 색상[15]

(1) 플라스틱의 장점

① 대량생산이 용이하다.
② 가격이 저렴하다.
③ 가볍고, 압축이나 성형이 자유롭다.
④ 다른 재료와의 친화성이 높다.
⑤ 다양한 색을 얻을 수 있다.

(2) 플라스틱의 단점

① 강도가 약하여 잘 깨질 수 있다.
② 온도에 의해 변형되거나 표면에 흠집이 가기 쉽다.
③ 팽창이나 수축의 변화가 크다.
④ 일광에 매우 약하여 변색되기 쉽다.
⑤ 정전기 발생이 크다.
⑥ 환경오염물질이 많이 나온다.

---

15) http://www.shuuemura.co.kr/home/skincare/skincare_submain.aspx?code=CHILD1252718133

⭐ 인쇄방식과 재질 및 광택

1. 인쇄방식

인쇄기[16]

(1) **볼록판인쇄** : 판의 화선부가 볼록하게 나와서 인쇄물의 뒷면에 눌린 자국이 있으며 인쇄물이 선명하고 강한 느낌을 준다. 목판, 활판, 고무판, 리놀륨 판화, 신문잉크, 경 인쇄용 잉크, 볼록판 윤전잉크, 플렉소 인쇄잉크 등이 있다.

(2) **평판인쇄** : 물과 기름의 반발원리를 이용한 인쇄방식으로 화선부와 비화선부의 높이차이가 없다. 제판할 때 미리 화선부에는 유성잉크만 묻게 하고, 비화선부에는 수분만 받아들이도록 광화학처리를 한다. 캘린더, 포스터, 카탈로그, 광고, 지도, 컬러인쇄, 신문, 낱장평판인쇄, 오프셋윤전잉크, 평판신문잉크 등이 있다.

① **옵셋인쇄(offset printing)** : 판에서 직접 피인쇄물(被印刷物)에 인쇄를 하지 않고, 중개 구실을 하는 고무 블랭킷에 일단 전사인쇄(轉寫印刷)한 다음, 용지에 인쇄하는 방법이다.

② **석판화(lithograph)** : 잉크가 스며들지 않는 판(유리, 돌 등)에 그림을 그려 찍어내는 형식의 판화로 보통 석판화를 평판화라 부른다.

③ **모노타이프(monotype)** : 밑그림을 그리지 않기 때문에 단 1장만 인쇄가 가능하다.

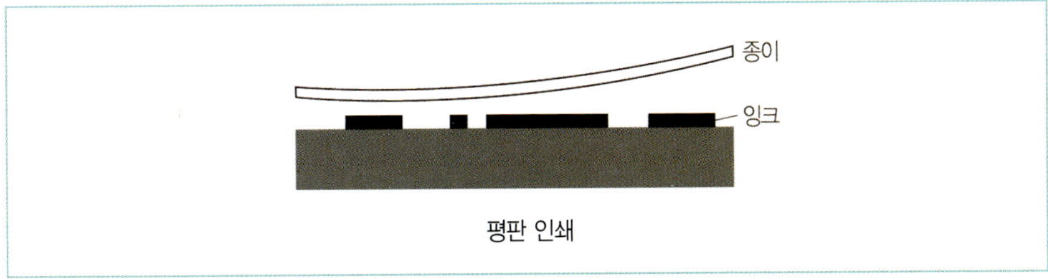

(3) **오목판인쇄** : 화선부가 오목한 부분에 잉크를 채워서 찍는 것으로 사진 오목판을 그라비어인쇄라고 한다. 미술, 사진, 포장지 등 우수한 인쇄방식을 말한다.

---

16) http://imagesearch.naver.com

그라비어인쇄

판의 오목한 부분에 잉크가 묻어 종이 면에 전이되는 방식으로 판의 제작비가 고가이므로 적은 양의 인쇄에는 적당치 않다. 그러나 인쇄의 품질이나 속도, 인쇄물의 다양성 등에 상대적으로 유리하다. 포장이나 건재인쇄 등에 널리 이용되고 있다.

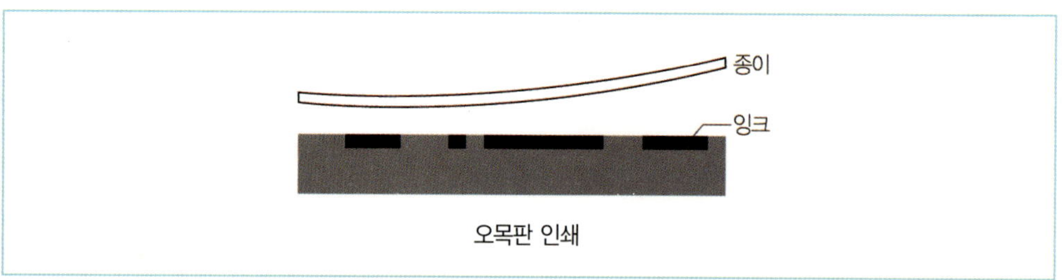

⑷ **공판인쇄** : 판에 구멍을 뚫고 물감을 통과시킴으로써 종이에 묻게 하는 방법인데 일반적으로 등사판이라 한다. 인쇄의 효과를 내는 것으로 손으로 그린 그림뿐 아니라 사진을 사용할 수도 있다. 판화는 보통 좌우가 바뀌지만 유일하게 공판화는 좌우가 동일하다.

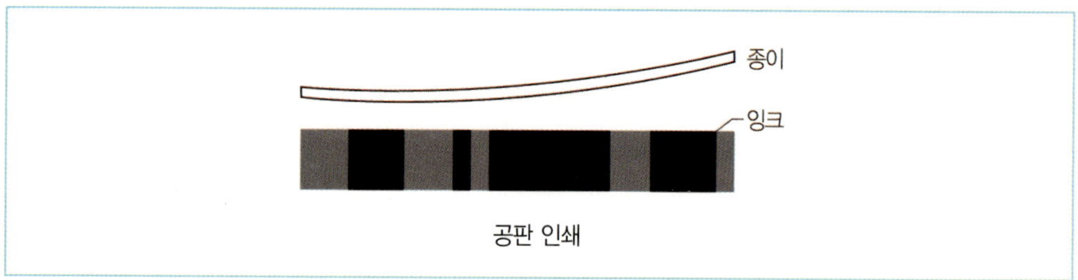

2. 재질 및 광택

⑴ **재질** : 소재의 표면구조에 따라 생기는 물체의 속성을 말한다.

⑵ **광택** : 색채소재는 바라보는 각도에 따라 다르며 표면의 매끄러움으로 결정된다. 현재 광택도는 100을 기준으로 하고 있다.

0	30~40	50~70	70 이상
완전무광택	반광택	고광택	완전광택

⑶ **광택의 평가**

① **변각광도 분포(goniophotmetric distribution)** : 광원의 위치와 시료 면에 대한 입사각을 고정하여 수광기의 회전각과 빛을 받는 양의 관계를 나타내는 것을 변각광도 분포라고 한다.

② **경면광택도(specular gloss)** : 유리면을 기준으로 측정하는 방법으로, 종이섬유는 $85°$, $75°$이고, 도장면 · 타일 · 법랑 등은 $60°$, $45°$, 금속 고광택도장은 $20°$이다.

③ **선명광택도(distinctness of image gloss)** : 소재에 도형을 비추어 비춰진 도형에 모양의 선명도로 광택을 측정하는 방법이다.

④ **대비광택도(對比光澤度)** : 두개의 다른 조건에서 측정한 반사 광속과 비교하여 나타내는 방법으로 편광 대비 광택도 등이 있다.

2 측색

⭐ 색채측정기

1. 측색과 측색기의 종류

일반적으로 인간은 약 200만 가지의 색을 구분할 수 있는 능력을 가지고 있으나 감각만으로는 정확한 값을 구하기 어렵다. 색을 객관화된 구조나 기계를 이용하여 측정하는 방법은 색의 커뮤니케이션과 관리를 보다 과학적이고 용이하게 하기 때문에 색채관리, CCM 등에서 널리 활용되고 있다.

(1) 측색기를 사용할 때의 장점

① 객관적인 데이터 확보가 가능하다.
② 측정환경의 표준화가 가능하다.
③ 기준색과 시료색의 차이 분석이 가능하다.
④ 데이터의 보관이 가능하다.
⑤ 측정 데이터의 편견을 제거할 수 있다.
⑥ 개인적인 성향을 배제할 수 있다.

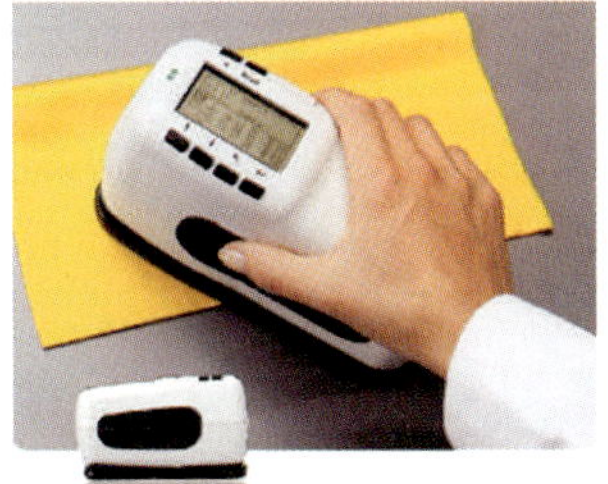

측색기[17]

(2) 측색기의 종류

① **필터식 색채계**

㉠ 광학기계로 분광분포를 구하고 나서 계산과정을 거치지 않고 색을 직접 측정하는 방법이다. 즉, 간편하게 XYZ를 구하고(삼자극치 값), 두 색의 색차의 값을 구하는 것이다. 색채를 생산하는 현장에서의 색차 분석과 색채품질관리에는 용이하나, 색료 변화에 따른 대응이 불가능하다.

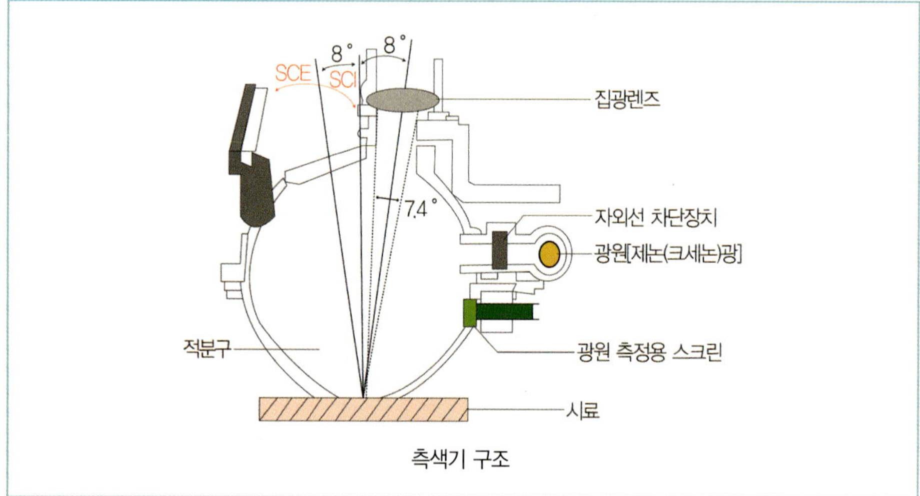

측색기 구조

ⓛ 필터식 색채계 구조

- 시료대, 전산장치, 광검출기, 텅스텐 램프로 구성되어 있다.
- 광원에 의해 시료를 조명하면 그 반사광은 3개의 필터(X, Y, Z용)의 개구부를 투과하여 수광기로 들어가 광 검출기에서 전기적 신호로 변환된다. 이 출력으로부터 시료의 3자극치 XYZ를 각각 색채계로부터 읽는다.

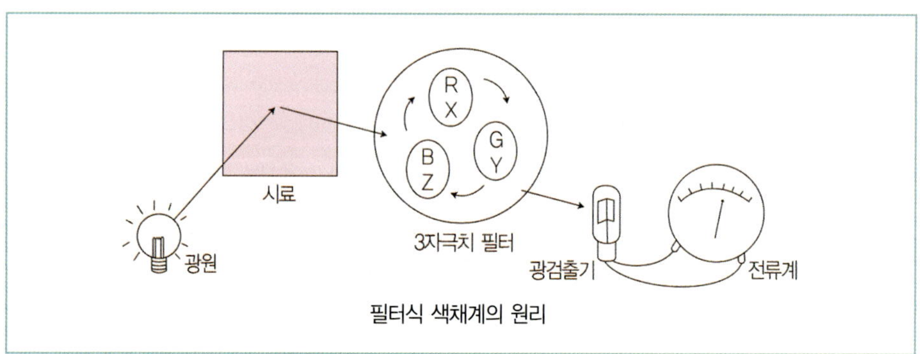

필터식 색채계의 원리

② 분광식 색채계

㉠ 정밀한 색채의 측정 장치로 사용되는 측색기를 말한다. 시료의 분광반사율을 측정하여 색채를 계산하므로 다양한 광원과 시야의 색채 값을 동시산출 하는 것이 가능하다. 즉, 여러 조건에서의 색채 값을 얻을 수 있다. 광원의 변화에 따른 등색성문제, 색료 변화에 따른 색재현의 문제점 등에 대처할 수 있다.

㉡ 분광식 색채계 구조

- 집광렌즈, 적분구, 산화마그네슘으로 구성되어 있다.
- 집광렌즈는 측정된 데이터를 직접 보는 눈과 같은 역할을 하며, 적분구는 속이 빈 빈구로 내부가

반사율이 높은 물질로 코팅되어 내부로 입사된 빛은 각도에 상관없이 고르게 반사되는 확산광이 된다. 측색기 내부에서 빛을 확산 반사시키며 완전 백색 면으로 이루어져있다. 산화마그네슘은 적 분구 내부에 완전 백색 면을 만들기 위해 사용되는 물질로 반사율이 높은 물질이다.

2. 측색기의 특징

(1) 필터식 색채계 특징

① 광원은 보통 백열전구를 사용하고 유리필터 F와 조합하여 표준광원C 또는 표준광원 D65의 조명이 되도록 한다.

② 시료를 조명하는 조명광원의 특성을 측색광에 일치시키려면 시료를 표준 백색판으로 바꾸어 그 흰색 값을 측정한다.

③ 반사광을 받아들이는 수광부의 XYZ필터는 차례로 전환되어 측정된다. 여기에서 중요한 것은 각 필터의 분광투과율과 수광기의 분광감도를 조합한 종합분광감도가 CIE 등 색함수에 일치해야 한다. (루터의 조건)

④ 위 조건을 만족시키려면 여러 개의 색유리, 필터를 겹치거나 개개의 필터의 두께를 조절해서 수광기의 분광감도와 조합한 값이 등색함수에 일치해야 한다.

(2) 분광식 색채계 특징

① 분광식 수광방식은 주로 380~780nm의 가시광선 영역을 5nm 또는 10nm 간격으로 반사율을 측정한 후 그 결과를 그래프로 나타내는 방식으로 3자극치도 계산된다.

② **전방방식(monochromatic 방식)** : 단일광을 입사시켜 그 반사율을 측정하는 방식으로 일반적인 시료의 측정에 적합하다. 광원과 분광장치, 시료대, 광 검출기의 구조로 형광색은 측정하지 못하지만 정밀한 측정에는 효과적이다.

③ **후방방식(polychromatic 방식)** : 형광현상과 같은 특정한 성질이 있는 방식에서는 후방방식을 사용하는 것이 좋다. 광원과 시료대, 분광장치와 광 검출기의 구조를 갖고 있으며 형광색도 측정할 수 있지만 표준광원의 일치에는 어려움이 있다.

④ **분광광도계의 광원** : 분광광도계의 광원은 대부분 연색성이 좋은 텅스텐 램프를 광원으로 사용하고 있다.

    ㉠ **실리콘포토다이오드** : 눈과 흡사한 가시광선의 영역을 측정하며, 주로 가시광선에서 근적외선까지를 측정할 수 있다.

    ㉡ **수광기 PM tube** : 자외선부터 가시광선의 영역을 측정한다.

    ㉢ **황화납** : 적외선을 측정한다.

⭐ 측색조건 및 오차보정

1. 측색조건

정확한 색채 측정을 하기 위하여 국제적인 표준조건에 맞추어 측정해야 한다. 관측색채의 오차에 영향을 주는 요인으로는 광원의 차이, 관찰자에 따른 차이, 배경에 따른 차이, 방향에 따른 차이, 크기에 따른 차이가 있다.

(1) 측색결과 시 꼭 첨부해야 할 사항

① 색채측정방식(조명과 측정방식 0/d SPEX, 45/0 등)
② 표준광의 종류(D65, CIE C)
③ 표준관측자(CIE 1931 $2°$ 시야, CIE 1964년 $10°$ 시야)

(2) 관찰자 시야조건의 등색함수 : CIE에서는 $2°$ 시야와 $10°$ 시야의 두 가지 관찰자를 규정하였는데 1976년에 CIE는 $10°$ 시야를 표준으로 정하였다. 우리 눈은 시축이라고 하는 중심와 부근이 있는데, 이곳은 다른 부분과 다른 민감도를 가지게 되므로 작은 면적의 색을 볼 때와 큰 면적의 색을 볼 때 차이가 생기게 된다. 따라서 면적을 고려하여 $10°$ 시야의 권장을 도모한다.

① $2°$ 시야 등색함수 : 50cm 정도 떨어진 곳에서 약 1.7cm지름
② $10°$ 시야 등색함수 : 50cm 정도 떨어진 곳에서 약 8.8cm지름
③ $2°$ 시야에서 $10°$ 시야로 바뀌면 명도가 높아지고 채도는 낮게 느껴진다.

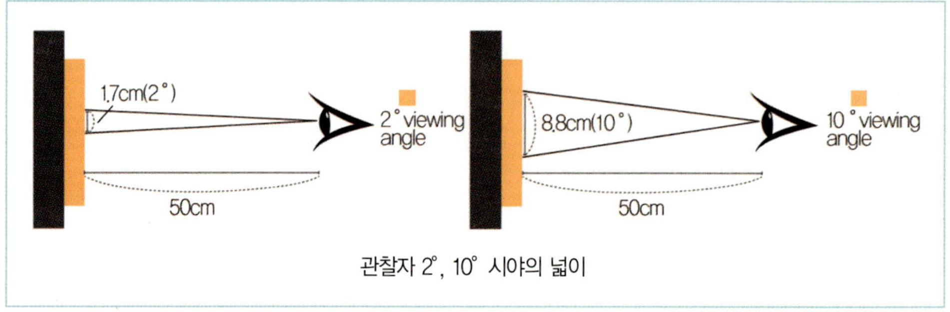

관찰자 $2°$, $10°$ 시야의 넓이

⑶ **조명 및 수광의 기하학적 조건** : 조명과 수광방식은 조명각도, 수광 건(빛, 눈)으로 표기하며 4가지 규격이 있다.

CIE 추천 조명방식	그림	의미
0/45	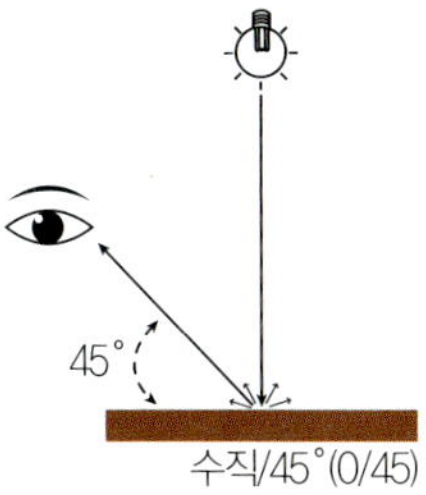 수직/45°(0/45)	0(직각)° 조명/45° 방향에서 관찰
45/0	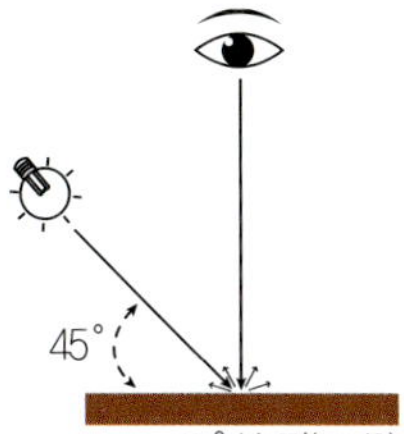 45°/수직(45/0)	45° 조명/수직방향 관찰
0/D	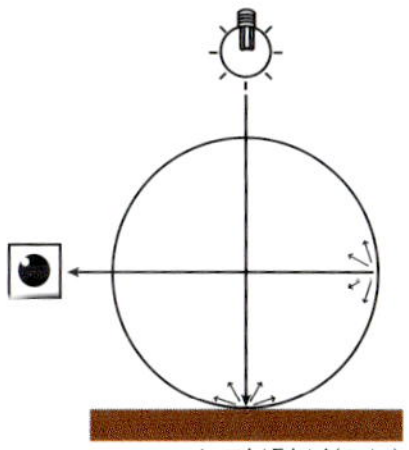 수직/확산(0/d)	수직방향 주명/확산 빛 모이서 관찰
D/0	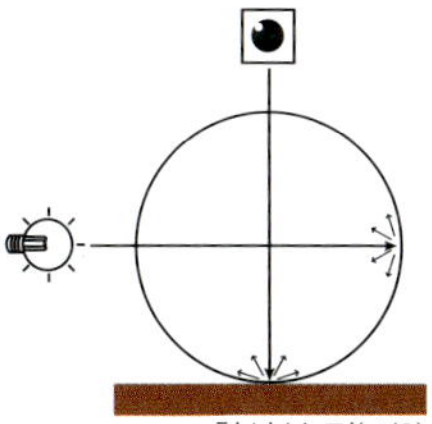 확산/수직(d/0)	확산조명/수직방향 관찰

* D는 Diffuse의 약자로 확산조명을 나타낸다.

2. 오차보정

색채오차보정은 주로 CIE LAB의 L*a*b* 색표계를 주로 사용하며 L*a*b* 값의 세 가지 시감도 중에서도 인간의 시감은 명도 값인 L* 값에 가장 민감하게 반응한다. 먼저 a*, b*를 보정하여 색상과 포화도를 보정한 후 무채색의 L* 값으로 조정하는 단계를 거친다. a*, b* 값에서는 평균 10 이내에서 정밀보정이 가능하고, 10~30사이에서는 일반 보정이 가능하다. 그러나 30 이상의 값을 갖는 범위에서는 보정이 상당히 어려우므로 주의를 해야 한다.

$$\Delta E(Lab) = \sqrt{(\Delta L^*)^2 + (\Delta a^*)^2 + (\Delta b^*)^2}$$

$$\Delta E(Luv) = \sqrt{(\Delta L^*)^2 + (\Delta u^*)^2 + (\Delta v^*)^2}$$

측색기 표시창과 공식

---

3 조색

⭐ 컴퓨터 자동배색과 육안조색

1. 컴퓨터 자동배색(CCM : Computer Color Matching)

컴퓨터배색 장치란 각 색료들의 분광학적인 특성을 분석하여 입력하고 발색을 원하는 색채샘플의 분광반사율을 입력하면, 그 색채에 대한 처방을 자동으로 산출하는 시스템을 말한다.

(1) 자동배색장치의 기본원리인 쿠벨카 문크 이론(Kubelka Munk theory)

① CCM과 K/S-CCM은 쿠벨카와 뭉크이론에 의한 흡수율과 산란계수인 K/S 값을 이용하여 조색비를 계산한다. (K = 흡수계수, S = 산란계수, R = 분광반사율(0 < R1 ≤ 1))

② 감법혼합을 하는 경우에 성립하는 원리로 다음과 같이 3부류에 사용된다.

　㉠ 1부류 : 투명한 플라스틱, 인쇄잉크, 완전히 불투명하지 않은 페인트

　㉡ 2부류 : 투명한 발색 층이 불투명한 기판위에 있을 때 (사진인화, 열 증착식의 인쇄물)

　㉢ 3부류 : 불투명한 발색 층인 옷감의 염색, 불투명한 페인트나 플라스틱, 색종이

(2) **CCM(Computer Color Matching system) 진행순서** : quality control부분과 formulation부분으로 구성되어있다. 소프트웨어는 처음에는 색을 측정하고 오차를 판정하는 기능을 하고, formulation에서는 컬러런트를 산출하여 오차부분을 수정하는 correction, 기능 그리고 잉여품을 재활용하는 기능을 포함하고 있다.

(3) **CCM(Computer Color Matching system)에 필요한 장치**

　① **어플리케이터** : 색을 일정한 두께로 도막하는데 사용한다.

　② **컴퓨터** : 조색 및 측색데이타를 저장한다.

　③ **CCM소프트웨어** : 측색 및 디스펜딩 작업을 한다.

　④ **디스펜서** : 구성된 원색을 정량적으로 공급한다.

　⑤ **믹서** : 조색된 페인트나 염료를 혼색한다.

(4) **CCM의 장점**

　① 조색시간을 단축할 수 있다.

　② 다품종소량에 대응할 수 있다.

　③ 색채의 품질관리가 가능하다.

　④ 메타머리즘 예측이 가능하다.

　⑤ 고객의 신뢰도 구축이 가능하다.

　⑥ 원가절감과 소재변화에 따른 대응이 가능하다.

　⑦ 미숙련자도 조색이 가능하다.

　⑧ 컬러런트 구싱이 효율석이다.

2. 육안조색

(1) **육안조색에서 베버와 페히너의 법칙(Weber Fechner's law)**

　① 주어진 자극의 변화에 대한 지각을 양화하고 정신계와 물리계 사이의 관계를 서술하고 있는 역사적으로 중요한 심리학 법칙이다. 베버와 페히너의 연구는 특히 청각과 시각의 연구에 이바지했으며, 태도 측정과 기타 검사 및 이론의 발달에도 영향을 미쳤다.

　② 흰색물감 20g과 검은색 물감 20g을 섞는다고 할 때 논리적으로는 1 : 1의 비율이 되어 중간 정도의 회색이 되어야 하지만, 실제는 더 어두운 회색이 된다. 즉, 밝게 하려는 반사량의 제곱에 비례한 흰색이 더해져야 1 : 1의 밝기를 느낄 수 있다. 이를 설명해주는 이론이 베버와 페히너의 법칙이다.

　③ 페히너는 오직 하나의 계(界), 즉 정신계만이 실제로 존재한다고 생각했으며 특징은 아래와 같다.

　　㉠ 감각의 양을 그 감각이 일어나게 된 자극의 물리량의 로그에 비례한다.

　　㉡ 자극의 강도가 높아짐에 따라 감각의 증대율은 약해진다.

　　㉢ 자극을 받고 있는 감각에서 자극의 크기가 변한 것을 느끼려면 처음엔 약한 자극을 주었다가 자극이 변화하게 되면 강한 자극으로 변해간다. 이때, 우리는 비슷한 자극의 변화로 감지할 수 있다.

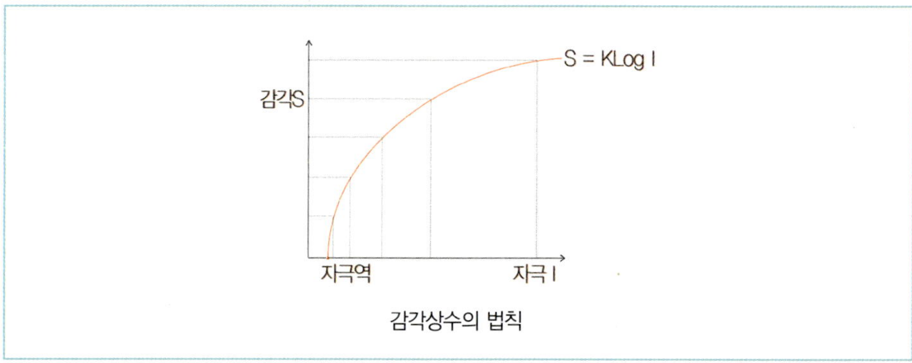

(2) 육안검색의 규정조건

① **측정각** : 광원을 $0°$로 보았을 때 $45°$ 또는 광원과 $90°$ 각을 이루도록 한다. $90°$일 경우에는 관찰하는 물체의 표면이 $45°$를 이루어야 한다.

② **측정광원** : 일반적으로 D65광원을 기준으로 한다. 먼셀색표와 비교 검색하기 위해서는 C광원을 사용하고, 관찰시야는 $2°$ 시야로 규정한다. 조도는 500Lx를 기준으로 하며, 원칙적으로는 1,000Lx 이상으로 한다. 단, 먼셀명도 3이하의 어두운 색을 검색할 때는 2,000Lx 이상의 조도를 사용하고 조명의 균제도는 0.8 이상인 것이 바람직하다.

③ **측정환경**

㉠ 직사광선을 피하며 유리창, 커튼 등의 투과색을 피한다.

㉡ 환경색에 영향을 받지 않는다.

㉢ 검사대는 N5, 주위환경은 N7이어야 정확한 검색이 가능하다.

㉣ 자연광은 해 뜬 후 3시간부터 해지기 전 3시간 안에 검사한다.

㉤ 낮은 채도에서 높은 채도의 순서로 검사하는 것이 바람직하다.

㉥ 선명한 색을 검사한 후에는 연한색이나 보색 및 조색의 관찰을 피한다.

㉦ 가능하면 마스크는 광택이나 형광이 없는 무채색이 바람직하고 비교 색에 가까운 명도의 것이 좋다. 또한 검정, 흰색, 회색의 세 가지 마스크를 이용하는 것을 권장하고 있다.

(3) 육안조색 시 준비물

① **측색기** : 삼자극치 L*a*b* 값을 측정한다. 측정결과 색채를 조사한다.

② **표준광원** : 메타머리즘을 방지한다.

③ **어플리케이터** : 샘플색을 일정한 두께로 칠한다.

④ **믹서** : 섞여진 도료를 완전하게 섞어준다.

⑤ **스포이드** : 정밀한 단위의 도료나 안료를 공급한다.

⑥ **측정지** : L*a*b* 값을 측정한다.

⑦ **은폐율지** : 도막상태를 검사한다.

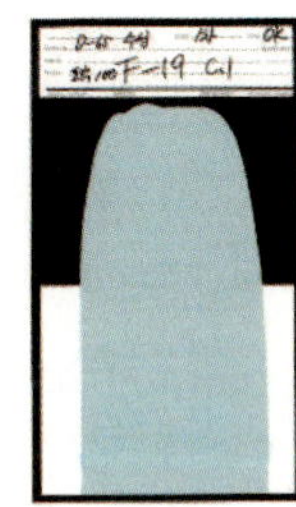
은폐율지[18]

18) 강수경 · 김민기 · 이지영 · 임현경 편저, 컬러리스트 한권으로 끝내기, 2009, p191

⑷ **색채조절 시 주의할 점**

① **색채관측상자** : 조명과 관측주의 환경이 일정한 곳에서 관측하기 위한 장비이다.

   ㉠ 광원을 선택할 수 있도록 되어 있다.

   ㉡ 관측함의 내벽은 명도 L*=50정도의 회색으로 되어 있다.

   ㉢ 관측함의 전구는 사용시간을 측정하여 제작사에서 추천하는 수명에 따라 교체하도록 되어있다.

   ㉣ 색채를 비교할 때 두 색편의 크기는 2inch×2inch 이상이어야 하고, 작은 시편의 크기에 맞추어 마스크(mask)를 만들어 가리도록 하며 마스크의 색채는 관측함 내벽의 색채와 일치하도록 한다.

② **육안관측 시 주의할 점**

   ㉠ 채도가 강한 색채를 오래 관측하게 되면 그 색의 보색잔상이 남아 색채가 다르게 보일 수 있다. 이것은 우리 눈의 세 종류의 추상체가 독립적으로 감도가 변한다는 폰 크리스(Von Kris)의 원리에 따른 것이다.

   ㉡ 잔상이 생긴 뒤에는 R, G, B 세 종류의 감도 밸런스가 깨지지 않도록 회색을 응시하거나 눈을 감고 잔상이 사라질 때까지 기다리도록 한다.

③ **적절한 조도** : 추상체가 정상적으로 활동하기 좋은 100cd/㎡ 이상으로 하고, 조도는 약 1,000lux 정도가 적당하다.

④ **시편의 관측방향** : 두 색을 동일 평면상에 놓고 주변의 색채 또한 회색을 사용한다.

⑤ **색료 활용 시 주의할 점** : 형광을 포함한 분광반사율을 측정하는 방법은 필터감소법(filter reduction method), 이중모드법(two-mode method), 이중모노크로메이터법(two-monochromator method), 폴리 크로매틱(polychromatic) 방식이 있다.

⑥ **육안소색의 표기** : 광원의 종류/조도/조명관찰조건/기타소재의 특기사항(재질, 광택)

⭐ 색영역(Color Gamut)

1. 색영역과 혼색방법

⑴ **가법혼색의 주색** : 좁은 파장영역의 빛만을 발생하는 색채가 가법혼색의 주색이 된다. 즉, 파랑은 400nm 근처의 빛을 내며 녹색은 500nm 근처, 빨강은 600nm 이후의 빛을 낸다. 이러한 색채가 가법혼색에서의 색채영역을 효과적으로 확장시키는 주색이다. 따라서 가법혼색에서는 각 주색의 파장영역이 좁으면 좁을수록 색역을 확장하게 된다.

⑵ **감법혼색의 주색** : 특정한 파장을 효율적으로 깎아내는 특성을 가진 색료로서 노랑색은 400nm~500nm에 이르는 파랑색의 반사율을 집중적으로 깎아내고, 마젠타는 500nm~600nm의 녹색 영역의 반사율을 집중적으로 깎아내며, 시안은 600nm 이후의 빨강색 영역의 반사율을 효과적으로 깎아낸다. 그러므로 마젠타(M), 옐로우(Y), 시안(C)이 가장 넓은 색역을 확보하게 된다.

2. 색료(colorants)

(1) **색료를 선택할 때 고려해야 할 점**

 ① 착색비용

 ② 작업공정의 가능성

 ③ 다양한 광원에서의 색채현시에 대한 고려

 ④ 착색의 견뢰성

(2) **색료 활용 시 주의할 점** : 형광색을 관찰 할 때에는 세심한 주의가 필요한데 D65에서는 폴리 크로마틱 방식으로 색채를 측정하도록 한다.

(3) **색영역** : 색료가 선택되면 그 색표들을 배합하여 조색할 수 있는 색채의 범위가 정해지는것을 말한다.

(4) **색영역의 감소** : 색영역은 현실적인 단계로 내려올수록 점점 축소되는데, 다음의 조건들로 인하여 색 영역이 감소된다.

 ① 모든 색채는 단색광의 색 좌표로 주어지는 색 영역 안에 놓이게 된다.

 ② 주어진 명도에서 가능한 색 영역

 ③ 표면반사에 의한 어두운 색의 한계

 ④ 색료와 착색물 사이의 화학작용과 작업 특성으로 제한되는 영역

 ⑤ 실질적으로 존재하는 색료에 의한 색 영역의 한계

 ⑥ 경제성에 의한 한계

PART 02 광원과 디지털 색채관리

1 광원의 이해

⭐ 광원과 조명

1. 광원

조명의 재료가 되는 광선을 지칭하는 말로 크게 자연광과 인공광으로 나뉜다. 자연광은 태양이나 달과 같이 자연과 현실에 존재하는 광원을 말하며, 인공광원은 촬영을 하기 위해 의도적으로 설치되는 광원을 말한다. 조명에 따라 사물의 색이 달라 보이는 것은 광원에 포함된 빛의 성분이 다르기 때문인데 이것을 연색성이라 한다.

(1) 광측정(photometry) : 광측정 시스템은 광속, 광도, 조도, 휘도를 기본으로 사용하여 인간의 눈을 기준으로 물체의 광원을 측정하게 된다.

① 광속(Luminous Flux : F) : 광원이 모든 방향으로 방출하는 광속을 말하며 단위는 루멘 lm을 사용한다.

② 광도(Luminous Intensity : I) : 광원이 일정한 방향으로 에너지를 방사하는 양을 말하며 단위는 칸델라 cd를 사용하고 단위 입체각으로 1루멘의 에너지를 1칸델라라고 한다.

③ 조도(Illuminance : E) : 빛을 내는 면의 밝기를 말하며 단위는 룩스(Lux)를 사용하며, 단위면적당(1㎡) 1루멘의 광속이 입사하는 에너지를 말한다.

④ 휘도(Luminance : L) : 인간의 밝기의 시감과 밀접한 관련이 있는 에너지량을 말하며 단위는 cd/㎡를 사용한다. 광원을 직접 보았을 때 또는 물체로부터 반사된 빛이 눈에 들어왔을 때 그 밝기의 감각을 수량적으로 나타낸 것이다.

(2) CIE 표준광 : CIE에서 규정한 측색용의 빛을 말하며 CIE 표준광에는 표준광 A, B, C, D65 및 기타의 표준광 D가 있다.

① CIE에서 정의한 표준광

㉠ 표준광 A : 상관색온도가 약 2,856K인 텅스텐 전구의 빛

㉡ 표준광 B : 가시파장역의 직사 태양광

㉢ 표준광 C : 가시파장역의 평균적인 주광

㉣ 표준광 D65 : 자외역을 포함한 평균적인 주광

㉤ 기타 표준광 D : 자외역을 포함한 여러 가지 상태에서의 주광

② CIE 표준광원

　㉠ CIE 표준광 A, B, C를 각각 실현하기 위해서 CIE가 규정한 인공광원을 말한다.

　㉡ 데이비스(R. Davis) & 깁슨필터(K.S. Gibson) : DG필터라고도 하며 데이비스(R. Davis) 및 깁슨(K. S. Gibson)에 의해 고안된 색온도 변환용 용액 필터의 보기를 들면 표준광원 A와 조합하여 표준광원 B, C등을 얻기 위하여 이용하는 것이다.

　㉢ 표준광 A : 분광분포가 약 2,856K가 되도록 점등한 투명 밸브 가시가 들은 텅스텐 코일 전구의 빛이다.

　㉣ 표준광 B : 표준광원 A에 규정한 데이비스-깁슨 필터를 걸어서 상관색온도를 약 4,874K으로 한 광원이다.

　㉤ 표준광 C : 표준광원 A에 규정한 데이비스-깁슨 필터를 걸어서 상관색온도를 약 6,774K로 한 광원이다.

　㉥ 표준광 D65 및 기타 표준광 D를 실현하는 인공광원은 아직 확정되어 있지 않다.

2. 조명의 종류와 방식

(1) 조명의 종류

① 백열등(白熱燈, incandescent lamp)

　㉠ 1879년 에디슨에 의해 발명되었고, 전력소모량에 비해 빛이 약하고 수명이 짧은 단점은 있지만 3,000K 정도의 빛으로 가정이나 전시장에 주로 사용된다.

　㉡ 태양광선에 가까운 빛으로 가장 많이 쓰이는 전구는 진공의 유리구 속에 텅스텐 필라멘트를 넣어 만든다.

　㉢ 필라멘트에 전류가 흐르면 온도가 높아지면서 전자기파를 내놓는 구조로, 공급된 전기에너지의 대부분이 열에너지로 방출되고 약 5%정도만 가시광선으로 전환된다.

　㉣ 할로겐, 유리전구, 텅스텐전구 등이 있다.

② 형광등(螢光燈, fluorescent lamp) : 형광등은 저압방전등(低壓放電燈)의 일종으로 1938년 미국의 제너럴 일렉트릭사에서 발명되었고 제2차 세계대전 중에는 군용(軍用)으로만 사용되었으나 그 후 대중에게 급속히 보급되어 현재는 백열전구와 더불어 광원의 주종을 이루어 모든 분야에서 사용되고 있다.

③ 방전등(放電燈, discharge lamp) : 유리관(琉璃管) 안에 특수(特殊)한 가스를 넣고, 그 속에서 방전(放電)을 시킴으로써 빛을 얻게 된다.[19]

　㉠ 아크방전을 이용한 것에는 탄소아크등, 나트륨등, 수은아크등 등이 있다. 탄소아크등은 공기 속에서 탄소전극 사이에 아크방전을 일으켜서 전극 부분을 고온으로 하고, 이 부분의 발광을 광원으로 하는 것이다. 나트륨등은 나트륨 증기 속의 아크방전에 의한 발광을 이용한 것으로, 황색빛을 내며, 고속도로, 일반도로 등의 조명에 사용된다. 수은아크등은 수은증기 속의 아크 방전에 의한 발광을 이용한 것으로 저압, 고압, 초고압수은등이 있다.

---

19) http://hanja.naver.com/search?query=%EB%B0%A9%EC%A0%84%EB%93%B1

ⓛ 종류로는 HID(High Intensity Discharge) lamp, 고압수은등이 있다.

(2) 조명의 방식

조명방식	그림	의미와 장·단점
직접조명		• 반사 갓을 사용하여 광원의 빛을 모두 모아 어느 방향으로 90% 이상을 조사하는 방식 • 장점 : 에너지 효율이 좋고 경제적 • 단점 : 눈부심과 그림자
반직접조명		• 상향으로 10~40%가 조사되고 하향으로 90~60%가 대상에 직접 조사되는 방식 • 직접조명보다는 덜하지만 그림자와 눈부심이 생길 수 있음
간접조명		• 반사 갓을 이용하여 광원의 빛을 간접적으로 비춰주는 방식 • 장점 : 차분한 분위기를 낼 수 있고, 눈부심도 적으며 그늘짐 현상이 없음 • 단점 : 광원의 빛 대부분을 천정으로 조사하게 되어 효율이 떨어짐
반간접조명		• 상향으로 약 60~90%를 조사하게 하고 하향으로 40~10%만 조사하게 하는 방식 • 장점 : 부드럽고 그늘짐 현상이 적은 편
전반확산조명		• 확산성 덮개를 사용하여 모든 방향으로 똑같이 빛이 확산되도록 하는 방식 • 장점 : 눈부심이 거의 없음

⭐ 색온도와 연색성

1. 색온도(Color Temperature)

광원의 실제온도가 아닌 빛의 색을 측정하고 표현하는 수단이다. 이것은 흑체(black body)가 각 온도마다 정해진 색의 빛을 내므로 그것과 비교하여 빛의 색을 표현하는 것을 말한다.

> **핵심 Plus**
>
> **흑체(black body)**
> - 에너지를 반사 없이 모두 흡수하는 이론적인 물체로 실제 존재하지 않는 가상의 물체이다.
> - 흑체가 에너지를 흡수하면 물질이 뜨거워지고 내부의 원자나 분자의 운동에너지가 변화하여 다시 외부로 에너지가 방출되게 되는데 이러한 성질을 비유하여 사용하기 위해 만들어진 것을 말한다.
> - 흑체는 온도가 낮을 때에는 붉은 빛을 띠며, 온도가 올라갈수록 노란색이 되었다가 푸른빛이 도는 흰색이 된다. 따라서 색온도는 실제온도가 아닌 광원의 흑체궤적과 비유한 절대온도 값을 말한다.

(1) 색온도를 일정한 수치로 규정하여 색채측정, 검사, 표기를 위해 CIE에서 정해놓은 표준광원이 있다.

(2) 색온도의 단위는 캘빈온도(K)로 표기하며, 0000캘빈 또는 0000도 캘빈으로 읽으며 K는 섭씨온도($^\circ$C) +273과 같다.

(3) 백열등처럼 달구어져 빛을 내는 광원은 흑체의 색온도로 구분하고, 열광원이 아닌 일반 형광등 등은 상관색온도(correlated color temperature)로 구분한다.

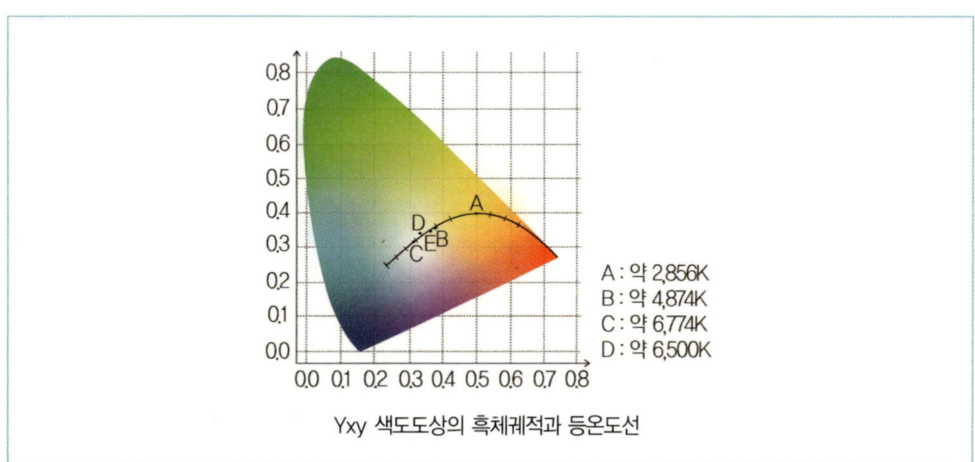

Yxy 색도도상의 흑체궤적과 등온도선

2. 연색성

광원에 따라 물체의 색이 달라지는 효과를 말한다. 연색효과의 예로는 정육점에서 고기를 신선하게 보이게 하기 위해 붉은 조명을 켜 놓는 것과 횟집에서 회를 더욱 신선하게 보이게 하기 위해 푸른빛이 감도는 형광등을 켜는 것을 들 수 있는데 이는 물체의 색을 더욱 강하게 보이게 하기 위한 것이다.

(1) **연색지수**

① 시험광원이 얼마나 기준광과 비슷하게 조사되는가를 나타내는 지수이다. 각 광원의 연색지수 Ra는 정해진 샘플 8색에 대하여 측정하여 표시된다.

② 샘플 8색은 7.5R 6/4, 5Y6/4, 5G6/4, 2.5G6/6, 10BG6/4, 5PB6/8, 2.5P6/8, 10P6/8이 해당된다.

③ 지수 규정의 기준광원은 흑체를 기준으로 한 3,000K, 주광을 기준으로 한 6,000K의 두 가지가 있다. 예를 들어, 3,000K인 백열등에 대해서는 3,000K흑체를 기준광원으로 택하게 된다.

(2) **연색성 등급** : 시험광원의 연색성이 좋을수록 평균 연색지수가 100에 가깝게 된다.

등급		연색지수
1A	★★★★★	90~100
1B	★★★★☆	80~89
2A	★★★☆☆	70~79
2B	★★☆☆☆	60~69
3	★☆☆☆☆	40~59

2 디지털 색채

⭐ 디지털 색채의 원리

1. 디지털 색채

disit에서 유래된 것으로 사람의 손가락이나 동물의 발가락이라는 의미에서 유래한 말이다. 디지털(disital)은 0과 1의 2진수로 표시되는 모든 전자기술을 말한다. 아날로그 색채를 제외한 모니터와 컴퓨터상의 데이터에 해당하는 모든 색채 범위를 말한다.

(1) **디지털 색채의 구성요소** : 디지털 색채는 빛을 디스플레이할 경우에는 Red, Green, Blue의 색채영상을 이용하게 되고, 프린트와 같이 오프라인에서 직접적인 색료를 재현할 때에는 Cyan, Magenta, Yellow를 이용하게 된다. 이와 같은 구성요소를 이용하여 색채를 생성, 처리, 출력하게 된다.

(2) **디지털 색채의 특성** : 물리적으로 만지거나 작업할 수 없고 수치적으로 범위를 설정하여 이론적인 표현이 가능하다. 항상 도구와 표현방법이 전제되어 있으며 가법혼색의 원리와 감법혼색의 원리가 모두 적용된다. 모든 디지털 또는 비트맵화된 이미지는 해상도(resolution), 디멘젼(dimensions), 비트길이(depth),

컬러모델(color model)이라는 네 가지의 기본적 특징을 가진다.

핵심 Plus

비트맵

컴퓨터나 기타 그래픽 장치에서 그림을 표현하는 방법 중의 하나로 일반적으로는 래스터(raster) 방식(점방식)이라고 한다. 화면상의 각 점들을 직교좌표계를 사용하여 픽셀 단위로 나타낸다. 그림을 확대하면 각 점이 그대로 커져 경계선 부분이 오돌토돌하게 보이는 계단 현상이 나타난다.

① 해상도(resolution)

　㉠ 데이터의 전체용량과 밀접한 관계를 맺으며, 원고의 정밀도를 결정하게 된다. 즉 스캔이나 출력할 대상에 대한 정밀도와 관계된 것이다.

　㉡ 단위로는 1인치당 몇 개의 픽셀(pixel)로 이루어졌는지를 나타내는 ppi(pixel per inch), 1인치당 몇 개의 점(dot)로 이루어졌는지를 나타내는 dpi(dot per inch)를 주로 사용한다.

　㉢ 픽셀 또는 도트의 수가 많을수록 고해상도의 정밀한 이미지를 표현할 수 있지만, 1인치당 점의 수가 많아져서 많은 양의 메모리가 필요하고 결과적으로 컴퓨터 속도가 느려지는 효과를 가져 오게 되므로 목적에 맞는 적절한 해상도를 사용하는 것이 바람직하다.

　㉣ spi, ppi, dpi는 거의 같은 개념이며, 1ppi는 1dpi와 비교해서 같은 해상도일 경우 약 1/2에 해당되는 수치이므로 350dpi=150lpi와 같다.

② 디멘젼(dimensions) : 디멘젼은 기본적인 해상도를 결정하는 규정단위를 말하며 mm, cm, inch, pixel 등이 있다.

③ 비트길이(depth) : 비트의 길이는 비트맵에서 모든 픽셀이 얼마나 많은 톤들이나 색들을 가질 수 있는지를 정의해 주는 개념이다. 즉 스캔되는 과정에서 저장되는 정보의 깊이는 정해진 비트의 깊이에 의해 제한되게 된다.

④ 컬러모델(color model) : 컬러모델로는 RGB, CMYK가 있다.

2. 디지털 색채체계

디지털 색채체계는 수치와 논리의 구성이므로 현색계에서 표현할 수 없는 색 좌표를 입 · 출력할 수 있다. 이러한 각각의 상태를 컴퓨터의 최소단위인 비트(Bit)라고 하며, 비트가 모여 컴퓨터의 개별적인 주소를 지정할 수 있는 정도의 그룹이 된다. 즉 8개의 비트가 모여 1Byte(바이트)가 된다. 디지털 색채체계는 입력체계와 출력체계로 나뉜다.

(1) 디지털 색채체계 단위

① 1비트 : 2색(검정, 흰색)

② 2비트 : 4색(검정, 흰색, 회색 2단계)

③ 8비트 : 256색(기본 시스템 파렛트)

④ 16비트 : 65,536색

⑤ **24비트** : 16,777,216(256×256×256)

⑥ **32비트** : 8비트 RGB 3개의 채널이 CMYK 4개의 알파채널로 변환되어 분해방식이 달라진 것

⑦ **48비트** : 약 281조 색 RGB모드가 16비트로 저장됨

(2) **색채영상의 구성요소인 CCD(Charge Coupled Device)** : 전하결합소자인 CCD는 하나의 소자로부터 인접한 다른 소자로 전하를 운송할 수 있는데, 피사체의 빛을 통과한 다음 색분해 과정을 통하여 빨강, 녹색, 파랑의 3원색으로 분해된 것을 전기신호로 변환하여 출력해 주는 기능을 담당한다. 이렇게 CCD의 기능을 응용한 스캐너와 같은 입력 장치는 색채영상정보를 컴퓨터에 입력시켜주는 장치이기도 하다. A−D변환기에 의해 아날로그 신호가 디지털신호로 변환되게 되며, 스캐너 이외에도 디지털 카메라, 캠코더 등에서도 CCD가 색채영상을 담당하는 기본적인 요소가 된다.

(3) **입력체계**

① **A/D 컨버터(Ananology/Digital Converter)** : 아날로그 원고를 비트맵화된 디지털이미지로 전환하는 도구이다.

② **광전배증관 드럼스캐닝(PMT : Photo Multiplier Tubes)** : 필름과 같이 유연한 원본을 스캔할 때 사용된다.

③ **전하결합소자(CCD : Charge Coupled Device)**

㉠ CCD를 이용하여 평판으로 스캔한 자료를 전기신호로 변환하여 디지털부호로 만든다.

㉡ 입력도구

- 스캐너
- 디지털 카메라
- 필름레코더 : 필름에서 computer−graphic 작업 후 다시 필름에 레코딩(recording)하는 것
- 비디오카메라

(4) **모니터 색채영상의 구성요소** : 모니터에서 디스플레이 되는 색채영상은 Red, Green, Blue의 원색들의 조합으로 이루어지게 되는데, 이때 어떤 그래픽카드를 쓰느냐에 따라 사용할 수 있는 최대 해상도, 재생주기, 표현할 수 있는 색채의 수가 결정되게 된다. 그래픽 카드의 최소기본단위를 픽셀(pixel)이라고 하고 이는 picture와 element의 합성어로, 비트맵(bitmap)이라는 격자 상에 놓이게 된다. 이와 같이 화소들로 이루어진 색채영상을 비트맵 또는 래스터(raster image)라고 한다.

핵심 Plus

그래픽 카드

컴퓨터 모니터에 디스플레이 되는 색채 영상은 빨강, 녹색, 파랑의 원색의 조합으로 이 과정에서 필수적으로 필요한 것이 그래픽 카드(비디오카드)이다.

(5) **출력체계**

① **음극선관(CRT : Cathode Ray Tube)** : 고진공 전자관으로 진공 속의 음극에서 방출되는 전자를 이용하여 영상을 만드는 장치. 브라운관이 대표적이고, 전지빔을 이용하여 RGB센서를 출력시켜 이미지를

만드는 방법이다.

② 트리니트론(trinitron) : 일본의 소니(Sony)사가 1968년 발명한 새로운 음극선관으로 한 개의 전자총에서 3개의 색인 RGB를 방출하는 방식으로 정밀하면서도 색의 변화 등의 나쁜 영향을 받지 않는다.

③ 액정디스플레이(LCD : Liquid Crystal Display) : CRT와는 달리 자기 발광성이 없으므로 후광이 필요하나 동력전압이 낮아 에너지 효율이 좋고 휴대용으로 사용이 가능하다.

④ DTP(Disital Top Publishing)

　㉠ 출판물의 문자, 도형, 그래픽, 사진 등을 컴퓨터와 주변기기만을 이용하여 편집하기 때문에 저렴하고 신속하게 제작할 수 있는 시스템이다.

　㉡ 출력도구

　　• 영상출력 : 모니터(CRT, LCD, LED)

　　• 잉크젯 프린터

　　• 레이져 프린터

⭐ 디지털 색채관리 시스템

1. 색채관리 시스템

다양한 종류의 스캐너, 디지털카메라, 모니터, 프린터 등에서 사용되는 CMY와 RGB의 색체계를 CIE XYZ 색공간에서 특징지어 주고, 색영역 맵핑 등을 수행함으로써 WYSWIG(WYSIWYG, What You See Is What You Get)를 구현하는 기능을 갖는 것을 색채관리 시스템(CMS : Color Management System)이라 한다.

(1) 색영역(color gamut) : 색을 생성하는 디바이스가 주어진 관찰 조건에서 생성할 수 있는 색의 전 범위를 말한다.

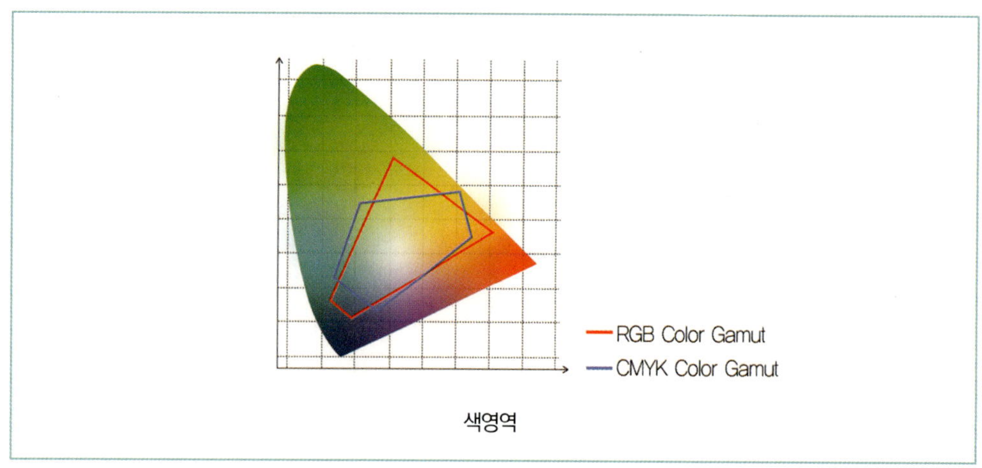

색영역

(2) **색영역 맵핑(color gamut mapping)** : 색공간을 달리하는 장치들의 색영역을 조정하여 재현 가능한 색으로 변환시켜주는 작업으로 색채영상을 고품질의 디지털 색채로 구현하기 위해서는 유니폼 공간에서의 색영역 맵핑은 꼭 필요하다. 색영역 맵핑은 크게 색영역 클립핑과 색영역 압축방법으로 나뉜다.

① **색영역 클립핑** : 출력하는 디바이스의 색영역 바깥에 산포되어 있는 모든 색을 출력하는 영역으로 옮겨서 붙이는 방법이다.

② **색영역 압축방법** : 출력하는 색영역의 바깥에 산포되어 있는 모든 색과 내부에 있는 모든 색을 출력하는 색영역의 내부로 압축시켜서 옮기는 방법으로, 여러 가지의 방법들이 개발되고 있다.

2. 디지털 색채관리 시스템 및 이미지 저장방식

(1) **디바이스 독립 색체계** : CIE가 1931년 발표한 CIE XYZ 색채공간으로 인간의 시감으로 감지 할 수 있는 모든 색의 영역을 100% 사용하여 정의할 수 있는 색채공간을 말한다.

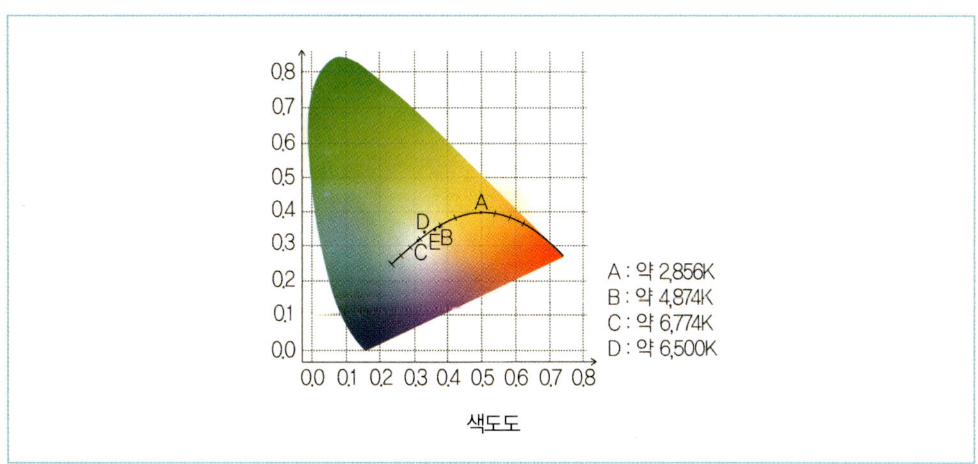

(2) **디바이드 종속 색체계** : 디바이스 종속 체계는 인간의 시감방식과는 완전히 다른 체계로 색을 재현하게 된다. 디지털 색채영상을 생성하거나 출력하는 전자장비들은 그 나름대로의 디바이스에 의해 데이터를 수치화하게 되는데 특정 장비들에만 사용되는 색공간을 디바이스 종속 색체계라고 하며 RGB 색체계, CMY 색체계, HSV 색체계, HLS 색체계 등이 있다.

① **디바이스 종속 색체계의 문제점**

㉠ 디지털 색채를 다루는 전자 장비들 간에 호환성이 없다.

㉡ 동일한 제조회사라도 각 모델에 따라 다른 색체계로 재현된다.

㉢ 이기종의 컬러 디바이스일 경우에도 색채정보는 서로 다르다.

② **RGB 색체계**

㉠ 가법혼색 방법에 의해 정육면체의 공간 내에서 모든 색채들이 정의되는 체계를 말하며 R, G, B 좌표축을 중심으로 각각 3개의 좌표로 표현되게 된다. 예를 들어, 빨강의 경우 (1, 0, 0) 녹색은 (0, 1,

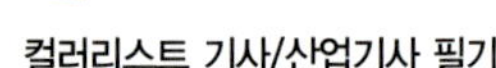

0), 노랑은 (1, 1, 0)으로 표현되며, 파랑과 빨강의 혼합인 마젠타는 (1, 0, 1)로 표현된다. 또한, 모든 색의 출력 값이 1일 때에는 흰색(1, 1, 1)으로 표현되며, 출력 값이 없을 때에는 검정(0, 0, 0)으로 출력된다.

ⓛ R, G, B 형식은 컴퓨터 모니터와 스크린과 같은 빛의 원리로 컬러를 구현하는 장치에서 사용된다.

ⓒ 기본 컬러 빨강(R), 초록(G), 파랑(B)을 혼합하여 우리가 볼 수 있는 모든 컬러를 재생하는 것이다. 세 가지 색이 100%이면 흰색, 0%이면 검정이 된다.

ⓔ 각각 24비트 색채 보드인 경우 0~255값의 256단계를 갖는다.

ⓜ 가법혼색으로 2차색은 원색보다 밝아지게 된다.

ⓗ 최대 1,677만 가지의 색을 만들어낸다.

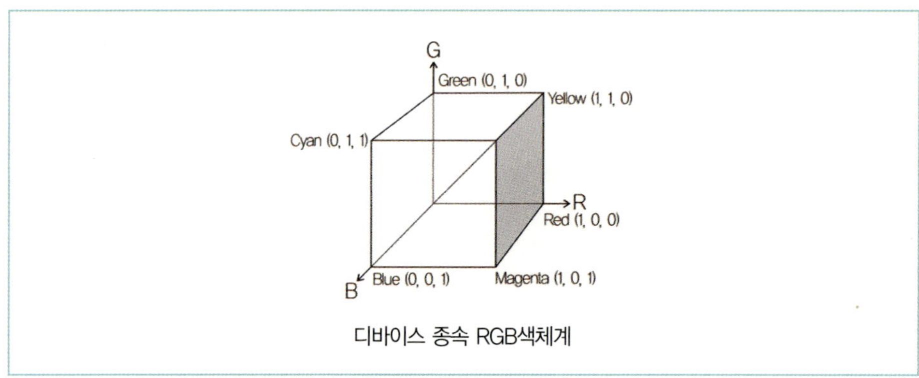

디바이스 종속 RGB색체계

③ CMY 색체계 : 감법혼색 방법에 의해 정육면체 공간 내에서 모든 색채들이 정의되는 체계를 말하며 C, M, Y 좌표축을 중심으로 각각 3개의 좌표로 표현되게 된다. 예를 들어, 마젠타는 CMY의 순서로 (0, 1, 0)으로 출력되고, Cyan은 (1, 0, 0), Yellow는 (0, 0, 1), 흰색은 (0, 0, 0), 검정색은 (1, 1, 1)로 출력되며 흰색과 검정색의 출력 값은 RGB 색체계와 반대이다.

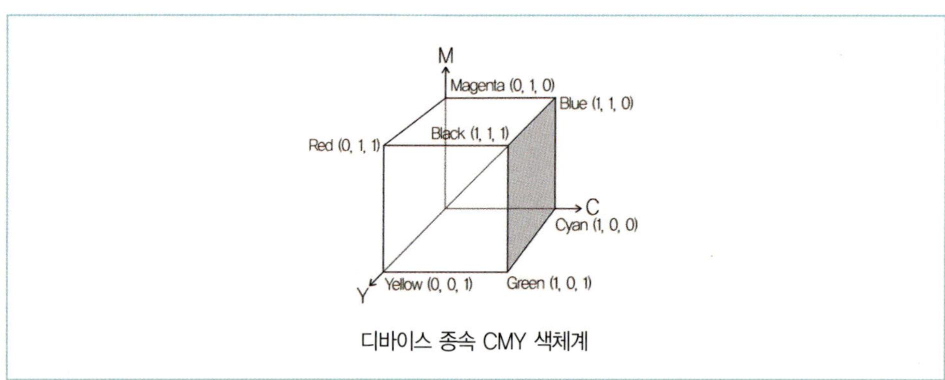

디바이스 종속 CMY 색체계

④ HSV(B) 시스템

　㉠ 먼셀의 기본색상인 색상, 명도, 채도를 중심으로 선택하도록 되어있으며 프로그램 상에서 H, S, B 모드로 선택되게 된다. H모드는 CIE의 L*C*h*의 방법에 따라 색상을 표현한다.

　㉡ 명도라는 단어 대신 밝기(brightness)를 써서 HSV 대신 HSB라고도 부른다.

　㉢ 색상의 단위들은 0~360°의 범위를 가진다.

　㉣ 채도는 컬러의 농도 또는 순수한 정도로 0%는 흰색을 말하고 100%는 흰색을 포함하지 않는 순수한 색이다.

　㉤ 명도는 컬러의 밝기 또는 컬러에 포함된 검은색의 양을 말하며 명도가 0%인 컬러는 완전한 검정색이다.

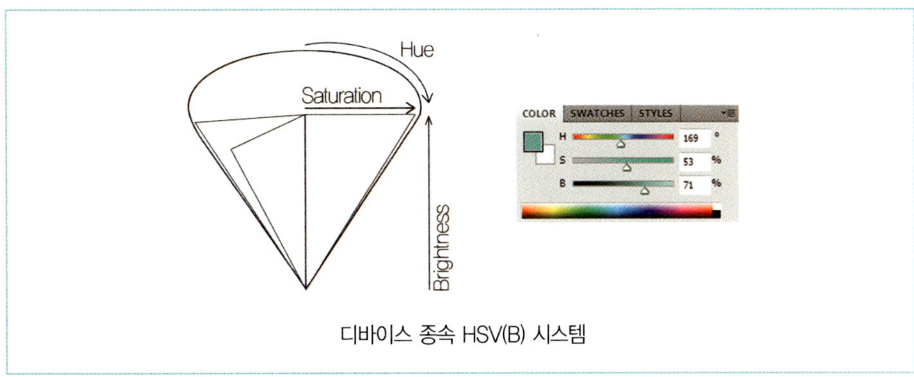

디바이스 종속 HSV(B) 시스템

⑤ LAB 시스템 : LAB 시스템은 각각 256단계를 갖도록 설계되어 있다. 밝기를 나타내는 L* 100단위의 정수로 표현하거나 256으로 나눈 소수점체계가 이용되며 색상과 채도를 나타내는 a*b*로 표현된다. a*는 빨강색과 녹색을 나타내며 채도도 포함된 값이며 b*는 노란색과 파란색의 색상과 채도를 나타내는 값이다.

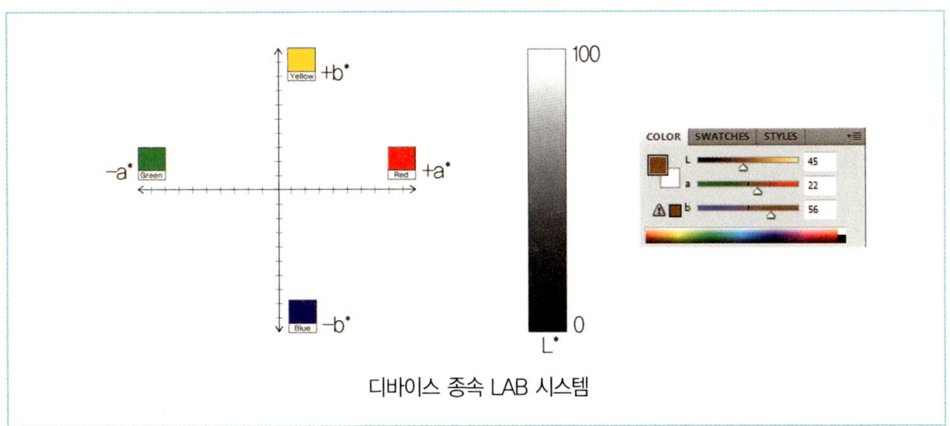

디바이스 종속 LAB 시스템

(3) 디바이스 특성화(device characterization)

① 다양한 종류의 매체들에서 사용되는 색공간들을 특징지어 서로의 색채 정보의 호환을 원활하게 연결시켜 주는 것을 말한다. 즉, CIE XYZ 색공간과 각 디바이스 종속 색체계인 RGB, CMY, HSV, HLS 색체계를 연결시켜 주는 것을 말한다.

② 스캐너와 디지털카메라의 특성화 과정에서 기본적으로 사용되는 샘플 컬러 패치는 국제표준기구인 ISO(International Standard Organization)가 12641로 국제 표준으로 정한 것이며 CIE LAB 색채공간에서 색상, 명도, 채도를 대표할 수 있도록 균일하게 분포되어 있다.

(4) 그래픽 이미지의 저장방식

① PSD or PDD(Periscope Debugger Definition) : 이미지의 압축율이 높고 포토샵에서 사용한 모든 정보를 저장할 수 있다.

② EPS(Encapsulated Post Script) : 미국 어도비사가 개발한 페이지 기술언어인 포스트스크립트로 만들어진 그래픽 화일 방식으로 대부분의 일러스트레이션이나 퀵 등의 프로그램에서 많이 쓰이고 있다.

③ JPEG(Joint Photographic Experts Group) : 사진 전문가들이 만든 파일형식으로 컬러이미지의 손상을 최소화하며 압축할 수 있는 기술이다.

④ GIF(Graphics Interchange Format) : 그래픽 교환방식으로 미국의 통신회사인 컴퓨서브사가 개발한 이미지파일 형식으로 빠른 속도로 이미지를 주고받을 때 사용하도록 만들어 졌다. 파일사이즈를 최소화할 수 있고, 애니메이션 기능 등을 지원하기 때문에 간단한 작업으로 다양한 효과를 얻을 수 있다.

⑤ PNG(Portable Network Graphic) : JPEG와 GIF의 장점만을 합쳐놓은 형식으로 현재 익스플로러와 네스케이프 5.0에서만 지원된다. GIF같은 애니메이션기능을 지원하지 못하는 단점이 있다.

⑥ BMP : 마이크로소프트사가 사용자들을 위해 개발한 고유의 그래픽 파일 형식으로 필요이상으로 크기가 커지는 경향이 있다.

⑦ PDF(Portable Document Format) : 미국 어도비사의 아크로벳문서 파일 형식으로 크기변환에도 동일한 품질을 유지하는 장점이 있다.

⑧ PICT : 매킨토시용 그래픽과 페이지 레이아웃 응용 프로그램사이에서 널리 사용되는 파일 형식으로 단색의 큰 영역을 포함하고 있는 이미지를 압축할 때 효과적으로 사용된다.

⭐ 디바이스 조정

디지털 색채정보를 처리할 수 있도록 일정한 상태로 유지하게 만드는 일련의 행위이다. 입출력 시스템들은 각 장치의 특성과 설정에 따라 색이 서로 다르게 보여지는 경우가 있다. 이러한 경우 색온도, 감마 컬러 및 기타 특성 등을 조절하여 색상이 일정한 표준으로 나타나도록 하는 과정을 캘리브레이션(calibration)이라고 한다.

1. 모니터 조정(Monitor Calibration)

모니터의 색은 6,500K과 9,300K 두 종류 중에서 선택할 수 있는데 대부분 출고될 때에는 9,300K으로 설정된다. 하지만 9,300K에서는 약간 청색조를 띄기 때문에 자연에 가까운 색을 구현하기 위해서는 6,500K으로 설정하는 것이 바람직하다.

(1) 흰색조정 : RGB 각각에 R=255, G=255, B=255을 입력하여 흰색을 조정한다.

(2) 검은색 조정 : RGB 각각에 R=0, G=0, B=0을 입력하여 검은색을 조정한다.

2. 감마컬러 및 기타 특성 조정

(1) 감마 조정

① 디지털색채의 강도를 표시한다.

② 모니터 전체의 밝기와 직접적인 관계를 가진다.

③ 1.0~2.6의 단위를 가진다.

④ 수치가 높을수록 기준점이 어두워진다.

(2) 기타 특성 조정

① white point

㉠ 모니터와 소프트웨어의 기준백색을 정하는 것이다.

㉡ 낮은 색 온도는 노란색의 백색판을 만든다.

㉢ 높은 색 온도는 푸른색의 백색판을 만든다.

㉣ CIE색표계의 Yxy좌표를 이용하여 색온도를 만든다.

㉤ 모니디의 색과 소프트웨어의 색의 기준을 정하기 위해 R, G, B각각의 값을 정한다.

② 앨리어싱(aliasign) : 비트맵으로 이루어진 이미지의 곡선, 사선 부분 등이 계단식으로 처리되는 것을 말하며, 저해상도의 이미지에서 나타난다.

③ 안티앨리어싱(antialiasing) : 이미지의 질을 높이기 위해 곡선이나 사선 부분의 경계 부분에 중간 톤의 픽셀을 추가하여 자연스럽게 보이도록 하는 것이다.

④ 보간법(interpolation) : 포토샵 등의 영상 및 색채 관련 프로그램에서 주어진 영상의 크기가 작아 영상을 키울 때 격자가 생겨 계단현상이 생기는 것을 방지하기 위해 사용하는 기술이다. 과도한 보간법은 경계가 흐려지고, 초점이 흐려지는 결과를 초래한다.

⑤ 블러링(blurring) : 영상의 세세한 부분을 제거하여 초점을 흐리게 하거나 배경을 어둡게 하는 것으로 마스크의 값의 크면 클수록 블러링의 효과는 커진다.

⑥ 샤프닝(sharpening) : 블러링의 반대이고, 영상의 세세한 부분을 더욱 강조하는 효과를 갖게 하는 것이다. 샤프닝은 경계부분 대비 효과를 증대시키고 영상의 경계 부분이 애매모호할 경우 사용한다.

⑦ 슈퍼 샘플링(super sampling) : 아날로그 시그널 범위를 최종 디지털 시그널에 필요한 단계보다 광범위하게 양자화하거나 차단하는 것으로 디지털 카메라에서 슈퍼 샘플링을 하면 어두운 톤이 확장되어 쉐도우의 디테일이 향상된다.

⑧ 미디언 필터링 : 전송되는 도중 잡음과 섞이거나 시스템의 다른 요소에 의해 왜곡될 수 있는 경우 사용

되는 것이다. 잡음 제거를 위한 저주파 통과 필터는 가우시안 잡음을 제거하는데 적합하지만 임의의 임펄스 잡음(0 or 255)를 제거하기에는 적합하지 못하다.

⑨ 저주파 필터링(low-pass filtering) : 저주파를 보존하면서 고주파를 약화시키는 디지털 필터로 영상을 부드럽게 만들거나 흐리게 만든다.

3. 컬러어피어런스 모델과 색변이지수

(1) 컬러어피어런스 모델(Color Appearance Model)

① 어떤 색채가 매체, 주변색, 광원 조도 등에 따라 다르게 보여지는 현상을 컬러 어피어런스 현상이라고 하며 색의 속성을 예측해 주어 문제점을 해결할 수 있도록 개발된 색채관리 시스템을 컬러어피어런스 모델이라한다.

② CIECAM97s : CIE에서 1997년에 국제표준으로 채택한 컬러어피어런스 모델이다.

(2) 색변이지수(Color Inconstancy) : 광원이 변함에 따라 색은 다르게 보이는데 사람은 색채 변화의 차이를 많이 느끼지 못한다. 색에 따라 광원이 달라질 때 심하게 변해 보이는 것이 있는데, 이러한 색은 선호도가 별로 좋지 않다. 광원에 따른 색채의 불일치 정도를 나타내는 지수는 CII(Color Inconstance Index)이다.

⭐ 한국산업규격

한국산업규격 KS A0064(색에 관한 용어의 규정에서는 측광에 관한 용어, 측색에 관한 용어, 시각에 관한 용어, 기타 용어로 분류한다.

1. 측광에 관한 용어

(1) 빛(1001-light)

① 시각계에 생기는 밝기 및 색의 지각 · 감각이다.

② 눈에 들어와 시감각을 일으킬 수 있는 전자파로 가시광선이라고도 한다.

③ 자외선부터 적외선까지의 파장 범위에 포함되는 전자파이다.

(2) 분광밀도(1002-spectral concentration) : 파장을 중심으로 하는 미분 파장폭 내에 포함되는 복사량(복사속, 복사조도, 복사휘도 등)의 단위 파장 폭 당의 비율이다.

(3) 표준시감도(1006-spectral luminous) : 원추세포가 독자적으로 작용하는 밝은 곳($100cd/m^2$이상)에서 보는 평균적인 비시감도로서, 국제조명위원회 및 국제도량형위원회에서 채택한 값이다.

(4) 방사 휘도율(1011-radiance factor) : 동일 조건으로 조명 및 관측한 물체의 방사 휘도(KS A 8008)와 Les와 완전확산반사면 또는 완전 확산 투과면의 방사휘도 Les의 비이다.

(5) 입체각 반사율(1012-reflectance factor) : 동일 조건으로 조명하여 한정된 동일 입체각 내에 물체에서 반사하는 방사속(광속)과 완전 확산 반사면에서 반사하는 방사속(광속)의 비이다.

(6) 완전확산 반사면(1017-perfect reflecting) : 입사한 복사를 모든 방향에 동일한 복사 휘도로 반사하고, 또 분광반사율이 1인 이상적인 면이다.

(7) 완전확산 투과면(1018-perfect transmitting) : 입사한 복사를 모든 방향에 동일한 복사 휘도로 투과하고, 또 분광반사율이 1인 이상적인 면이다.

2. 측색에 관한 용어

(1) 색, 색채(2001-color) : 색 이름(예를 들면 회색, 빨강, 연두, 연한파랑, 갈색) 또는 색의 3속성으로 구분 또는 표시되는 시감각의 특성이다. (색이름은 KS A 0011에 따름)

(2) 색자극(2002-color stimulus) : 눈에 들어와 유채색 또는 무채색의 감각을 일으키는 가시복사이다.

(3) 색자극 값(2005-psychophysical color specification) : 3자극 값에 따라 정해지는 색자극의 성질을 표시하는 양이다.

(4) 광원색(2006-light-source color) : 광원에서 나오는 빛의 색이다. 광원색은 보통 색자극 값으로 표시한다.

(5) 물체색(2007-non-luminous object) : 빛을 반사 또는 투과하는 물체의 색이다. 물체색은 보통 특정 표준광에 대한 색도 좌표 및 시감 반사율 등으로 표시한다.

(6) 표면색(2008-surface) : 빛을 확산 반사하는 불투명 물체의 표면에 속하는 것처럼 지각되는 색이다. 표면색은 보통 색상, 명도, 채도 등으로 표시한다.

(7) 개구색(2009-aperture color) : 구멍을 통하여 보이는 색과 같이 빛을 발하는 물체가 무엇일까 하는 인식을 방해하는 조건에서 지각되는 색이다.

(8) 측색용광(2013-illuminant) : 상대 분광 분포를 규정하여 물체의 3자극 값을 계산하는 경우에 이용하는 광이다.

(9) 데이비스깁슨 필터(2017-davis-gibson filter) : 데이비스(R. Davis) 및 깁슨(K.S.Gibson)에 의해 고안된 색온도 변환용 용액 필터이다. 예를 들면 표준광원 A와 조합하여 광원 B, C 등을 얻기 위하여 이용한다.

(10) 등색(2019-color matching) : 2가지 색자극이 같다고 지각하는 것 또는 같게 되도록 조절하는 것이다.

(11) 색도(2030-chromaticity) : 색도 좌표에 따라 또는 주파장(혹은 보색 주파장)과 순도의 조합에 의해 정해지는 색 자극의 심리물리적 성질이다.

⑿ 순자주 궤적, 순자주 한계(2038-purple boundary) : 가시 스펙트럼 양끝 파장의 단색광 자극의 가법혼색을 나타내는 색도 그림 위의 선이다.

⒀ 주파장(2041-dominnant wavelength) : 특정 무채색 자극과 어떤 단색광 자극이 적당한 비율의 가법 혼색에 의해 시료색 자극과 등색이 되는 단색광 자극의 파장이다.

⒁ 보색주파장(2042-complementary wavelength) : 주파장이 얻어지지 않을 때(색도 그림 위에서 시료색 자극을 나타내는 점이 순자주 궤적과 특정 무채색 자극을 나타내는 점으로 둘러싸인 3각형 내에 있는 경우), 시료색 자극에서부터 기준의 무채색 자극으로 연장 직선을 그어 단색광 궤적과 만나는 점의 파장을 취한다.

⒂ 완전방사체궤적(2046-planckian locus) : 완전 복사체 각각의 온도에 있어서 색도를 나타내는 점을 연결한 색도 그림 위의 선이다.

⒃ (CIE)주광궤적(2047-daylight locus) : 여러 가지 상관 색온도에서 CIE 주광의 색도를 나타내는 점을 연결한 색도 그림 위의 선이다.

⒄ 색온도(2049-color temperature) : 완전 복사체의 색도와 일치하는 시료 복사의 색도 표시로, 그 완전 복사체의 절대 온도로 표시한 것이다.

⒅ 상관색온도(2050-correlated color temperature) : 완전 복사체의 색도와 근사하는 시료 복사의 색도 표시로, 그 시료 복사에 가까운 완전 복사체의 절대 온도([2])로 표시한 것이다.

⒆ 등색온도선(2053-isotemperature line) : CIE 1960 UCS 색도 그림 위에서 완전 복사체 궤적에 직교하는 직선 또는 이것을 다른 적당한 색도 그림 위에 변환시킨 것이다.

⒇ 조건등색, 메타메리즘(2061-metamerism) : 분광 분포의 다른 2가지 색자극이 특정 관측 조건에서 동등한 색으로 보이는 것이다.

(21) 색역(2062-color gamut) : 특정 조건에 따라 발색되는 모든 색을 포함하는 색도 그림 또는 색공간 내의 영역이다.

(22) 색차(2066-color difference) : 색의 지각적인 차이를 정량적으로 표시한 것이다.

(23) 애덤스-니커슨의 색차식(2072-adams-nickerson's color difference fomula) : 먼셀밸류 함수를 기초로 하여 애덤스(E. Q. Adams)가 1942년에 제안한 균등공간을 이용한 색차식이다.

(24) 등간격파장방법(2078-weighted ordinate method) : 분광 측색 방법에서 3자극치의 계산방법의 한 가지이다. 분광측정치(상대분광분포, 분광입체각반사율 등)를 등간격으로 취한 파장에 대하여 읽고, 여기에서 정해진 함수의 값을 곱하여 합하고 다시 계수를 곱하여 3자극 값을 계산하는 방법이다.

⑵⑸ 선정파장방법(2079-selected ordinatie method) : 분광 측색 방법에서 3자극 값의 계산방법의 한 가지. 분광측정치(상대분광분포, 분광입체각 반사율 등)를 등간격으로 취한 파장에 대하여 읽고, 이것을 더하고 다시 계수를 곱하여 3자극 값을 계산하는 방법이다.

⑵⑹ 자극치 직독방법(2080-photoelectric tristimulus colorimetry) : 루터의 조건을 만족하는 수광 기계의 출력으로부터 색 자극값을 직독하는 방법이다.

⑵⑺ 광전 색체계(2082-photoelectric colorimeter) : 광전 수광기를 사용하여 종합 분광 특성[3]을 적절하게 조정한 색체계이다.

⑵⑻ 루터의 조건(2083-luther bedingung) : 색채계의 종합분광 특성[3]을 CIE에서 정한 함수 또는 그 1차 변환에 의해 얻어지는 3가지 함수에 비례하게 하는 조건이다.

⑵⑼ 연색성(2087-color rendering) : 광원에 고유한 연색에 대한 특성이다.

⑶⑴ 연색평가수(2088-color rendering index) : 광원의 연색성을 나타내는 것을 목적으로 한 지수로서 시료 광원 아래에서 물체의 색지각이 규정된 기준광 아래서 동일한 물체의 색지각에 합치되는 정도를 수치화 한 것이다.

⑶⑴ 백색도(2091-whiteness) : 표면색의 흰 정도를 1차원적으로 나타낸 수치이다.

3. 시각에 관한 용어

⑴ 색지각(3002-color perception) : 색감각에 기초하여 대상인 색의 상태를 아는 것이다.

⑵ 색상(3004-hue) : 빨강, 노랑, 녹색, 파랑, 보라와 같은 색지(감)각의 성질을 특징짓는 색의 속성이다.

⑶ 명도(3005-lightness) : 물체 표면의 상대적인 명암에 관한 색의 속성이다.

⑷ 채도(3006-chromaticness) : 물체표면의 색깔의 강도를 동일한 밝기(명도)의 무채색으로부터의 거리로 나타낸 시지(감)각의 속성 또는 이것을 척도화한 것을 말하는데, CIE에서는 다음의 3단계로 채도를 분류하고 있다.

① chromatiness(colorfulness) : 시료면이 유채색을 포함한 것으로 보이는 정도에 관련된 시감각의 속성. 채도에 대한 종래의 정의보다 직관적인 개념으로 예를 들면, 일정한 유채 물체를 일정 조명광에 의해 명소시의 조건으로 조명을 변경시켜 조명하는 경우에도 저휘도에 의해 눈부심을 느끼지 않는 정도의 고휘도가 됨에 따라 점차로 증가하는 것과 같은 색의 '선명도'의 속성을 말한다. 선명도, 컬러풀니스 등으로 말할 때도 있다.

② perceived chroma : 동일 조건으로 조명되는 백색면의 밝기와의 비로 판단되는 시료면의 컬러풀니스이다. 채도에 대한 종래의 정의에 대응하는 개념으로 명소시에 일정한 관측조건에서는 일정한 색도 및 휘도율의 표면은 조도와 관계없이 거의 일정하게 지각되고 색도는 일정하여도 휘도율이 다른 경우에

는 휘도율이 큰 표면쪽이 강하게 지각되는 것과 같은, 물체에 속하여 보이는 그 색깔강도의 속성을 말한다. KS A 0062에 따른 표준 색표의 채도, 먼셀크로마 등에 대응하는 속성. 광의의 채도와 구별할 필요가 있을 때에는 지각 크로마라고 할 때가 있다.

③ saturation : 그 자신의 밝기와의 비로 판단되는 컬러풀니스. 채도에 대한 종래의 정의와는 상당히 다른 개념으로 명소시에 일정한 관측조건에서는 일정한 색도의 표면은 휘도가 다르다고 해도 거의 일정하게 지각되는 것과 같은 색깔의 강도에 관한 속성을 말한다. DIN 6164에 따른 색표집의 sattigungsstufe에 대응하는 속성이지만, 표면색보다도 유채의 발광물체 또는 조명광에 대하여 보다 명확히 지각되는 속성이다. 포화도라고 할 때도 있다.

(5) 휘도순응(3024-iuminance adaptation) : 시각계가 시야의 휘도에 순응하는 과정 또는 순응한 상태이다.

(6) 명순응(3025-light adaptation) : 3cd · m^{-2} 정도 이상인 휘도의 자극에 대한 휘도순응이다.

(7) 암순응(3026-dark adaptation) : 약 0.03cd · m^{-2} 정도 이하인 휘도의 자극에 대한 휘도순응이다.

(8) 색순응(3027-chromatic adaption) : 명순응 상태에서 시각계가 시야의 색에 순응하는 과정 또는 순응된 상태이다.

(9) 명소시(3029-photopic vision) : 정상의 눈으로 명순응 된 시각의 상태이다.

(10) 암소시(3030-scotopic vision) : 정상의 눈으로 암순응 된 시각의 상태이다.

(11) 박명시(mesopic vision) : 명소시와 암소시의 중간 밝기에서 추상체와 환상체 양쪽이 움직이고 있는 시각 상태이다.

(12) 푸르킨예 현상(3032-Purkinje phenomenon) : 빨강 및 파랑의 색자극을 포함하는 시야 각 부분의 상대 분광분포를 일정하게 유지하여 시야 전체의 휘도를 일정한 비율로 저하시켰을 때에 빨간색 색자극의 밝기가 파란색 색자극의 밝기에 비하여 저하되는 현상이다.

(13) 플리커(3034-flicker) : 상이한 빛이 비교적 작은 주기로 눈에 들어오는 경우 정상적인 자극으로 느껴지지 않는 현상을 말한다.

(14) 눈부심, 글레어(3038-flare) : 과잉의 휘도 또는 휘도 대비 때문에 불쾌감이 생기거나 또는 대상물을 지각하는 능력이 저하될 수 있는 시각의 상태이다.

(15) 역치(3044-threshold) : 자극역과 식별역의 총칭으로 자극의 존재 또는 2가지 자극의 차이가 지각되는가 여부의 경계가 되는 자극 척도상의 값 또는 그 차이이다.

(16) 자극역(3045-stimulus limen) : 자극의 존재가 지각되는가 여부의 경계가 되는 자극 척도상의 값이다.

(17) 시인성(3047-visibility) : 대상물의 존재 또는 모양의 보기 쉬움 정도이다.

⒅ 가독성(3048-legibility) : 문자, 기호 또는 도형의 읽기 쉬움 정도이다.

⒆ 위동색표(3056-pseudo-isochromatic plates) : 색각 이상자가 혼동하기 쉬운 표면색을 이용하여 숫자나 문자 등의 도형을 그린 표이다.

⒇ 색맹(3059-color blindness) : 정상 색각에 비하여 현저히 색의 식별에 이상이 있는 색각이다. 세 종류의 원추 세포 중 한 종류가 없는 경우 발생하며 유전적인 요인이 있다.

㉑ 색약(3060-anomalous trichromatism) : 정도가 낮은 이상 색각이다. 세 종류의 원추 세포 중 한 종류 이상의 세포의 특성이 정상 색각과 다른 경우에 발생한다.

4. 기타 용어

⑴ 색의 현시, 컬러 어피어런스(4001-color appearance) : 관측자의 색채 적응 조건이나 조명이나 배경색의 영향에 따라 변화하는 색이 보이는 결과이다.

⑵ 광택(4002-gloss) : 광원으로부터 물체에 입사하는 빛이 물체의 표면에서 굴절률의 차이(밀도의 차이)에 의하여 입사광의 일부가 표면층에서 반사되는 성분을 말한다.

⑶ 텍스쳐(4004-texture) : 재질, 표면 구조 등에 따라 발생하는 물체 표면에 관한 시각적의 속성이다.

⑷ 북창주광(4006-north sky light) : 표면색의 색맞춤에 쓰이는 자연의 주광이다. 일출 3시간 후에서 일몰 3시간 전끼지 시이의 대양광의 직사를 피한 북쪽 창에서의 햇빛을 말한나.

⑸ 허용색차(4007-color tolerance) : 지정된 색과 시료 색의 색차의 허용범위이다.

⑹ 그레이 스케일(4008-gray scale) : 변퇴색 및 오염의 판정에 쓰이는 무채색의 스케일이다.

⑺ 컬러 밸런스(4010-color balance) : 색 재현에서 각 원색의 상호간 균형관계를 말한다. 예를 들면 무채색이 거의 충실히 재현되어 있는 경우 컬러 밸런스가 좋다고 한다.

SAVAGE STREET

Ⅳ 색채 지각론

1 빛과 색

 색의 정의

1. 색의 언어적 정의

색이라는 말을 살펴보면 우리말로는 '색'이며 한자로 '빛 색(色)'이다. 우리말에서의 색은 빛과 관계있으며 사물의 여러 가지 현상을 표현하는 말로 쓰였으며 성격이나 종류의 다양함을 표현할 때도 사용하였다. 영어에서의 색은 color(영국 : colour)로 표기한다. 우리말 표기는 컬러이며, 불어는 Couleur, 독일어는 Farbe이다. color는 명사와 동사에서 모두 색을 칠하는 행위를 말하기도 한다.

동양에서의 색은 인간의 감정이나 정서 상태와 깊이 관련되어 있으며, 인간의 윤리와 철학이 결합되어 있는 상징적 존재를 나타낸다. 서양에서 색은 형상(shape)이나 성격의 의미도 포함하며, 색조(tint)를 의미한다. 빛의 조화, 톤(tone)의 의미로도 사용되고 있다. 이와 같이 영어에서의 색은 본래의 모든 물체를 뜻하는 동양적인 의미와는 상당히 다르다.

> **핵심 Plus**
>
> **색의 정의**
>
> 색이란 전자파의 일부인 빛의 가시광선범위가 눈에 들어옴으로써 여러 가지 색채감각을 지각하게 되는 것을 말한다. 여기서 색과 색채의 두 가지 개념을 도출되게 되는데 그 정의는 다음과 같다.
> - **색** : 시지각 대상으로서의 물리적 대상인 빛의 여러 가지 현상과 그 빛을 시각기관인 눈의 시세포가 받아들이는 단계의 물리적 에너지 반응단계를 말한다.
> - **색채** : 물리적 에너지단계의 색이 감각 기관인 눈을 통해서 대뇌까지 전달되어 여러 가지 감각과 연관되어 지각되는 심리적 경험효과를 색채라고 한다.

2. 색의 물리적 정의

색은 빛이다. 빛은 비교적 짧은 전자기파의 한 종류로서 에너지 전달 현상이며, 각각 파장의 길이에 따라 여러 가지 특성을 지닌 빛이 된다. 인간이 시각적인 감각을 갖게 되는 가시광선영역을 전자기파 스펙트럼이라고 한다. 색은 파장이 380nm~780nm인 인간에게 관측되는 가시광선을 말한다.

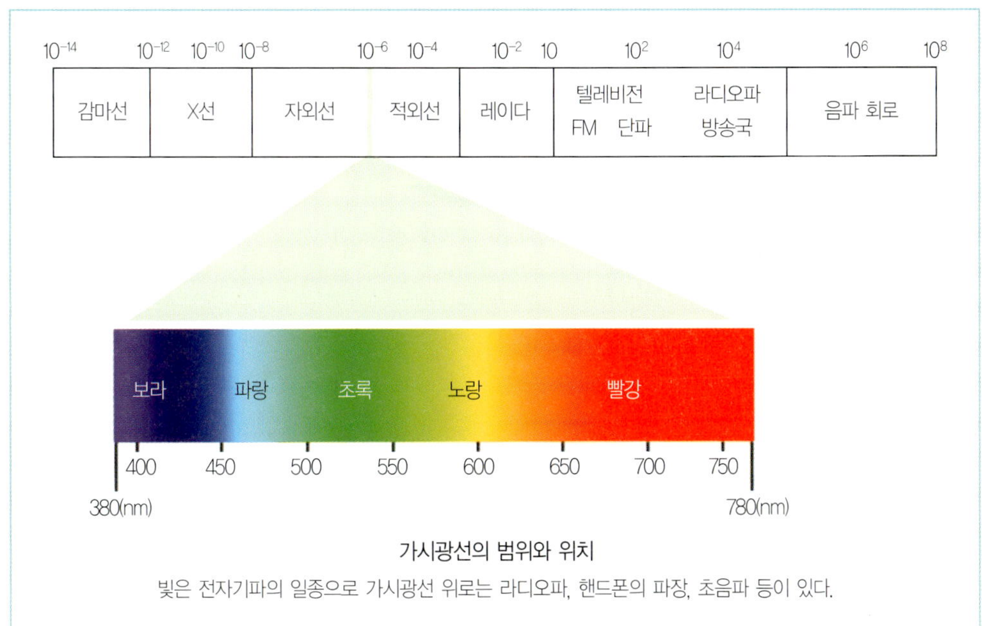

가시광선의 범위와 위치

빛은 전자기파의 일종으로 가시광선 위로는 라디오파, 핸드폰의 파장, 초음파 등이 있다.

3. 색채지각의 3요소

대상의 여러 정보 중에서 색채를 파악하는 과정을 구체적으로 색채지각(color perception)이라고 한다. 색은 빛을 발하는 광원과 빛의 바사 대상 그리고 이 결과를 관찰하는 관찰자가 있기에 존재한다. 띠리서 빛과 물체 그리고 관찰자를 색채 지각의 3요소라고 한다.

광원은 빛을 발하는 자체를 말하고, 빛은 광원에서부터 출발하여 물체에 닿는다. 물체는 자신에게 적합한 색의 파장을 흡수하고 반대의 색을 반사한다. 우리가 지각하는 물체색은 반사된 색이다. 눈은 인간의 수용기로서 빛을 뇌에 전달시키는 첫 과정이다. 색채 지각의 3요소 중 한 가지라도 존재하지 않는다면 우리는 물체를 인식할 수 없다.

(1) 광원(light source) : 태양이나 인공광원인 백열등, 촛불과 같은 빛의 근원이 있어야 색채지각이 가능하다.

(2) 눈(subject) : 물리적 에너지인 빛을 받아들여 지각할 수 있는 시각기관이다. 우리가 보고 있는 색은 인간의 눈의 특성에 의한 결과물이다.

(3) 물체(object) : 빛에너지가 물체의 표면에서 일어나는 색채현상인 반사나 흡수, 투과와 같은 현상을 일으킬 대상인 물체가 필요하다.

빛의 반사와 흡수에 따른 물체색의 지각

빛이 물체를 완전히 반사하면 흰색으로 보이고, 완전히 흡수하면 검은색으로 보인다.

핵심 Plus

빛의 성질에 따른 구분

- **광원색** : 광원 또는 발광체로부터 오는 빛의 파장
- **물체색** : 물리적인 물체에 반사되어서 보여지는 빛의 파장
- **투과색** : 물체를 투과하여 보여지는 빛의 파장

⭐ 빛의 스펙트럼

1. 스펙트럼 현상

(1) 빛이란 전자파라고 불리는 에너지의 일종으로, 우리 눈으로 들어와 여러 가지 색채감각을 일으키는 에너지이다. 주로 전자파는 파동의 성질을 갖고 있는데, 파장의 범위가 380nm~780nm의 부분만이 색채감각을 가진다고 하여 이 부분의 파장범위를 가시광선(可視光線)이라고 부른다.

(2) 1666년, 뉴턴(I. Newton)은 빛의 파장은 굴절하는 각도가 다르다는 성질을 알고, 프리즘을 이용하여 빛을 분광시켜 가시광선의 색을 밝혀냈다.

(3) **파장의 순서**

가시광선은 파장 영역이 크게 장파장, 중파장, 단파장으로 나뉜다. 빨간색의 빛일수록 장파장에 속하고, 파란색의 빛은 단파장에 속한다. 380nm보다 짧은 파장은 자외선, X선, 감마선이 있으며, 780nm보다 긴 파장은 적외선과 전파가 있다.

가시광선의 주된 파장의 영역

색상명	주된 파장 영역	가시광선영역	빛의 성질
빨강	630 ~ 700nm	장파장	굴절률이 작고, 산란하기 어려움
주황	590 ~ 630nm		
노랑	560 ~ 590nm	중파장	장파장과 단파장의 중간영역
초록	480 ~ 560nm		
파랑	360 ~ 480nm	단파장	굴절률이 크고, 산란하기 쉬움

(4) 태양광선이나 백열등, 형광등과 같은 광원은 특정한 색이 없이 흰색의 빛처럼 보인다고 하여 백색광 (white light)이라고 한다. 이 백색광이 프리즘을 통과하면서 무지개 색의 띠로 분광된 빛이 스펙트럼 (spectrum)이다. 각 파장이 어느 정도의 에너지를 가지는가를 나타낸 것을 분광분포라고 한다.

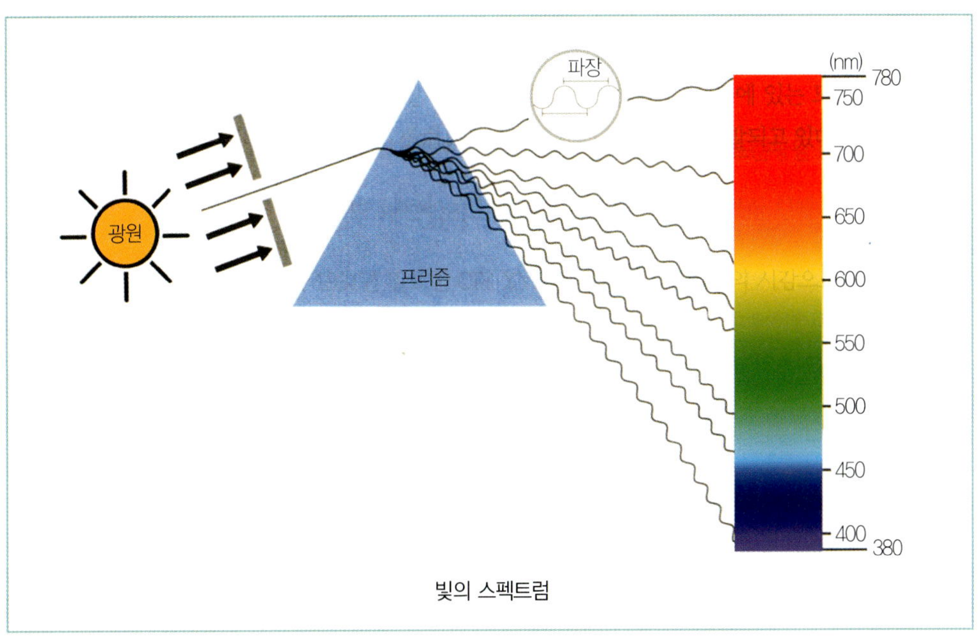

빛의 스펙트럼

가시광선 영역에서 다루는 파장의 길이

빛의 단위는 마이크로미터(㎛)보다 더 작은 단위인 나노미터(nanometer, nm)를 사용하게 되는데, 1nm는 1/1,000, 000,000m의 단위와 같다.

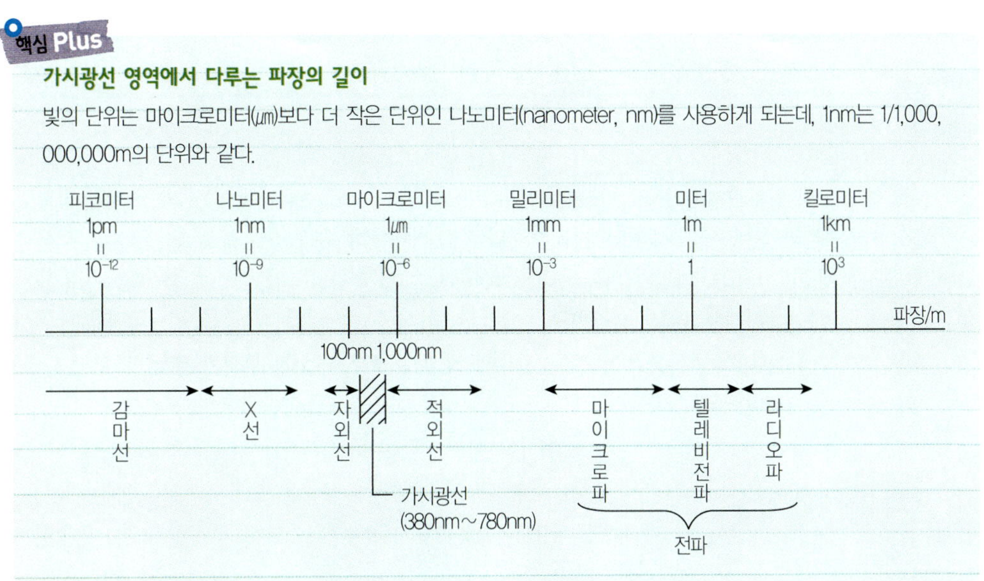

2. 빛의 이론

(1) **맥스웰의 전자파설(James Clerk Maxwell)** : 1873년 영국의 물리학자 맥스웰(Maxwell)이 제창한 학설로서 빛에 대한 연구를 가시광선영역의 전자파로 한정시킬 만큼 색의 규정에 대한 대표적인 이론이다.

(2) **뉴턴의 입자설(I. Newton)** : 빛은 에너지의 입자로 된 흐름이며, 그 입자가 눈에 들어가 색감각을 일으킨다는 입자설을 1704년 뉴턴이 주장하였다. 뉴턴의 이론은 원자론을 근원으로 하여 빛이 직진한다는 주장을 펼쳤지만, 이는 빛의 간섭이나 회절현상 등을 설명하기 어렵다.

(3) **호이겐스의 파동설(Christian Huygens)** : 빛이 파동의 일종이라는 주장은 아리스토텔레스에 의해 주장되어 왔으나, 17세기 후반 네덜란드 학자 호이겐스가 파동설(波動說)을 제창하였다. 파동설은 빛은 파동의 하나로 빛의 파동을 전파하는 매질인 에테르가 우주에 있다고 가정하였다. 이는 빛의 간섭(干涉)과 회절(回折)현상이 설명된다. 실증적 근거와 정밀한 실험을 통해 19세기 영(T. Young)과 프레넬에 의해 확립되게 된다.

(4) **아인슈타인의 광양자설(Einstein)** : 1905년 광전 효과를 설명하기 위해 독일 태생의 물리학자 아인슈타인이 주장하였다. 광전 효과의 원리로 설명되는 빛은 에너지를 가진 입자이면서 전자파의 하나로 횡파의 특성으로 굴절, 회절, 간섭 등의 현상이 발생한다고 주장하였다. 빛은 연속적으로 파동하고, 공간에 퍼지는 것이 아니라 입자로서 불연속적으로 진행한다.

2 색채현상

색채 현상은 빛의 성질에 따라 다르게 나타난다. 빛(광원)이 물체를 비출 때, 그 물체가 어느 정도의 빛을 흡수, 반사, 투과했는지에 따라 여러 가지 색채현상이 나타난다. 불투명한 물체에서는 대부분 반사된 빛의 색을 보게 되고(나머지 파장 범위는 흡수), 와인이 담긴 잔과 같은 투과물체에서는 장파장의 붉은 빛만 투과하고 그 외의 파장의 범위는 흡수된다.

물체의 색은 대상표면의 반사율과 투과율로 결정되며, 모든 파장이 고루 섞여 반사 또는 투과되는 경우에는 무채색으로 지각된다.

⭐ 빛의 특성과 작용

1. 반사(反射, Reflex)

반사된 빛은 색의 형태로 사람의 눈에 인지된다. 빛에 있어 파동이 한 매질에서 다른 매질로 향해 전파해 갈 경우, 경계면에서 전체 또는 일부파동이 이동 방향을 바꾸어 되돌아오는 현상이다.

2. 흡수(吸收, Absorption)

물체에 떨어지는 빛은 흡수되거나 흡수되지 않은 빛들은 반사되거나 산란된다. 물리적으로 흡수는 기체가 액체나 고체 내부로 들어가는 현상을 말한다. 빛을 흡수하지 않으면 흰색으로 보이고, 거의 대부분을 흡수하면 검은색으로 보인다.

3. 굴절(屈折, Refraction)

빛이 경계면에서 파동의 진행이 바뀌는 것을 굴절이라고 하며 빛의 굴절률은 파장에 따라 다르다. 프리즘으로 장파장은 굴절률이 작고, 단파장은 굴절률이 크면서 잘 꺾이는 성질을 확인 할 수 있다. 공기 중에 있는 작은 물방울이 프리즘처럼 작용하여 빛이 통과하면서 각 파장으로 분광되어 무지개나 아지랑이를 볼 수 있는 것이다.

4. 산란(散亂, Scattering)

여러 방향에서 생기는 빛의 불규칙한 반사, 굴절, 회절의 현상을 말한다. 즉 반사는 예측할 수 있으나 산란은 빛이 매질에 닿아 불규칙하게 흩어져 버리는 현상이다. 빛의 산란은 대기 중에서도 일어난다. 파란하늘이나 저녁노을처럼 하늘에 색이 있어 보이는 것은 태양광이 대기 중에 있는 수증기 등의 입자에 닿아 빛의 방향이 산란되기 때문이다.

산란의 대표적인 현상 파란하늘과 저녁노을

5. 간섭(干涉, Interference)

2개 이상의 동일한 파동이 동일점에 도달할 때 중복되어 강합되거나 약해지는 현상으로 같은 파동이 서로 어긋나서 둘로 나뉘어진 후 다시 한 곳에서 결합하면서 생기게 된다. 빛의 간섭현상은 비눗방울, 기름막, 곤충의 표면, CD 등에서 볼 수 있다.

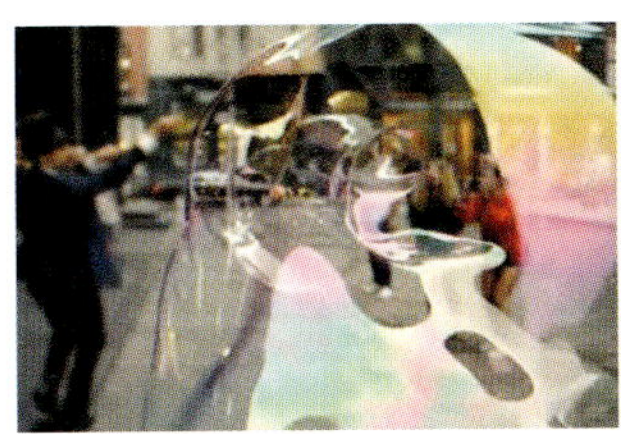

비누방울[1]

빛의 일부가 막에 들어와 굴절된 후 반대편에 반사된 것

1) SONY DSLT-A65 CF

6. 회절(回折, Diffraction)

장애물에 의한 반사 또는 매질의 불균일성에 의한 굴절로 빛의 파동 진행방향이 구부러지는 현상을 회절이라고 한다. 작은 바늘 구멍에 빛을 조사(照射)하면 그림자 부분에 빛이 들어가 동심원의 무늬로 되는 것을 볼 수 있다. 또는 봉우리에서 태양을 등지고 섰을 때 그 앞에 구름이나 안개가 끼면 그 주변에 색이 있는 고리가 보일 때가 있다. 태양의 고리, 브로켄 현상 등이 회절현상의 대표적인 예이다.

브로켄 현상[2]

⭐ 카츠(David Katz)의 물리학적 색의 분류

색이 나타나는 방법을 빛의 현상적 특징으로 분류하는 것을 최초로 시도한 사람은 독일의 심리학자 카츠(David Katz, 1884~1953)이다. 빛에 따른 현상학적 관찰을 토대로 표면색, 광원색, 평면색, 공간색, 형광색, 간섭색, 조명색, 투명한 평면색, 거울색, 금속색, 작열, 광택, 휘도로 나누어진다.

1. 평면색(Film color)

평면색은 면색이라고도 하며, 색지각에 있어서 순수하게 느끼는 감각 또는 색자극이다. 맑고 푸른 하늘을 볼 때처럼 순수한 색만이 있는 느낌으로, 실체감이나 구조, 음영이 아니라 깊이를 알 수 없는 색자극만이 존재한다. 가장 원초적인 색이 나타난다.

2. 표면색(Surface color)

물리적인 물체에 반사 또는 흡수되어서 보이는 색으로 물체의 표면에서 인식되는 색을 말한다. 재질감, 입체감, 거리감, 방향감, 위치감 등을 확인할 수 있다. 평상시에 가장 많이 관찰되는 색의 현상으로 면색과는 달리 거리감이 명료하게 지각되어 표면의 형태에 따라 여러 방향에서 볼 수 있는 색이다.

광원색	• 광원에서 나오는 빛이 인식되는 색으로, 조명기구나 불꽃처럼 발광을 통해 보이는 색의 현상을 말한다. 일반적인 광원색은 오렌지색이다. • 자연광과 조명 기구(백열등, 형광등, 네온사인, 모니터)에서 볼 수 있다.
금속색	• 특정한 파장이 강한 반사에 의해 지각되는 표면색이다. • 금속의 표면색, 도료, 잉크는 금속색이다.

2) 09′ 기상청 기상사진 전시회 우수작(덕유산의 브로켄)

간섭색	• 얇은 막에서 빛이 확산 및 반사되어 나타나는 색이다. • 비누거품이나 수면 위에 뜬 기름의 색을 말한다.
형광색	• 빛의 자극에 의해 물체가 발광하는 현상으로, 파장의 강한 반사를 통해 얻어진다. • 구분이 뚜렷해야 하는 안전표지판, 작업복 등에 많이 사용한다.

3. 공간색(Volume color)

물체에 빛을 투과시켜 나오는 빛의 색으로 투명한 착색액이 투명한 유리컵에 들어 있는 것을 볼 때처럼 어느 용적을 차지하는 투명체의 현상이다. 투명한 상태의 물처럼 두께가 형성될 때 지각된다.

4. 거울색(Mirrored color)

광택이 나는 불투명한 표면에서 완전 반사에 가까운 색이다. 물체의 좌우가 바뀌고, 물체의 고유색이 그대로 지각된다.

⭐ 색의 인문학적 분류와 속성

1. 유채색(Chromatic color)

무채색 이외의 색상(hue)의 속성을 갖는 색으로 빨강, 파랑, 노랑과 같이 색 감각을 가지고 있는 모든 색을 말한다.

2. 무채색(Achromatic color)

빨강, 노랑과 같은 색감각이 없고, 밝고 어두움과 같은 명도(明度)의 속성만을 갖는 색을 말한다.

3. 색의 3속성

색을 3가지 속성으로 분류하는 방법으로, 색상(200색상 구별), 명도(500단계 구분), 채도(20~30단계)로 구분한다. 인간은 총 200만 가지의 색을 구별할 수 있다.

(1) 색상(hue)

빨강, 주황, 노랑, 연두, 초록, 청록, 파랑, 남색, 보라, 자주 등과 같이 사물을 구별하는 색의 특징이나 명칭, 독특한 성질이다.

(2) 명도(lightness)

명도는 색의 밝고 어두운 정도를 말하며, 인간에게 가장 민감한 색의 속성으로 무채색과 유채색에 모두 존재한다. 밝은 색일수록 고명도이고, 어두운 색일수록 저명도이다.

(3) 채도(chroma)

채도는 색의 맑고 탁한 정도의 선명도를 말하며, 색광에서는 포화도라고 한다. 무채색에는 채도가 없고

유채색에만 있다. 가장 채도가 높은 색은 빨강과 노란색이다.

① 순색 : 한 색상 중에서 채도가 가장 높은 색

② 청색 : 채도가 높은 색(순색 + 흰색 또는 검정색)

③ 탁색 : 채도가 낮은 색(순색 + 회색)

3 광원

물체의 색채는 자연광원이나 인공적 조명의 영향에 따라 색채에 많은 변화가 온다. 빛을 내는 원류인 광원은 자연광원과 인공광원으로 나뉜다. 자연광원의 대표적인 것이 태양이고, 인공광원에는 필라멘트를 태워 빛을 내는 백열등, 진공광의 방전에 의한 형광등 등이 있다.

광원의 특성에 따라 색채가 다르게 보이는데 예를 들어 백열전구 아래서는 난색 파장이 우세하여 붉은 기미를 띠므로 얼굴이 더 생기 있어 보이고, 정육점의 빨간색 불빛 아래에서는 고기가 더욱 신선하게 보인다. 또한 백화점에서 보았던 옷의 색과 집에서 보는 옷의 색이 달라져 보인다. 조명에 따라 물체의 색이 달라지는 이유는 물체의 표면은 광원의 빛에 포함되지 않은 파장을 생성해낼 수 없어 그 파장에 해당하는 색광을 반사하지 않기 때문이다.

현재 할로겐전구나 삼파장 전구 등의 조명기구가 태양빛에 보다 근접한 파장을 갖도록 새롭게 개발되고 있다. 국제적으로는 색의 혼돈을 막기 위해 국제조명위원회(CIE)가 표준광원을 결정하여 사용하고 있다.

⭐ 광원의 종류

1. 태양광선

모든 영역의 파장이 골고루 물체에 방사되어 물체의 색을 그대로 재현해준다.

2. 인공광원

(1) 백열등(incandescent lamp) : 380nm~780nm중에서도 장파장 계열의 빛의 분포도가 높아 물체에 붉은색이 가미되어 보이는 것으로, 1879년 에디슨(Edison)이 탄소 필라멘트의 전구를 발명하면서 사용되기 시작하여 현재까지 널리 사용되고 있다. 백열등은 진공의 유리구 안에 필라멘트를 넣고 전류를 통하면 필라멘트선에서 열을 발생시켜 열방사를 통해 빛을 얻는 광원으로, 일반적으로 휘도(輝度)가 높아 눈이 부시고 열복사가 많아 붉은빛을 띤다. 형광등에 비해 수명이 짧고, 점등시간 역시 짧다. 비교적 좁은 장소의 전반조명이나 국부조명용으로 많이 쓰인다.

(2) **할로겐(halogen lamp)** : 백열전구의 일종으로, 유리구 안에 할로겐 물질을 주입하여 텅스텐의 증발을 더욱 억제한 램프를 말한다. 백열전구에 비해 더 밝고 환한 빛을 내면서도 수명이 오래가며 크기도 작고 가벼워 자동차 헤드라이트, 무대 조명, 인테리어 조명의 광원으로 많이 사용된다.

(3) **형광등(fluorescent lamp)** : 단파장 계열의 빛의 분포도가 높아 푸른색이 가미되어 보이는 형광등은 저압방전등(低壓放電燈)의 일종으로 1938년 미국의 제너럴 일렉트릭사에서 발명되었다. 유리관에 기체를 넣은 후 방전을 시켜 빛을 내는 원리이다.

자연광원과 인공광원의 대략적인 빛의 색

자연광원	빛의 색	인공광원	빛의 색
태양(일출, 일몰)	적색	촛불	적색
정오의 태양	백색	백열등(200W)	전구색
맑고 깨끗한 하늘	주광색	주광색 형광등	주광색
구름낀 하늘	주광색	백색 형광등	백색

⭐ 조명의 영향

광원의 영향으로 인해 물체의 색이 달라 보이는 효과를 연색성(color rendering)이라 말한다. 광원이 반사하는 빛의 파장분포를 나타낸 것을 분광반사율이라고 하는데, 그림과 같이 빛의 파장분포가 서로 다른 특성을 나타내므로 같은 샘플도 다르게 느낄 수 있다.

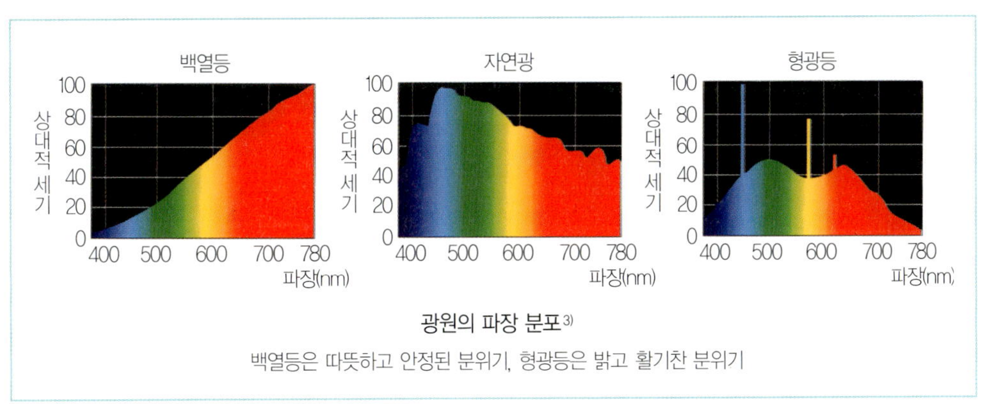

광원의 파장 분포[3]

백열등은 따뜻하고 안정된 분위기, 형광등은 밝고 활기찬 분위기

3) 한국색채학회, 컬러리스트 이론편, 도서출판국제, 2000, p103

색채 지각

1 눈과 색채

⭐ 눈의 구조와 작용

빛을 받아들이는 기관인 인간의 눈은 뇌의 일부분이라고 하여 시각중추라고 한다. 눈은 외부로부터 들어온 빛을 망막에 투사시켜 빛에너지를 전기에너지로 전환시킨 다음 시세포를 통해 뇌로 전달되어 정보를 인식한다.

눈에 있어서 빛(색)의 전달 과정은 다음과 같은 순서로 전달된다.

> 빛 → 각막 → 안구앞방 → 동공 → 홍채 → 수정체 → 망막 → 시신경

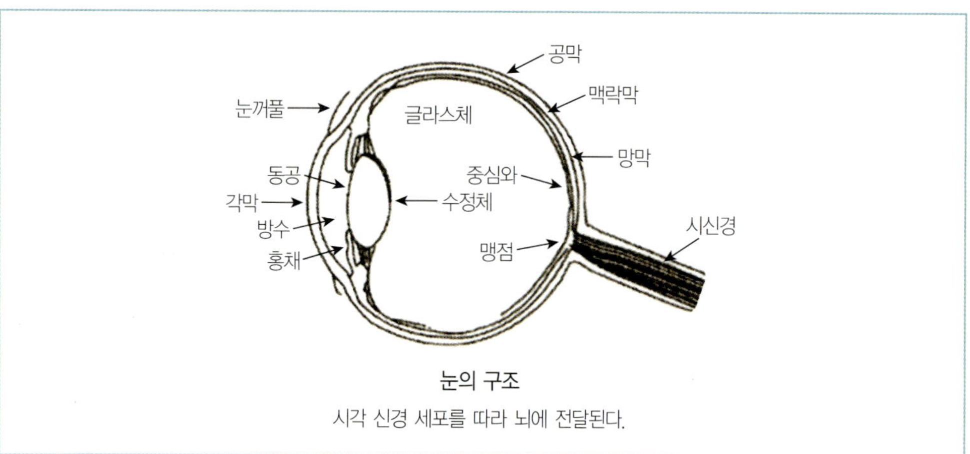

눈의 구조

시각 신경 세포를 따라 뇌에 전달된다.

1. 눈의 구조

(1) **각막(cornea)** : 각막은 빛이 눈으로 들어오는 첫 번째 관문으로 빛이 약간의 굴절을 통해 안구로 들어가게 된다.

(2) **동공(pupil)** : 빛의 양이 많을 때는 동공이 수축하고, 빛의 양이 적을 때는 동공이 확장되어 눈으로 들어오는 빛의 양을 조절해 준다. 동공이 열렸을 때와 닫혔을 때의 면적 비는 약 1 : 16 정도이다.

(3) **홍채(iris)** : 평활근 근육의 수축과 이완으로 동공의 크기를 조절한다. 카메라의 조리개에 해당하는 기관

을 말한다.

⑷ **수정체(lens)** : 안구로 들어온 상의 초점을 맞추어 상을 정확하게 맺히게 한다. 가까운 거리의 물체는 두 꺼워져 초점을 만들고, 멀리 있는 물체는 얇게 변하여 상을 정확하게 만들어 낸다.

⑸ **모양체 근육** : 수정체의 두께를 조절해 주는 근육이다.

⑹ **망막(retina)** : 안구의 안쪽 표면으로 수정체를 통해 굴절된 상이 맺히는 곳을 망막이라고 한다. 주로 빛 에너지를 전기신호로 변환시키는 부분이며, 카메라에서 필름에 해당되는 부분이다.

⑺ **추상체(cone)** : 망막의 중심부에 모여 있으며 색상을 구별하는 시세포를 말한다.

⑻ **간상체(rod)** : 망막의 외곽에 넓게 분포해 있으며 명암을 구별하는 시세포를 말한다.

⑼ **중심와(fovea)** : 망막 중에서도 가장 상이 정확하게 맺히는 부분으로 노란 빛을 띠어 황반이라고도 부른 다. 황반에 들어있는 노란 색소는 빛이 시세포로 들어가기 전에 자외선을 차단하는 기능을 가지고 있어 일종의 필터역할을 한다.

⑽ **유리체(vitreous body)** : 안구를 가득 채우고 있는 젤리와 같은 투명한 물질로 안압을 유지하는 기능을 한다.

⑾ **맹점(blind spot)** : 시신경유두라고도 부르며, 빛을 구분하는 시세포가 없어 상이 맺혀도 인식하지 못한다.

⑿ **맥락막(choroid)** : 모세혈관과 멜라닌 세포가 많이 분포하며, 눈에 영양을 공급하는 역할을 담당한다.

2. 눈과 카메라의 구조와 기능

눈	카메라	역할
눈꺼풀	렌즈뚜껑	렌즈 표면 보호
각막	렌즈	빛을 굴절하여 초점 맞추기
수정체	렌즈	핀트 조절
홍채	조리개	빛의 강약에 따라 동공크기 조절
망막	필름	흑백필름(간상체), 컬러필름(추상체)

⭐ 추상체와 간상체

1. 추상체(원추세포)

⑴ 망막에 약 600만 개가 존재하며 주로 색상을 판단하는 시세포(광수용기)이다.

⑵ 해상도가 높고, 주로 밝은 곳이나 낮에 작용하는 세포로 삼각형으로 생겨 cone cell이라고 한다.

(3) 안구의 바깥쪽 맹점을 제외한 망막에 분포되어 있다.

(4) 망막에는 각각 한 개의 색 감각에 대응하는 3종류의 추상체가 분포한다.

(5) 장파장을 감지하는 빨강 감지 L세포 : Red(40%), 중파장을 감지하는 초록 감지 M세포 : Green(20%), 단파장을 감지하는 파랑 감지 S세포 : Blue(1%)

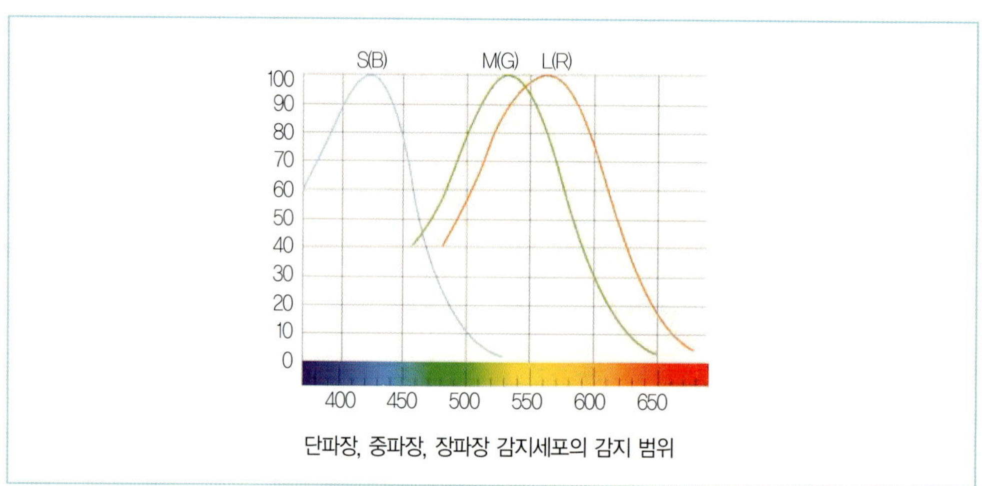

단파장, 중파장, 장파장 감지세포의 감지 범위

2. 간상체(간상세포)

(1) 망막에 약 1억 2000만 개정도가 존재하며 주로 명암을 판단하는 시세포이다.

(2) 종류는 1가지이고 사각형으로 생겨 rod cell이라고 한다.

(3) 해상도는 떨어지지만, 빛에는 더 민감하고, 주로 어두운 곳(암소시)이나 밤에 작용하는 세포이다.

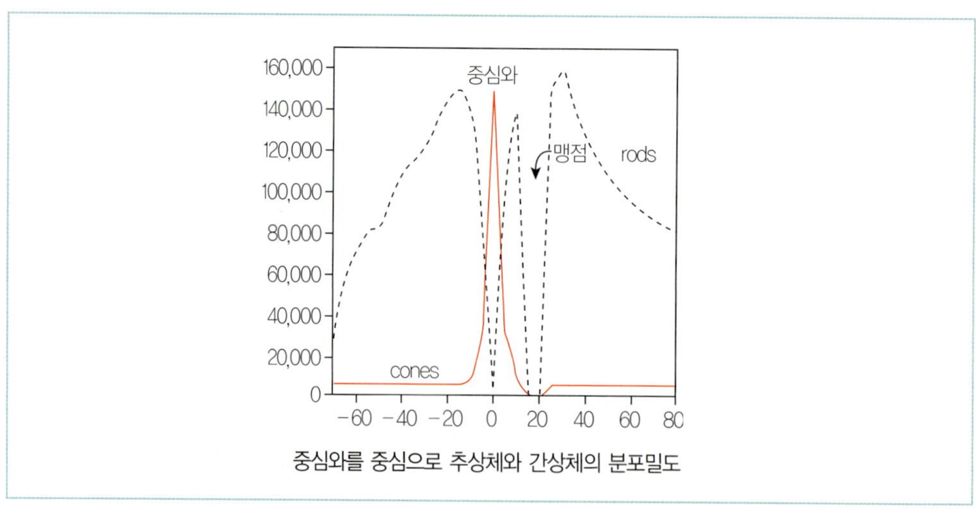

중심와를 중심으로 추상체와 간상체의 분포밀도

⭐ 색채 지각과 반응

1. 색지각과 색감각

광원에서 나온 빛이 물체에 닿으면 물체는 그 표면의 특성에 따라 특정한 파장을 흡수하거나 반사하게 되는데 이 때 반사되는 빛의 파장이 물체의 색으로서 지각된다. 광원으로부터 방사되거나 또는 물체에 반사된 색을 색자극(색감각)이라 한다. 이 빛이 눈에 감지되어 인간이 판단하게 되는 과정을 색지각이라고 한다. 색채 지각은 추상체와 간상체가 있기 때문에 가능하다.

2. 순응(adaptation)

순응은 주어진 환경에 적응하는 신체의 능력으로, 조명 조건이 변화함에 따라 수용기의 민감도가 변화하는 것을 말한다. 명암순응과 색순응으로 구분된다.

(1) 명순응(light adaptation) : 명순응은 추상체만 활동하는 시각의 상태로 명소시 또는 명순응시라고도 한다. 어두운 곳에서 밝은 곳으로 바뀔 때 점차로 밝은 빛에 순응하게 되는 것으로 명순응은 1~2초밖에 걸리지 않는 반면, 암순응은 최대 30분 정도 걸린다.

(2) 암순응(dark adaptation) : 암순응은 간상체만 활동하는 시각의 상태로 암소시 또는 암순응시라고도 한다. 밝은 곳에서 어두운 곳으로 들어갔을 때 처음에는 보이지 않다가 시간이 지남에 따라 점차 보이기 시작하는 현상으로, 추상체가 활동하지 않기 때문에 색을 구별할 수 없고 명암 감각과 형체만을 식별할 수 있다.

(3) 박명시(mesopic vision) : 명소시와 암소시의 중간 정도의 밝기에서 추상체와 간상체 모두 활동하고 있는 시기로 예를 들어 동틀 무렵이나 해질 무렵의 상태를 말한다. 두 감지세포가 동시에 활동하기 때문에 시각적인 정확성은 떨어진다.

(4) 색순응(chromatic adaptation) : 색순응은 조명광이나 물체색을 오랫동안 보면 그 색에 순응하여 색의 지각이 약해지는 현상이다. 같은 물건도 태양광에서 볼 때와 인공광에서 볼 때에 반사하는 빛의 성질이 다르므로 각각 다른 색으로 보이게 되는데 시간이 지나면 광원색이 눈에 익어서 그 물체의 색은 원상태로 보인다.

2 생리적 지각 현상

⭐ 푸르킨예(Purkinje)의 현상

암순응 전에는 빨간 물체가 잘 보이다가 암순응 후에는 파란 물체가 더 잘 보이는 현상으로 1823년 체코의 푸르킨예가 발견하여 푸르킨예 현상이라고 한다. 조명이 점차 어두워지면 빛의 파장이 긴 적색이 먼저 사라지거나 약한 빛에서 검게 보이고, 파장이 짧은 청색이 밝은 회색으로 보인다. 암소시로 옮겨감에 따라 민감도가 변화하여 간상체는 510nm정도의 녹색광에 민감하다는 것을 알 수 있다.

푸르킨예 현상을 이용한 비상구 표시

⭐ 색의 항상성(색각항상)

색의 항상성은 광원의 강도나 모양, 크기, 색상이 변화하더라도 물체의 색이 변하지 않고 동일하게 지각하는 색채감각이다. 동일한 물체가 광원으로 인하여 조건이 달라져 색의 분광반사율이 달라졌음에도 불구하고 본래의 색으로 인식하려는 특성을 색각항상이라고 한다.

⭐ 베졸드 브뤼케 현상(Bezold-Brüke phenomenon)

동일한 주파장의 색광도의 강도를 변화시키면 색상이 다르게 보인다. 다른 유사한 색광도의 강도에 따라 같아 보일수도 있다. 이러한 현상을 베졸드 브뤼케 현상이라고 한다. 파장과 색의 순도와 관계없이 빛의 세기가 높아지면 색상이 같아 보이는 위치가 달라지는 것이다. 빛의 밝기가 변화되어도 색상이 변화되는 않는 불변하는 색상으로 파랑(478nm), 녹색(503nm), 노랑(572nm)있다.

⭐ 헌트 효과(Hunt effect)

색 인식에 영향을 주는 조명과 색의 밀접한 관계를 컬러풀니스(colorfulness)라는 단어로 설명한 것이다. 진열대의 스포트라이트처럼 유채색은 강한 조명 빛에 따라 더욱 선명하게 느껴지지만 어두워지면 유채색의 성질이 없어져서 무채색처럼 보이게 된다.

⭐ 브로커 슐처 효과(Broca-Sulzer effect)

자극의 세기와 시감각의 관계에 있어 자극이 강할수록 시감각의 반응도 크고 빨라지는 현상을 말한다. 시감각 반응의 속도는 색에 따라서 다른데, 장파장이 단파장보다도 빨리 반응한다. 파랑보다는 노랑이 노랑보다는 빨강이 빨리 지각되는 브로커 슐처 효과는 교통 신호등에서 쉽게 볼 수 있다.

빨강, 노랑, 파랑의 3색 교통 신호등

⭐ 애브니 효과(Abney effect)

파장이 같아도 색의 순도(선명도, 채도)가 변함에 따라 색상이 다르게 보인다. 예를 들어 파장이 같은 녹색을 하나는 순도를 높이고, 다른 하나는 그대로 두면 순도를 높인 색은 연두색으로 보인다. 색의 순도가 높아질수록 색상도 같이 변화해야 같은 색상으로 느낀다. 순도가 변해도 색상이 변하지 않는 불변하는 색상으로는 노랑(577nm)이 있다.

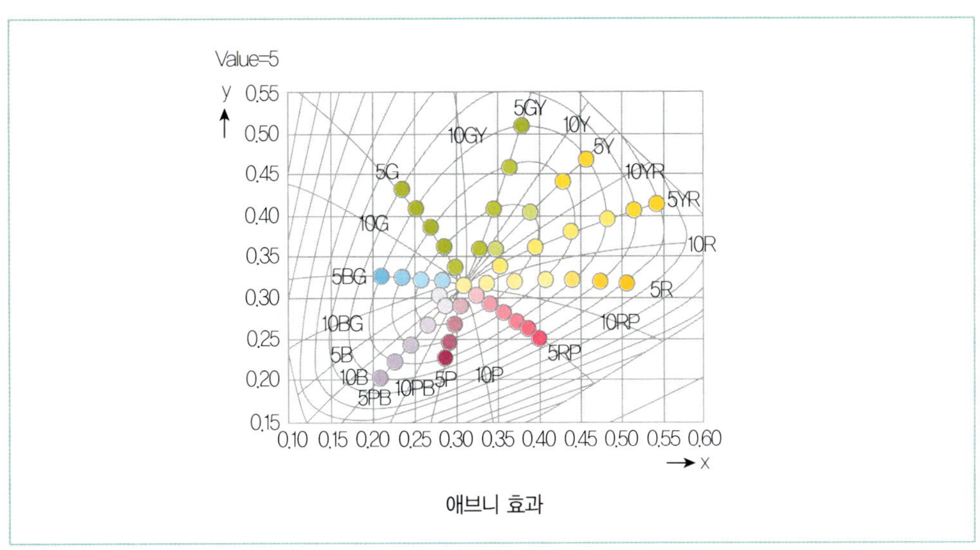

⭐ 색음 현상(Colored shadow)

주위색의 보색이 중심에 있는 색에 겹쳐져 보이는 것으로 이를 괴테도 관찰하였다. '저녁때 불타고 있는 양초를 흰 종이 위에 놓고, 석양의 방향 사이에 1개의 연필을 세운다. 그러면 석양에 비친 흰 종이 위에 떨어지는 양초에 의한 연필의 그림자는 아름다운 청색으로 보인다.' (괴테의 《색채론》에서) 이것은 양초 등의 빨간 빛에 의한 그림자가 보색의 청록색으로 보이는 현상이다. 색을 띤 그림자라는 의미로 색음 현상(colored shadow phenomenon), 또는 괴테현상이라고도 한다.

색음 현상이 그려진 〈고갱의 의자〉[4]

핵심 Plus

뉴턴의 색채이론과 괴테의 색채이론의 차이

뉴턴의 광학에 따르면 색채의 생성은 단색광들의 결합유무와 정도에 따라 결정된다. 그러므로 뉴턴에게 색채란 그 관찰자와는 아무런 관계가 없는 객관적 실체이다.

반면에 괴테는 색채 현상을 밝음과 어둠의 양극적 대립현상으로 보면서, 인간의 감각과는 무관하게 존재하는 색채 자체의 실체를 인정하지 않는다.[5]

4) 민길호(빈센트 반 고흐), 내 영혼의 자서전, 학고재, 2000, p205
5) 괴테(장희창 옮김), 색채론, 민음사, 2003, p8

3 속성의 지각 효과

 면적 효과(Area effect)

같은 물체를 동일한 광원 아래에서 같은 사람이 보더라도 그 면적 비율에 따라 보여지는 색이 다르게 보일 수 있다. 동일한 색상이더라도 면적이 크면 색상이 밝고 선명해 강한 인상을 주며, 면적이 작으면 어두워 보인다. 면적에 따라 색상이 다르게 보이는 현상을 색의 면적 효과라고 한다.

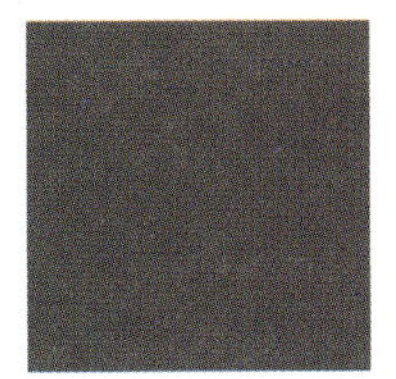

면적 효과

면적과 배경에 따라 색이 다르게 보인다.

맥컬로 효과(McCollough effect)

빨간색과 검은색의 세로 줄무늬가 교대로 그려진 그림과 초록색과 검은색의 가로 줄무늬 그림을 준비하여 교대로 3~4회 반복해서 관찰한다. 그리고 흑백의 줄무늬가 그려진 그림을 보면, 흰색 세로 줄무늬가 연한 핑크로, 흰색 가로 줄무늬가 연한 초록색으로 보인다. 맥컬로가 발견한 이 현상은 잔상색이 줄무늬를 따라 변화하는 경우로, 대뇌에서 사물의 방향을 인지하는 효과이다.

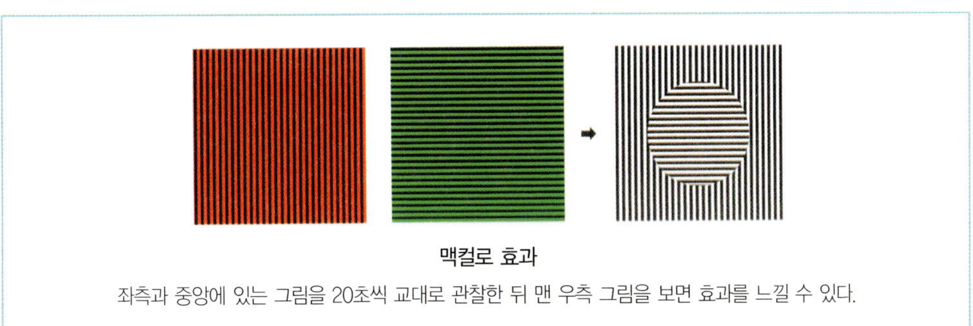

맥컬로 효과

좌측과 중앙에 있는 그림을 20초씩 교대로 관찰한 뒤 맨 우측 그림을 보면 효과를 느낄 수 있다.

⭐ 벤함의 코마(페히너 효과)

페히너 효과(페히너의 색채)란 흑백으로 나눈 면적을 고속으로 회전시키면 파스텔 톤의 연한 유채색이 나타나는 현상을 말한다. 1838년 독일의 물리학자이자 철학자인 페히너(Fechner)에 의해 최초로 발견되었으며, 그 후 영국의 벤함(Wehnham)이 이 사실을 발견하고 팽이를 이용해서 설명하고, 주관적 해석에 의한 색 경험을 주관색이라고 명명하였다.

주관색이 지각되는 원판

팽이를 이용해 실험해 보면 회전방향에 따라 주관색이 다르게 보인다.

⭐ 헬름홀츠-콜라우슈 효과(Helmholtz-Kohlrausch Effect)

일정한 밝기에서 채도가 높아질수록 더 밝아 보인다는 시지각적 효과로, 헬름홀츠가 지적하고 콜라우슈가 실험하여 밝혀냈다. 유채색에는 고유의 매력이 있어서 무의식중에 '밝다 = 눈에 띈다' 라는 사고방식을 갖는다. 이것은 명소시의 범위 내에서 휘도를 일정하게 유지해도 색자극의 채도가 달라지면 지각되는 색의 밝기가 변하는 현상을 말한다.

⭐ 리프만 효과(Liebmann's effect)

보색관계만큼 색상의 차이가 커도 명도의 차이가 작으면 색의 차이가 쉽게 인식되지 않는다. 이를 리프만 효과라고 한다. 명도가 같은 보색의 두 색에서 어느 한 색을 바탕으로 하고 나머지 한 색으로 문자나 기호 등을 표시하면 그 기호 등이 쉽게 인식되지 않는다. 둘 중에 어느 한 쪽의 명도를 높여 두 색의 명도차를 주게 되면 쉽게 읽을 수 있다.

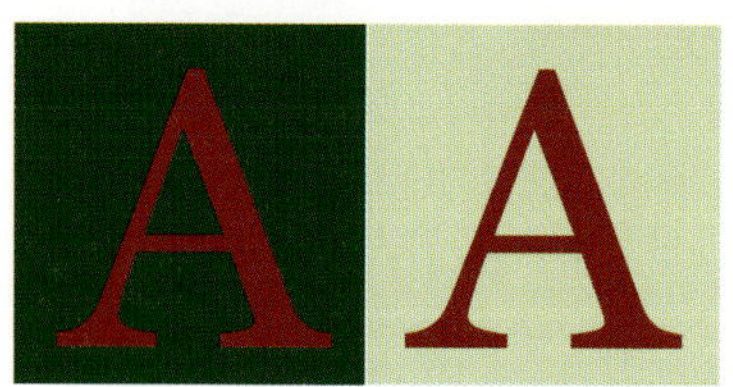

리프만 효과

⭐ 착시 효과

착시 효과란 인간의 시각에 의해서 생기는 착각으로 사물의 크기, 형태, 색상의 객관적인 성질을 눈으로 볼 때 나타난다. 착시는 인간의 심리적인 지각 효과의 하나로, 논리적이거나 생리적인 형태 지각 외에 보는 이의 심리상태를 반영하는 착시도 있다.

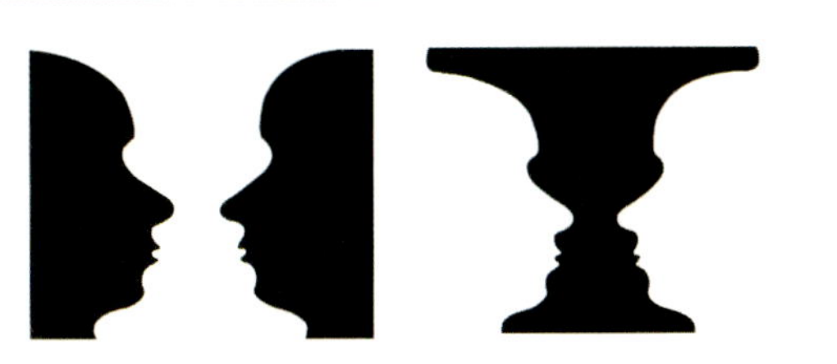

착시효과

검정은 흰색보다 강한 영향을 미친다. 그래서 얼핏 볼 때 왼쪽 그림은 사람의 옆모습, 오른쪽 그림은 꽃병으로 보인다.

4 색채 지각설

⭐ 영–헬름홀쯔의 삼원색설

빨간색, 파란색, 녹색의 세 가지 기본 조합으로 모든 색을 경험한다는 이론을 제시한 영(Tomas Young)과 헬름홀쯔(H. V. Helmholtz)는 색 맞추기 실험을 통하여, 인간의 망막에 각기 다른 민감도를 가진 광수용기가 있다고 주장하였다. 이 이론은 후에 망막에 존재하는 세 가지 종류의 추상체가 발견됨으로써 이론의 정당성이 입증되었다.

⭐ 헤링(E. Hering)의 반대색설

헬름홀쯔가 발표한 연대와 비슷한 시기에 헤링(Hering)은 괴테의 4원색설를 바탕으로 빨강–녹색, 노랑–파랑이 대립적으로 작용한다는 이론을 주장하였다. 이 이론을 색채지각의 대립과정이론이라고 하는데, 후에 외측슬상핵과 대뇌에 존재하는 대립세포들이 발견되면서 지지되었다. 즉, 빨강의 잔상은 녹색이고, 파랑의 잔상은 노랑이며, 색채반응에서도 각 색의 색약이나 색맹은 대립색 또한 볼 수 없다는 것을 발견하였다. 이 이론은 후에 보색 잔상 효과와 동시대비 현상을 밝히는데 중요한 이론이 되었다.

⭐ 혼합설

1964년 미국 에드워드 맥 니콜(Edward F. Mc Nichol)에 의해 연구된 이론으로 망막의 단계에서는 영–헬름홀츠의 삼원색설의 이론이, 신경계와 뇌의 단계에서는 헤링의 반대색설 두 가지 단계의 과정을 모두 거친다는 이론이다. 현재의 색채지각설의 정론이기도 하다.

⭐ 색각이상

색채지각은 망막과 뇌의 기관에서 종합적으로 지각되는 체계로 어느 한 쪽에 이상이 생기면 색 식별이 불완전해지게 된다. 이를 색각이상이라고 하는데 흔히 지칭하는 색맹 및 색약은 여러 가지 종류가 있지만 가장 흔한 형태는 유전적인 형질에 의한 것이다. 전색맹, 적록색맹, 색약 등이 있다.

1. 선천성 색각이상

색각이상은 그 사람이 가진 시세포의 종류와 감도의 차이에 따라 다른 효과를 나타내는데, 원인에는 선천적인 요인과 후천적인 요인이 있다.

색각이상의 단계표

삼색형	제1 색약(적색약)	R추상체 기능 부족, 빨강에 둔감
	제2 색약(녹색약)	G추상체 기능 부족, 녹색에 둔감
	제3 색약(청황색약)	B추상체 기능 부족, 파랑에 둔감
이색형	제1 색각이상(적색맹)	R추상체 결락, 빨강–청록–회색 혼동
	제2 색각이상(녹색맹)	G추상체 결락, 녹색–자주–회색 혼동
	제3 색각이상(청황색맹)	B추상체 결락, 파랑–황록–회색 혼동
일색형	추상체 일색형 색각	추상체 중 1종류만 기능하며 외계는 1색으로 지각
	간상체 일색형 색각	추상체 기능이 결핍되어 외계를 무채색으로 지각

2. 고령자의 시각과 색채

(1) 수정체 경화현상 : 수정체의 표피 세포가 탄력을 잃는 것으로 전체가 경화되면 가까운 대상에 초점을 맞추지 못한다. 따라서 유효시야가 감소하고 입체시의 능력과 순응기능도 저하된다.

(2) 수정체 혼탁현상 : 수정체가 황갈색으로 색소가 침착되는 현상으로 광선 통과의 장애로 파란 빛을 잘 투과하지 못한다. 대상 전체가 어두워지고 푸른색 대상물이 뚜렷이 보이지 않게 된다.

(3) 백내장 : 주로 중심부가 회백색이 되면 광선이 통과하지 못하게 된다. 수정체 제거 수술로 회복이 가능하다.

(4) 녹내장 : 안구의 안압이 이상적으로 높아져서 시신경의 장애로 인해 시력이 약해진다. 진행되는 경우 동공의 안쪽이 녹색으로 보이며 실명의 위험이 크다.

(5) 동공의 확장이 좁아지는 현상 : 세포수가 감소함에 따라 생기는 현상으로 어두운 곳이나 움직이는 것에 반응이 느려진다.

PART 03 색의 혼합

1 색혼합의 원리

 혼색의 이해

두 가지 이상의 색료(물감, 잉크, 안료, 페인트 등)를 섞거나 색필터를 중첩하여 몇 가지 색광을 혼합하면 그에 따라 여러 가지 뉘앙스의 중간색을 만들 수 있다. 이처럼 색료나 색광을 혼합하여 다른 색채감각을 일으키는 것을 색의 혼합 또는 혼색(color mixing)이라고 한다. 혼색은 색자극이 변하면 색채감각도 변하게 된다는 대응관계에 근거한다.

혼색과 관계된 원색

우리가 일반적으로 말하는 원색이란 어떠한 혼합으로도 만들어 낼 수 없는 독립된 기본색으로, 혼색을 하여 여러 가지 색을 만들어 낼 때 본래의 색을 원색이라고 한다. 이것은 순색의 의미와는 다른 독립적인 개념이다. 화가와 물리학자에 의해 3가지 기본적인 원색의 적절한 배합으로 색채를 다양하게 만들 수 있다는 것이 증명되었다. 이때, 가장 채도가 높은 계열의 색을 순색이라고 한다. 원색과 원색을 혼합한 것을 중간색이라고 하며, 2차색, 3차색 등으로 표현한다. 3원색을 여러 가지 비율로 혼합하면 무한히 색상을 만들 수 있다.

혼색의 방법

혼색의 방법은 밝기를 기준으로 가법혼색, 감법혼색, 중간혼색으로 분류한다. 가법(색광)의 3원색은 빨강(Red), 녹색(Green), 파랑(Blue)으로 모두 혼합하면 흰색이 된다. 감법(색료)의 3원색은 시안(Cyan), 마젠타(Magenta), 노랑(Yellow)으로 모두 혼합하면 검정색이 된다.

2 가법혼색과 감법혼색

⭐ 가법혼색(색광혼합)

빛의 혼합으로 빨강(Red, 617nm), 녹색(Green, 532nm), 파랑(Blue, 470nm)이 기본색이다. 빛은 혼합할수록 색의 명도가 높아진다. 색이 밝아지므로 이를 가산혼합 또는 플러스(+)혼합이라고 한다. 에너지 비율에 따라 다양한 색으로 표현되는 가산혼합은 컬러인쇄에 쓰이는 네거티브필름의 제조와 무대의 조명 등에 쓰인다.

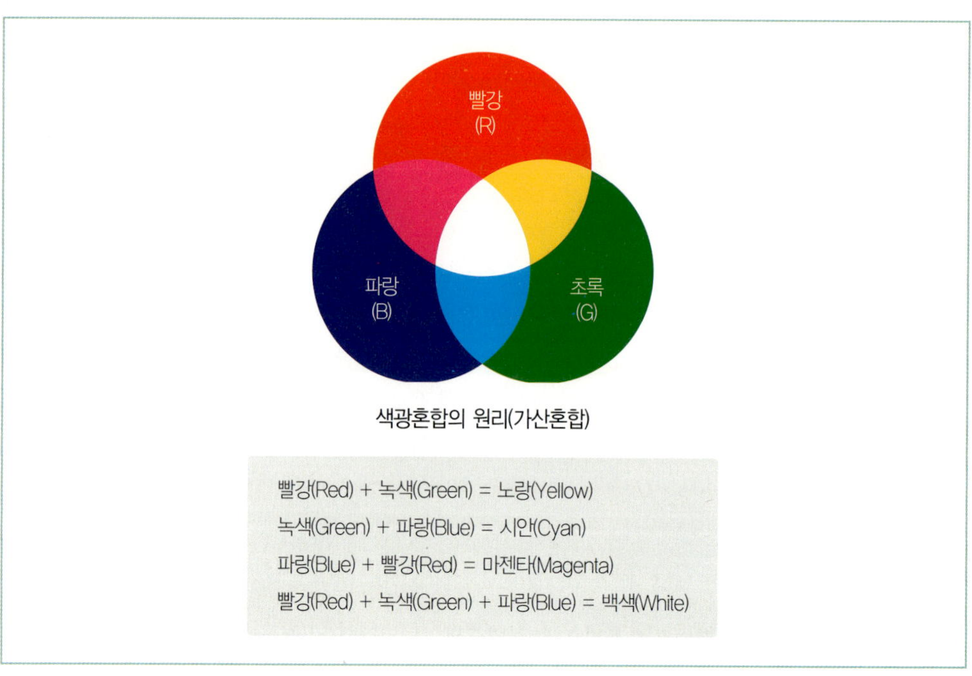

색광혼합의 원리(가산혼합)

빨강(Red) + 녹색(Green) = 노랑(Yellow)
녹색(Green) + 파랑(Blue) = 시안(Cyan)
파랑(Blue) + 빨강(Red) = 마젠타(Magenta)
빨강(Red) + 녹색(Green) + 파랑(Blue) = 백색(White)

⭐ 감법혼색(색료혼합)

색료의 혼합은 시안(Cyan), 마젠타(Magenta), 노랑(Yellow)이 기본색이다. 물감은 혼합할수록 색의 명도와 채도가 낮아진다. 색이 어두워지므로 감산혼합 또는 마이너스(−) 혼합이라고 한다. 색필터의 혼합에서도 감법혼합의 원리가 적용되고, 컬러슬라이드나 아날로그 영화필름, 색채 사진과 인쇄잉크 등은 모두 이 방법의 원리가 적용된다.

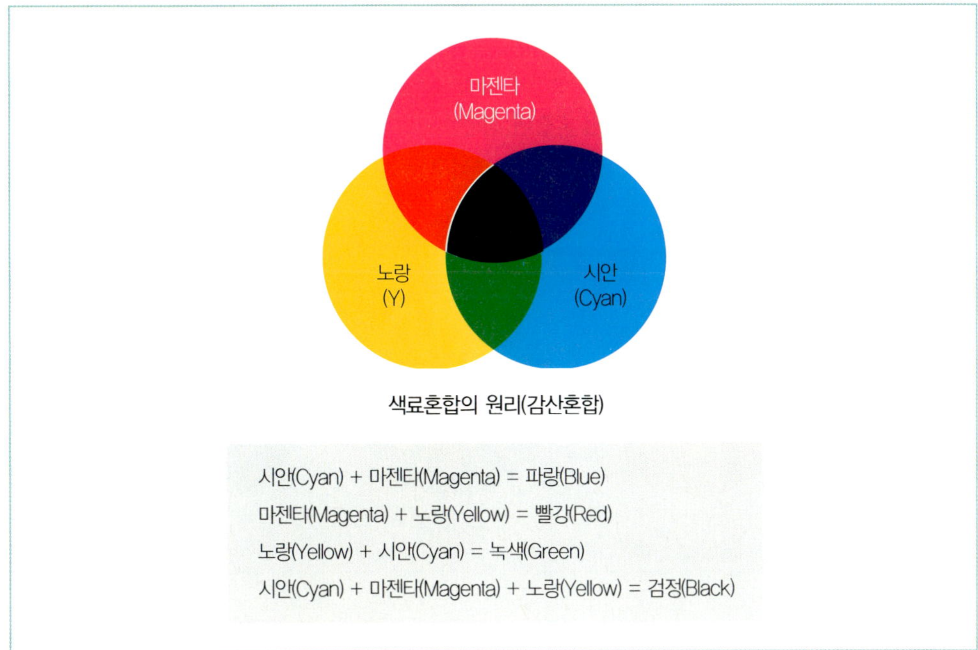

색료혼합의 원리(감산혼합)

시안(Cyan) + 마젠타(Magenta) = 파랑(Blue)

마젠타(Magenta) + 노랑(Yellow) = 빨강(Red)

노랑(Yellow) + 시안(Cyan) = 녹색(Green)

시안(Cyan) + 마젠타(Magenta) + 노랑(Yellow) = 검정(Black)

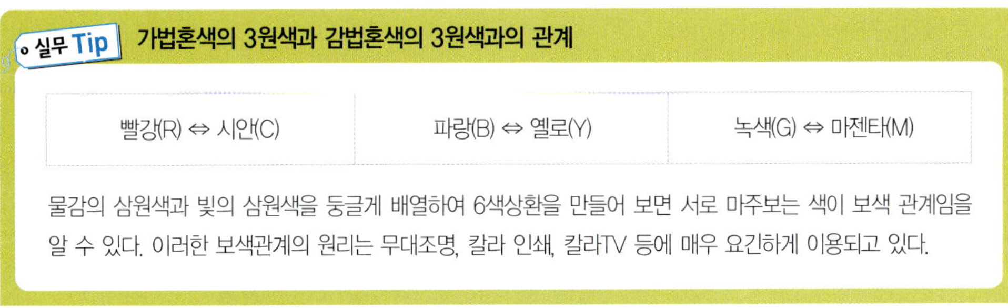

◦실무 Tip | **가법혼색의 3원색과 감법혼색의 3원색과의 관계**

빨강(R) ⇔ 시안(C)	파랑(B) ⇔ 옐로(Y)	녹색(G) ⇔ 마젠타(M)

물감의 삼원색과 빛의 삼원색을 둥글게 배열하여 6색상환을 만들어 보면 서로 마주보는 색이 보색 관계임을 알 수 있다. 이러한 보색관계의 원리는 무대조명, 칼라 인쇄, 칼라TV 등에 매우 요긴하게 이용되고 있다.

3 중간혼색

두 개 이상의 색을 병치한 경우와 병치한 것을 회전시킬 경우 색이 혼합되어 보인다. 이처럼 색의 직접적인 혼합이 아닌 외부의 조건 등에 의해 실제로 혼합되어진 것처럼 보이는 시각적인 현상을 중간 혼합이라 한다. 혼합된 색의 명도는 색 수에 상관없이 혼합 전 색들의 평균명도가 되므로 평균 혼합이라고도 한다. 각 색의 색상, 명도, 채도가 평균값이 된다고 하여 중간혼색이라고도 한다.

⭐ 회전혼색

두 개 이상의 색을 빠르게 회전시키면 색이 혼합되어 보이는데, 맥스웰(Maxwell)이 회전판에서 발견한 이 현상을 회전혼합이라고 한다. 회전 혼합된 색상은 명도나 채도가 낮아지거나 높아지지 않고, 두색의 명도나 채도의 합을 면적비율로 나눈 평균값이다. 색팽이나 바람개비의 회전에 의한 혼합, 회전 혼색기의 혼합 등이 있다.

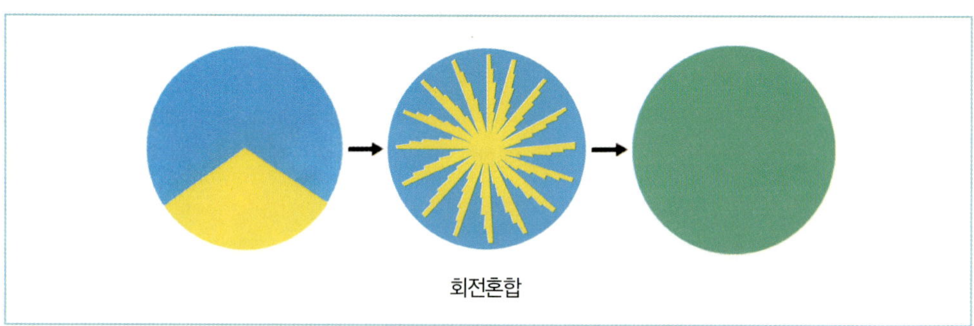

회전혼합

⭐ 병치혼색

두 개 이상의 색을 배치하는 것과 색의 근접 배치에 의하여 혼합되어 보이는 것을 병치혼합이라 한다. 혼합된 색의 명도는 혼합 전 색들의 평균명도가 된다. 점묘법, 모자이크, 직물의 색, 인쇄에 의한 혼합 등이 있다. 채도가 떨어지지 않는 상태에서 중간색을 얻을 수 있다. 색을 직접적으로 혼합하는 것이 아닌, 공간적으로 인접 배치시킴으로 색이 혼합되어 보이는 현상으로 점묘파 화가인 신인상파의 쇠라와 시냐크는 중간혼합의 방법을 회화에 도입하였다.

점묘법, Georges Seurat(1859–1891), 그랑드자트 섬의 일요일 오후[6]

6) H.H.Arnason, HISTORY OF MODERN ART, Harry N Abrams, 1998, p39

실무 Tip 섬유(직물)의 병치혼색 원리

직조된 천은 세로실과 가로실로 짜여 지는데 세로실의 색을 바꾸어 짜면 바둑무늬가 된다. 이 천을 가는 실이 보이지 않을 정도의 거리에서 보면 마치 한 가지 색의 천으로 보인다. 반복되는 패턴의 옷을 입은 사람을 멀리서 보았을 때 배경색과 패턴의 색이 혼합되어 보여 고유의 색을 착각하게 된다.

이가 딱딱 들어맞는 깅엄 체크, 체크의 기본 타탄 체크, 화려한 마름모 무늬에 타탄 체크를 가미한 아가일 체크, 브랜드 네임이 무늬의 종류가 돼버린 버버리 체크, 사냥개

08' D&G컬렉션, 타탄체크 등 다양한 체크무늬[7]

이빨이 포개진 것 같다는 데서 나온 하운드 투스 체크, 화려한 컬러의 가로 세로 줄무늬가 여러개 겹쳐진 타탄 체크 등 체크의 종류는 그 수가 셀 수 없을 만큼 많다.

실무 Tip 혼색을 이용한 색 재현의 방법

- 칼라TV는 작은 빛의 점들에 의한 병치혼색을 이용하고 있다. 빨강(R), 초록(G), 파랑(B)의 3원색을 사용하고, 이 3색의 발광강도를 바꾸는 신호를 보내서 색을 만들어낸다.
- 인쇄는 종이에 놓이는 망점의 크기(잉크의 크기)를 변화시켜 색을 만들어낸다. 혼색의 종류로는 잉크가 겹치는 부분에서 간법혼색, 겹쳐지지 않는 부분에서는 병치혼색이 이용되고 있다.
- 사진은 시안(C), 마젠타(M), 노랑(Y)의 색소가 단독으로 사용되거나 겹쳐지면서 새로운 색을 만들어낸다. 겹쳐지는 색소의 농도를 통해 감법혼색을 일으켜 색을 재현하고 있다.

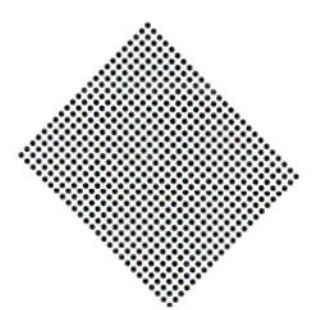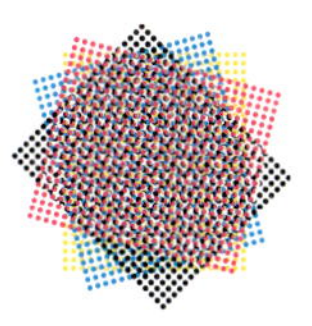

병치혼합의 4원색

1 색의 대비(Color Contrast)

⭐ 계시 대비와 동시 대비

각 단색들은 그 색의 고유한 감정을 수반하게 된다. 여기에 다른 색을 배색하거나 주위에 있는 색의 영향을 받게 되면, 본래의 색과는 다른 현상으로 지각하는데 이를 색의 대비라고 한다. 대비 현상은 우리 눈의 망막에서 일어나는 생리적인 현상과 뇌에 전달되는 신경과정에 기인하며, 크게 계시 대비와 동시 대비 2가지로 나눈다.

1. 계시 대비(Contrast of Successive)

하나의 색을 보고 자극을 받은 후 계속해서 다른 색을 보면 그 색이 다르게 보인다. 예를 들어 하얀 종이 위에 빨간색 원을 놓고 보다가 빨간색 원을 치우면 하얀 종이 위에 청록색 원이 아른 거리는데, 이러한 잔상에 의한 색의 대비를 계시 대비라고 한다. 계시 대비는 계속 대비라고도 한다. 밝은 색광이 망막의 자극으로 아직 소멸되기 전에 다음 자극이 연속적으로 나타날 때 일어나는 현상이다.

2. 동시 대비(Contrast of Simultaneous)

시선을 한 곳에 집중시키려는 색채지각과정에서 일어나는 현상으로, 시간의 간격 없이 인접한 두 개의 색을 동시에 놓고 보았을 때 그 주위의 색의 영향으로 본래의 색이 다르게 보이는 대비 현상을 동시 대비라고 한다. 색의 3속성인 색상, 명도, 채도 차이에서 일어나는 동시 대비의 효과는 여러 가지 조건들에 의해 지각이 달라지게 된다.

⑴ 색차가 클수록 대비 현상은 강해진다.

⑵ 자극과 자극사이의 거리가 멀어질수록 대비 현상은 약해진다.

⑶ 자극을 부여하는 크기가 작을수록 대비의 효과가 커진다.

⭐ 색상 대비(Hue Contrast)

색상이 다른 두 색을 동시에 인접시켜 놓았을 경우 두 색이 서로의 영향으로 인하여 두 색 간의 색상차가 크게 보이는 현상을 색상 대비라고 한다. 1차색에서 가장 뚜렷하고, 2차색, 3차색이 될수록 그 효과는 작아진다. 색상이 없는 무채색끼리는 색상 대비 현상을 볼 수 없으며 무채색과 유채색 또는 유채색과 유채색 사이에서만 볼 수 있다. 강한 색상 대비는 시각적 자극이 강하기 때문에 시선 집중 효과가 크다.

색상 대비

색상의 차이에 있어 대비되는 효과를 말한다.

◦ 실무 Tip | **색상대비의 적용사례**

색상 대비는 근접한 색의 영향을 받아 색상차가 크게 느껴지는 현상으로 우리나라 전통의상인 색동저고리와 조각보, 단청 등에서 많이 발견되며, 한국문화를 상징화하는 작업에 많이 응용되고 있다.

조각보와 색동저고리[8]와 한국방문의해 엠블럼[9]

---

8) 국립민속박물관, 민속아카이브
9) 한국방문의해 위원회

⭐ 명도 대비(Luminosity Contrast)

명도가 다른 두 색이 서로 대조가 되어 밝은 색을 더 밝게, 어두운 색은 더 어둡게 보이는 현상을 명도 대비라고 한다. 우리의 눈은 색의 3속성 중에서 명도에 대해 가장 민감하게 반응한다. 빨강 바탕위에 노랑을 놓았을 때 색상이나 채도 대비를 느끼기 전에 노랑이 더 밝아졌다는 명도 대비를 먼저 느끼게 된다.

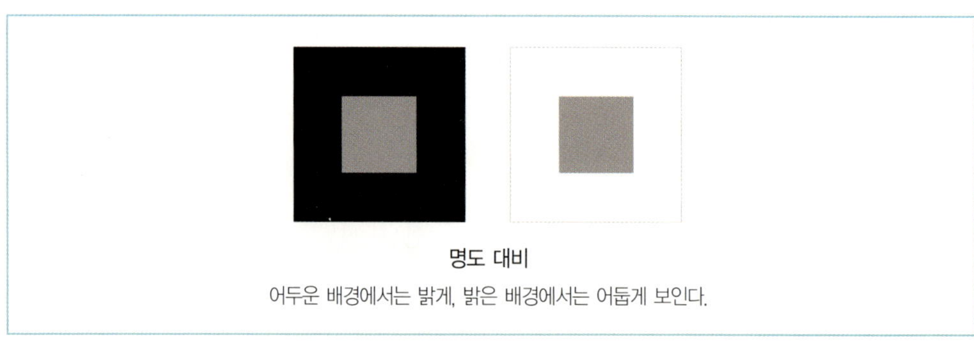

명도 대비

어두운 배경에서는 밝게, 밝은 배경에서는 어둡게 보인다.

1. 하만 그리드 효과(Hermanmm Grid effect)

명도 대비의 일종으로 교차되는 지점에 회색 잔상이 보이는 현상이다. 채도가 높은 그림에서도 명도 잔상 효과가 나타난다.

하만 그리드 효과

교차되는 지점에 회색잔상이 보인다.

2. 헤링 격자 착시(Hermann grid illusion)

흰색 배경에 검정색 격자무늬로서 격자의 교차점에 흰색 점이 지각되는 현상으로 하만 격자 착시와 마찬가지로 명도대비에 의해 발생하는 현상이다.

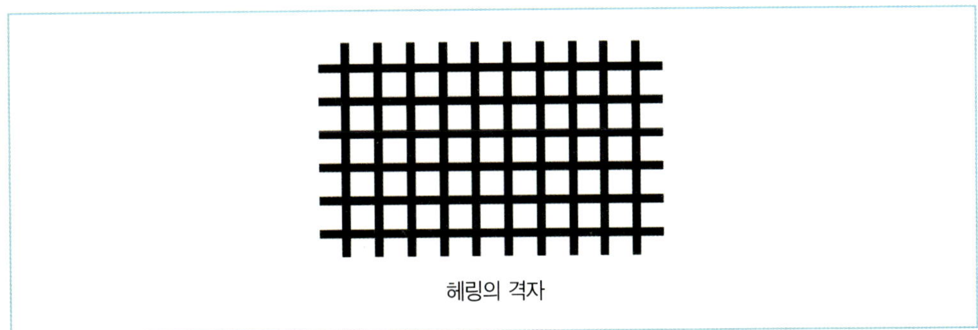

헤링의 격자

3. 네온컬러 효과(Neon effect)

어느 선분의 일부가 다른 색이나 밝기의 선분으로 치환될 때 그 색이나 밝기가 주위로 새어 나오는 것처럼 지각되는 현상이다. 색이 퍼지는 것이 네온관을 연상하게 한다고 해서 네온컬러 효과라고 한다. 밝기의 차이만으로도 일어날 수 있다.

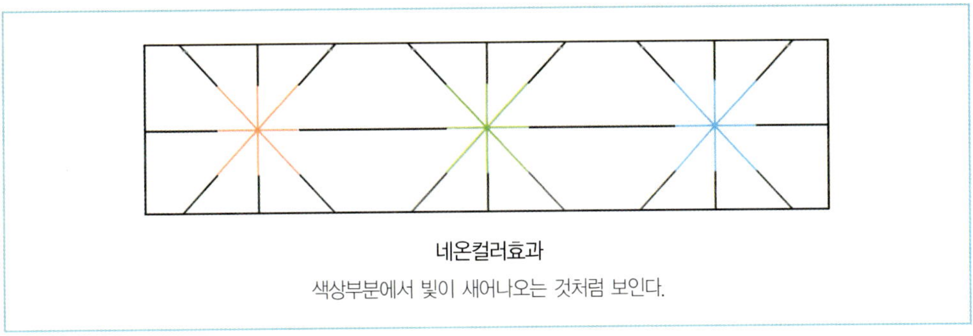

네온컬러효과

색상부분에서 빛이 새어나오는 것처럼 보인다.

4. 베너리 효과(Benery effect)

검정 십자 도형의 안쪽과 바깥에 각각 동일한 명도의 회색 삼각형을 배치하면 안쪽에 있는 삼각형은 보다 밝게 보이고, 바깥쪽에 있는 삼각형은 보다 어둡게 보이는 현상을 말한다. 두개의 삼각형은 모두 검정색 영역과 흰색 영역에 동일한 길이로 접하고 있으므로 단순히 밝기의 대비로는 설명되지 않는다.

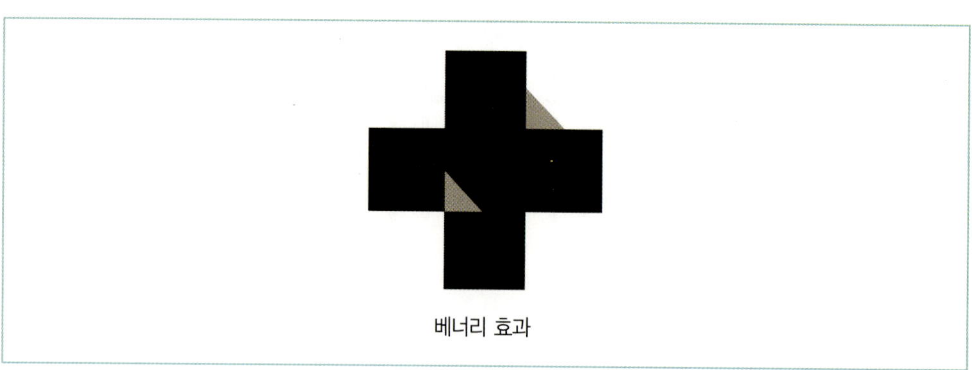

베너리 효과

⭐ 채도 대비(Chromatic Contrast)

서로 인접하는 색들이 작용하여 채도 변화가 나타나는 것으로, 채도가 다른 두 색이 서로 대조가 되어 두 색 간의 채도 차이가 커 보이는 현상을 채도 대비라고 한다. 채도 대비는 질적 대비라고도 한다. 같은 채도의 색상을 저채도 바탕 위에 놓으면 채도가 더 높게 보이고, 고채도 바탕 위에 놓으면 채도가 더 낮아 보인다. 무채색끼리는 채도대비가 일어나지 않는데 이는 색상이 없는 색채에는 채도대비가 일어나지 않음을 의미한다.

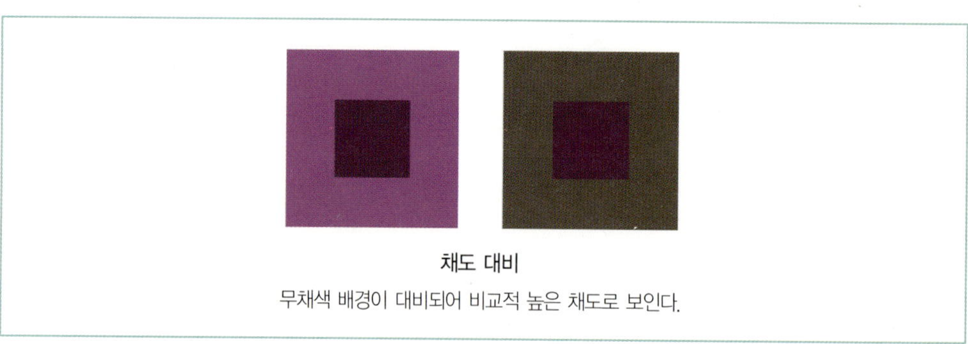

채도 대비
무채색 배경이 대비되어 비교적 높은 채도로 보인다.

⭐ 보색 대비(Contrast of Additive Complementary Color)

보색 관계의 두 색이 서로 자극을 받아 본래보다 더욱 선명하게 보이는 현상을 보색 대비라고 한다. 보색 끼리의 색은 서로의 잔상에 의하여 상대 쪽의 채도를 높이며 색을 강하게 드러나 보이게 한다. 유채색에 둘러싸인 무채색도 잔상의 영향으로 보색 기미가 있는 듯이 보이는데 이것도 보색 대비의 일종이다.

보색 대비

가장 강하고 동적인 대비이다.

⭐ 면적 대비(Area Contrast)

같은 색이라도 면적이 크고 작음에 따라 명도나 채도가 다르게 보이는 현상을 면적 대비라고 한다. 비례 대비라고도 한다. 같은 색이라도 큰 면적의 색은 실제보다 명도와 채도가 높아 보이기 때문에 밝고 선명 하게 보이고, 작은 면적의 색은 실제보다 명두와 채도가 낮아 보인다. 작은 색견본으로 큰 벽면의 색을 선 택할 경우 실제와 달라 생각지 않은 실수를 저지르기 쉬운 것도 이와 같은 면적 대비 현상 때문이다.

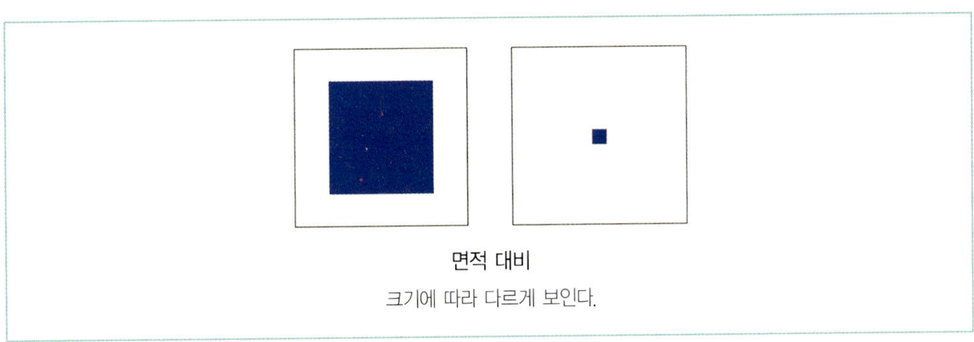

면적 대비

크기에 따라 다르게 보인다.

⭐ 연변 대비

색을 명도 단계별로 3단계 이상 나열하면 명도가 높은 색과 접하고 있는 부분은 어둡게 보이고, 반대로 명도가 낮은 색과 접하고 있는 부분은 밝게 보인다. 이와 같이 색의 경계에서 나타나는 대비현상을 연변 대비 또는 경계 대비라고 한다. 연변 대비는 색상이나 채도에서도 나타난다.

연변 대비

형성되는 경계선 효과를 마하밴드라고 한다.

⭐ 한난 대비

색상에는 따뜻하게 느껴지는 색상과 차갑게 느껴지는 색상이 있다. 색의 차고 따뜻한 느낌의 지각 차이로 변화가 오는 것을 한난 대비라고 한다. 따뜻한 색은 차가운 색과 함께 있을 때 더욱 따뜻하게 느껴지고, 차가운 색은 따뜻한 색 옆에 있을 때 더욱 차가워져서 호소력이 강해진다. 중성색일 경우에는 대비되는 색상에 따라 다르게 느껴진다.

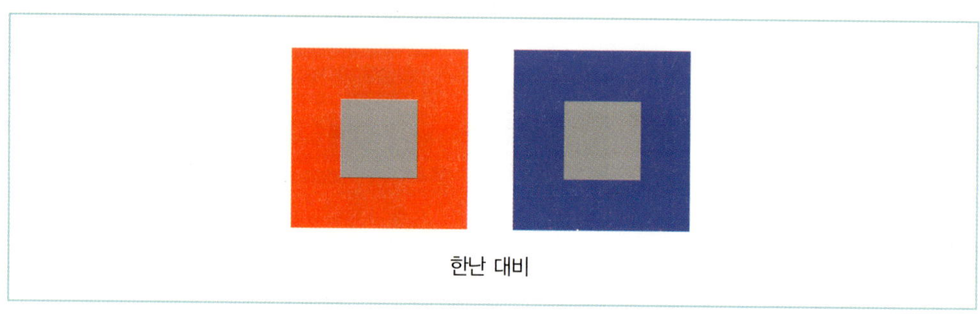

한난 대비

2 색의 동화

⭐ 색의 동화현상(Color Assimilation)

1. 동화효과

두 색을 인접 배색했을 때 서로의 영향으로 실제보다 인접 색과 가까운 것처럼 지각되는 현상을 색의 동화효과 혹은 베졸드 효과(Bezold effect)라고 한다. 동화효과는 색의 전파효과, 혼색효과라고도 부른다. 또는 줄눈과 같이 가늘게 형성되었을 때 뚜렷하게 나타난다고 하여 줄눈효과라고도 한다.

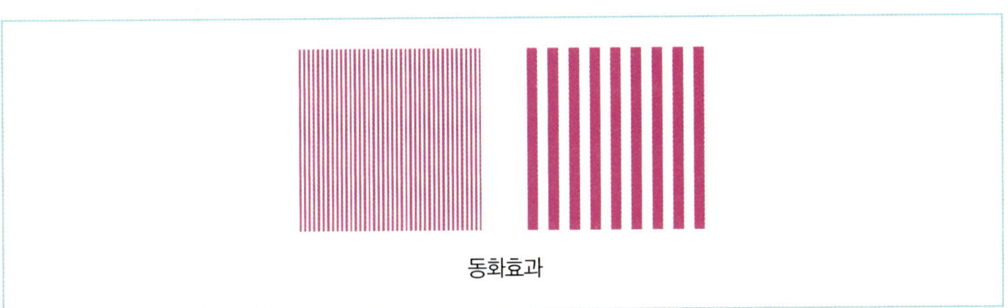

동화효과

2. 동화효과의 특징

대비현상의 반대의 현상으로 둘러쌓인 면적이 작거나 바탕에 비해 무늬가 작고 가늘거나 그 간격이 좁은 경우에 생기는 효과이다. 줄무늬와 배경의 색이 비슷하고 명도의 차이가 작을수록 그 효과가 커진다. 복잡하고 섬세한 무늬에서 나타나고, 어두운 색보다 밝은 색에서 더욱 심하게 나타난다. 동화를 일으키기 위해서는 색의 영역이 하나로 종합되는 것이 필요하다. 주위의 색채자극, 광선의 조건, 시선의 차이, 시간적 조건, 심리적인 조건에 따라 달라지므로 색을 볼 때 주의해야 한다.

> **핵심 Plus**
>
> **베졸드 효과(Bezold effect)**
> 베졸드는 하나의 색만 변화시켜도 양탄자 디자인의 전체 색조를 변화시킬 수 있다는 것을 발견하였다.

⭐ 동화효과의 종류

명도동화, 채도동화, 색상동화가 있으며, 모두 동시적으로 일어나는 현상이다. 회화, 그래픽, 디자인, 직물 등의 모든 배색 조화에 필수적 요소이다.

1. 명도의 동화

배경색과 문양이 서로 혼합되어 주로 명도의 변화가 보이는 동화현상으로, 원래의 배경보다 어두워지거나 밝아 보인다.

2. 채도의 동화

배경색과 문양이 서로 혼합되어 주로 채도의 변화가 보이는 동화현상으로, 원래의 배경보다 선명하거나 채도가 떨어져 보인다.

3. 색상의 동화

배경색과 문양이 서로 혼합되어 주로 색상의 변화가 보이는 동화현상으로, 동일한 배경색과 문양이지만 색상의 변화가 보인다.

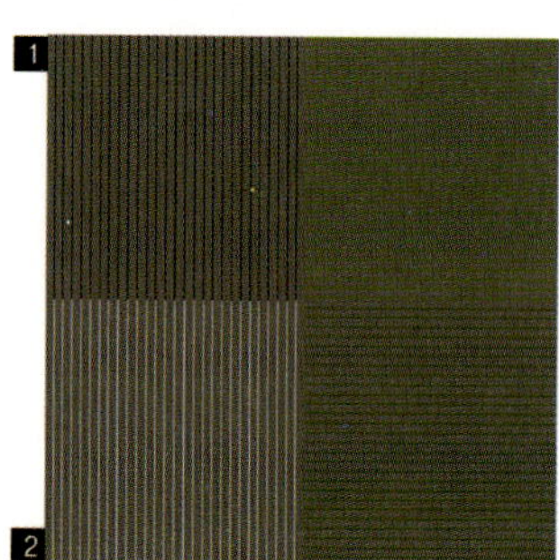

색의 동화현상

같은 배경이지만 1은 어두워 보이고 2는 밝아 보인다. 원래의 배경보다 선명하거나 채도가 떨어져 보인다.

3 색상환과 보색

⭐ 색상환

가법혼색과 감법혼색의 원색을 원으로 나열하여 색상의 흐름을 연속적으로 보여주는 그림을 색상환(color circle)이라고 한다.

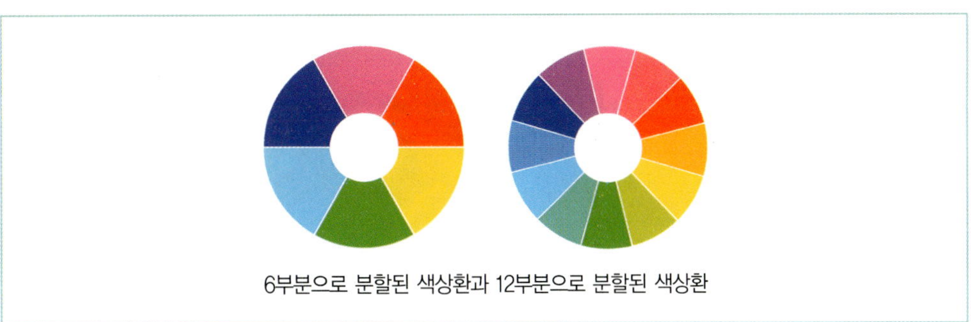

6부분으로 분할된 색상환과 12부분으로 분할된 색상환

⭐ 보색(Complementary Colors)

광원에 의해 생기는 물리보색과 인간의 색지각에 의해 생기는 심리보색 2가지가 있다.

1. 물리보색

임의의 두 가지 색을 혼합할 때 무채색이 되는 두 색의 관계를 보색이라고 한다. 즉 각각의 색은 하나의 보색을 갖게 되고, 보색이 아닌 두 색을 혼합하면 중간색이 나타난다. 모든 2차색은 그 색을 포함하지 않는 원색과 보색관계를 갖게 된다.

2. 심리보색(잔상보색)

심리보색은 색채의 지각과정 중 물체로부터 인간의 눈에 이르는 과정과 눈에서 뇌에 이르는 과정이 관계된다. 어떤 색자극 후에 잔상으로 보이는 색을 심리보색이라고 한다. 심리보색과 물리보색은 반드시 일치하지는 않는다.

⭐ 잔상

눈에 색자극을 없앤 뒤에도 남는 색 감각을 잔상(after image)이라고 한다. 잔상은 자극의 강도, 지속시간, 크기에 비례한다.

1. 정의 잔상(양성 잔상)

원래 자극의 감각과 같은 밝기와 색상을 가질 때 양성 잔상이라고 한다. TV, 영화 영상이나 애니메이션의 움직이는 효과, 어두운 곳에서 횃불이나 성냥불을 돌리면 동심원으로 보이는 것이 정의 잔상의 대표적인 예이다. 정의 잔상은 부의 잔상보다 오래 지속된다.

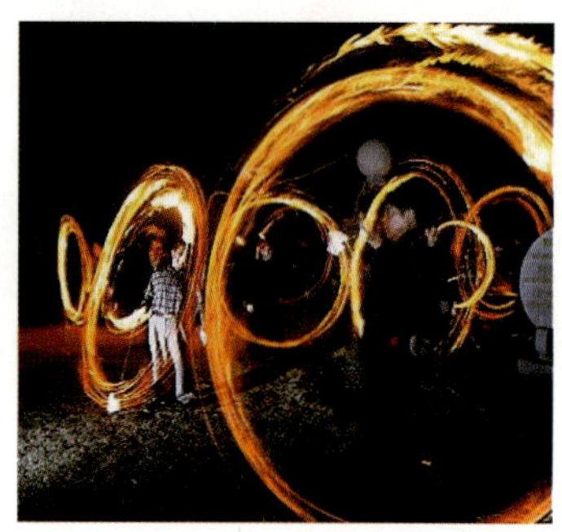

쥐불놀이[10]

2. 부의 잔상(음성 잔상)

원래 자극의 감각과 보색관계에 있는 색으로 나타나는 것을 음성 잔상이라고 한다. 잔상이 나타나는 장소가 밝거나 자극을 보는 시간이 비교적 길 때, 그 장소의 밝기와는 상관없이 나타난다. 부의 잔상에서 보이는 잔상이 물체색에 대하여 보색관계에 있는 색으로 나타나는 경우를 보색 잔상이라고 하며, 망막의 상이 일정기간 동안 이동되었을 때 나타나는 현상을 운동 잔상이라고 한다. 이동하는 물체를 보다가 다른 곳으로 시선을 옮기면 반대 방향으로 움직이는듯 한 느낌이 드는 것이다.

1 색의 성질

⭐ 색의 진출과 후퇴

색에 의한 거리감의 변화를 볼 수 있다. 같은 크기의 형태가 색에 따라 앞으로 튀어나와 보이기도 하고 뒤로 물러나 보이기도 하는데 이를 색의 진출과 후퇴라고 한다. 주위의 배경색이 진출과 후퇴 효과에 영향을 미치는데 배경색과의 명도차이가 클수록 진출해 보인다.

1. 진출색

고명도나 고채도, 따뜻한 색으로 장파장의 색상이 진출색으로 가까이 있는 것처럼 나와 보인다.

2. 후퇴색

저명도나 저채도, 차가운 색으로 단파장의 색상이 후퇴색으로 뒤에 있는 것처럼 들어가 보인다.

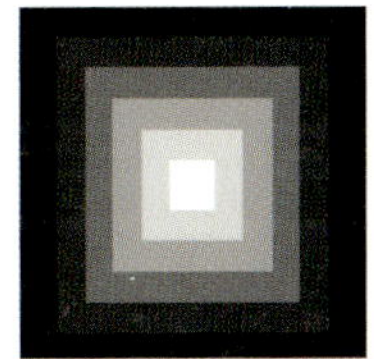

색의 진출과 후퇴

⭐ 색의 팽창과 수축

같은 크기의 형태가 색에 따라 크게 보이기도 하고 작게 보이기도 하는데 이를 색의 팽창과 수축이라고 한다. 수축이나 팽창은 2가지 색의 비교에 의해 심리적으로 느껴지는 경우가 대부분이다.
따뜻한 색, 명도나 채도가 높은 색은 크게 보이고, 차가운 색, 명도나 채도가 낮은 색은 작게 보인다. 밝은 색 바탕의 어두운 색 글자보다 어두운 색 바탕의 밝은 색 글자가 더 굵고 커 보인다.

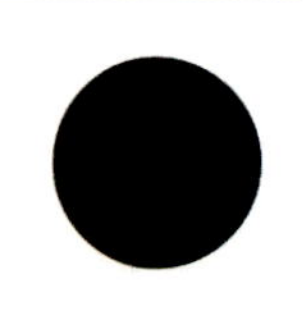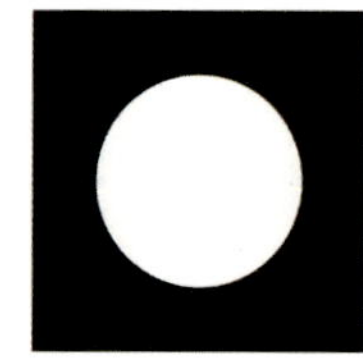

색의 팽창과 수축

두 원의 크기는 같지만, 오른쪽의 원이 크게 느껴진다.

핵심 Plus

일반적으로 진출, 팽창의 성질과 후퇴, 수축의 현상은 동시에 일어난다.

- **진출 · 팽창** : 고명도, 고채도, 난색
- **후퇴 · 수축** : 저명도, 저채도, 한색

⭐ 색의 명시성(시인성)

멀리서도 눈에 명확하게 잘 보이는 성질로 배색을 통해 잘 띄는 정도를 명시성이라고 한다. 대상의 면적이나 크기, 배경의 색채에 따라 다르게 보인다. 색의 형태가 크고 작은 것, 채도의 강약, 거리의 원근, 조도의 강약에서 일어나는 현상으로 명도, 색상, 채도 차이가 클 때, 명시성이 높아진다.

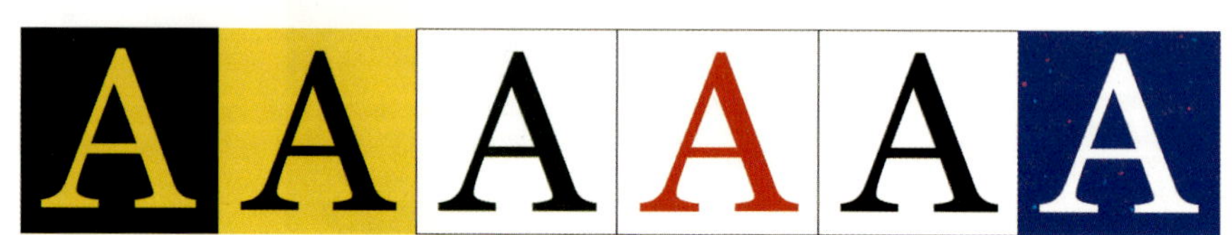

명시성이 높은 배색

⭐ 색의 주목성

사람의 눈에 자극을 주어 시선을 끄는 색의 성질로서, 단일 색상에 대한 자극성을 말한다. 일반적으로 저명도보다 고명도, 저채도보다 고채도, 무채색보다 유채색, 한색보다 난색이 주목성이 높다. 사람의 심리적인 작용에 의해 친근하고 익숙한 색은 주목성이 낮아진다. 또한 주목성이 높다고 해서 명시성이 높은 것은 아니다. 주위의 배경색과의 대비에 따라 주목성이 다르게 작용하므로 주의가 필요하다. 주위의 색이 회색인 경우 노란색이 가장 명시성이 높다. 건물, 도로 등 짙고 옅은 회색이 많은 도시의 환경 속에서 어린이들의 모자, 비옷 등을 노란색으로 하는 것은 명시성과 주목성을 높여 교통사고를 방지하기 위함이다.

교통안전표지판[11]

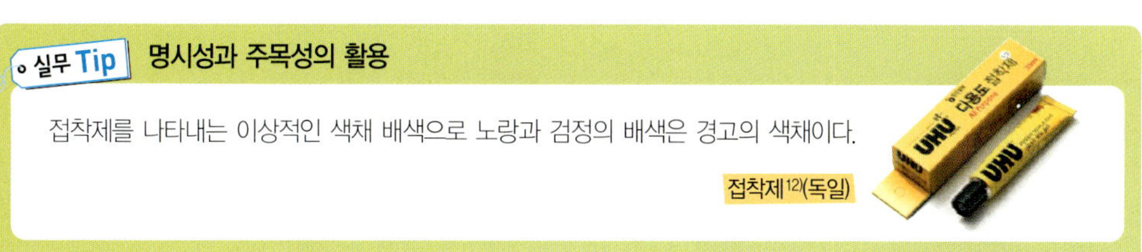

⭐ 색의 식별성

식별성은 색의 차이에 의해 대상이 갖는 정보를 효과적으로 구별하여 전달하는 성질을 말한다. 예를 들면 카레 패키지에서 볼 수 있듯이 동일한 디자인에 색상만 바꾸어 순한맛, 약간 매운맛, 매운맛으로 구별하는 방법이 널리 활용되고 있다. 많은 종류의 색이 각각의 정보로서 동시에 사용되는 경우, 색채 간에 혼동이 일어나지 않도록 식별성을 배려해야 한다.

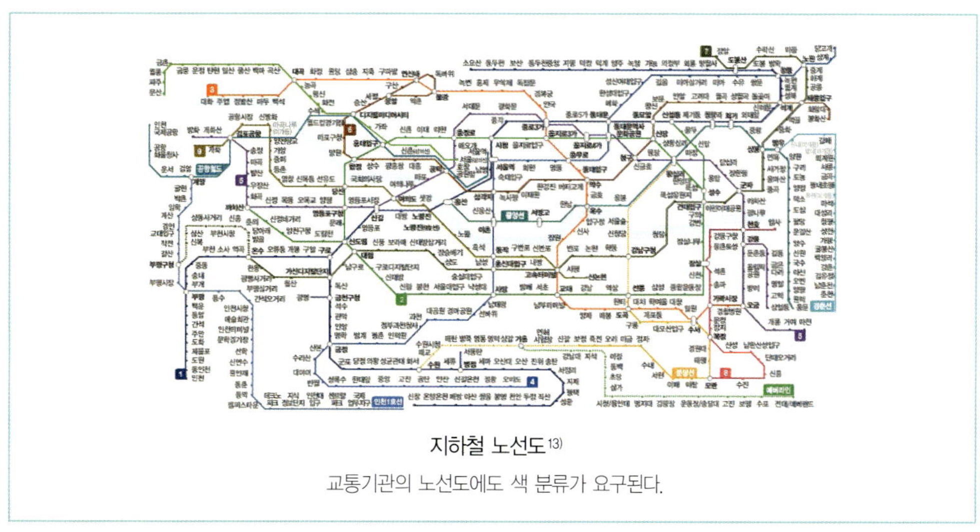

지하철 노선도[13]

교통기관의 노선도에도 색 분류가 요구된다.

---

11) 도로교통공단 운전면허시험장
12) http://www.uhukorea.com
13) http://www.seoulmetro.co.kr/linemap.action(서울메트로 교통센터)

2 색의 감정효과

 온도감

온도감은 색상에 따라 따뜻하게 느껴지거나 차갑게 느껴지는 것을 말한다. 색의 한난감(寒暖感)은 색의 3속성 중에서 색상의 영향을 가장 많이 받으며, 명도와 채도에 의해 다르게 느껴지기도 한다.

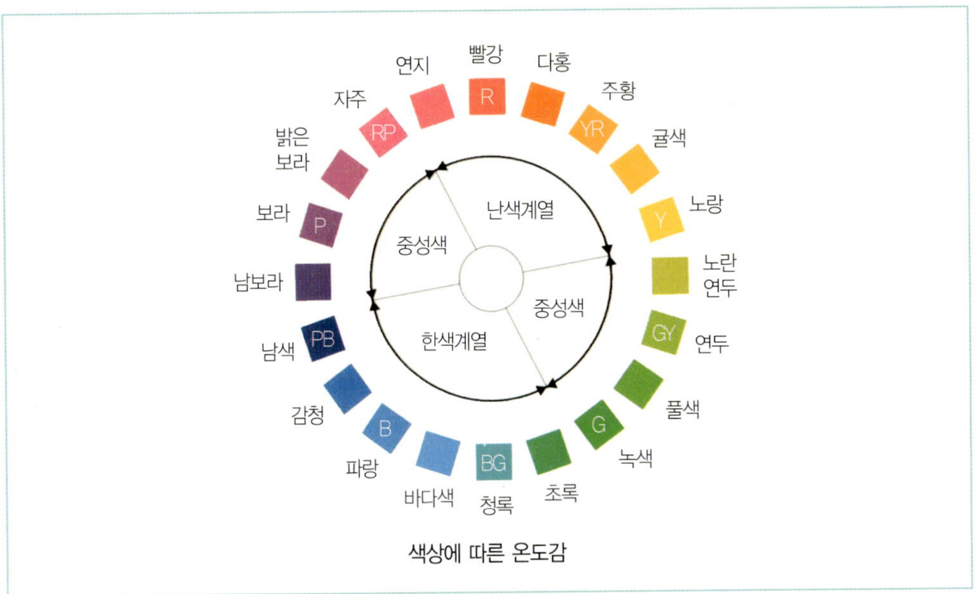

색상에 따른 온도감

1. 난색(Warm Color)

따뜻하게 느끼는 색으로 빨강, 주황, 노랑과 같이 파장이 길수록 부드럽고 온화하게 느껴진다.

2. 한색(Cool Color)

단파장 계열의 차가운 느낌을 주는 색으로, 파란색이 가장 찬 느낌을 준다.

3. 중성색(Neutrality Color)

연두, 녹색, 보라, 자주색은 면적과 배색에 따라서 난색, 한색으로 느껴져 중성색으로 분류한다. 무채색의 경우는 따뜻함과 차가움의 감정이 확실치 않지만, 빛의 반사율이 높은 흰색과 같이 명도가 높으면 차가운 느낌이 나고, 빛의 흡수율이 높은 검정과 같이 저명도 경우에는 따뜻한 느낌이 난다.

⭐ 흥분과 침정

색의 3속성 중에서 색상의 영향을 가장 많이 받는 감정효과로서 난색, 고명도, 고채도의 색상은 흥분을 느끼게 하고, 한색, 저명도, 저채도의 색상은 진정되고 가라앉는다는 심리적 효과를 말한다.

적색광이나 붉은색이 많은 인테리어는 혈압을 높이고, 근육 긴장을 증대시키므로 우울증 환자에게 색채 치료요법으로 쓰기도 한다. 한색을 기조로 하는 인테리어는 흥분을 진정시키며 차분함을 가져다준다. 또한, 휴식을 주고 깊은 수면을 유도하여 불면증에 효과가 있다.

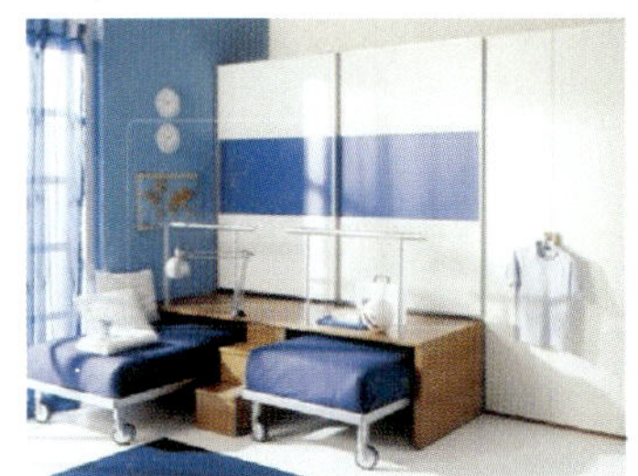

스페인 토마토싸움 축제[14]와 진정효과의 인테리어[15]

⭐ 중량감, 경중감

중량감은 색에 따라 무겁게 느껴지거나 가볍게 느껴지는 것을 말한다. 색의 3속성 중에서 가볍고 중량감을 표현하는 색의 심리적 효과에 가장 큰 영향을 주는 것은 명도이다. 먼셀 체계에서 명도 5~6을 중심으로, 명도가 높은 색일수록 가볍고 경쾌한 느낌을 주고, 명도가 낮은 어두운 색일수록 무겁고 가라앉은 느낌을 준다. 같은 명도의 경우에는 채도가 높은 색이 가볍고, 채도가 낮은 색이 무겁게 느껴진다. 무거운 색이 아래쪽에, 가벼운 색이 위쪽에 있을 때 안정감이 느껴진다.

14) 뉴시스, 2010년 8월 26일 기사
15) http://www.home-designing.com 2009년 7월 kids bedroom(by mariani)
16) http://www.doubleheart.co.kr
17) http://www.auction.co.kr

⭐ 경연감

경연감은 색에 따라 딱딱하게 느껴지거나 부드럽게 느껴지는 것을 말한다. 색상보다 명도와 채도의 영향을 많이 받는다. 명도가 높은 파스텔조의 색상은 부드러운 느낌을 주고 명도가 낮으면 딱딱한 느낌을 준다. 저채도 색상이 부드럽게 보이며, 한색보다 난색이 부드럽게 느껴진다.

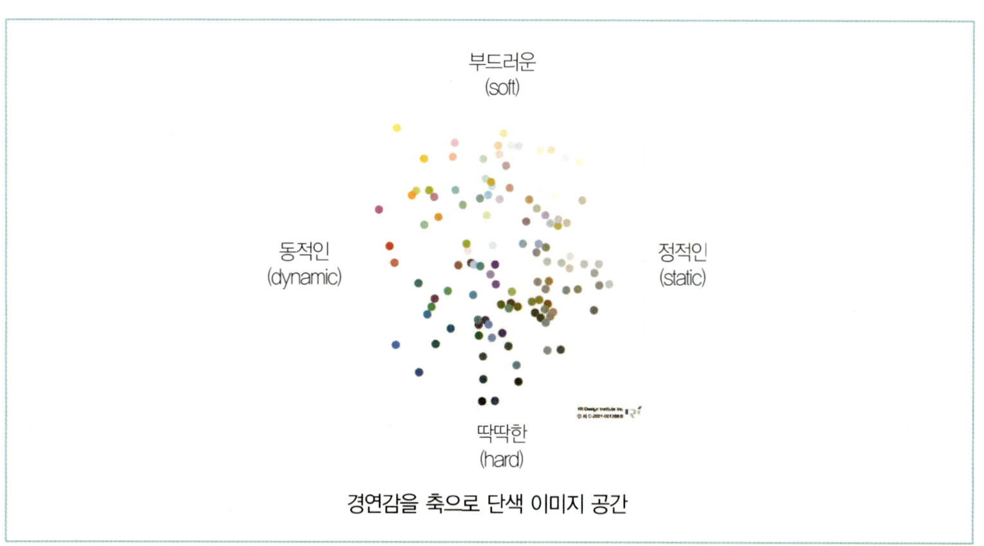

경연감을 축으로 단색 이미지 공간

○ 실무 Tip 채도의 심리적 효과

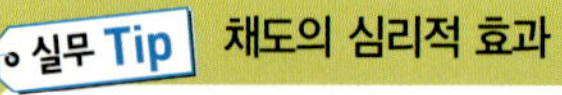

색의 삼속성 중에서 채도는 사람의 눈길을 끄는 색의 유목성, 화려하고 수수한 느낌과 관련이 깊다. 화려함은 어디까지나 유채색이면서 고채도라는 중요조건을 갖추어야 한다. 상품의 패키지나 간판 등에 채도가 높은 난색계열의 색상을 조합함으로 화려한 인상으로 인식된다.

홍콩의 화려한 거리풍경[18]

---

18) 2011년 4월 10일, mk뉴스, 인센티브 투어

⭐ 시간감

시간 감각은 색에 따라 시간이 빠르게 혹은 느리게 느껴지는 것으로 색상과 채도의 영향이 크며, 명도의 영향을 받기도 한다. 난색, 고채도 계열은 시간이 길게 느껴지는데 비해 한색, 저채도 계열은 시간이 빠르게 느껴지는 경향이 있다.

따라서 패스트푸드점이나 커피숍 등에 빨강, 주황 등으로 장식을 하면 손님의 회전율을 높이는 작용을 하는 것이다. 날마다 정해진 일이나 단조로운 작업이 반복되는 장소에는 시간의 경과가 빠르게 느껴지는 파랑, 청록 등의 색상이 적당하다. 공항이나 기차역의 대합실, 병원 등과 같이 기다림이 길어질 수 있는 장소의 실내 벽을 차가운 계통의 색으로 장식하면 지루함을 감소시킬 수 있다.

인천국제공항[19]

실무 Tip **색채의 속도감 전달**

같은 속도로 달리는 자동차를 비교했을 때에는 높은 채도와 높은 명도는 빠르게, 낮은 채도와 낮은 명도는 느리게 느껴진다.

빨간색 스포츠카[20]

19) http://www.airport.kr
20) http://pap.porsche.com/korea_ko/포르쉐

SAVAGE STREET

Ⅴ 색채 체계론

PART 01 색채 표준

1 색채 표준의 발전

⭐ 색채표준의 정의

사람은 측색기기 등을 통해 수백만 이상의 색의 분류가 가능하다. 정보화 사회로 진입하면서 색 정보를 전달하고 기록할 필요성은 계속해서 증가하는 추세이다. 디자인과 색채는 현대 기술특화 산업 및 고부가가치 산업의 핵심이라고 할 수 있으며 실제로 색채관련 연구 개발은 상당한 성과를 거두고 있다. 하지만 수많은 색을 정확하게 나타나는 데는 이용목적에 따른 전달방법이 필수적이다. 무엇보다도 연구 개발된 색채가 산업현장에 사용되는 데 있어서 최고의 효과를 얻기 위해서는 최적화된 전달체계가 이루어져야 한다.

색채 표준화는 색을 정확하게 측정하고 이를 기호화함으로써 색을 좀 더 쉽게 파악하고 편리하게 사용하기 위해서 만들어진 개념적인 존재이다. 색의 커뮤니케이션과 정확한 관리를 가능하게 하는 것을 말한다. 오늘날 먼셀이나 NCS, CIE 등의 표색계가 국제적으로 널리 통용될 수 있었던 것은 그 체계가 합리적이고 과학적이며 사용하기 용이하다는 특성 때문이다. 색채 표준화가 이루어지지 않았다면 개인이나 국가, 기업 간의 색채커뮤니케이션이 불가능하고 색채를 과학적으로 관리하지 못해 색을 정확하게 재현할 수 없는 등의 문제가 발생되었을 것이다.

⭐ 색채 초기 이론

색채의 이론화는 기원전 고대 그리스의 철학에서 명암 또는 빛과 어두움을 대비시키는 것에서부터 발생되었다. 기원전 5세기경 엠페도클래스(Empedokles)는 불에서 빛이 발생하여 대상물이 보이는 것이라 여겼고, 그 후 데모크리토스(De' mokritos)는 흰색, 검정, 빨강, 초록의 4원색에서 세상의 모든 색들이 발생한다고 믿었다.

1. 플라톤(Plato : B.C 427~347)

고대 그리스의 철학자로 색채를 그 자체로써 아름다운 기하학적 형상과 동일하다고 평가하면서 흰색에 의한 눈의 확장, 검정색에 의한 눈의 수축을 이야기하였으며, 색을 지각하는 눈의 광채(radiant)이론을 펼친 학자이다.

2. 아리스토텔레스(Aristoteles : B.C 384~322)

색 질서를 최초로 시도하면서 모든 유채색이 흰색과 검정의 사이에 위치하며 모든 색은 자연광이 변조되어 나타나는 것이라고 보았다. 이후, 그의 이론은 르네상스를 넘어 유럽으로 계승되었다.

3. 뉴턴(Isaac Newton : 1642~1727)

뉴턴의 저서《광학(光學)》제1편에서 태양광선(백색광)을 프리즘에 통과시키면 스펙트럼이 단색광으로 분해되고, 다시 프리즘으로 단색광선들을 합성하게 되면 원래의 백색광으로 돌아간다는 사실을 밝혀냈다. 이로 인해 광선에는 색이 없고 거기에는 색의 감각을 불러일으키는 능력과 성질이 있을 뿐이라고 지적하면서 색이 물리적 존재를 넘어서 심리적 존재임을 알린 계기가 되었다.

4. 영(Thomas Young : 1777~1829)

영국의 의사였던 토마스 영은 뉴턴의 광학이론을 전개하고, 1802년 팔머의 3원색(빨강, 노랑, 파랑) 개념을 망막의 3가지 종류의 시신경세포로 구체화시켰고 파동설을 확립시킨 인물이다.

5. 괴테(J. W. von Goethe : 1749~1832)

1810년에 색채론 3부작을 발표하면서 뉴턴의 실험을 부정하고 유채색이 흰색과 검정 사이에 위치한다고 하는 아리스토텔레스의 주장을 계승하게 된다. 관찰을 통해 자신의 눈을 근거로 한 괴테의 연구방법은 감각 심리학에 해당되는 색채현상의 시초가 되어 오늘날 독일의 색채연구의 기초가 된 인물이다.

⭐ 색채 표준의 발전

철학적 색채연구	피타고라스, 아리스토텔레스(색의 질서화 시도), 플라톤
물리적 색채연구	뉴턴(스펙트럼), 팔머, 토마스영(팔머의 3원색 구체화), 헬름홀쯔(빛의 3원색), CIE(국제조명위원회)
색소혼합의 색채연구	르블롱(색혼합의 개념사용), 헤리스(색상환 제시), 람베르트, 룽게(색입체 시도), 맥스웰(혼색)
색지각에 따른 연구	괴테(보색), 헤링(4원색설), 먼셀(색의 삼속성 지각에 따른 표시)

⭐ 색채 표준의 조건 및 속성

1. 색채표준의 목적과 역할

색채를 효과적으로 사용하기 위해서는 각각의 색을 정확하게 나타낼 수 있어야 한다. 색의 정확한 측정이나 전달 또는 색채의 관리 및 재현을 위해서 반드시 객관적인 색채표준화가 필수적이다. 색채의 종류나 색의 범위, 색명 등의 다양한 색채시스템을 통해 현재의 색채 업무와 연구에 있어서 보다 적합한 색채계를 선택할 수 있으며, 특징 있는 색채표준을 이해함으로써 배색의 규칙을 제시하고 보다 나은 조화론을 연구하고 적용할 수 있다.

2. 색채표준의 성립조건

(1) 과학적 근거를 가지고 있는 합리적인 체계로 사용이 용이해야 한다.

(2) 색채 간의 지각적 등보성을 유지하여 단계가 규칙적으로 표현되어야 한다. 표준색의 색표집을 사용하는 목적은 규칙적인 배열을 통한 색의 관리와 색의 재현, 색의 선택에 있다.

(3) 색상, 명도, 채도 등의 색채의 속성이 명확히 표기되어야 한다. 색채속성의 기호는 국제적인 색채 표준을 사용하여 알파벳으로 표기한다.

(4) 색채의 배열과 선택은 재현이 가능하도록 실용화시킨다.

(5) 색표는 색채 간의 간격을 유지하고, 특정색상과 톤은 제외시킨다.

(6) 특수안료를 제외한 일반안료로 재현한다. 특수안료를 사용할 경우 색채 속성을 표기해야 한다.

2 현색계와 혼색계

⭐ 표색계(表色系, Color Specification System)

사람의 눈으로 구별할 수 있는 약 200만 가지의 색을 규칙에 의해 분류해야 할 필요가 있다. 일정한 체계화에 의해 색을 표시하고 전달하는 방식을 표시하는 체계를 표색계라 한다. 색채를 보다 정확하게 사용하기 위한 규정으로 색을 보다 효율적으로 사용하기 위하여 올바르게 측정하고 관리, 전달하기 위한 수단이라고 할 수 있다.

⭐ 현색계(顯色係, Color Appearance System)

인간의 색지각을 기본으로 하여 색채를 지각할 수 있도록 표시하는 표색계로, 컬러 오더 시스템(Color Order System)이라고도 한다. 현색계는 재현가능한 물체색을 3차원 공간(색입체)과 같은 형태로 표시한 것을 말하며, 색지각의 3속성(색상, 명도, 채도)을 정량적으로 분류하여 여기에 번호나 기호를 붙여 물체의 색채를 표시한 것을 말한다. 색체계, NCS 색체계, PCCS, DIN 등이 현색계의 대표적인 표색계이다. 한국색채연구소에서 제작되어 우리나라의 표준색으로 활용되고 있는 한국표준색표집도 이 방법으로 작성되었다.

현색계의 장점	현색계의 단점
• 사용하기 쉽고, 측색기 없이 시각적으로 이해하기 쉽다. • 색편을 용도에 따라 배열 및 개수를 조정할 수 있다. • 지각적으로 일정하게 배열되어 있다.	• 빛의 색을 표시하기 어렵다. • 광택과 무광택을 구분하여야 한다. • 조건등색과 광원의 영향을 많이 받는다. • 사용함에 따라 색차가 발생할 수 있다. • 변색이나 오염의 정도를 파악하기 어렵다.

⭐ 혼색계(混色係, color mixing system)

색감각을 일으키는 특성을 자극이라는 수치로 나타낸 것으로써 빛의 체계를 3자극치로 표현한 등색수치나 감각을 표현한 물리적인 체계이다. 물체색을 측색기로 측색하고 어느 파장영역의 빛을 반사하는가에 따라서 각 색의 특징을 수치로 표시한다. 우리 눈으로 구분하기 어려운 색이라도 좌표나 수치를 이용하여 정확하게 표현할 수 있는 색체계이다. CIE(국제조명위원회)에서 발표한 색공간 CIE XYZ, Yxy, CIE Luv 등이 대표적인 혼색계이다.

혼색계의 장점	혼색계의 단점
• 환경을 임의로 선정하여 정확하게 측정할 수 있다. • 수치 표기로 변색이나 탈색의 영향이 없다. • 색표계 간에 정확하게 변환시킬 수 있다. • 조색에서 적합한 오차를 적용할 수 있다.	• 수치로 구성되어 있어서 측색기가 있어야 한다. • 검사에서 오차가 발생된다. • 지각적 등보성, 색의 감각적 느낌이 없다. • 반사나 광택 등의 조건이 규격이 정해진 대로 이행되어야 한다.

PART 02 먼셀 표색계

1 먼셀 표색계의 이해

미국의 화가이자 색채연구가였던 먼셀(Albert H. Munsell, 1858~1919)은 색지각의 3속성을 인간의 시감에 따라 색을 배치한 먼셀체계를 색채의 전달과 교육을 목적으로 1905년도에 창안하였다. 그 후 CIE에서 보완하고 1940년 미국광학협회(OSA : Optical Society of America)가 먼셀 표색계의 지각적인 등보성에 대한 검토를 거쳐 개량 수정되어 발표되었다. 현재 사용되고 있는 수정된 먼셀 색체계는 측색기 없이 사용하기 쉬우며, 시각적 확인도 가능하여 국제적으로 널리 사용되고 있는 대표적인 표색계이다. 우리나라에서도 한국공업규격(KS A0062)에 의해 규정하여 색채 교육용으로 채택되어 사용되고 있다.

2 먼셀 표색계의 구조와 속성

⭐ 먼셀 표색계의 구성

먼셀은 물체색의 색감각을 색상(Hue), 명도(Value), 채도(Chroma)라는 3가지 속성에 따라 3차원 공간의 한 점에 대응시켜 시각적으로 고른 단계가 되도록 색을 선정하였다. 세로축에는 명도축을, 원주상에는 색상을, 무채색의 중심축으로부터 바깥 단계로 채도축을 설정하였다. 동일한 색상은 명도와 채도로 구분하고, 먼셀 체계에 있어서 각 색상의 채도단계는 일정하지 않다.

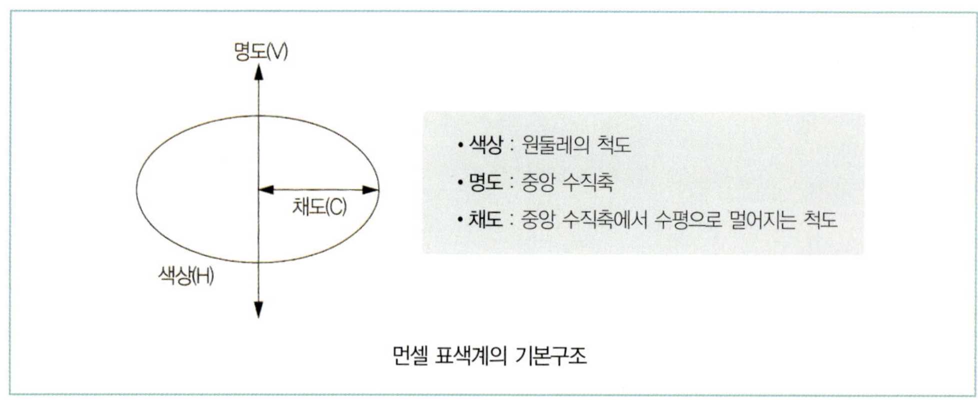

먼셀 표색계의 기본구조

1. 먼셀의 색상(H, Hue)

(1) 먼셀 휴(Munsell Hue)라고 불리는 먼셀의 색상은 빨강(R), 노랑(Y), 녹색(G), 파랑(B), 보라(P)의 5가지의 색상을 기본색상으로 한다. 기본색을 혼색하여 청록(BG), 남색(PB), 자주(RP), 주황(YR), 연두(YG)의 중간색상을 추가하여 10가지 색상을 만든다.

(2) 10색상을 다시 10등분하여 100가지 색상을 만들어 숫자와 기호로 색상을 표시한다. 색상에 첨부되는 수치는 소수점도 가능하다.

(3) 기준이 되는 기본색은 숫자 5에 해당한다. 빨강(R)에 있어서는 기본색은 5R이 되며, 1R은 자주(RP)에, 10R은 주황(YR)에 가까운 빨강(R)을 나타낸다.

(4) 먼셀표색계의 색상환에서 180도 반대 방향에 위치하는 색은 서로 보색관계에 있으며, 두 색을 혼합하면 무채색이 된다.

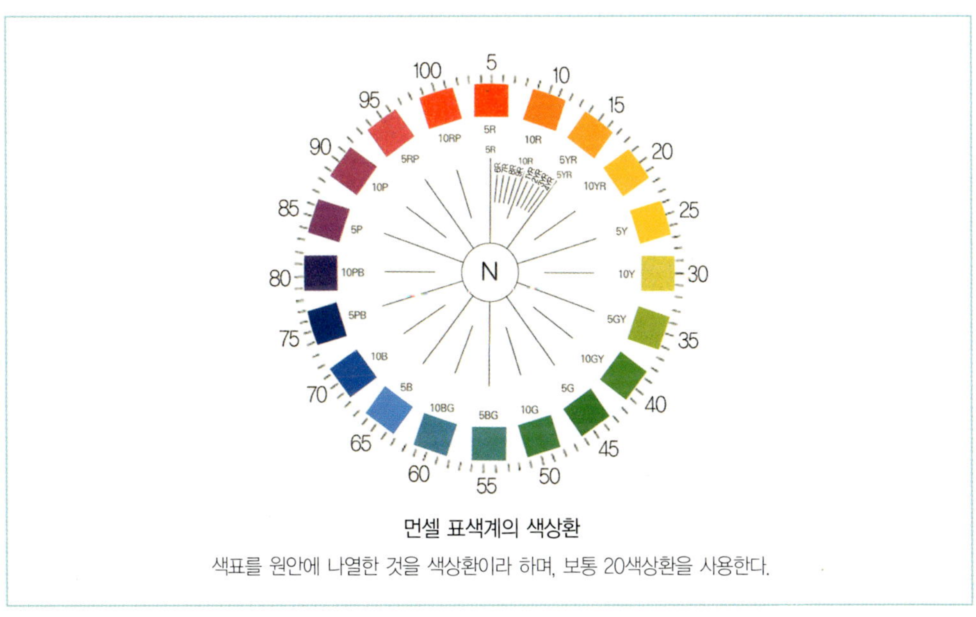

먼셀 표색계의 색상환

색표를 원안에 나열한 것을 색상환이라 하며, 보통 20색상환을 사용한다.

2. 먼셀의 명도(V, Value)

(1) 먼셀 밸류(Munsell Value)라고 표현하는 명도는 광택과 밀접한 관계가 있고, 빛의 반사율에 의한 색의 밝음 정도를 나타낸다.

(2) 명도는 무채색이라는 영어인 Neutral의 N을 약자로 하여 숫자를 붙여 0~10단계까지 총 11단계로 나누어져 있다. 1단계씩 변화하며 숫자가 높을수록 밝은 명도이고, 숫자가 작을수록 어두운 명도를 나타낸다.

(3) 명도는 단계에 따라 저명도 N1~N3과 중명도 N4~N6과 고명도 N7~N9로 구분한다.

(4) 명도단계에서 0을 이상적인 완전한 검정, 완전한 흰색을 10이라고 할 때 이는 현실적으로는 얻을 수 없는 색이다. 명도는 1단위로 구분하였으나 정밀한 비교를 감안하여 0.5단위로 나누어 재현 가능한 1 또는 1.5~9 또는 9.5까지의 단계를 사용하고 있다.

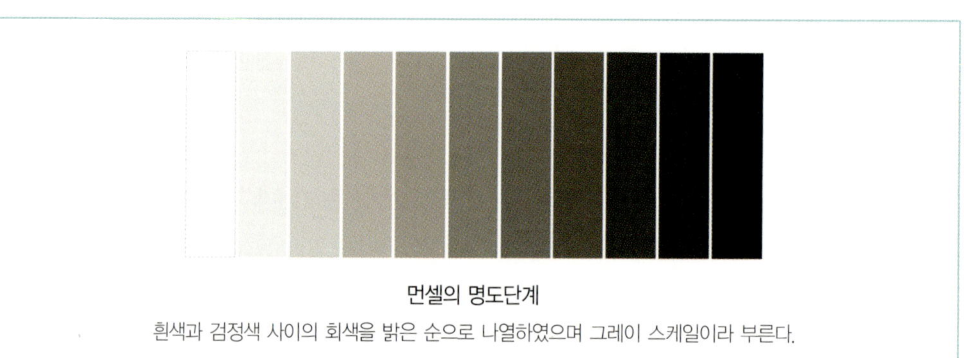

먼셀의 명도단계

흰색과 검정색 사이의 회색을 밝은 순으로 나열하였으며 그레이 스케일이라 부른다.

3. 먼셀의 채도(C, Chroma)

(1) 먼셀 크로마(Munsell Chroma)라고 불리는 채도는 색의 순수한 정도, 색의 강약을 나타내는 성질로서 색의 맑고 탁한 정도의 선명도를 가리킨다. 유채색의 순수한 정도를 뜻하기 때문에 순도라고도 한다.

(2) 먼셀의 채도는 무채색의 채도를 0으로 잡았을 때 2, 4, 6 등과 같이 2단위로 구분한다. 이것은 각 단계의 무채색에 어느 정도의 순색을 섞었는가에 대한 감각으로써 번호가 증가할수록 채도가 높아지게 된다.

(3) 먼셀 채도의 가장 큰 특징은 각 색상마다 채도가 차이를 보인다는 점이다. 예를 들면, 가장 채도가 높은 비비드(vivid)한 빨강(red)은 채도가 14인데, 같은 비비드 톤의 보라나 청록의 경우에는 채도가 9이다. 이것은 색료마다의 채도감이 다르기 때문이다. 새로운 색료의 개발로 더 높은 채도의 원색이 개발되었을 때에는 단계를 추가할 수도 있다. 이처럼 나무가 가지를 뻗듯이 늘어나는 특성 때문에 먼셀의 색입체를 먼셀 트리(Munsell Tree)라고도 부른다.

(4) 유채색 중 채도가 가장 높은 색으로는 채도 14의 노랑과 빨강을 들 수 있다. 명도와 채도가 가장 높은 색은 노랑이고, 채도가 높은 색은 빨강이다.

(5) 채도의 단계는 2단계씩 변화하도록 구성되었지만, 일반적으로 저채도 위주의 색을 많이 사용하므로 2, 3, 4, 5, 7, 9, 11, 13···과 같이 저채도의 채도를 더 세분화시켜서 사용되고 있다.

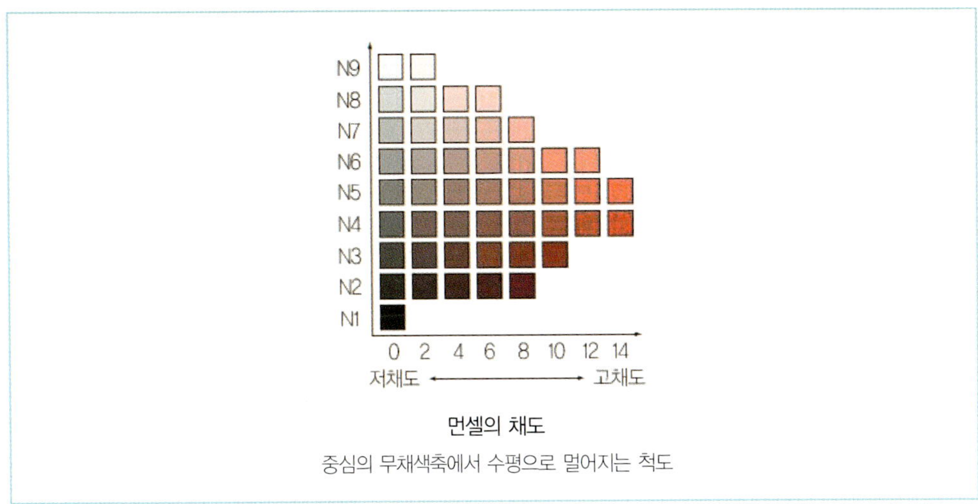

먼셀의 채도

중심의 무채색축에서 수평으로 멀어지는 척도

⭐ 먼셀의 색입체(Munsell color tree)

색의 3속성인 색상, 명도, 채도를 3차원의 공간에 시각적으로 고른 단계가 되도록 체계적으로 배열한 것으로, 실제 사용하고 있는 모든 물체색이 색입체에 포함되어 있다. 색상과 명도에 따라 채도 단계의 수가 다르기 때문에 전체적으로 일그러진 구의 형태를 띤다. 세로축에 무채색의 명도 단계를 중심으로 가로축에 방사선으로 채도단계를 배치하며, 원둘레가 다양한 색상으로 구성되어 있다. 모든 색상의 채도 위치가 달라 배색체계를 응용하기가 어려운 단점이 있다.

먼셀의 색입체

색의 삼속성에 기반을 두고 색채를 삼차원적 공간에 질서정연하게 계통적으로 배치한 삼차원적 표색구조물이다.

핵심 Plus

색입체의 구조

- **색상(원)** : 색입체의 바깥부분에 무채색을 중심으로 여러 가지 색상들을 둥글게 배치한다.
- **명도(수직선)** : 색입체의 중심축으로 무채색을 11단계로 나타낸다. 아래에서 위로 올라갈수록 명도가 높아진다.
- **채도(방사형)** : 색입체의 수평으로 위치하며 가운데에서 밖으로 나올수록 채도가 높아진다.

1. 색입체의 수직단면도(종단면도)

색입체의 수직단면은 세로로 절단된 단면을 뜻하며, 수직으로 잘라보면 같은 색상이 나타나므로 등색상면이라고도 한다. 가운데의 무채색 축을 중심으로 좌우에 반대색상의 흐름을 관찰할 수 있다. 동일 색상의 명도, 채도의 변화를 한눈에 볼 수 있으며, 각 색상 중 가장 바깥의 색이 순색이다.

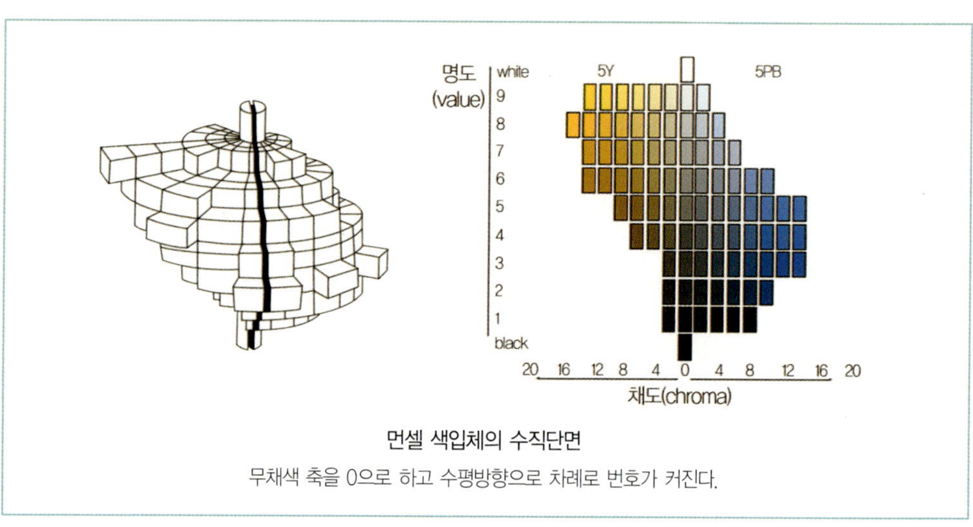

먼셀 색입체의 수직단면
무채색 축을 0으로 하고 수평방향으로 차례로 번호가 커진다.

2. 색입체의 수평단면도(횡단면도)

색입체의 수평단면은 가로로 절단된 단면을 뜻하며, 수평으로 잘라보면 같은 명도의 색이 나타나므로 등명도면이라고도 한다. 중심은 무채색이고 색상순으로 방사형을 이루고 있으며, 기준이 된 명도 가로축의 채도단계의 변화도 한눈에 볼 수 있다.

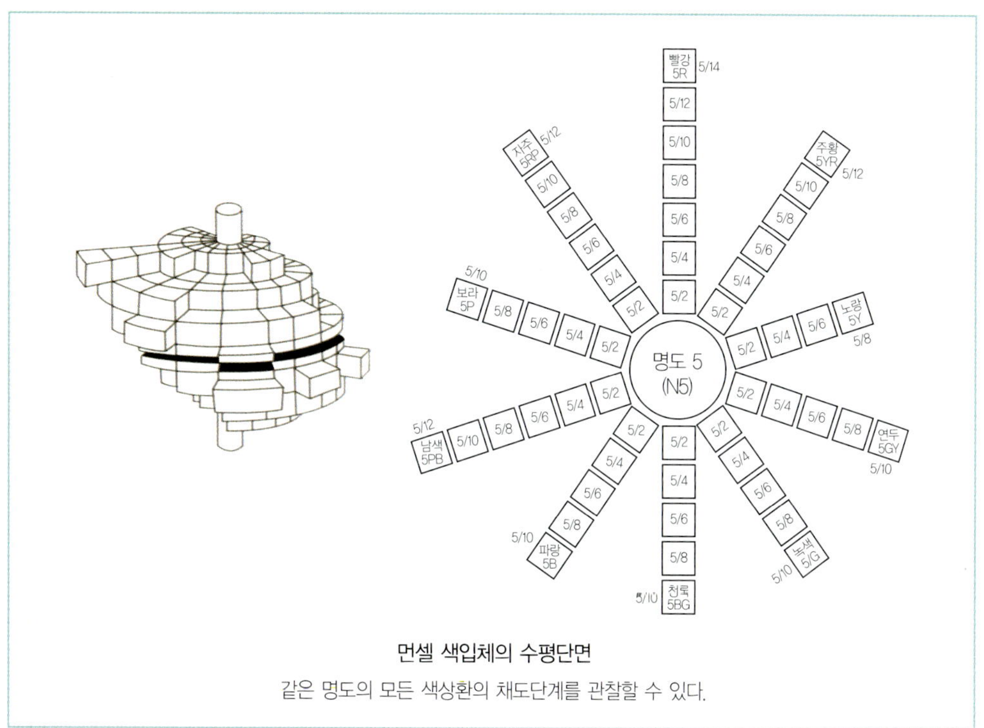

먼셀 색입체의 수평단면

같은 명도의 모든 색상환의 채도단계를 관찰할 수 있다.

⭐ 먼셀 기호의 표시법

먼셀의 표기기호는 색상을 휴(Hue), 명도를 밸류(Value), 채도를 크로마(Chroma)라고 규정하고, 기호를 H, V, C로 표기한다. 표기순서는 H V/C, 색상(H), 명도(V), 채도(C) 순으로 표기한다. 무채색은 N(Neutral)으로 뒤에 명도를 붙여 N1, N2, N3…으로 표기한다.

핵심 Plus

5R 4/14 (H V/C)

색상(H)은 5R, 명도(V)는 4, 채도(C)는 14라는 색

⭐ 먼셀표색계의 활용과 조화

1. 먼셀의 색채조화론

먼셀은 회전혼색에서 회색을 얻는 균형의 원리가 색채조화에 있어 기본이라고 여기고 중간 명도의 회색 N5가 색들을 균형 있게 해주기 때문에 각 색의 평균명도가 N5가 될 때 색들이 조화를 이룬다는 배색 조화론 원칙을 중심으로 한다. 먼셀의 N5의 중요성은 문–스펜서로 이어졌다.

2. 먼셀표색계의 조화 원리

(1) 중심점으로서의 N5에 무게중심이 잡혀진 배색은 조화롭다.

(2) 동일색상으로 명도나 채도의 정연한 간격으로 선택된 배색은 조화롭다.

(3) 중간채도인 채도 5의 반대색끼리는 같은 넓이로 배색할 때 조화롭다.

(4) 명도는 같고(특히 N5) 채도가 다른 반대색끼리는 약한 채도는 넓게, 고채도는 좁게 하면 조화롭다.

(5) 채도가 같으면서 명도가 다른 반대색끼리의 배색을 회색척도를 기준으로 정연한 간격으로 배색할 때 조화롭다.

(6) 명도와 채도가 모두 다른 반대색끼리의 배색을 회색의 척도를 기준으로 정연한 간격으로 배색할 때 조화롭다.

(7) 인접색상 또는 근접보색과 같이 서로 보색관계에 있지 않은 색들 또한 위의 법칙에 맞게 배색하게 되면 조화로움을 얻을 수 있다.

(8) 색채의 연속이 있는 그라데이션의 배색은 조화롭다.

(9) 한 색이 고명도이고 다른 한 색이 저명도일 경우, 세 번째 색은 두색의 중간 명도이면 어울리며 고명도 색상의 면적을 가장 적게 해주면 조화롭다.

(10) 색상이 다른 색채를 배색할 경우에는 명도와 채도를 같게 하면 조화롭다.

1 오스트발트 색체계의 이해

빌헬름 오스트발트(Wilhelm Ostwald : 1853~1932)는 독일의 화학자로서 색채학 강의를 하였으며 표색체계의 개발로 노벨상을 수상하였다. 오스트발트 색체계는 물체 표면색의 표본을 체계화한 혼색계의 컬러 시스템으로 1917년에 창안하여 발표한 20세기 전반의 대표적인 시스템이다. 이 색체계는 '조화는 질서와 같다' 라는 생각을 바탕으로 연구되었으며, 주로 회전혼색기의 색채 분할면적의 비율을 변화시켜 만든 여러 색들을 색표로 나타낸 체계이다. 먼셀체계가 감각적인 특성을 기초로 한데 비해 이론적으로 완전한 체계를 갖추기 위하여 혼합되는 색량의 비율로 색을 나타내었다. 유럽의 표준색체계로 사용되고 있는 NCS 색체계의 기초가 되었다.

2 오스트발트 색체계의 구조와 속성

 오스트발트 색체계의 구성

오스트발트 색채계는 모든 빛을 완전히 흡수하는 이상적인 검정색(Black)과 모든 빛을 완전히 반사하는 이상적인 흰색(White) 그리고 특정 파장의 빛만을 완전 반사하고 나머지 파장은 흡수하는 이상적인 순색(Color)이라는 현실에는 존재하지 않는 세 가지 완전색을 가정하고, 이 요소들을 회전혼색기를 통해 혼합한 비율(B + W + C = 100%)로 색을 표현한다.

오스트발트의 등색상 삼각형이라고 불리는 세 가지 기본 구조인 정삼각형의 좌표로 표기하며, 여기서 색의 변화는 '감각량은 자극량의 대수값에 비례한다' 고 하는 페흐너(G. T. Fechner)의 법칙을 적용하여 지각적 차이가 감각의 고른 간격을 얻고 있다.

1. 오스트발트 색체계의 색상

(1) 오스트발트는 헤링의 반대색설에 따라 Yellow, Ultramarine Blue, Red, Sea Green을 기본으로 하며, 기본색을 혼색하여 Orange, Purple, Turquoise, Leaf Green 8색상을 정했다. 기본 8색상을 3등분하고 숫자를 붙여 24색상환을 사용하고 있다.

(2) 오스트발트 색체계가 실제로 색표화되었던 1923년에는 오스트발트 색채아트라스, CHM(Color Harmony Manual)이라고 불렀다. 이것은 색표를 뽑아서 사용하기 편리하도록 아세테이트칩으로 만들었는데 앞뒤가 광택과 무광택으로 이루어져 있다.

(3) CHM에서는 색상의 고른 단계를 위해 색상을 추가 보완하였는데, 6색($6\frac{1}{2}$, $7\frac{1}{2}$, $12\frac{1}{2}$, $13\frac{1}{2}$, $24\frac{1}{2}$, $1\frac{1}{2}$)이 첨가되어 총 30색상을 사용하고 있다.

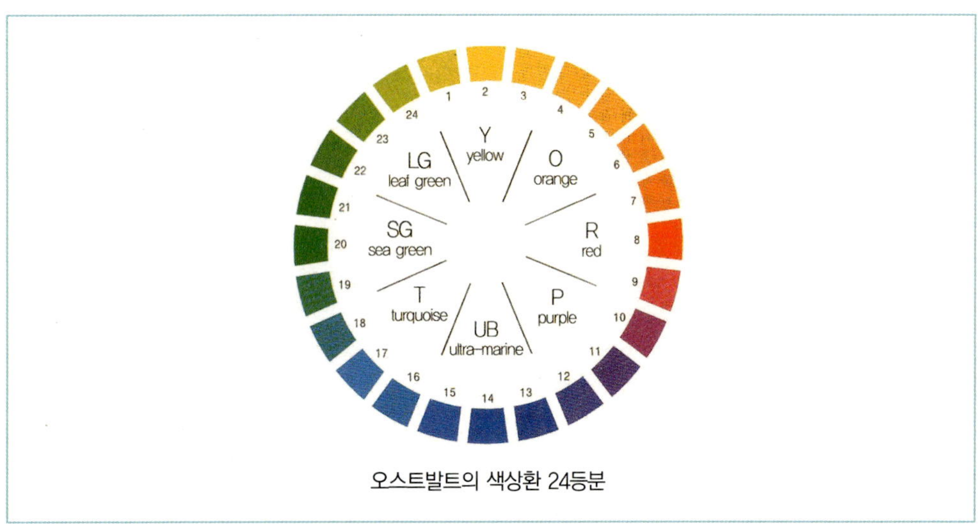

오스트발트의 색상환 24등분

2. 순색과 톤

무채색 축을 수직면으로 하여 완전 흰색, 완전 검정, 순색을 각각 꼭지점으로 하는 정삼각형을 구성하고 그 내부면에 혼합량의 비율에 따라 등백 계열, 등흑 계열, 등순 계열 별로 배열하면 하나의 등색상면이 된다. 등색상면에서 검정량(B) + 흰색량(W) + 순색량(C) = 100이기 때문에 검정량과 흰색량은 a, c, e, g, i, l, n, p로 정해지며 그 양에 따라 순색량이 정해진다. 먼셀과는 다르게 오스트발트는 색량의 비율로 색을 나타내기 때문에 흰색이 색의 범주에 든다.

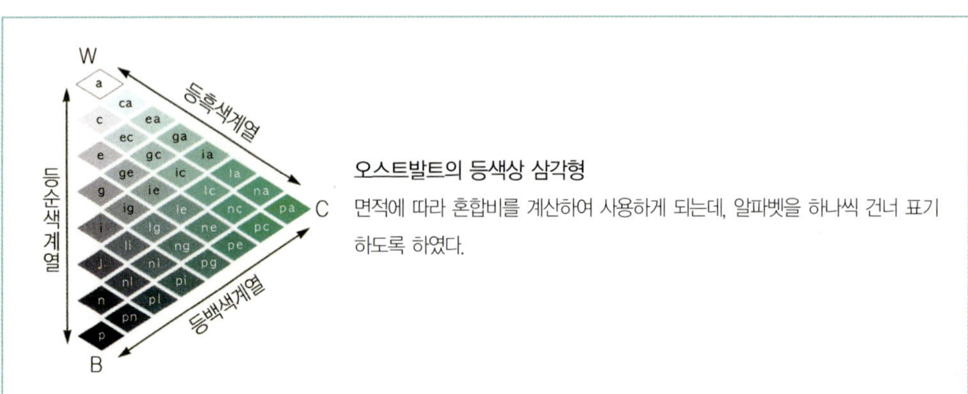

오스트발트의 등색상 삼각형
면적에 따라 혼합비를 계산하여 사용하게 되는데, 알파벳을 하나씩 건너 표기하도록 하였다.

오스트발트 기호와 혼합비(* j는 없음)

기호	a	c	e	g	i	l	n	p
흰색량(W)	89	56	35	22	14	8.9	5.6	3.5
검정량(B)	11	44	65	78	86	91.1	94.4	96.5

⭐ 오스트발트 색체계의 색입체

24색상환이 등색상 삼각형과 결합하여 원뿔 2개를 맞붙여 놓은 쌍원추체 또는 복원추체 형태의 색입체가 구성된다. 같은 기호인 색이라 하더라도 명도나 채도가 일치하지 않으며, 색의 단계가 시각적으로 고르게 나타나지 않는다.

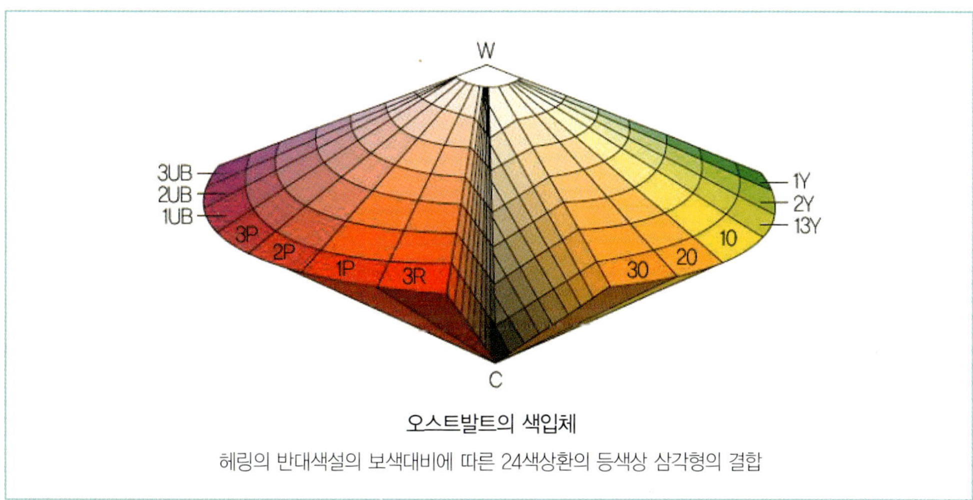

오스트발트의 색입체

헤링의 반대색설의 보색대비에 따른 24색상환의 등색상 삼각형의 결합

⭐ 오스트발트 색체계의 구조

오스트발트 표색계가 대칭(symmetry)으로 구성되어 있는 것은 '조화는 질서와 같다' 는 발상에 따르기 때문이다. 동색조의 색을 선택하고 싶을 때 쉽게 찾아낼 수 있다. 오스트발트 색입체는 무채색 축을 중심으로 수평으로 절단하면 흰색량과 검정량이 같은 28개의 등가색환 계열(링스타)이 된다.

1. 등흑 계열(isotints)

이상적인 White와 이상적인 Color의 사선과 평행선상에 있는 색으로 검정량이 모두 같은 색의 계열을 말한다. aa, ca, ea, ga, ia, la, na, pa와 같이 W와 C사이를 말한다.

2. 등백 계열(isotones)

이상적인 Black과 이상적인 Color의 사선과 평행선상에 있는 색으로 흰색량이 모두 같은 색의 계열을 말한다. pa, pc, pe, pg, pi, pl, pn, pp와 같이 C와 B사이를 말한다.

3. 등순 계열(isochromes)

등색상 삼각형에서 화이트와 블랙의 평행선상에 있는 색으로 순색량이 모두 같은 색의 계열을 말한다.

4. 등가색환 계열(isovalent series)

링스타(ring star)라고 부르고 무채색 축을 중심으로 하여 흰색량과 검정량이 같은 28개의 등가색환 계열을 말한다.

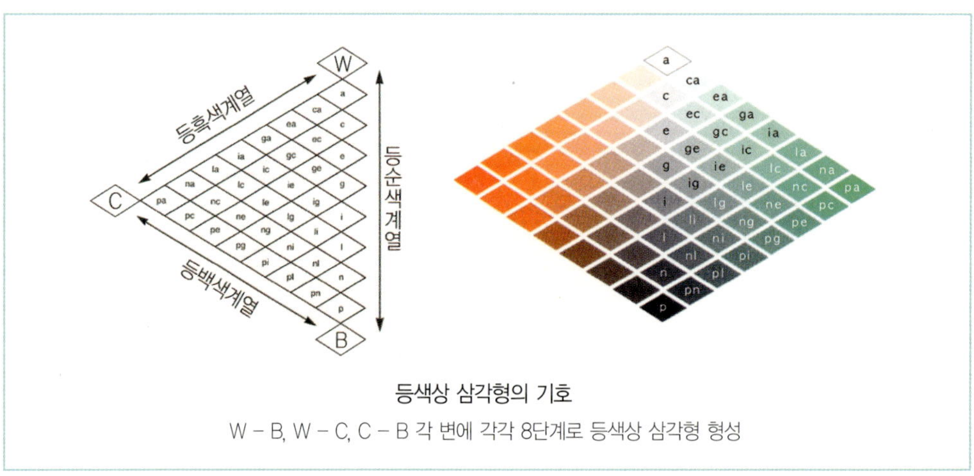

등색상 삼각형의 기호

W − B, W − C, C − B 각 변에 각각 8단계로 등색상 삼각형 형성

⭐ 오스트발트의 기호 표기법

오스트발트의 색체계에서는 명도와 채도를 따로 분리하여 표시하지 않는다. 모든 색은 '순색 + 흰색 + 검정 = 100%' 라는 공식에 따라 흰색의 함량과 검정의 함량을 기호로 표시하여 나타낸다. 색상의 영문기호는 생략하고, 번호만을 표시한다. 색상기호, 흰색량(W), 검정량(B) 순으로 표기한다.

핵심 Plus

14gc의 의미

14 = 색상기호, g = 흰색량, c = 검정량 순으로, 색상기호가 14인 남색계열의 색상, 흰색량 22%, 검정량 44%를 의미한다. 각 단계를 같은 정도의 변화로 만들기 위해 오스트발트가 제시한 각 기호별 흰색과 검정의 함량 표시는 다음과 같다.

기호	a	c	e	g	i	l	n	p
흰색량(W)	89	56	35	㉒	14	8.9	5.6	3.5
검정량(B)	11	㊹	65	78	86	91.1	94.4	96.5

흰색량(W) + 검정량(B) + 순색량(C) = 100%이므로 순색량은 100 − 22 − 44 = 34%가 된다.

⭐ 오스트발트 색체계의 활용과 조화

1. 오스트발트의 조화 원리

오스트발트의 색채체계는 매우 조직적이기 때문에 배색의 방법이 명쾌하다. 1918년《색채의 조화》를 발표하여 '조화란 질서와 같다' 라는 정의를 실천하면서 매우 명쾌하고 조직적인 조화론을 펼쳤다.

배색이 조화를 이루려면 그 색의 관계가 오스트발트 색입체 가운데서 계통적인 법칙에 따라 어울려야 한다. 오스트발트 색체계는 체계에 맞는 색표집이 없이는 조화론을 이용하기 어려운 결함을 가지고 있으나 기하학적인 도형과 논리적이고 규칙적인 조화를 원칙으로 한다.

2. 무채색의 조화

조화는 질서와 동일하고, 배색의 조화는 배색의 법칙에 따라 결합하는 것이다. 무채색의 단계에서 같은 간격의 색채를 선택해 나열하거나 a − c − e, a − e − i 등과 같이 간격을 일정하게 회색 단계를 선택하여 배색하면 회색조화를 얻을 수 있다. 2~3가지 이상의 색이 회색으로 나타날 경우 무채색 계열로써 등간격이 잘 조화된다.

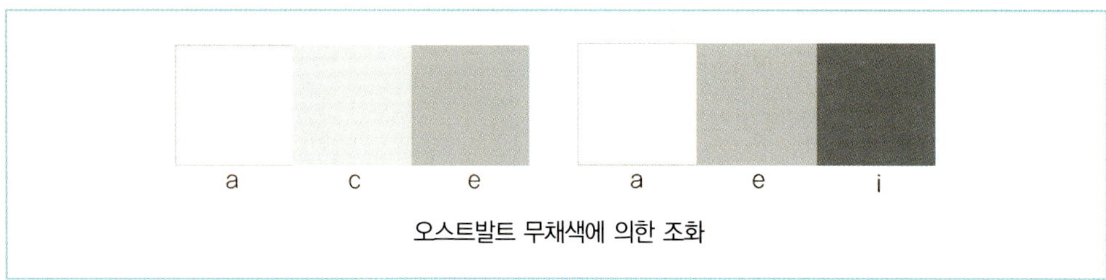

오스트발트 무채색에 의한 조화

3. 단색상의 조화

(1) 동일한 색상의 색삼각형 내에서의 색채조화를 단색 조화라고 하며 등백, 등흑, 등순, 등색상의 조화 등이 있다.

(2) 등백 계열의 조화는 백색량이 같은 계열의 조화이다. 기호의 앞 문자가 같은 색들은 일정한 간격으로 배색하면 서로 조화롭다.

(3) 등흑 계열의 조화는 흑색량이 같은 계열의 조화이다. 기호의 뒤 문자가 같은 색들은 일정한 간격으로 배색하면 서로 조화롭다.

(4) 등색상 삼각형의 수직축과 평행선상의 색을 등순계열이라고 하며, 등순 계열의 조화는 순색량이 같은 색채를 수직선 내에 일정 간격으로 선택하면 그 배색은 조화를 이룬다.

(5) 등색상 계열의 조화는 색상은 같고 가치가 다른 색들의 조화이다. 등흑, 등백, 등순계열의 조화법을 조합하면 선택된 색들 간에 조화가 이루어진다.

(6) 등가색환에서의 조화는 흰색량과 검정량이 같고 색상이 다른 계열의 조화이다. 오스트발트의 색입체를 수평으로 잘라 그 단면을 살펴보면 성질(검정량, 흰색량, 순도량)이 같은 24개의 등가 색상환이 생기게 된다.

(7) 등가색환에 위치한 색들이 등가색환 위에서의 거리가 2, 3, 4이하의 간격대로 색상차이가 가까우면 유사조화를 느끼게 되고, 색상의 차이가 6, 8간격대 조화는 이색의 조화(중간대비)라고 한다. 색상의 차이가 12로, 색상환에서 마주보는 위치에 있는 배색은 반대색의 조화(보색조화)를 느끼게 된다.

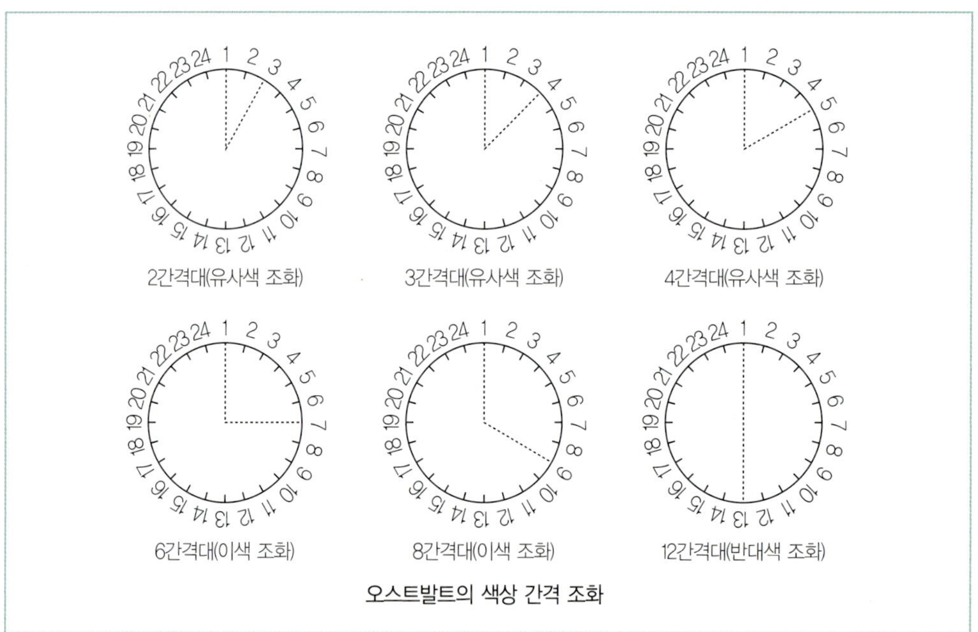

오스트발트의 색상 간격 조화

(8) 유채색과 무채색의 조화는 어떤 색과 그 색을 포함하는 등백색 또는 등흑색의 회색 계열의 조화이다. 즉 어떤 기호의 색과 그 기호의 앞 뒤 문자가 같은 선상에 있는 관계의 색은 조화롭다.

(9) 어떤 순색과 검정, 흰색은 조화된다.

4. 다색조화(윤성조화)

색입체 속에 한 색을 지나는 수직선과 그 위 평행하는 선, 그 아래에 평행하는 선, 수평으로 자른 원은 모두 조화가 잘 된다. 이를 다색조화 또는 윤성조화라고 한다. 오스트발트 색입체의 등색상 삼각형 안에 있는 하나의 색을 지나는 등백색, 등흑색, 등순색, 등가색환 계열의 선상에 놓여 있는 색은 모두 조화로우며 조화색은 모두 37개이다.

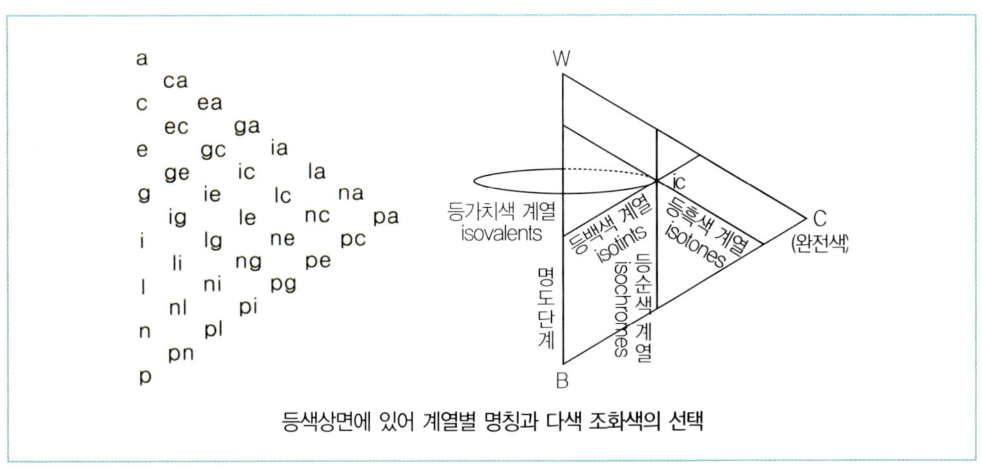

등색상면에 있어 계열별 명칭과 다색 조화색의 선택

1 CIE의 색채 규정

국제적으로 색채표준을 정의하기 위해 전문가들이 모여 구성된 것이 국제조명위원회(CIE)이다. CIE(Commission Internationale de L' Eolairage)는 국제기관, 국제전기표준회의, 국제표준화기구(ISO)와 상호 협력하여 빛과 조명에 관해서 국제적 권위를 가지고 관련 규격을 만들고 있다.

1931년 국제조명위원회(CIE : Commission Internationalede I' Eclirage)에서는 가법혼색의 원리를 기본으로 빛의 혼색에 기초한 색표시 방법인 CIE 색체계를 발표하였다. 광원과 관찰자에 대한 색측정의 공통 규격을 표준화하고 표준광원에서 표준관찰자에 의해 관찰되는 색을 수치화하여 객관화한 과학적인 색체계이다.

 1931년 CIE 체계

CIE 표색계는 1931년 처음 개발되어, XYZ표색계, Yxy표색계, RGB표색계를 발표했다. 빛의 3원색 이론을 기반으로 빨간색(R), 녹색(G), 파란색(B)의 실제 원색과 세 가지 수치적 원색인 X, Y, Z를 정의하고, 색채를 X, Y, Z 세 가지 자극치의 값으로 나타내어 입체적인 색채 공간을 형성하였다.

가법혼색에 근거하여 스펙트럼 분포 특성에 의해 색을 분석하고 이 스펙트럼으로 실존하는 모든 색을 나타낼 수 있다. 이 때 물체의 색은 조명 광원의 분광특성, 물체의 반사특성, 눈의 감도특성에 의해 결정된다. 여기에 사람 눈의 색지각 특성인 시감세포의 표준 감도가 고려되면, 색이 인지되는 자극량인 X, Y, Z 삼자극치로 산출된다. X는 빨간색의 자극치, Y는 녹색의 자극치로 명도 값을 나타내고, Z는 파란색의 자극치에 일치한다.

삼각좌표 위에서 어떤 색의 좌표상의 위치를 나타내는 색도도를 만들고 이를 이용하여 색을 표시한다. 삼자극치 XYZ로부터 색도좌표인 x, y는 다음과 같이 구할 수 있다.

$$x = \frac{X}{X+Y+Z}, \quad y = \frac{Y}{X+Y+Z} \qquad X, Y, Z : 삼자극치$$

XYZ표색계는 모든 측색기의 기본 계산 방식이 되며 3자극 값 XYZ에서 각종 표색계에 수치 계산으로 변환할 수 있으나 수치상으로만 표시되어 색의 지각을 전혀 할 수 없다. CIE XYZ 체계는 수치적으로 나타나는 색의 속성을 색도도상에서 이해할 수 있도록 고안된 CIE Yxy, CIE LUV 체계와 호환된다. 현재 공업제품의 색채관리나 색채 연구 분야 등에서 널리 이용되고 있으며, 색의 차이를 구할 때에도 중요하다.

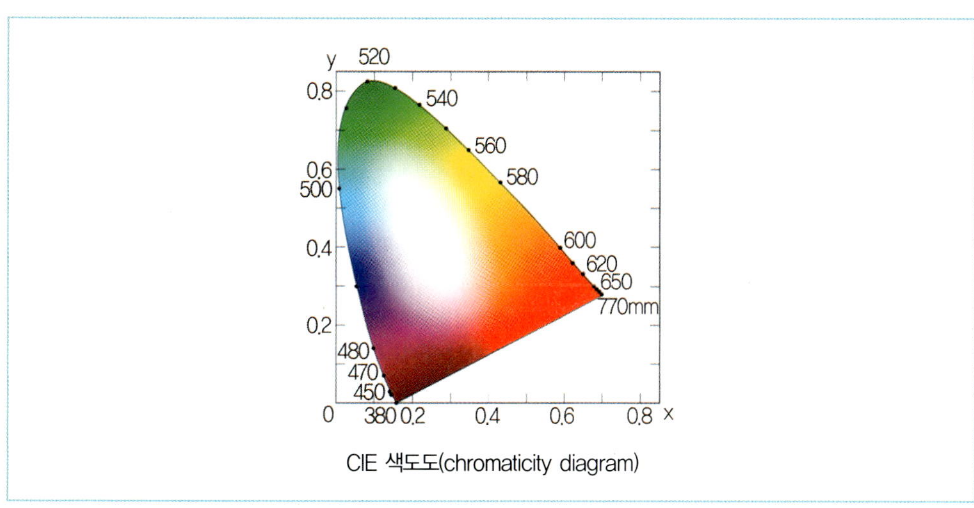

CIE 색도도(chromaticity diagram)

핵심 Plus

CIE 색도도(chromaticity diagram)의 특징

- 말발굽 모양의 곡선은 스펙트럼 궤적(spectrumlocus)이라 하고 아랫변의 직선은 스펙트럼 궤적의 양끝을 연결한 직선으로 순자주 궤적(purple boundary)이라고 한다.
- 실존하는 모든 색을 나타내며, 백색광은 색도도의 중앙에 위치한다.
- 내부의 궤적선은 색온도의 변화를 나타낸다.
- 두 색을 혼합하면 흰색이 되는 보색은 백색점(C)를 사이에 두고 서로 마주보고 있다.
- 색도도 바깥둘레의 한 점과 백색점(C)을 잇는 선 위에는 포화도만으로 된 색의 변화가 나타난다.

⭐ CIE LAB(L*a*b*) 색공간(1976)

1976년 XYZ모델을 기초하여 균등성이 있는 표색계로 조정하여 Yxy를 새로운 변수인 L*a*b* 로 변환, 개량한 것이다. CIE LAB는 CIE에서 정의한 색오차와 색차이의 표현이 가능하고, 지각적 균등한 간격을 가진 색공간의 표시방법을 말한다.

이 표색계는 구의 형태이며, L을 축으로 100은 흰색, 0은 검정색으로 밝고 어두움을 나타낸다. 원의 지름을 중심으로 해서 a*b* 는 색의 방향을 나타낸다. Red와 Green에 이르기까지의 색의 범위는 a*, 즉 +a* 는 빨간색 방향이고 −a*는 녹색 방향을 나타낸다. Yellow에서 Blue까지의 색의 범위는 b*이고 +b*는 노란색 방향, −b*는 파란색 방향을 나타낸다. CIE L*a*b* 체계는 인간이 색을 인지하는 특성과 닮아 조색분야에서 가장 보편적으로 이용되고 있다.

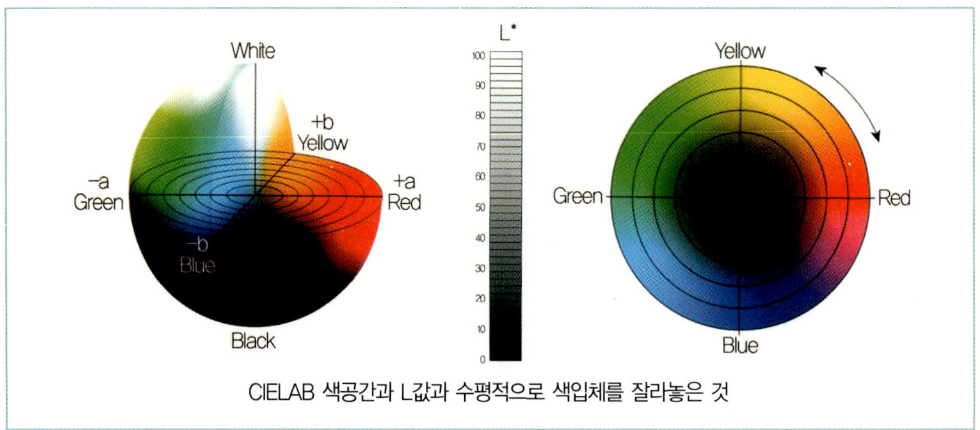

CIELAB 색공간과 L값과 수평적으로 색입체를 잘라놓은 것

⭐ CIE LUV(L*u*v*) 색공간(1976)

CIE LUV 색공간은 Yxy 색표계에서 지각적 등보성을 보완한 색공간으로, 컬러 텔레비전과 컬러 사진에서의 색과 색재현의 특성화를 위해 자주 사용되었다.

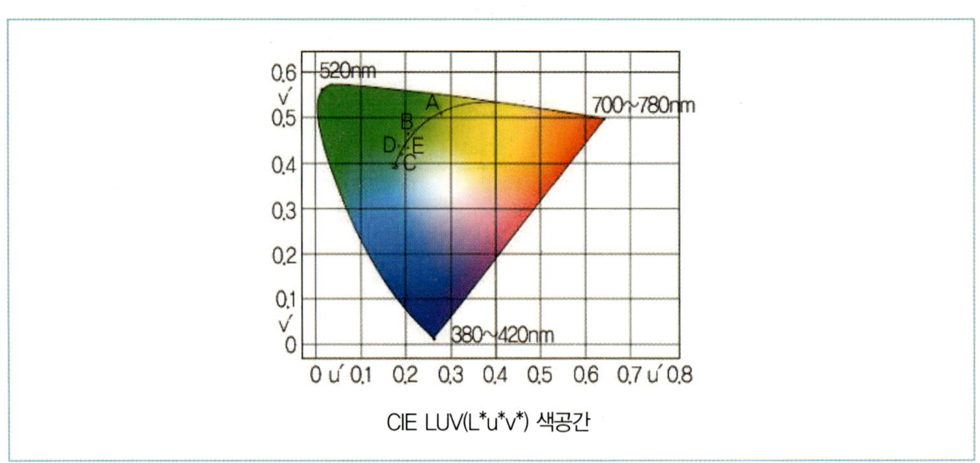

CIE LUV(L*u*v*) 색공간

2 NCS(Natural Color System)

1972년 스웨덴 색채연구소에서 개발되어 유럽 표준으로 지정된 NCS(Natural Color System) 색체계는 인간의 색지각 원리를 설명하는 헤링의 4원색설을 기초로 완성된 색체계이다. 많은 건축가와 디자이너들

이 동참하여 색채 사용방법과 전달방법을 발전시켰다. 현재 유럽을 비롯한 전 세계에서 색의 지각량을 문제로 하는 색채심리, 건축, 디자인 등의 여러 색채분야에서 널리 사용되고 있다. 국내에도 환경색채분야에서 인천국제공항과 타워팰리스 등에 적용되면서 그 사용이 점차 확대되고 있는 추세이다.

⭐ NCS의 기본구조

NCS(Natural Color System)은 인간이 색을 어떻게 보는가에 기초하여 완성한 논리적인 색체계이다. 또한, NCS를 이용하면 상상할 수 있는 모든 컬러를 NCS 기호로 표현할 수 있다. 헤링이 고유색이라고 생각했던 6개의 완전한 흰색(W), 검은색(S), 노란색성(Y), 빨간색(R), 파란색(B), 녹색성(G) 속성을 기준으로 한 기본색의 심리적인 지각비율의 혼합비로 표현되며, 그 요소의 합은 항상 더해서 100이 된다.

> 100 = S + W + R + Y + B + G

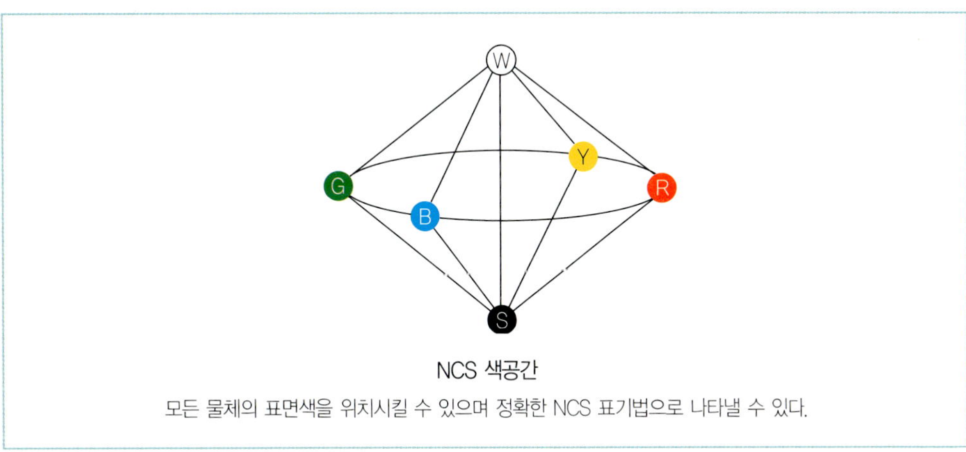

NCS 색공간

모든 물체의 표면색을 위치시킬 수 있으며 정확한 NCS 표기법으로 나타낼 수 있다.

NCS 색입체는 오스트발트의 색체계와 같은 원리로 3차원의 원추량 입체로 구성되어 있다. 한 가지 색상에 대한 흰색량, 검정량, 순색량의 포화도를 알 수 있는 색삼각형이 40단계의 색상에 대해 환으로 구성되어 원추형 입체를 띤다.

1. NCS 색상환 : 색상(Colour)

NCS 색상환은 헤링의 반대색설의 기본색인 노랑(Yellow), 파랑(Blue), 빨강(Red), 녹색(Green)의 4가지 색상을 기본으로 각 색상을 다시 10단계로 구분한다. 기본색상을 0부터 100까지 10씩 증가시켜 10단계로 나누어 모두 40가지의 색상으로 구분하고 있다.

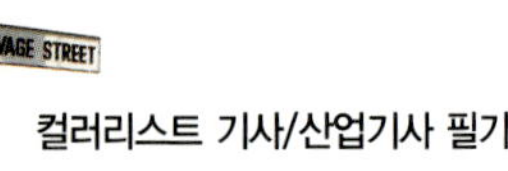

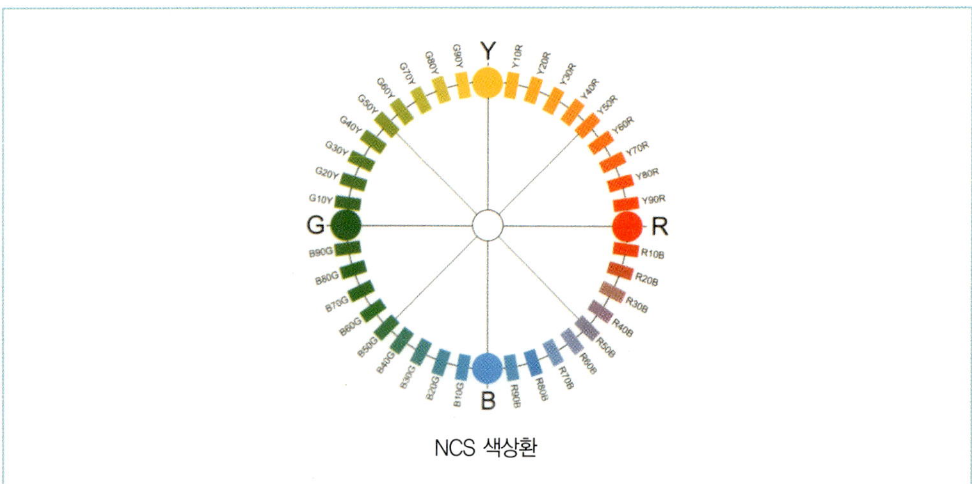

NCS 색상환

2. NCS 색상삼각형 : 뉘앙스(Nuance)

NCS 색상삼각형은 오스트발트의 색공간과 유사한데, 동일색상에 대한 명도와 채도 변화를 한눈에 볼 수 있다. W-흰색량(Whiteness), S-검정량(Schwarz=Blackness), C-순색량(Chromaticness)가 삼각형의 세 꼭지점에 위치하여 색삼각형의 기본구조를 이룬다. 흰색량, 검정량, 순색량으로 표현되는 NCS 색체계는 이 세가지 속성의 양이 같으면 어떤 색상이든지 그 색에서 느껴지는 뉘앙스(톤 개념)가 같다.

명도의 단계는 총 10단계로 구분되며, 검정색도가 어느 정도인지에 따라서 무채색의 정도를 표현한다. 채도는 무채색을 순색량의 10%에서 100%까지 총 10단계로 구분되어 표시된다.

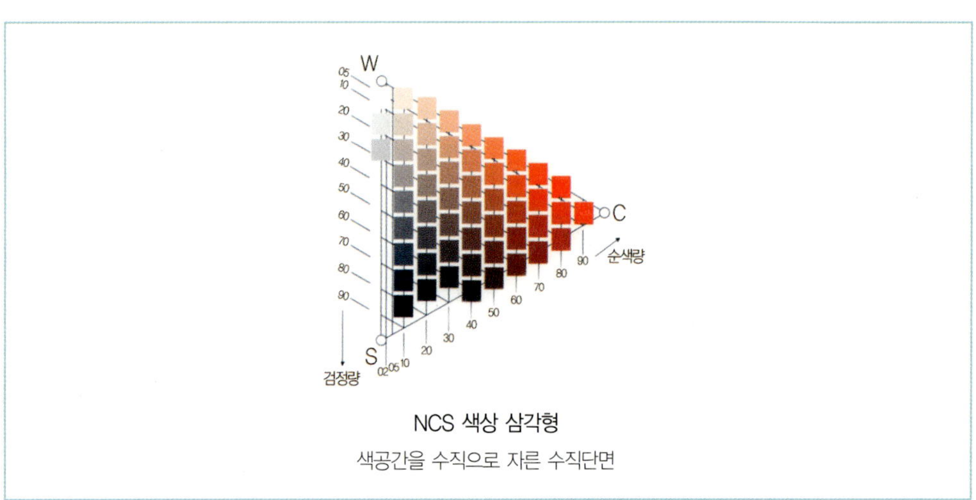

NCS 색상 삼각형
색공간을 수직으로 자른 수직단면

⭐ NCS 색체계의 표기방법

NCS 색체계에서는 흰색량, 검정량, 색상 순으로 표기한다. 주어진 색에 대해, 흰색량(Whiteness), 검정량(Blackness), 순색량(Chromaticness)의 합은 항상 100으로 가정한다.

무채색을 표시할 때는 검정량만을 표시하고, 순색량에는 00으로 표기하면 된다. 흰색 0500-N, 회색 1000-N, 1500-N, 2000-N 등으로 표기하며 검정은 9000-N으로 표기한다.

핵심 Plus

S3050-Y10R

- 30%의 검정량, 50%의 순색량, 빨간색이 10% 포함된 노란색을 말한다.
- 여기서 '검정량 + 순색량 = Nuance(뉘앙스 = 톤의 개념)' 이고, '흰색량(W) = 100 − 검정량(S) + 순색량(C)' 으로 알 수 있다.
- 색상만 표기할 경우 '-Y10R' 로 표기한다.
- 앞머리의 S는 NCS 색견본 두 번째 판(Second Edition)을 의미한다.

실무 Tip · NCS 적용사례

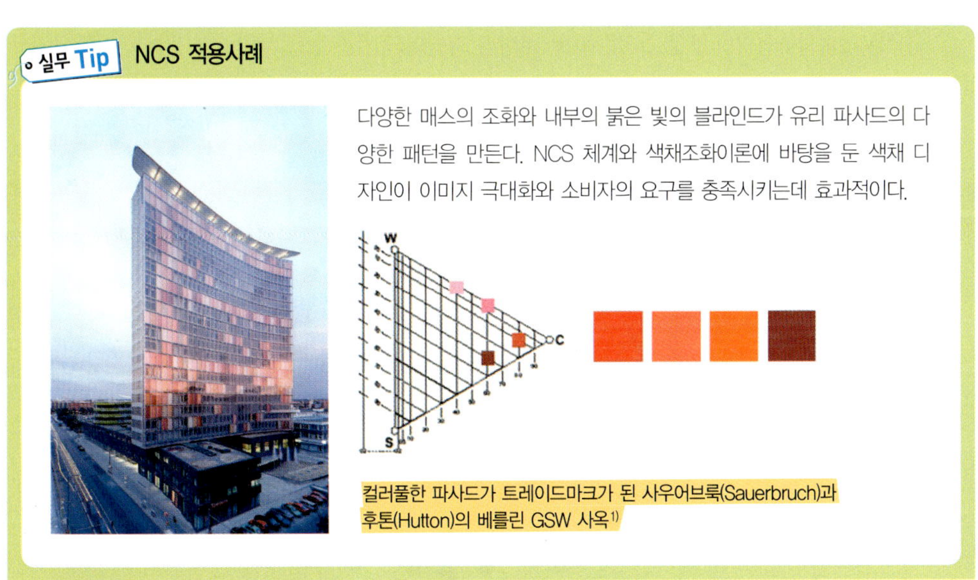

다양한 매스의 조화와 내부의 붉은 빛의 블라인드가 유리 파사드의 다양한 패턴을 만든다. NCS 체계와 색채조화이론에 바탕을 둔 색채 디자인이 이미지 극대화와 소비자의 요구를 충족시키는데 효과적이다.

컬러풀한 파사드가 트레이드마크가 된 사우어브룩(Sauerbruch)과 후톤(Hutton)의 베를린 GSW 사옥[1]

---

1) EKN 뉴스, 유로저널, 박치원의 건축칼럼

1 PCCS(Practical Color Coordinate System)

⭐ PCCS(Practical Color Coordinate System)의 기본구조

색채조화를 주요 목적으로 하여 개발된 것으로, 1946년에 일본 색채연구소가 발표한 컬러 시스템이다. 주로 색채 교육 및 배색계획과 마케팅용 자료로 이용되고 있는 색체계이다. 일본색연배색체계(Practical Color Coordinate System)로, 국제적으로는 PCCS라는 약칭으로 알려져 있다.

1. PCCS 색상

색상은 헤링의 4원색인 빨강, 노랑, 녹색, 파랑을 색영역의 기준축으로 하여 그 색의 심리보색을 반대편에 위치시킨 다음, 지각적으로 흐름이 비슷하도록 4색을 추가하여 총 12색을 2등분한 24색상으로 구분하였다.

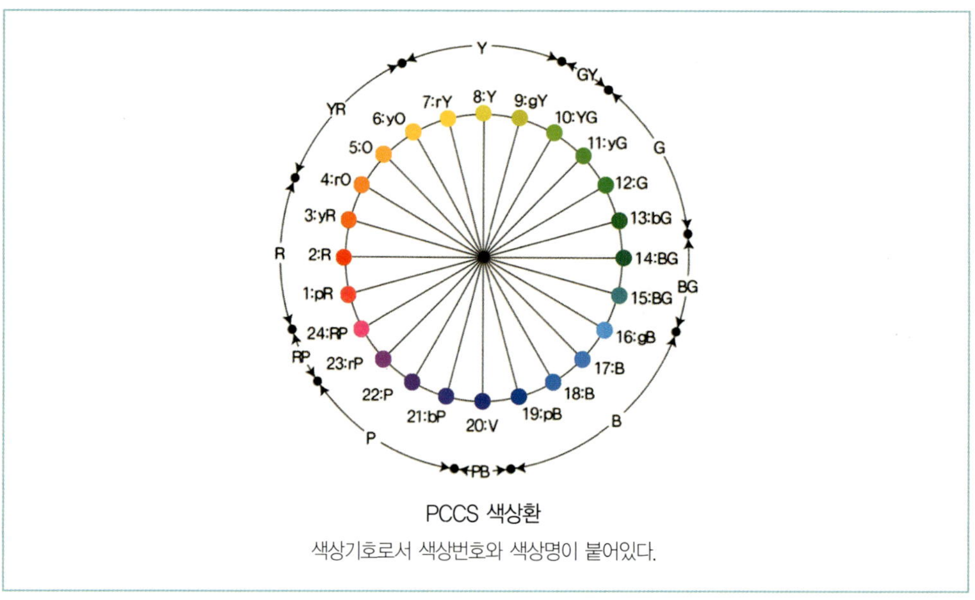

PCCS 색상환
색상기호로서 색상번호와 색상명이 붙어있다.

PCCS의 색상기호

색상기호	계통색명 (일본명)	계통색명 (영문명)	색상기호	계통색명 (일본명)	계통색명 (영문명)
1 : pR	보랏빛의 빨강	purplish red	13 : bG	푸른빛의 초록	bluish green
2 : R	빨강	red	14 : BG	청록	blue green
3 : yR	노란빛의 빨강	yellowish red	15 : BG	청록	blue green
4 : rO	붉은빛의 주황	reddish orange	16 : gB	초록빛의 파랑	greenish blue
5 : O	주황색	orange	17 : B	파랑	blue
6 : yO	노란빛의 주황	yellowish orange	18 : B	파랑	blue
7 : rY	빨간빛의 노랑	reddish yellow	19 : pB	보랏빛의 파랑	purplish blue
8 : Y	노랑	yellow	20 : V	청자(靑紫)	violet
9 : gY	초록빛의 노랑	greenish yellow	21 : bP	푸른빛의 보라	blunish purple
10 : YG	황록	yellow green	22 : P	보라	purple
11 : yG	노란빛의 초록	yellowish green	23 : rP	붉은빛의 보라	reddish purple
12 : G	초록	green	24 : RP	적자(赤紫)	red purple

2. PCCS 명도

명도는 지각적 등보도성에 근거하여 흰색과 검은색 사이를 5단계로 나누고 그 사이를 0.5단계씩 계속 분할하여 17단계로 구분한다.

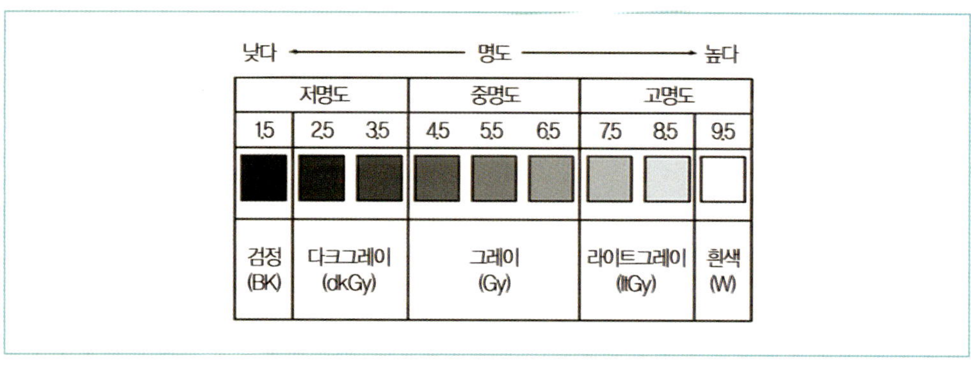

3. PCCS 채도

채도는 Saturation의 s로 표기하며 오스트발트 색체계나 NCS처럼 지각적 등보성 없이 9단계로 구성한다. 각 색상의 순색을 10s로 정의하고 색표로 재현할 수 있는 선명한 색을 9s로 정한다.

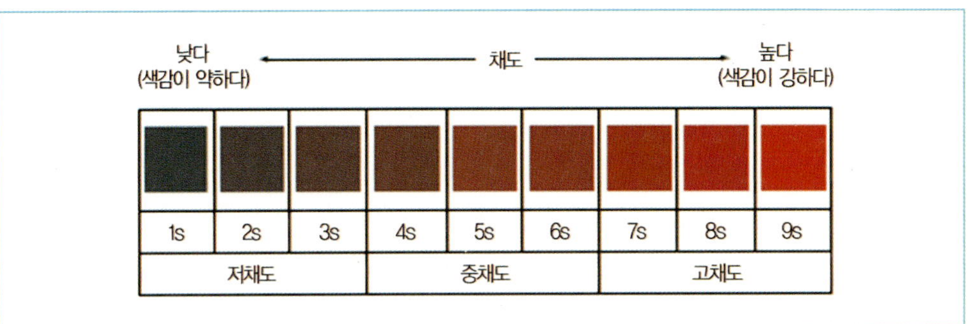

4. PCCS 톤

명도와 채도의 복합개념이며 톤의 색공간을 설정한다.

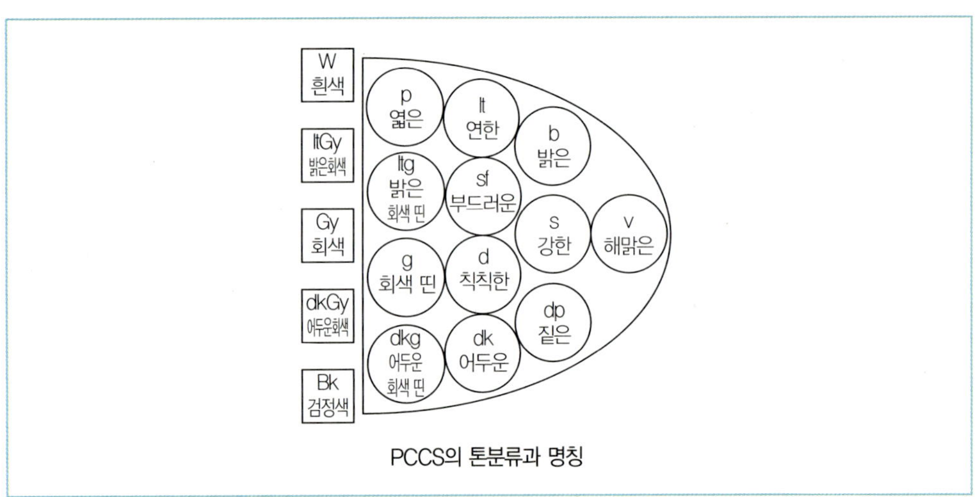

PCCS의 톤분류와 명칭

⭐ PCCS의 표기방법

3속성의 기호 표시 방법과 계통색명에 따라 표시하는 2가지가 있다. PCCS의 색을 색상, 명도, 채도의 기호 순서대로 나타내면 다음과 같다.

> 2 : R – 4.5 – 9s
> 색은 색상환에서 두 번째에 해당하는 R로 명도는 4.5, 채도가 9인 색을 의미한다.

2 DIN(Deutsches Institute fur Normung)

⭐ DIN 색체계의 기본구성

오스트발트 체계를 기본으로 하여 실용화에 주안점을 두고 개발된 독일의 표준기관인 DIN에서 도입한 독일공업규격 색표계이다. 물체색을 체계적으로 배열하였고, 색상, 포화도, 암도의 3가지로 분류하고 있다.

1. 색상(T, Bunton)

색상은 오스트발트 표색계와 같은 24색상이다.

2. 포화도(S, Sattigung)

포화도의 정도는 무채색 0부터 가장 순색인 15까지 총 16단계이다.

3. 암도, 어두운 정도(D, Dunkelstufe)

암도는 0~10의 범위로서 어두운 정도(Dunkelstufe)가 10인 색은 이상적인 검정이며, D가 0이고, S가 0인 색은 이상적인 흰색을 나타낸다. 색표에서는 1~8까지 재현하고, 0.5스텝으로 나누기도 한다.

⭐ DIN의 표기방법

DIN 표기는 T : S : D 순서로서 색상(T), 포화도(S), 암도(D)의 3속성을 사용하고, T = 2, S = 3, D = 4로 표기한다. 3가지의 속성은 '·' 을 사용하여 숫자만으로도 표기가 가능하다.

3 JIS, CCIC, RAL, OSA 색체계

 JIS(Japan Industrial Standard)

JIS표색계는 일본 공업규격(Japan Industrial Standard)으로서 우리나라의 한국표준색과 같이 먼셀 색체계의 색의 3속성에 의한 표시방법을 기초하여 40색상으로 분류하였고, 각 색상을 한 장의 카드에 명도와 채도별로 배열한 형식으로 제작되었다.

⭐ CCIC(The Chamber of Commerce & Inderstry Color Coordination Chart)

CCIC는 일본 상공회의소 컬러코디네이션 차트로, The Chamber of Commerce & Industry Color Coordination Chart의 약자이다. 2000년에 발표된 독자적인 실용색채체계로써 디자이너의 배색 실무에 적합할 것을 주목적으로 하는, 색상과 톤의 2가지 속성에 의한 체계이다. CCIC는 285색을 수록하고 있으며 285색 안에는 특수색으로 금속색 3색과 펄색 1색이 포함되어 있다.

⭐ RAL

독일에서 1927년 840색을 기준으로 DIN에 의거하여 실용색지로 개발된 체계이다. RGB, CMYK, LAB, LCH 표기가 모두 가능하다.

⭐ OSA 색체계

OSA 색체계는 미국광학협회인 Optical Society of America가 개발한 색체계이다. 중심에서 12개의 정점까지의 거리가 같은 정육면체, 팔면체의 기하학적인 성질을 이용해서 만들어진 색공간으로 지각적으로 색채가 같게 느껴지는 색의 공간에서도 같은 거리로 환산될 수 있도록 고안되었다.

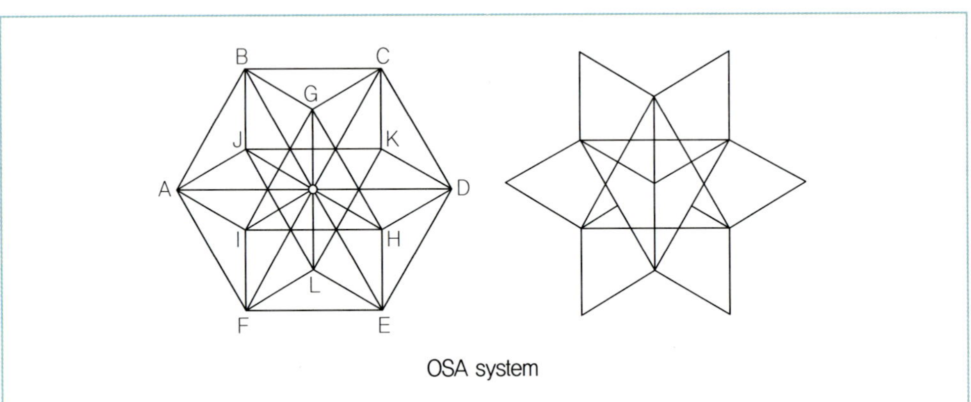

OSA system

1 색 이름에 의한 분류

색채 전달체계 중 가장 대중화된 방법이 색 이름 체계이다. 색 이름은 색채를 전달하는 데 있어 색채의 이름과 색 자체를 나타내는 기본적인 기능을 담당한다. 색 이름은 구체적인 정보뿐만 아니라 사람의 감성이 함께 전달되기 때문에 중요하다.

꽃을 직접 가리키며 타인과 대화를 한다면, 쉽게 그 색의 뉘앙스를 공감할 수 있게 된다. 하지만 서로 글이나 전화를 통해 전달하게 된다면 정확한 색에 대해 소통하기란 쉬운 일이 아닐 것이다. 기본색 이름이 아닌 경우 오차는 더욱 심하게 나타난다. 색 이름은 개인의 감성과 연상, 그리고 주관적인 이미지가 포함되기 때문에 정확하게 전달되지 않고 많은 오류를 낳는다는 단점도 가지고 있다.

색이름의 경우 색감 연상도 편리하며, 감성과 느낌을 전달하는 데 있어 우수한 체계임에도 불구하고, 정확성에 있어서 취약성을 보이기 때문에 오늘날에는 컬러오더시스템이나 CIE 표색계 등에서 정확한 색의 표시방법을 발전시켜 정량적으로 표시한다. 감성적이면서 부정확했던 옛 색명보다 다양한 방법의 색이름들이 등장하였다. 이처럼 색을 구분해서 이름을 표시하는 방법을 색명법, 색 이름 체계라고 부른다.

색을 구분해서 표시하는 방법은 크게 기본색명, 관용색명(생활색명), 계통색명(일반색명)으로 구분한다. 2010년 12월에 개정된 한국산업규격의 물체색의 색이름(KS A 0011)은 색이름 표준 규격으로 기본적인 색을 구별하기 위한 전문용어로 기본색명 15가지를 규정하였고, 관용색명과 계통색명으로 나누어 색을 나타낸 것이다. 먼셀 기호표기와 함께 관용색 이름과 계통색 이름의 관계를 표로 만들어 한국표준색이름 통합본의 발표는 정확한 색의 사용과 원활한 색의 의사소통을 하도록 발간되었다.

 **기본색명**

기본색명은 특별한 사물이나 대상이 연상되지 않는 것으로 기본적인 색구별을 위한 전문용어를 말한다. 한국산업규격(KS A 0011)에서는 색이름 표준 규격으로 12개의 기본색명과 무채색 3개를 기본색명으로 규정하고 있다.

1. 한국산업규격(KS A 0011)에 규정되어 있는 기본색명

유채색의 기본색명

기본색명	영어표기	약호표기
빨강(적) 7.5R 4/14	red	R
주황 2.5YR 6/14	orange	O
노랑(황) 5Y 8.5/14	yellow	Y
연두 7.5GY 7/10	yellow green	YG
초록(녹) 2.5G 4/10	green	G
청록 10BG 3/8	blue green	BG
파랑(청) 2.5PB 4/10	blue	B
남색(남) 7.5PB 2/6	bluish violet	bV
보라 5P 3/10	bluish purple	bP
자주(자) 7.5RP 3/10	reddish purple	rP
분홍 10RP 7/8	pink	Pk
갈색(갈) 5YR 4/8	brown	Br

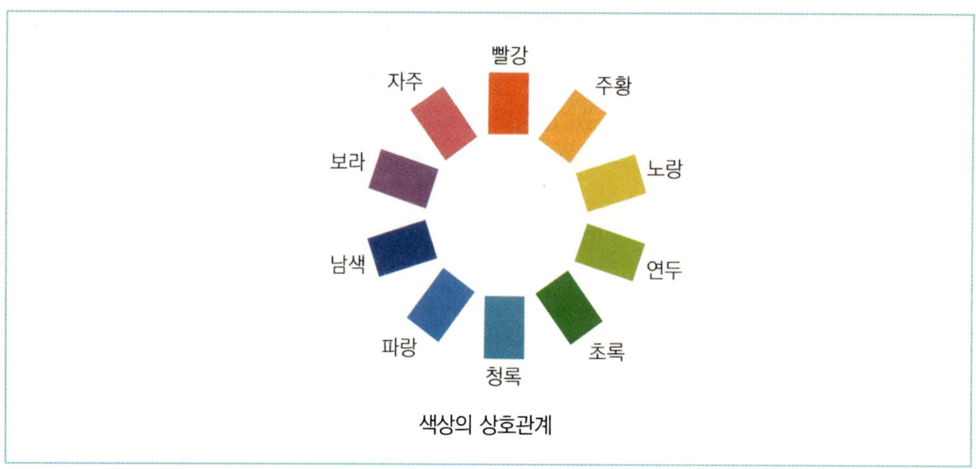

색상의 상호관계

무채색의 기본색명

기본색명	영어표기	약호표기
하양(백)	white	Wh
회색(회)	gray	Gy
검정(흑)	black	Bk

⑴ (   )속의 색이름은 조합색이름의 구성에서 사용한다.

⑵ 분홍과 갈색을 제외한 유채색의 기본색명은 색상 이름으로 사용한다.

⑶ 하양과 검정의 경우 흰색과 검은색으로 사용할 수 있다.

⭐ 계통색명(KS일반색명)

계통색명은 색채를 색의 3속성(색상, 명도, 채도)이나 일정한 계통에 따라 분류하고 기본색명에 색상의 뉘앙스나 톤의 이미지를 간단한 수식어를 붙여 표현한 색이름이다. 이것은 학술적으로 정의된 색이름을 말하는데, 일반적으로 기본색명에 수식어를 붙여 표현한다. 두 개의 기본색명을 조합하여 구성하거나 기본색명에 색상을 나타내는 수식어를 붙여서 표현하거나 명도, 채도의 차이를 나타내는 수식어를 통해 색명의 관계와 위치까지 어느 정도 이해할 수 있다.

1. 색이름 수식형

색이름의 수식 형용사와 수식형별 기준 색이름

색이름 수식어	영어표기	약호	기준 색이름
빨간(적)	Reddish	r	자주, 주황, 갈색, 회색, 검정
노란(황)	Yellowish	y	분홍, 주황, 연두, 갈색, 하양, 회색
초록빛(녹)	Greenish	g	연두, 갈색, 하양, 회색, 검정
파란(청)	Bluish	b	하양, 회색, 검정
보랏빛	Purplish	p	하양, 회색, 검정
자줏빛	red–purplish	rp	분홍
분홍빛	Pinkish	pk	하양, 회색
갈	Brownish	br	회색, 검정
흰	Whitish	wh	노랑, 연두, 초록, 청록, 파랑, 보라, 분홍
회	Grayish	gy	빨강, 노랑, 연두, 초록, 청록, 파랑, 남색, 보라, 자주, 분홍, 갈색
검은(흑)	Blackish	bk	빨강, 초록, 청록, 파랑, 남색, 보라, 자주, 갈색

유채색의 수식 형용사

수식형용사	영어표기	약호표기
선명한	vivid	vv
흐린	soft	sf
탁한	dull	dl
밝은	light	lt
어두운	dark	dk
진한	deep	dp
연한	pale	pl
흰	whitish	wh
검은	blackish	bk
밝은 회	light grayish	lg
회	grayish	mg
어두운 회	dark grayish	dg

무채색의 수식 형용사

수식형용사	영어표기	약호표기
밝은	light	lt
어두운	dark	dk

무채색	유채색
하양	흰 ○
밝은 회색	연한 ○　　밝은 ○ / 밝은 회 ○
회색	흐린 ○ / 회 ○　　◎　선명한 ○
어두운 회색	탁한 ○ / 어두운 회 ○　　진한 ○
검정	어두운 ○ / 검은 ○

명도 → / → 채도

무채색의 명도, 유채색의 명도와 채도의 상호 관계

(1) ○는 선명한 빨강, 어두운 회녹색, 밝은 남색과 같이 기본색이나 조합색이름을 표시한다.

(2) ◎는 수식어를 쓰지 않고 기본색이나 조합색이름만으로 나타낸다.

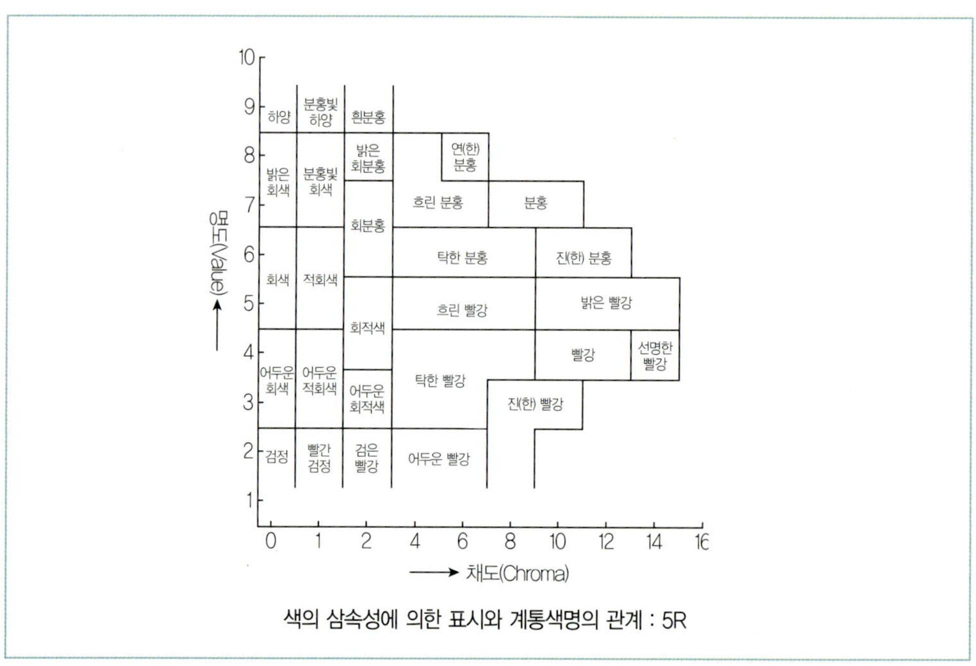

색의 삼속성에 의한 표시와 계통색명의 관계 : 5R

2. 기본색명의 조합 방법

⑴ 두 개의 기본색 이름을 조합하여 조합색이름을 구성한다.

⑵ 조합색이름의 앞에 붙는 색 이름을 수식형, 뒤에 붙는 색 이름을 기준색이라고 부른다.

⑶ 조합색이름은 기준색 이름 앞에 색 이름 수식형을 붙여 만든다.

⑷ 색이름 수식형의 3가지 유형

① 기본색 이름의 형용사 : 빨간, 노란, 파란, 흰, 검은
② ( ) 속의 색이름을 포함한 단음절 색이름형 : 적, 황, 녹, 청, 자, 남, 갈, 회, 흑 등
③ 수식형이 없는 2음절 색이름에 빛을 붙인 수식형 : 초록빛, 보랏빛, 분홍빛, 자줏빛이 있다. 여기에 '빛' 은 광선을 의미하는 것이 아니라 물체 표면의 색채 특징을 나타내는 관형어이다.

⭐ 관용색명(고유색명)

옛날부터 내려오는 관습적 색 이름으로 사회적, 문화적으로 사용되는 색을 말하며, 일상생활에서 쉽게 경험할 수 있다. 보통 습관적으로 사용되는 것과 익숙해진 식물이나 동물, 광물, 음식, 지명, 인명 등의 이름에서 유래되어 그 이름을 붙여 사용되므로 다른 명칭과 혼동되기 쉬운 경우에는 '색' 을 붙여 읽는 것이 바람직하다. 관용색명은 특정한 색을 여러 가지 언어로 표현하며 자연현상이나 문화적인 유행에 의해 붙여진 유행색명도 있다. 이는 국가나 지역마다 다른 색감과 이름을 지닌다는 특성이 있기 때문에 정확한 색 전달이 어렵다.

1. 옛날부터 사용해 온 고유색명

한국 산업 규격에서 기본색명 10색 빨강, 주황, 노랑, 연두, 녹색, 청록, 파랑, 남색, 보라, 자주이다. 한자로는 적(赤), 황(黃), 청(靑), 자(紫) 등으로 표현되어 왔다.

2. 식물이나 열매에서 유래된 이름

대부분 기억색에 해당되며 오렌지색, 살구색, 라벤더(lavender), 풀색, 쑥색, 팥색 등이 있다.

3. 동물이나 가죽(피부)에서 유래된 이름

베이지색(beige), 쥐색, 피콕 그린(peacock green), 연어색(salmon) 등이 있다.

4. 광물이나 원료에서 유래된 이름

세피아(sepia, 오징어먹물), 황토색(yellow ocher), 코발트 블루(cobalt blue), 에메랄드 그린, 금색, 은색, 고동색(古銅色) 등이 있다.

5. 지명이나 인명에서 유래된 이름

베를린 블루(청바지), 페르시안 블루(persian blue), 하바나(havana brown), 보르도(bordeaux), 나일 블루, 프러시안 블루(prussian blue) 등이 있다.

6. 자연현상에서 유래된 이름

자연의 기후 현상 등을 일반적으로 지칭하는 경우로, 하늘색, 바다색, 눈색 등이 있다.

2 ISCC-NBS 일반색명

ISCC-NBS 일반색명(Inter Society Color Council-National Bureau of Standard)은 1955년 전미색채 협의회와 미 표준국(NBS : National Bureau of Standard)이 공동으로 연구하여 색이름 사전(dictional of color names)을 발간하였다. 처음 1939년에는 색명법(method of designating colors)으로 발표한 다음 이후 1955년에 물체색에 대한 ISCC-NBS를 발간함으로써 오늘날 많은 나라의 색 이름 기준이 되고 있다.

⭐ ISCC-NBS의 특징

먼셀 색체계를 기본으로 활용하고 있는데, 기본색명에 각각의 형용사를 붙여 267개의 색명 범위로 구분하여 표현한다. 총 14개의 색상을 사용하고, 무채색은 White, Light Gray, Medium Gray, Dark Gray, Black의 5단계로 분류한다. 총 16개의 톤의 기호로 구성되어 있으며, Greenish Black이나 Dark Greenish Gray처럼 색상을 나타내는 수식어를 붙여 사용한다. 한국 산업 규격과는 분류와 약호 등이 다르므로 주의해야 한다.

1. ISCC-NBS 색상의 기호

색상	약호표기
PINK	PK
RED	R
ORANGE	O
BROWN	BR
YELLOW	Y
OLIVE BROWN	OLBR
OLIVE	OL
OLIVE GREEN	OLG
YELLOW GREEN	YG
GREEN	G
BLUISH GREEN	bG
BLUE	B
VIOLET	V
PURPLE	P

2. ISCC-NBS 톤의 기호

톤	약호표기
very pale	vp
pale	p
very light	vl
light	l
brilliant	bt
strong	s
vivid	v
deep	dp
very deep	vdp
dark	d
very dark	vd
moderate	m
light grayish	lgy
grayish	gy
dark grayish	dgy
blackish	bk

3. ISCC-NBS 색상의 수식어

톤	약호표기
reddish	r
pinkish	pk
brownish	br
yellowish	y
greenish	g
bluish	b
purplish	p

4. ISCC-NBS 무채색의 기호

색상	약호표기
WHITE	W
light gray	l-GY
medium gray	me-GY
dark gray	d-GY
BLACK	BK

⭐ ISCC-NBS 모식도

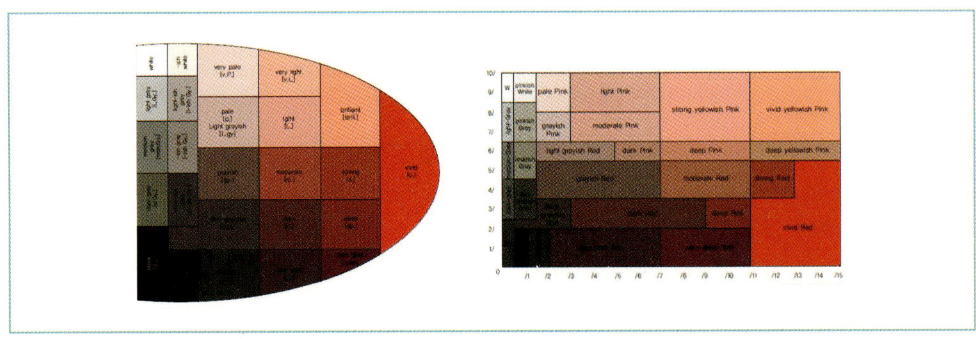

3 한국산업규격

규격	내용
KS A 0011	물체색의 색이름
KS A 0012	빛의 색이름
KS A 0061	XYZ 색표시계, 및 X10, Y10, Z10 색표시계에 따른 색의 표시방법
KS A 0062	색의 3속성에 의한 표시방법
KS A 0063	색차 표시방법
KS A 0064	색에 관한 용어
KS A 0065	표면색의 시감 비교방법
KS A 0066	물체색의 측정방법
KS A 0067	Lab 표색계 및 Luv 표색계에 의한 물체색의 표시
KS A 0068	광원색의 측정방법
KS A 0073	크세논(Xenon) 표준배색광원
KS A 0074	측색용 표준광 및 표준광원
KS A 0075	광원의 연색성 평가방법
KS A 0076	광원의 분광온도 및 색온도 · 온도의 측정방법
KS A 3501	안전색 및 안전표시
KS A 3502	안전색 – 일반적 사항
KS A 3503	안전표지등
KS A 3504	안전표지판
KS A 3505	반사 안전표지판
KS A 3510	안전표지 – 일반적 사항
KS A 3701	도로 조명 기준

1 전통색의 개념

기후, 지형, 역사, 사상, 문화 등에 의해 어느 민족이나 국가도 그들만의 문화와 전통이 형성되어 보존하고 발전시키기 마련이다. 색 또한 시대, 민족, 국가, 종교에 따라 다르고 변화하기 때문에 우리의 보편적인 감수성에 일치하는 전통표준색상은 그 색이 갖고 있는 절대색상이 아니라, 폭넓은 색의 차원에서 이해해야 한다.

전통의 의미를 지닌 표준색의 지정은 나름대로의 모순과 한계를 지니지만, 한국인의 보편적인 색채 감수성에 근거하여 여러 분야의 전문가들에 의한 계속적인 검증과 합의를 통해 이룰 수 있다. 우리의 전통색이라 함은 예로부터 전승되어온 것과 전해진 문화유산 가운데 남아있는 색으로, 사찰이나 고궁에 채색되어오던 단청이나 복식, 조각보에서 한국 고유의 색을 찾아볼 수 있다. 전통 표준색의 색이름과 색상의 결정은 색채를 오늘날의 감각과 편의에 적합하도록 생활화시키는 데 도움을 줄 것이며, 또한 전통색에 대한 체계적인 정리를 통해서 우리 고유문화의 인식을 새롭게 하고 발전시킬 수 있다.

2 음양오행설

한국의 전통색은 음양오행적 우주관에 바탕을 둔 오정색과 오간색을 기본으로 한다. 순수색채가 아닌 고대중국의 사상과 철학, 우주관에 영향을 받은 추상적 사고의 산물이라 할 수 있다. 음양오행사상은 모든 만물은 음과 양의 성질을 가지고 있다는 음양설과 음양의 영향을 받은 만물의 생성소멸이 목, 화, 토, 금, 수의 변천에 있다는 오행사상을 함께 묶어 이르는 말이다. 그 요소들이 서로 균형 있는 통합을 이룰 때, 비로소 질서가 유지된다는 것이다.

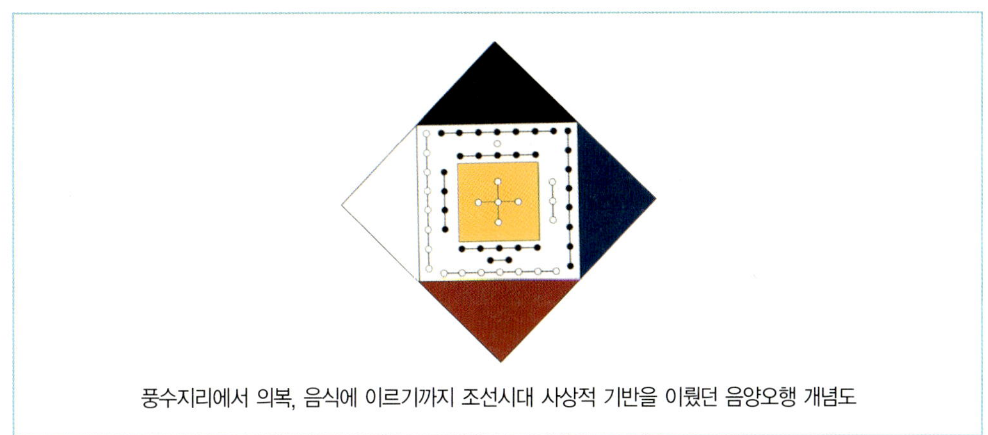

풍수지리에서 의복, 음식에 이르기까지 조선시대 사상적 기반을 이뤘던 음양오행 개념도

⭐ 음양설

음양이란 천지만물의 서로 반대되는 성질인 음과 양이라는 두 개의 기호에 모든 사물을 포괄시키거나 귀속시키는 것으로 이것은 하나의 본질을 양면으로 관찰하여 상대적인 특징을 지니고 있는 것을 표현하는 이원론적 기호라고도 할 수 있다.

음은 달, 여성, 북쪽을 의미하고 어둡고 수동적이며, 양은 해, 남성, 남쪽을 가리키며 밝고 능동적인 속성을 가지고 있다. 이는 생물과 무생물의 모든 구조를 형성하는 근본이 된다.

⭐ 오행사상

오행은 우주만물을 형성하는 원기로서 화(火), 수(水), 목(木), 금(金), 토(土)를 이르는 말이다. 이는 오행의 상생, 상극관계를 가지고 사물 간의 상호관계 및 그 생성의 변화를 해석하기 위해 법론적 수단으로 응용한 것이다.

음양오행사상과 오방색의 대응도표

오행	계절	방위	색상	사신	오륜	신체	맛
목(木)	봄(春)	동	청(靑)	청룡	인(仁)	간장(肝臟)	신맛
화(火)	여름(夏)	남	적(赤)	주작	예(禮)	심장(心臟)	쓴맛
토(土)	토용(土用)	중앙	황(黃)		신(信)	위장(胃腸)	단맛
금(金)	가을(秋)	서	백(白)	백호	의(義)	폐(肺)	매운맛
수(水)	겨울(冬)	북	흑(黑)	현무	지(智)	신장(腎臟)	짠맛

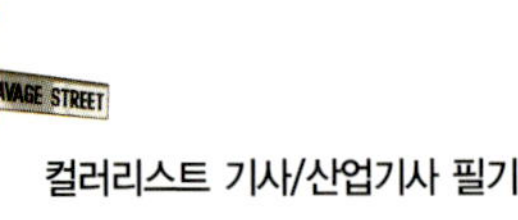

> **실무 Tip** 조선의 색채디자인
>
> 
>
> 일월오봉도 병풍(日月五峯圖 屏風)[2]
>
> 조선은 고려의 불교숭배 사상과는 달리 음양과 오행을 바탕으로 한 유교를 국가의 기반사상으로 삼았다. 이러한 음양오행사상은 조선이 도읍을 정하는 과정에서부터 나타나는데 한양의 지형을 살펴보면 북악산은 도읍의 주산(主山)으로 현무에 해당되고, 동쪽의 낙산(낙타산)은 청룡이 되며, 서쪽의 인왕산은 백호가 되고, 남산을 주작이 되어 이 네 개의 내산(內山)이 자연적 경계를 짓고 있다.
>
> 아울러 다시 외산(外山)으로 첩첩이 둘러싸고 있으며, 여기에 사대문과 사소문도 자연과 조화를 이루게 배치하고 사람이 지켜야할 다섯 가지 도리인 인의예지인(仁義禮智信)을 부여하였다. 또한 왕이 집정하는 자리 바로 뒤편에는 일월오봉도(日月五峯圖)라는 음양과 오행을 상징하는 그림을 배치시킴으로써 그 사상적 지지 기반을 분명히 밝히고 있다. 뿐만 아니라 의복에도 오방색을 적용하여 관직에 따른 차등을 두었으며 궁중의 음식물에 이르기까지 이 오방색과 맛의 조화를 따지게 되었다. 국가적인 차원에서의 이미지 아이덴티티와 함께 컬러 코딩을 철저하게 관리하는 정보 디자인 체계를 확립하고 있었다고 볼 수 있다.

3 오정색과 오간색

⭐ 오정색(오방색)

한국의 전통색은 음양오행사상에 바탕을 둔 오방정색과 정색사이에 오간색을 기본으로 한다. 음향오행사상에서 풀어낸 삼라만상의 기본색을 정색 또는 오방정색이라 한다. 오행에는 오색이 따르고 방위가 따르는데, 중앙과 사방을 기본으로 삼아 적(赤)은 남, 황(黃)은 중앙, 청(靑)은 동, 흑(黑)은 북쪽, 백(白)은 서쪽 방향을 의미한다.

	오정색	munsell 표기
적(赤)		7.5R 4.8/12.8
청(淸)		6.8PB 3.3/9.2
황(黃)		6.4Y 8.4/10.3
흑(黑)		
백(白)		

 2) 국립고궁박물관

1. 적(赤)

오행 가운데 화(火)에 해당되는 적색은 불을 상징하며, 불은 뜨거움이다. 뜨거움은 여름이 되며, 여름은 남쪽이 된다. 또한, 가장 강한 벽사의 빛깔로 쓰이는 등의 의미와 인연이 깊어 동국세시기에서는 붉은 팥죽을 쑤어 문짝에 뿌리면 액운이 물러간다고 하였으며, 부적에 주로 사용되는 색 역시 적색이다. 생명의 근원으로 태양과 불, 생성과 창조, 정열과 애국, 적극성을 상징한다. 질병치료나 집안, 마을, 나라 전체의 안위를 기원하는 의식을 의미한다.

2. 청(靑)

청색은 오행 가운데 목(木)에 해당하며 만물이 생성하는 봄의 색, 귀신을 물리치고 복을 비는 색으로 쓰였다. 고려 충렬왕 원년의 기록을 보면 태사국에서 동방은 오행 중 목(木)의 위치로 푸른 색깔을 숭상하여야 하며, 흰 것은 오행 중 금(金)의 색깔인데 지금 나라 사람들이 군복을 입고, 흰 모시옷으로 웃옷을 많이 입으니, 이것은 목이 금에 제어되는 현상이라 하여 백의를 입는 것을 금하기를 청하였다고 한다.

3. 황(黃)

황색은 오행 가운데 토(土)에 해당하며 우주의 중심이라 하여 가장 고귀한 색이다. 방위로서는 중앙에 자리 잡아 만물을 관장하는 색이다. 세종실록에 따르면 세종 21년 5월, 함경도 경흥군에 노란 비가 5일간 내려 모두들 풍년이 들 징조라 하였다고 한다. 요즘에는 황사나 산성비라 여겨 모두들 피했겠지만, 그 당시 사람들은 풍년을 가져오는 길상의 의미가 깃든 색으로 보았다.

4. 흑(黑)

흑색은 오행 가운데 수(水)에 해당하며 겨울과 물을 상징한다. 저승세계와도 관련이 깊어 상중(喪中)임을 나타내는 상장(喪章)에 검은색을 사용했으며, 서양에서도 죽음을 상징하거나 음습한 기운을 나타낼 때 주로 검은색을 사용한다. 굴참나무의 수피, 밤꽃나무의 꽃, 가래나무 액, 먹, 오리나무, 신나무 등에서 염료를 추출하여 여러 번 염색을 거치면 검은색이 배어나오는데 염색의 횟수가 많고 공이 많이 들어 현색(玄色)은 고려시대 이후 귀족만이 향유할 수 있었다. 전통가옥의 기와도 우리나라 고유의 검은색을 잘 보여주는데 똑같은 까만색이 아니라 한 장 한 장 조금씩 다르면서도 함께 어울려 기와지붕의 깊은 맛을 낸다.

남산한옥마을 전경

5. 백(白)

백색은 오행 가운데 금(金)에 해당하며 결백과 진실, 삶, 순결 등을 뜻하기 때문에 우리 민족은 예로부터
흰 옷을 즐겨 입었다. 상서로운 징조를 표상하고 있는 흰색은 신화 속에서 하늘과 관계있는 흰 기운과 흰
새, 흰 동물로 등장한다. 이는 우리 민족의 신화적 의지가 숨어 있기 때문이다. 단군이 개국하여 국호를
조선이라 한 것은, 희고 깨끗하고 밝다는 태양숭배사상에 뿌리를 둔다. 흰색은 어떤 색으로도 물을 들일
수 있으나, 어떤 색으로도 물들지 않는 자존(自尊)과 견인불발(堅忍不拔)의 마음을 나타내는 색이다.

○ 실무 Tip   오방색의 활용

오방낭자는 오색비단을 방위에 맞추어 배열하여 만든 두루주머니로서 액을
면하고 복을 바라는 뜻이 담겨 있다. 전통 건축물에서 보이는 단청의 화려한
색상의 조합이나 조각보 또는 오방색에서 영감을 받은 한국 전통의 문양이
나 장신구를 적극적으로 활용하면 한국의 문화와 전통, 한국 여인의 미에 대
해 알릴 수 있는 좋은 기회가 될 수 있다.

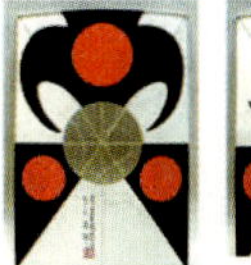

오방낭자(五方囊子), 오방주머니[3]와 조선시대 임진왜란 수군에서 사용했던 통신연[4]
다양한 색상을 이용해 만든 전통 매듭과 노리개들[5]

⭐ 오간색

오간색은 오방정색과 정색사이의 혼합에 의해 생성되는 중간색으로 이루어져 있다. 홍(紅)색, 벽(碧)색,
녹(綠)색, 유황(硫黃)색, 자(紫)색을 말하며, 음의 색이라 할 수 있다. 따라서 오정색을 하늘과 남성을 상징
하는 색이라 하면 오간색은 땅과 여자를 상징하는 색이라 할 수 있다.

구체적인 배합방법으로는 동방청색과 중앙황색의 간색으로 녹색, 동방청색과 서방백색의 간색으로 벽
색, 남방적색과 서방백색의 간색으로 홍색, 북방흑색과 남방적색의 간색으로 자색, 북방흑색과 중앙황색
의 간색으로 유황색이다.

---

3) 뉴시스, 2011년 6월 7일, 무형문화제 작품판매전
4) 민속연보존회
5) 중앙일보, 2010년 5월 23일

오간색		munsell 표기
홍(紅)		0.2R 5.2/15.0
벽(碧)		2.7P 5.7/10.7
녹(綠)		0.1G 5.2/6.2
유황(硫黃)		1.2Y 7.7/7.3
자(紫)		6.7RP 3.3/8.2

4 한국 전통색의 표현

 ### 단청

각 나라의 자연 환경, 사람에 따라 다른 색이 만들어진다. 전통색은 한 국가의 토양, 기후, 환경, 그 민족의 고유한 색 감각, 색에 대한 전설, 피부색, 사상, 철학 등에서 우러나온다.

표준화되지는 못했지만 우리나라에도 과거의 건축물에서 찾아볼 수 있는 전통색이 있다. 인위적인 색채를 사용하지 않은 소재색 그대로가 대부분이지만 단청에서는 뚜렷한 전통의 풍토를 색으로 느낄 수 있다.

근정전의 단청[6]

조선시대는 우리나라 건물단청의 배색이 정착단계에 접어든 시기이다.

단청은 외관상 미적 역할 뿐만 아니라 건축물이나 기물을 보호하기 위한 목적으로 방충이나 방습의 효과가 있었으며 여러 문양과 그림을 적, 청, 황, 백, 흑색의 기본색으로 단장한다. 건축물의 특성에 따라 다양한 무늬에서 단청 배색의 특성이 뚜렷하게 나타난다. 전통 건축물의 주조색으로 붉은색인 석간주, 녹색의 뇌록으로 관용적 전통색 이름을 사용하는 대표색상이 있다. 건축물의 단청은 외부기둥이나 난간 부분에는 붉은색을 채색하였고, 천정이나 추녀 안쪽으로 녹색으로 칠을 하고 끝부분이나 귀퉁이 부분에 장식의

---

6) 세계일보, 2010년 12월 21일, 전통을 잇는 사람들

명도(明度)를 높여 이른바 상록하단(上綠下丹)의 원칙을 지켰다. 또한 단청들은 무늬의 체계와 함께 색채 구사에 있어서도 일정한 법칙성을 가지고 색의 조화를 이루었으며 색조는 주로 장단(長丹), 주홍(朱紅), 양청(洋靑), 황(黃), 양록(洋綠), 석간주(石間朱) 등을 많이 사용하였고, 이들 색채를 흰색과 먹색, 기타 색과 배합하여 여러 가지 다른 색상들을 만들어 썼다.

조선시대 빛의 배색표

구분	적색계				황색계	녹색계			청색계	
초빛	장단 육색	주홍 육색	장단	석간주	황	삼록	양록	하엽	분삼청	삼청
2빛	장단	주홍	주홍	다자	장단	양록	하엽	양청	삼청	양청
3빛	주홍	다자	다자	먹	주홍	하엽	양청 (먹)	먹	양청	먹

실무 Tip 조선시대 서민의 색채 예술 감각을 보여주는 조각보[7]

몬드리안이나 클레의 회화 작품과는 다르게 자유로우면서도 자투리 천조각을 하나하나 이어 붙여 만든 규칙적인 배색에서 소박한 미적 감각을 볼 수 있다. 배색된 조각에는 오방색을 사용한 상징적인 것과 계절별 용도에 따라 만든 조각보, 길흉화복 등의 의미를 나타내는 조각보 등 그 종류가 다양하고 깊이 있는 표현도 있다. 각양각색의 천조각들이 모여서 빚어내는 색의 배합은 현대 추상화와 비견될 만큼 그 예술성이 높은 경지에 도달해 있다.

7) 한국자수박물관

> **실무 Tip** 단청의 현대적 적용사례
>
> 한국 고유 건축물의 상징인 단청모티브를 새롭게 해석한 사례로, 전통의 단청이 자아내는 한국 고유의 미와 더불어 현대적인 그래픽 이미지와 구조적인 요소들이 숨겨져 있는 새로운 미니멀리즘으로 표현되었다.
>
> 
>
> 디자이너 이상봉의 2012 S/S Collection 제품[8]과 단청무늬 위스키병

⭐ 한국의 전통 색명

1. 황색 계열

빛	색 이름	Munsell	RGB	CMYK	#16진수
	황색(黃色)	6.4Y 8.4/10.3	244 220 74	2 14 80 0	#F4DC4A
	유황색(유黃色)	1.2Y 7.7/7.3	238 196 118	5 27 60 1	#EEC476
	명황색(明黃色)	2.5GY 8.3/12.0	216 226 0	15 3 96 0	#D8E200
	담황색(淡黃色)	7.5Y 9.2/3.2	250 241 194	2 5 30 0	#FAF1C2
	송화색(松火色)	2.0GY 9.0/7.0	238 241 141	7 0 57 0	#EEF18D
	자황색(雌黃色)	4.0Y 7.8/9.2	236 202 86	5 23 75 1	#ECCA56
	행황색(杏黃色)	5.6YR 7.4/9.2	253 179 109	0 36 62 0	#FDB36D
	두록색(豆綠色)	4.0Y 8.0/4.6	228 209 152	11 17 45 1	#E4D198
	적황색(赤黃色)	4.3YR 7.0/12.0	255 163 75	0 36 70 0	#FFA34B
	토황색(土黃色)	6.9YR 5.8/7.6	201 143 83	16 49 71 6	#C98F53
	지황색(地黃色)	4.0Y 7.5/7.4	224 195 105	10 24 67 2	#E0D369
	토색(土色)	9.3YR 5.3/5.4	174 136 88	24 43 65 15	#AE8858
	치자색(梔子色)	4.7Y 8.2/8.4	242 213 105	4 18 68 1	#F2D569
	홍황색(紅黃色)	7.7R 7.0/5.7	230 171 159	8 40 29 1	#E6AB9F
	자황색(紫黃色)	7.6YR 6.4/3.2	193 165 140	23 34 41 6	#C1A58C
	금색(金色)	–	–	–	–

---

8) http://www.gooddaysports.co.kr

2. 청록색 계열

빛	색 이름	Munsell	RGB	CMYK	#16진수
	청색(靑色)	6.9PB 3.3/9.2	70 91 153	85 61 9 4	#465B99
	벽색(碧色)	2.7PB 5.7/10.7	70 158 222	74 22 0 0	#469EDE
	천청색(天靑色)	1.2PB 6.9/7.1	134 188 227	54 10 2 1	#86BCE3
	담청색(淡靑色)	9.2B 5.5/7.3	82 155 192	71 17 11 7	#529BC0
	취람색(翠藍色)	5.9BG 7.0/6.7	104 199 193	60 0 31 0	#68C7C1
	양람색(洋藍色)	0.6P 5.2/11.0	146 129 205	54 49 0 1	#9281CD
	벽청색(碧靑色)	5.4PB 4.9/8.5	99 133 188	70 44 0 0	#6385BC
	청현색(靑玄色)	5.3PB 3.8/5.5	86 106 142	69 43 15 22	#566A8E
	감색(紺色)	5.5PB 3.2/5.2	73 92 127	73 46 15 29	#495C7F
	남색(藍色)	2.2P 3.2/8.0	106 80 137	69 70 12 7	#6A5089
	연람색(軟藍色)	3.6P 4.1/8.9	132 100 159	58 63 4 3	#84649F
	벽람색(碧藍色)	8.7PB 5.3/5.9	138 139 180	53 40 7 4	#8A8BB4
	숙람색(熟藍色)	3.2P 3.6/5.0	112 94 130	57 56 16 21	#705E82
	군청색(群靑色)	7.8PB 3.1/3.5	85 87 114	64 50 21 33	#555790
	녹색(綠色)	0.1G 5.2/6.2	104 151 100	58 18 68 13	#689764
	명록색(明綠色)	1.6G 6.3/10.3	80 186 110	65 0 74 0	#50BA6E
	유록색(柳綠色)	0.1G 5.7/8.4	100 167 94	61 13 77 4	#64A75E
	유청색(柳靑色)	7.7GY 6.0/9.0	122 173 76	53 13 85 4	#7AAD4C
	연두색(軟豆色)	6.6GY 8.5/8.4	198 234 130	23 0 62 0	#C6EA82
	춘유록색(春柳綠色)	5.2GY 8.7/5.3	220 234 162	16 0 48 0	#DCEAA2
	청록색(靑綠色)	2.3BG 5.6/7.8	0 166 149	80 7 51 1	#00A695
	진초록색(眞草綠色)	8.0G 5.5/7.5	55 163 134	75 11 57 3	#37A386
	초록색(草綠色)	0.1G 6.0/8.7	105 175 99	60 9 76 2	#69AF63
	흑록색(黑綠色)	1.1BG 4.2/3.4	83 123 114	65 25 46 25	#537B72
	비색(翡色)	3.2BG 7.2/5.4	131 202 189	53 0 33 0	#83CABD
	옥색(玉色)	9.0BG 8.0/4.6	158 220 221	40 0 16 0	#9EDCDD
	삼청색(三靑色)	7.4PB 4.6/9.7	107 122 187	69 47 0 0	#6B7ABB
	뇌록색(磊綠色)	5.3BG 4.6/5.4	57 136 133	76 20 44 15	#398885
	양록색(洋綠色)	5.1G 6.4/9.1	65 188 143	69 0 58 0	#41BC8F
	하엽색(荷葉色)	9.5GY 3.7/3.6	86 109 82	58 30 62 35	#566D52
	흑청색(黑靑色)	5.7PB 5.0/3.2	127 135 155	53 36 21 13	#7F879B
	청벽색(靑甓色)	3.6PB 6.0/6.0	132 162 198	55 25 7 3	#84A2C6

3. 무채색 계열

빛	색 이름	Munsell	RGB	CMYK	#16진수
	백색(白色)	N9	236 235 235	9 6 6 0	#ECEBEB
	흑색(黑色)	N1	44 44 44	62 51 50 69	#2C2C2C
	회색(灰色)	0.2GY 5.7/0.4	154 153 148	41 31 34 9	#9A9994
	구색(鳩色)	7.0PB 7.0/0.4	185 184 187	31 22 20 2	#B9B8BB
	치색(淄色)	5.4RP 4.4/0.2	123 120 121	49 40 37 21	#7B7879
	연지회색(嚥脂灰色)	9.5P 5.0/2.0	145 132 142	43 41 27 14	#91848E
	설백색(雪白色)	6.2G 8.8/0.5	226 231 228	14 5 10 0	#E2E7E4
	유백색(乳白色)	8.0Y 9.0/2.0	242 236 205	6 6 23 0	#F2ECCD
	지백색(紙白色)	6.0Y 9.0/1.3	241 235 216	7 7 17 0	#F1EBD8
	소색(素色)	1.3Y 8.4/2.7	236 218 187	8 15 28 0	#ECDABB

4. 자색 계열

빛	색 이름	Munsell	RGB	CMYK	#16진수
	자색(紫色)	6.7RP 3.3/8.2	144 68 100	30 75 24 26	#904464
	자주색(紫朱色)	4.7RP 3.6/10.3	158 69 116	34 79 19 13	#9E4574
	보라색(甫羅色)	0.5RP 4.4/13.4	180 85 162	36 74 0 0	#B455A2
	홍람색(紅藍色)	5.7P 3.8/8.6	132 91 146	56 67 8 6	#845B92
	포도색(葡萄色)	0.6RP 3.0/6.0	116 73 108	49 68 19 28	#74496C
	청자색(靑磁色)	1.5P 3.4/14.2	118 73 173	71 33 0 0	#7649AD
	벽자색(碧紫色)	7.0PB 6.0/9.0	140 158 217	53 32 0 0	#8C9ED9
	회보라색(灰甫羅色)	3.6P 6.0/7.0	173 152 197	38 41 0 0	#AD98C5
	담자색(淡紫色)	6.4P 6.0/4.0	173 154 177	35 37 12 5	#AD9AB1
	다자색(茶紫色)	9.7R 2.7/2.2	99 74 70	44 57 51 44	#634A46
	적자색(赤紫色)	7.6RP 5.6/8.0	203 129 148	17 57 19 5	#CB8194

5. 적색 계열

빛	색 이름	Munsell	RGB	CMYK	#16진수
	적색(赤色)	7.5R 4.8/12.8	214 90 72	9 78 71 1	#F15A48
	홍색(紅色)	0.2R 5.2/15.0	234 87 123	0 79 25 0	#EA577B
	적토색(赤土色)	6.8R 4.2/9.7	181 87 77	21 75 64 10	#B5574D
	휴색(髹色)	7.0R 3.4/4.8	134 83 78	30 63 51 33	#86534E
	갈색(褐色)	2.7YR 5.0/4.5	169 126 105	26 48 50 16	#A97E69
	호박색(琥珀色)	5.2YR 6.0/8.8	215 145 82	12 51 72 2	#D78F52
	추향색(秋香色)	3.3YR 6.0/6.0	204 148 115	16 46 51 5	#CC9473
	육색(肉色)	9.4R 5.7/8.9	216 130 102	11 59 56 2	#D88266
	주색(朱色)	8.4R 6.0/11.7	240 129 98	0 62 58 0	#F08162
	주홍색(朱紅色)	3.0R 6.2/13.0	253 126 132	0 60 35 0	#FD7E84
	담주색(淡朱色)	2.6YR 7.5/9.0	255 178 128	0 36 51 0	#FFB280
	진홍색(眞紅色)	4.8RP 4.5/5.2	156 110 129	33 55 23 17	#9C6E81
	선홍색(鮮紅色)	3.7RP 5.4/15.0	226 100 169	14 7 0 0	#E264A9
	연지색(嚥脂色)	8.5RP 5.4/12.0	222 109 139	8 70 19 1	#DE6D8B
	훈색(纁色)	6.2RP 6.0/11.2	228 130 163	7 61 7 1	#E482A3
	진분홍색(眞粉紅色)	2.8RP 6.2/13.7	238 129 192	15 57 0 0	#EE81C0
	분홍색(粉紅色)	5.5RP 7.5/5.8	241 189 204	4 34 4 1	#F1BDCC
	연분홍색(軟粉紅色)	5.5RP 7.7/5.0	235 191 204	7 31 5 1	#EBBFCC
	장단색(長丹色)	7.5R 5.0/12.1	216 99 79	9 74 67 1	#D8634F
	석간주색(石間硃色)	2.2YR 4.2/6.4	160 101 73	25 60 66 22	#A06549
	흑홍색(黑紅色)	5.0RP 5.0/5.3	169 123 139	30 52 23 13	#A97B8B

1　색채조화의 목적

조화(harmony)란 그리스어의 하르모니아(Harmonia)에서 유래된 말로 미적 원리의 일종으로 우주의 질서와 완전성을 추구하는 철학적 원리이다. 색을 체계적인 방법으로 구성시켜 조화롭게 하려는 연구가 색채조화론이다.

색채조화론은 배색미를 구성하는 요소들을 통해서, 서로 다른 것이 대립하면서도 통일된 인상을 주는 미적인 원리를 규명하려는 학문이자, 배색의 관계에서 질서와 균형을 찾으려는 시도이다. 목적에 적합한 색을 적절히 사용하여 아름다움을 주는 색채조합으로, 배색의 조화에서는 색상, 명도, 채도라는 색채의 차이가 기본이 되고, 특히 색상에 중점을 두고서 조화를 고려하는 경향이 강하다. 흡사한 성질이 서로 간에 잘 어울릴 때는 유사조화, 반대되는 성질이면서도 잘 어울릴 때는 대비조화이며, 이는 주관적인 관점에 따라 차이가 난다.

> **색채조화의 일반지식**
> - 색상의 수를 줄여 사용한다.
> - 색을 그룹으로 크게 나눈다.
> - 주제와 배경과의 대비를 생각한다.
> - 같은 계열 색상끼리의 배색은 조화되기 쉽다.
> - 무채색은 어떤 색과도 조화되기 쉬운 편이다.
> - 색의 3속성의 차이를 크게 하면 명시성과 주목성을 줄 수 있다.
> - 면적의 효과를 고려하여 배색하면 강조나 주목성을 줄 수 있다.
> - 고채도의 색끼리 배색할 때 중성색을 사용하면 색의 반발성을 막을 수 있다.
> - 2가지 이상의 배색에서의 색의 3속성이 모두 애매한 차이를 가지면 조화되기 어렵다.

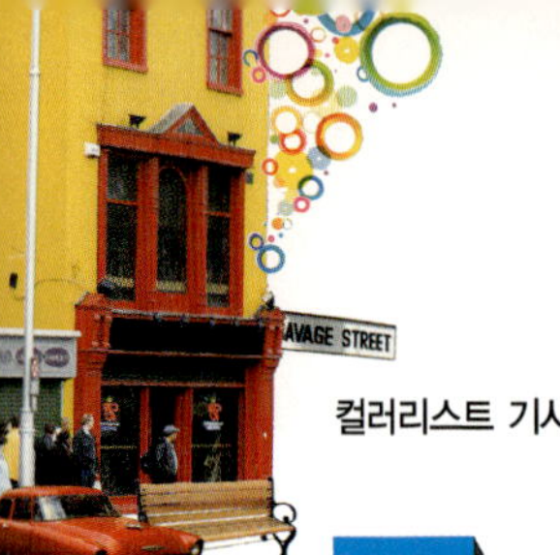

2 전통적 조화론

 루드의 색채조화론

루드(O. N. Rood : 1831~1902)는 자연의 관찰을 통하여 자연연쇄의 원리를 이용한 배색이 인간에게 가장 편안하고 익숙한 색의 조화라고 주장하였다.

색상의 자연연쇄(natural sequence of hues)현상은 내추럴 하모니라고 표현한다. 이를 지킨 조화는 자연스러운 조화가 생긴다는 원리를 펼쳤다. 즉, 자연계에서 같은 색이라도 빛을 받은 부분은 따뜻한 난색의 느낌으로 변하고, 어두운 그늘진 부분은 차가운 한색의 느낌처럼 색을 표현하면 조화로움이 생긴다는 원리이다.

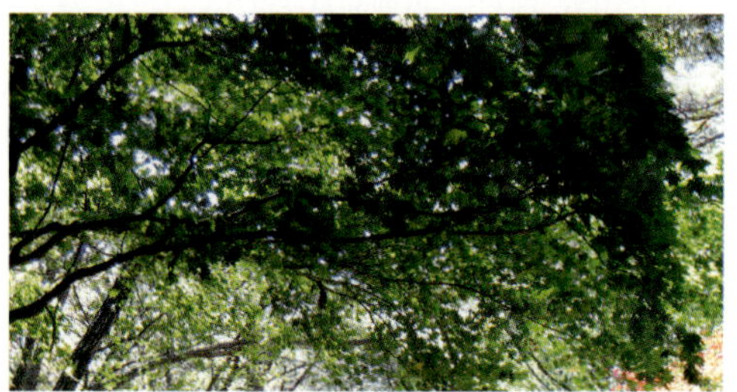

같은 초록이라도 밝은 부분은 노란빛, 어두운 부분은 푸른빛을 띤 초록으로 보아야 조화롭게 된다.

 슈브럴의 색채조화론

프랑스의 화학자 슈브럴(M. E. Chevreul : 1786~1889)은 근대 색채조화론의 선구자로서 동시대비의 법칙(1839)을 발표하면서 색의 배색으로 인하여 여러 가지 효과를 낼 수 있다는 이론을 펼쳤다. 동시대비의 원리, 도미넌트 컬러(주조색), 세퍼레이션 컬러(분리색), 보색대비의 조화와 같은 4가지의 원리가 있다.

1. 동시대비

직물의 경사와 위사를 각각 파란색과 흰색을 이용한 경우 동시대비의 결과로서 파란색뿐만 아니라 보색인 노란색이 보인다. 즉, 유채색은 1개의 색이 아니고 파란색과 노란색의 2개의 색이 보이는 동시대비의 원리를 발견하였다. 또한 직물의 배색이 관찰자와의 거리가 각각의 색을 구분할 수 없을 정도로 멀어짐에 따라 혼색되어 하나의 색이 되는 것을 지적하였다.

2. 주조색

'전체적으로 하나의 주된 색의 배색은 조화한다' 는 주조색의 개념을 제시한다.

3. 분리색

'검정색은 색의 윤곽으로 이상적이다' 라는 개념을 가지고 두 색 사이에 흰색이나 검정을 삽입하면 조화롭다 하였다.

4. 보색배색의 조화

두 색의 대비적인 조화는 대립되는 색상에 의해 얻을 수 있는 보색배색을 지적하였다.

5. 유사의 조화

(1) 동일색상에 다른 색조를 이용하여 만든 색의 배색은 조화롭다.

(2) 유사색상에 유사한 색조를 이용하여 만든 색의 배색은 조화롭다.

(3) 색유리를 통해 외부를 바라보았을 때와 같은 도미넌트 색상에 의한 조화는 아름답다.

동일색상에서 톤을 바꾼 배색　　　유사색상과 유사톤의 배색　　　전체가 하나의 색상에 지배되는 배색

슈브럴의 유사조화의 배색

6. 대조의 조화

(1) 동일색상 내에서 반대색조의 배색은 조화롭다.

(2) 유사색상 내에서 반대색조의 배색은 조화롭다.

(3) 반대색상의 반대색조의 배색은 조화롭다.

동일색상에서 대조적인 톤을　　　유사색상, 대조적인 톤을　　　보색색상, 대조적인 톤을
사용한 배색　　　　　　　　사용한 배색　　　　　　사용한 배색

슈브럴의 대조조화의 배색

⭐ 저드의 색채조화론

저드는 1955년에 많은 조화론을 정리하여 공통적으로 보이는 원리를 발표하였다. 색채조화는 개인 취향의 문제이며, 정서반응은 사람에 따라 다를 수 있으며, 동일인이라도 때에 따라 달라지며, 일상의 오래된 배색에 질려 조그만 변화에도 상당히 동요되는 경우가 있다. 그리고 평소에 무관심했던 색의 배합도 반복해서 보는 사이에 마음에 들게 되는 경우도 있다고 하면서 4가지 원칙을 제시하였다.

1. 질서의 원리

색과 색 사이에 어떤 질서가 있을 때에 조화한다. 색채조화는 색상이나 톤에 일정한 질서나 규칙이 있을 때 조화가 일어난다는 원리로써 오스트발트, 먼셀의 지각적 등보도성, NCS 시스템 등과 같은 색체계들이 모두 공통으로 규칙성을 보인다. 명도단계의 조화나 색상의 조화, 주조색의 조화들을 볼 수 있다.

2. 친근성의 원리(친숙의 원리)

자연에서 느껴지는 익숙한 색의 원리에 맞는 배색은 조화롭다고 말한다. 주로 루드의 색상의 자연연쇄와 같은 개념으로써 빛의 명암 계열이나, 가을단풍이나 저녁노을과 같은 자연계의 원리를 이용한 배색은 조화롭다는 이론이다.

3. 공통성의 원리(유사의 원리)

색상이나 색조에 공통적인 원리가 있으면 조화한다. 구성된 배색 사이에서 색상이나 톤의 공통성이 있을 때를 말하며 지배적인 요소를 가지고 있는 것에 대하여 언급하였다.

4. 명료성의 원리(비모호성의 원리)

애매함이 없고 색의 차이가 명쾌하면 조화한다. 색상, 명도, 채도 또는 면적의 차이가 분명한 배색에서 조화된다는 것이다. 색에서 특히 명도차이가 명료하게 선택된 배색이나 대비는 조화롭다는 이론이다.

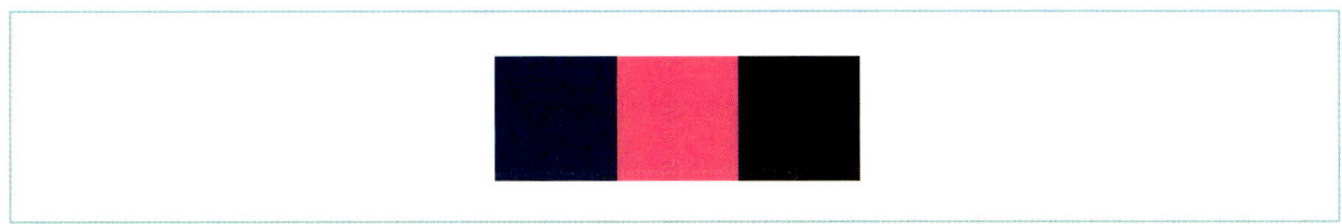

⭐ 파버 비렌의 색채조화론

미국의 색채학자 파버 비렌(Faber Birren : 1900~1988)은 색채의 지각은 자극에 대한 단순한 반응이 아니라 인간의 정신적 반응에 지배한다며 인간본능에 관심을 가졌다. 시각 심리적인 순색과 흰색, 검정의 기본 3색을 꼭지점에 두어 오스트발트의 이론을 수용하고, 기본 3색을 결합한 2차적인 4개의 색조군을 밝혔다. 또한 색삼각형(Birren Color Triangle)이라는 개념도를 통해 이 7개의 범주에 의한 조화의 이론이 필요하다고 주장하였다.

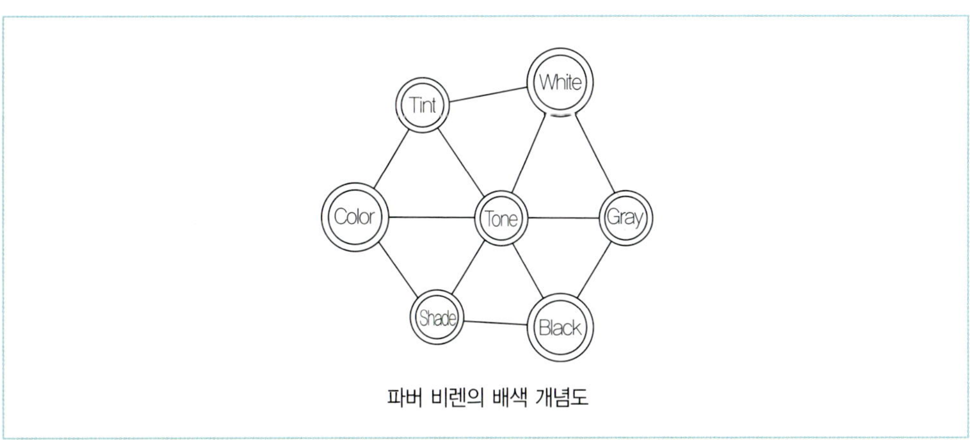

파버 비렌의 배색 개념도

1. White – Gray – Black

순색과는 상관없이 명도의 연속성으로 무채색들만의 자연스러운 조화이다. 무거움과 가벼움을 표현할 수 있다.

2. White – Tint – Color

Tint는 White와 Color를 모두 포함하는 색이므로 이 세 가지 조합은 조화롭다. 회화의 인상파 화가들이 많이 사용한 조화법으로 깨끗하고 신선해 보인다.

3. Color - Shade - Black

렘브란트 작품에서 볼 수 있는 색채로 깊이와 풍부함이 있는 배색이다.

4. Tint - Tone - Shade

색삼각형 중에서 가장 세련되고 미묘하며 감동적인 배색이다. 레오나르도 다빈치에 의해 시도되었고, 오스트발트의 음영 계열(shadow series)에 해당된다.

5. White - Color - Black

이 세 가지는 모두 잘 어울리며, 2차적인 구성인 밝은 색조(Tint), 어두운 색조(Shade), 톤(Tone), 회색(Gray)과도 잘 융합되며 세련된 배색이다.

6. Tint - Tone - Shade - Gray

색채의 미적 효과를 나타내는 데는 최저 7가지의 용어, 즉 톤(Tone), 흰색(White), 검정(Black), 회색(Gray), 순색(Color), 밝은 색조(Tint), 어두운 색조(Shade)가 필요하다.

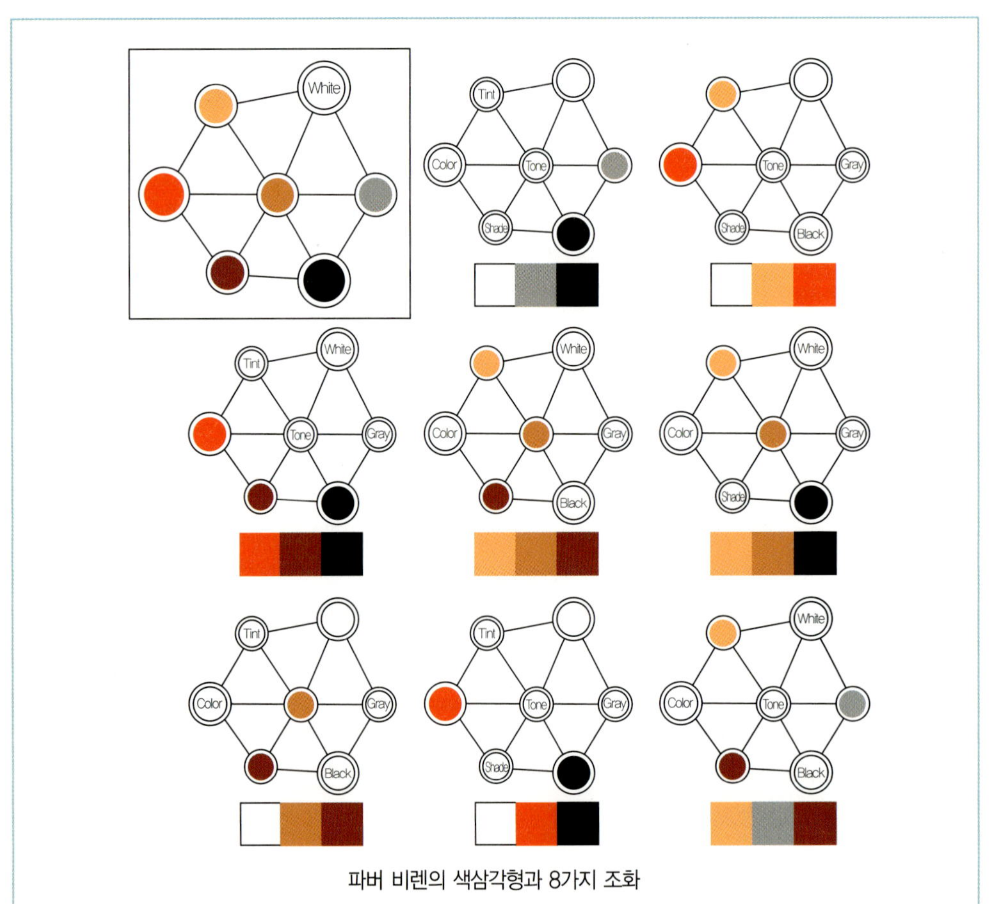

파버 비렌의 색삼각형과 8가지 조화

 문 – 스펜서의 색채조화론

1944년 MIT공과대학의 교수였던 문(P. Moon)과 그의 조수인 스펜서(D. E. Spencer)는 과거의 색채조화론을 연구하여, 주로 먼셀 시스템을 바탕으로 과학적이고 정량적인 색채조화를 추구한 색채조화론을 미국광학협회에 발표하였는데 이것을 문 – 스펜서의 조화론이라고 한다.

이 조화론은 조화의 종류를 동일조화, 유사조화, 대비조화로 분류했으며, 모호한 관계의 배색은 부조화되었다고 했다. 면적의 조화와 색채의 미도 계산을 위해 기본적인 오메가 공간(Space)을 설정하였고, 3차원 공간에서 어떤 방향의 단위거리도 색의 등지각 보도에 일치시켰다.

1. 조화와 부조화

조화는 미적가치를 가지는 것, 부조화는 미적가치가 없는 것으로 규정하고 있다. 좋은 배색을 위해서는 2색의 간격이 애매하지 않고, 오메가 색공간(space)에 나타난 점이 기하학적 관계에 있도록 선택된 배색일 때 조화롭다고 하였다.

문 – 스펜서의 조화와 부조화

구분	범위	의미
조화	동일조화(identity)	같은 색의 조화
	유사조화(similarity)	유사 색의 조화
	대비조화(contrast)	반대 색의 조하
부조화	제1 불명료(1st ambiguity)	아주 유사한 색의 부조화
	제2 불명료(2st ambiguity)	약간 다른 색의 부조화
	눈부심(glare)	극단적인 반대 색의 부조화

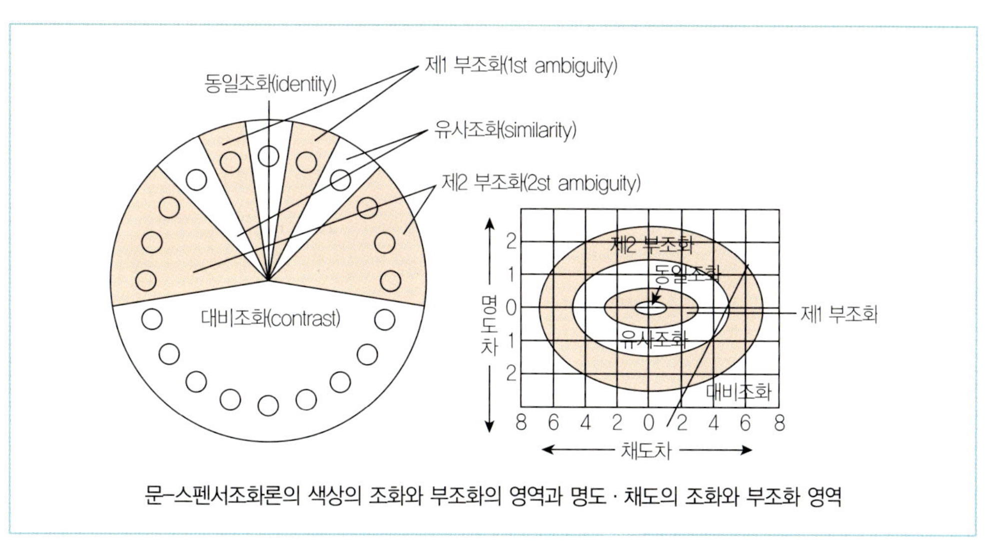

문–스펜서조화론의 색상의 조화와 부조화의 영역과 명도 · 채도의 조화와 부조화 영역

2. 미도(美度, Aesthetic Measure)

미국의 학자 버크호프(G. D. Burkhoff)는 문 – 스펜서의 미도에 대한 '아름다움은 복잡성 속의 질서성을 가진 것이다'라는 페히너의 원리에 입각한 명제를 분석하여 다음과 같은 공식을 발표하여 미도의 정도를 수량적으로 취급하였다.

$$미도(M) = \frac{질서의\ 원리(Elementary\ of\ Order)}{복합성의\ 원리(Elementary\ of\ Complexity)} = 0.5 < 좋은\ 배색$$

복합성의 요소인 C는 '(색수) + (색상차가 있는 색의 조합 수) + (명도차가 있는 색의 조합 수) + (채도차가 있는 색의 조합 수)'에 의해서 구한다. 질서요소인 O를 구하기 위해서는 3속성별로 동일조화, 제1 부조화, 유사조화, 제2 부조화, 대비조화와 눈부심이 어디에 해당되는지의 여부를 2개씩 쌍으로 조사해 얻은 숫자에 미적계수를 곱하여 전부를 합한 것이다. 미도(M)의 값이 0.5 이상이면 조화로운 것, 좋은 배색이라 한다.

배색의 미적계수

	동일	제1 부조화	유사	제2 부조화	대비	눈부심
색상간격	+1.5	0	+1.1	+0.65	+1.7	−
명도간격	−1.3	−1.0	+0.7	−0.2	+3.7	−2.0
채도간격	+0.8	0	+0.1	0	+0.4	−
회색의 조합	+10	−	−	−	−	−

그 결과 균형 있는 무채색의 배색은 유채색의 배색과 같이 아름답고 동일색상의 조화도 좋은 느낌을 주며, 동일명도조화는 미도가 낮고 동일색상과 동일채도의 디자인은 여러 색상을 사용한 디자인보다 효과가 있다.[9]

⭐ 요하네스 이텐의 색채조화론

요한네스 이텐(Johannes Itten : 1888~1967)은 스위스의 화가이자 색채이론가였다. 그는 바우하우스에서 색채교육을 담당한 인물로도 유명한데 자신의 색채이론을 1961년 색채의 예술이라는 제목으로 집필하였다. 노랑, 빨강, 파랑의 1차 색을 기본으로 그 사이에 혼합색인 주황, 보라, 초록을 배치한다. 그리고 1차색과 2차색 사이에 3차색을 배치하여 만든 12색상환을 기본으로 2색 배색, 3색 배색, 4색 배색, 5색 배색, 6색 배색 등의 조화를 전개하였다.

9) 숙명여대 산업디자인연구소, 색채관리, 교육부, 1997, p97

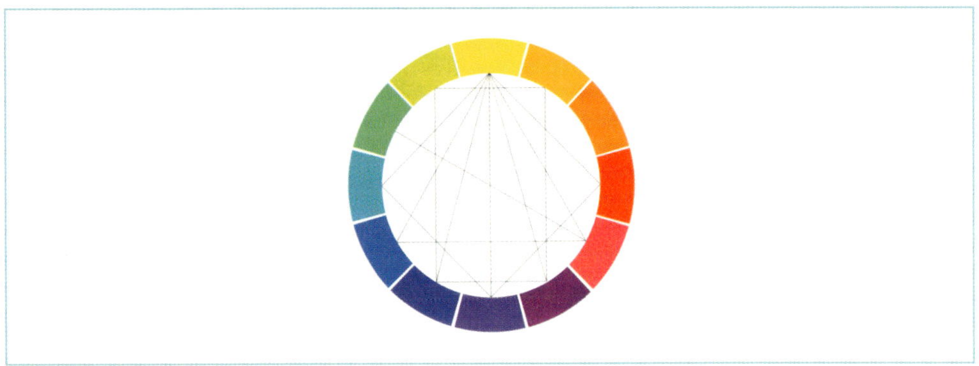

1. 2색 조화(Dyads)

색구의 중심을 중점으로 정반대의 위치에 있는 2색의 보색관계의 배색을 말한다. 주로 기준색과 보색을 함께 배색하는 기법으로, 색상의 차이를 크게 두어 배색할 때 나타나는 다이나믹한 느낌과 활동감을 줄 수 있는 배색이다.

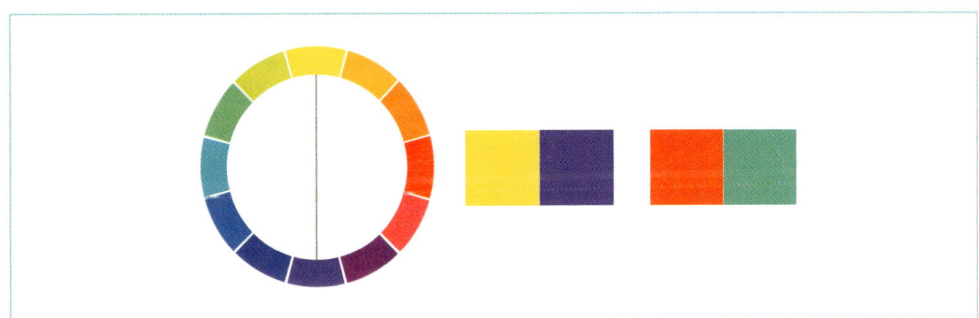

2. 3색 조화(Triads)

12색상환에서 정삼각형의 정점에 해당하는 3색의 배색은 조화롭다. 3화음의 의미로 색상환의 정삼각형 위치에서 찾아낸 배색을 말한다. 또한 기준색의 보색 양옆에 있는 근접 보색을 선택했을 때에도 3색 조화 라고 부르며, 빨강, 파랑, 노랑의 3배색을 가장 안정감 있고 조화롭다.

3. 4색 조화(Tetrads)

12색상환에서 정사각형의 정점에 해당하는 4색과 서로 보색인 두 쌍의 배색은 조화롭다. 색상환에서 정사각의 지점에 위치한 색들의 조합으로 보색인 두 쌍의 배색을 4색 조화라고 한다.

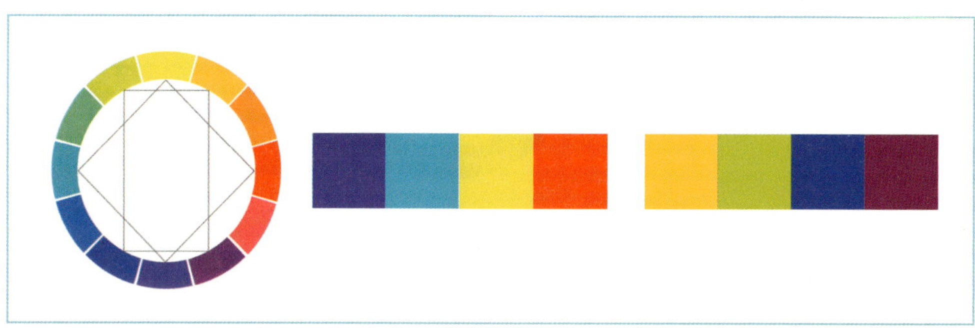

4. 5색 조화(Pentads)

색상환에서 5등분된 위치에 있는 색들의 조합, 그리고 정삼각형 지점의 3색과 흰색, 검정을 포함한 배색도 5색 조화라고 한다.

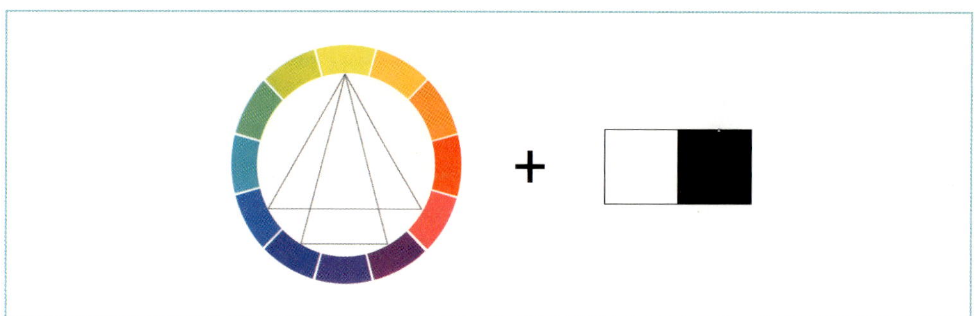

5. 6색 조화(Hexads)

12색상환에 내접하는 정육각형의 정점에 해당하는 6색과 함께, 4색 배색인 테트라드에 흰색, 검정을 포함한 배색도 6색 조화라고 한다.

3 배색효과

 배색의 구성요소

배색이란 일반적으로 2색 이상을 사용해 구성하는 색의 조합이다. 배색을 생각할 때는 대상에 수반되는 일정한 면적과 용도 등을 고려해야 하는데 어떤 분야라도 배색의 구성 요소에는 공통된 법칙성이 존재한다.

색채배색의 분리효과

1. 기조색(베이스 컬러 : Base Color)

색채표현의 중심색으로 전체의 색감에 주제가 되는 색을 기조색 또는 테마 컬러라고 한다. 바탕색이나 배경색으로 자주 사용되기 때문에 전체 색조 속에서 가장 무난한 색이 되는 경우가 많다.

2. 주조색(도미넌트 컬러 : Dominant Color)

배색 중에서 출현빈도가 높거나 넓은 면적을 차지하는 색으로 전체의 색조에 영향을 미친다. 유사색상과 동화가 용이해 통일감 있는 인상을 준다.

3. 보조색(어소트 컬러 : Assort Color)

주조색 다음으로 면적 비율이 크거나 출현 빈도가 높은 색이다. 주로 주조색을 보조하는 역할을 담당한다. 동일, 유사, 보색, 대비관계 등을 나타나게 된다.

4. 강조색(악센트 컬러 : Accent Color)

차지하는 면적은 가장 작지만 배색 중에서 가장 눈에 띄는 포인트 컬러로, 시선을 집중시키는 효과가 있다.

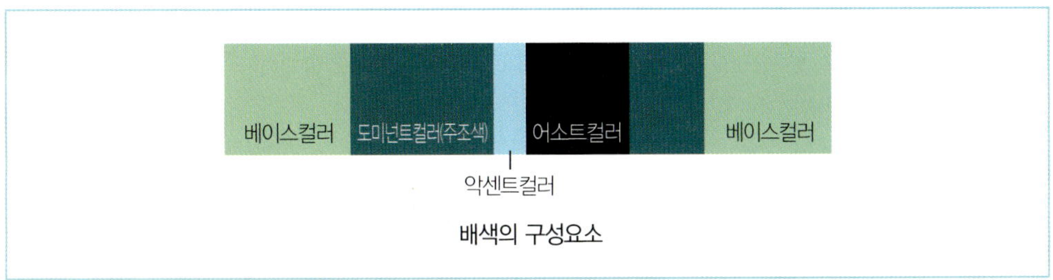

배색의 구성요소

⭐ 톤의 배색 효과

1. 톤온톤(Tone on Tone) 배색

톤온톤이란, 톤을 겹치다는 의미로서 동일색상 배색에서 주로 그 톤의 명도차를 비교적 크게 설정하는 배색을 말한다. 보통 동색 계열의 농담배색으로 '밝은 베이지 + 어두운 브라운' 또는 '밝은 물색 + 감색' 등이 그 전형적인 예이다. 색상은 동일, 인접, 유사의 범위에서 선택하도록 한다. 톤의 선택은 특히 명도차에 유의하여 유사톤에서 대조톤에 이르는 범위에서 고르도록 한다.

2. 톤인톤(Tone in Tone) 배색

색상은 인접이나 유사색상 내에서 고르는 것이 원칙이나 최근 유럽이나 미국의 패션분야에서는 톤은 동일하되 색상에 대해서는 제약이 없이 비교적 자유롭게 사용되는 경우가 많아졌다. 여기에서는 톤의 차가 비슷한, 특히 명도차가 가까운 배색을 톤인톤 배색이라고 한다.

3. 토널(Tonal) 배색

토널 배색은 톤의 형용사형으로 '색의 어울림', '색조의' 라는 뜻이다. 토널 배색은 도미넌트 톤 배색이나 톤인톤 배색과 같은 비슷하지만, 중명도·중채도의 색상을 사용하고 다양한 색상을 사용한다는 점이 다르다. 특히 중명도, 중채도의 중간색 계열의 소프트 딜(soft dull) 톤을 이용한 배색기법으로 수수하고 절제된 이미지, 차분하고 안정된 느낌을 주는 것이 특징이다.

4. 까마이외(Camaieu) 배색

동일한 색상, 명도, 채도 내에서 약간의 차이를 이용한 배색이다. 색상차와 톤의 차가 거의 근접한 애매한 배색기법으로 구름이나 안개에 싸여 희미한 광경이나 조개껍질 세공의 카메오 절단면 등이 까마이외 배색의 특징이다.

5. 포까마이외(Faux Camaieu) 배색

까마이외 배색에 색상과 톤에 약간의 변화를 준 배색방법이다. 포까마이외 배색의 포(Faux)는 프랑스어로 '모조품' 또는 '가짜'라는 의미로 까마이외 배색이 거의 동일 색상인 것에 비해 색상과 톤에 약간의 변화를 준 배색이다. 전통적으로는 톤의 차이나 색상차이가 적어 온화한 느낌의 배색을 총칭하며 이질적인 소재를 조합함으로써 생기는 미묘한 색의 효과를 가리키기도 한다.
색 차이를 측색해서 구분할 필요는 없지만, 눈으로 보고 판단할 때 까마이외, 포까마이외 배색 모두 까마이외 배색으로 여기는 경우가 적지 않다.

까마이외 배색과 포까마이외 배색

⭐ 색 수에 따른 배색의 방법

1. 비콜로 배색(Bicolore), 바이컬러

2색을 사용한 배색을 영어 바이컬러, 프랑스어로 비콜로라고 한다. 색채학에서 일반적으로 2색이라고 하면 보색을 떠올리지만 이 경우에는 금색과 은색, 검정과 흰색, 빨강과 흰색 등을 배합한 디자인을 많이 볼 수 있다. 귀금속이나 패션, CIP 등에서 활용되는 경우가 많다.

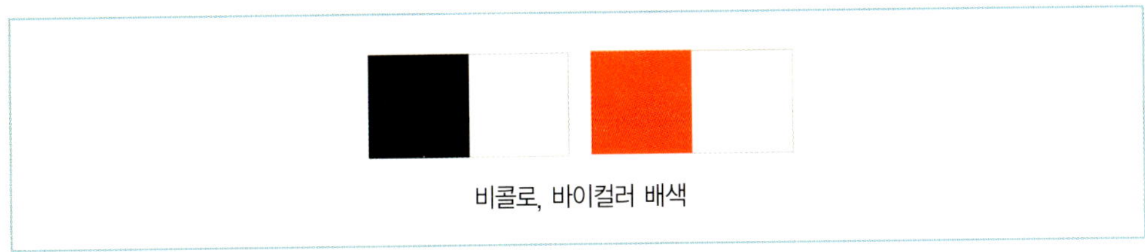

비콜로, 바이컬러 배색

2. 트리콜로 배색(Tricolore)

트리콜로란 프랑스어로 '3색의', '3색 국기'라는 의미로 3색 배색을 말한다. 프랑스 국기의 파랑, 흰색, 빨강이 대표적인 3색 배색이다. 단색에서 배색이라는 기법 사용 확대에 계기가 되어 일반인에게 보급된 대표적인 예가 트리콜로 배색이다.

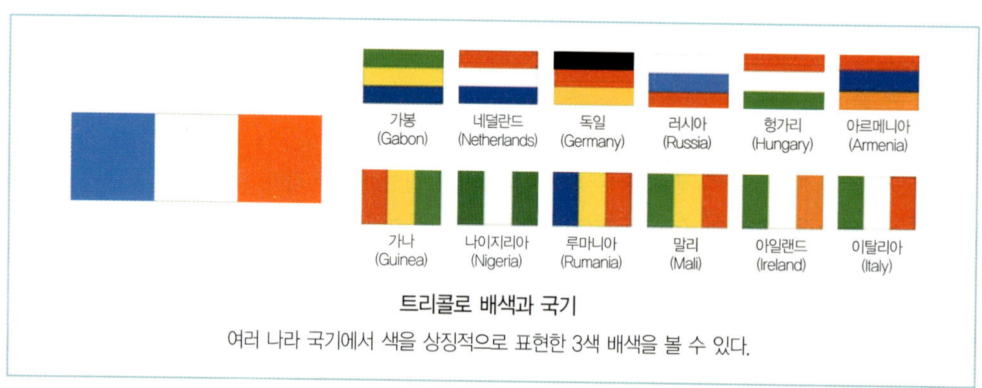

트리콜로 배색과 국기

여러 나라 국기에서 색을 상징적으로 표현한 3색 배색을 볼 수 있다.

⭐ 효과 배색의 방법

1. 분리효과에 의한 배색(Separation Color)

색상과 톤이 비슷하여 배색의 관계가 모호하거나 전체 배색이 희미하고 애매한 인상이 들 때 또는 대비가 너무 강한 경우 색과 색 사이에 분리색을 삽입하는 방법으로 명쾌함을 주어, 배색의 효과를 분리시켜주는 것을 말한다. 분리색상으로 무채색을 이용하며, 금속색을 쓰는 경우도 있다. 스테인드 글래스에서 색유리와 색유리 사이에 분리색을 쉽게 볼 수 있으며 애니메이션, POP광고에도 많이 쓰인다.

검정과 흰색을 사용한 분리효과에 의한 배색

분리 효과에 의한 배색 사례

세퍼레이션 컬러는 주로 무채색(흰색, 검정, 회색)을 사용하며 교회의 창문이나 애니메이션, 건축, 회화, 패션, 타일, 텍스타일 디자인 등에서 쉽게 볼 수 있다. 애니메이션에서 그림 전체의 경계선 윤곽을 주어 확실함을 보여주는 효과를 낸다.

2. 강조효과에 의한 배색(Accent Color)

도미넌트 컬러와 대조적인 색상이나 톤을 사용하여 강조한다. accent란 '돋보이게 하는', '눈에 띄게 하는' 등의 의미로써, 단조로운 배색에 대조적인 색이나 톤을 소량 삽입하여 전체적으로 돋보이게 하고 개성을 부여하는 기법이다. 세퍼레이션 컬러가 도미넌트 컬러를 돋보이게 하기 위해 첨가하는 보조역할이라면, 액센트 컬러는 도미넌트 컬러와 대조적인 색상이나 톤을 사용함으로써, 주목성이나 초점 등을 강조하여 포인트를 부여한다는 점이 특징이다.

3. 반복효과에 의한 배색(Repetition)

repetition은 repeat(반복하다)의 명사형으로 '되풀이, 반복' 을 의미한다. 이 기법은 2색 이상을 반복 사용하여 통일감이 배제된 배색으로 일정한 질서를 기본으로 하여 조화를 이루는 방법이며, 템포가 느껴지거나 리듬감이 증가되는 효과가 있다. 체크, 바둑판 무늬, 타일의 배색 등에 사용되는 기법이다.

기본패턴과 반복 배색

---

10) 디지털 만화, 규장각

4. 연속효과(Gradation)에 의한 배색

점점 명도가 낮아진다거나 순차적으로 색상이 변하는 등 점진적, 단계적인 변화의 방법으로 색상, 명도, 채도 등을 다양하게 구성할 수 있다. 색채의 조화로운 배열에 따라서 자연적인 흐름과 시각적인 유목감을 주는 배색법을 그라데이션 배색(연속 배색)이라고 한다.

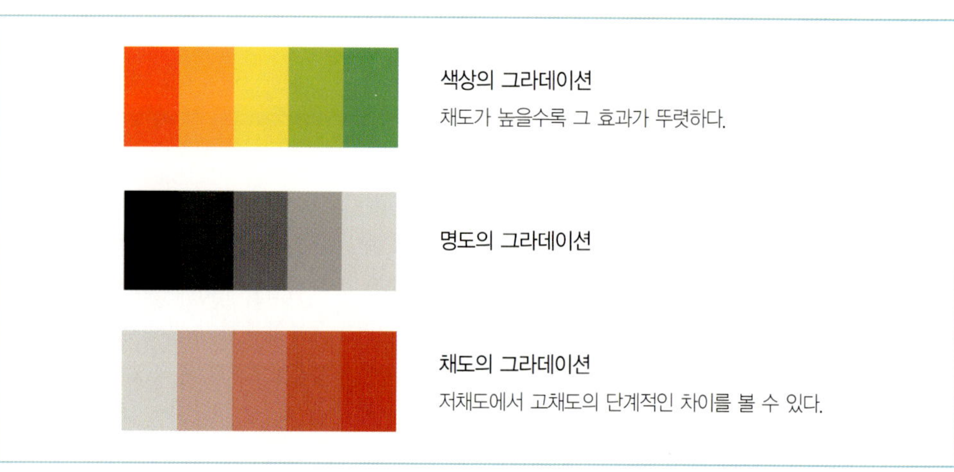

색상의 그라데이션
채도가 높을수록 그 효과가 뚜렷하다.

명도의 그라데이션

채도의 그라데이션
저채도에서 고채도의 단계적인 차이를 볼 수 있다.

실무 Tip | **반복효과와 배색효과의 적용사례**

되풀이 반복하면서 조화의 효과를 내는 배색 기법으로 흔히 타일의 배색에서 볼 수 있다. 시각적으로 반복이나 규칙성을 지닌 요소 등에서 리듬을 느낄 수 있다. 동일한 색이나 대상을 두 개 이상 배열하면 리듬이 발생한다.

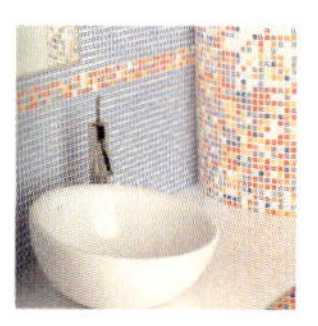

밋밋했던 하얀 벽이 인테리어 화두로 떠오르면서 다양한 패턴과 컬러풀한 벽지를 이용한 데커레이션은 가장 쉽고 간단한 방법이다. 비비드한 컬러나 대담한 패턴의 벽지로 포인트 월을 만들 수 있고, 벽지의 화려한 디자인에서 질감의 변화도 볼 수 있다.

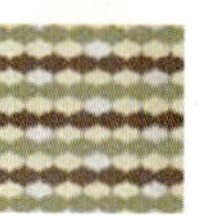

벽지를 사용한 포인트 월과 다양한 벽지 디자인

참고문헌

국내참고서적

- 차은진 · 한지수, 패션전공자를 위한 컬러리스트, 경춘사, 2009
- 도쿄상공회의소 준거, 컬러코디네이션의 기초, (주)휴앤즈, 2005
- 도쿄상공회의소 준거, 컬러코디네이터 검정시험 2급, (주)휴앤즈, 2005
- 도쿄상공회의소 준거, 컬러코디네이터 실제 환경색채, (주)휴앤즈, 2007
- 도쿄상공회의소 준거, 컬러코디네이터 실제 제품색채, (주)휴앤즈, 2008
- 괴테(장희창 옮김), 괴테전집 색채론, 민음사, 2003
- 박갑영, 청소년을 위한 서양미술사, 두리미디어, 2001
- 노무라 준이치 · 김미지자, 색의 비밀, 도서출판국제, 2005
- 에바 헬러(이영희), 색의 유혹, 예담, 2002
- 빅터 파파넥(한도룡, 이해묵), 인간과 디자인, 미진사, 1986
- 한국색채연구소, 색채 I · II, 한국색채연구소, 1994
- 조영식, 인간과 디자인의 교감 빅터 파파넥, 디자인하우스, 2000
- 발행인 정경원, Design db 통권 제183호, 한국디자인진흥원, 2003
- 노성두, 유혹하는 모나리자, 한길아트, 2001
- 강수경 · 김민기 · 이지영 · 임현경, 컬러리스트 한권으로 끝내기, 시대고시기획, 2011
- 문은배, 색채의 이해와 활용, 안그라픽스, 2005
- 한국색채학회, 컬러리스트 이론 · 실기편, 도서출판국제, 2002
- 송성재, 디자인아방가르드 허브루발린, 디자인하우스, 2002
- 발행인 이영혜, 월간디자인309호, 디자인하우스, 2004
- 발행인 이영혜, 월간디자인397호, 디자인하우스, 2011
- 발행인 정순균, 광고정보 303호, 한국방송광고공사, 2006
- 박영원, 광고디자인 기호학, 범우사, 2003
- 와까미야 노부하루(김학성 · 배정순), 현대디자인사, 조형사, 2000
- 길라 발라스(한택수), 현대미술과 색채, 궁리, 2002
- 피터 도머(강현주 · 조미아), 1945년 이후의 디자인, 시각과 언어, 1995
- 한국색채학회, 색색가지 세상, 도서출판국제, 2001
- 박현일, 컬러리스트 필기, 영진닷컴, 2003
- 채수명, 색채심리마케팅, 도서출판국제, 2002
- 민길호, 빈센트 반 고흐, 학고재, 2000
- 도쿄상공회의소, 컬러코디네이션의 실제 제1 분야 패션색채, (주)휴앤즈, 2009
- 도쿄상공회의소, 컬러코디네이션의 실제 제2 분야 제품색채, (주)휴앤즈, 2008
- 한국색채학회, 컬러리스트 1급, 2급 자격시험을 위한 색채입문서 컬러리스트 이론편, 국제, 2010
- 윤혜림, 기사 · 산업기사를 위한 컬러리스트 배색이론, 국제, 2006

- 정상현 · 정지용, 학교, 색으로 물들다, 상, 2011
- 오수연, 색의 유혹, 살림, 2004
- 채수명, 색채 심리 마케팅, 국제, 2002
- 김용숙 · 박영로, 색채의 이해, 일진사, 2007
- 홍지원, 디자인마케팅, 미진사, 2009
- 문은배, 색채디자인 교과서, 안그라픽스, 2011
- 하랄드브램, 색의 힘(컬러의 의미와 상징), 일진사, 2010
- 배일영, 그녀는 왜 보라색에 열광하는가, 앱투스미디어, 2011
- 지상현, 아이폰 성공의 비밀, 21세기 북스, 2010
- 김민주, 레드마케팅, 아라크네, 2002

국외참고서적

- EMMANUELLE DE L'ECOTAIS, The DADA SPIRIT, ASSOULINE, 2002
- HANS H.HOFSTATTER, GRARHIK UND DRUCKKUNST, OUTS, 2003
- Lurzer GmbH, Archive, Lurzer GmbH, 2006
- H. H. Arnason · Marla F. Prather, HISTORY OF MODERN ART, ABRAMS, 1998
- Catherine Dean, KLIMT, PHAIDON, 1996

참고 사이트

- http://www.zaraza.co.kr
- http://mwmgraphics.com
- http://www.home-designing.com
- http://www.doubleheart.co.kr
- http://www.auction.co.kr
- http://www.airport.kr
- http://www.gooddaysports.co.kr
- http://www.gd.or.kr
- http://www.lascaux.culture.fr
- http://www.metmuseum.org
- http://www.morrissociety.org
- http://lartnouveau.com
- http://www.artmia.org
- http://www.moma.org
- http://daniel-libeskind.com
- http://www.designmuseum.org

- http://www.incasestore.co.kr
- http://www.standard.go.kr
- http://www.lotte.co.kr
- http://www.fashiontrendsetter.com/
- http://www.theskinfood.com
- http://www.giantsclub.com/
- http://work.e-campus.co.kr/
- http://www.colourlovers.com/
- http://www.uhukorea.com
- http://www.pantone.com/pages/pantone/index.aspx
- http://imagesearch.naver.com
- http://www.bc.edu/bc_org/avp/cas/fnart/fa267/gropius.html
- http://pap.porsche.com/korea_ko/ 포르쉐
- http://navercast.naver.com/contents.nhn?contents_id=4541
- http://100.naver.com/100.nhn?docid=769608
- http://ko.wikipedia.org/wiki/%ED%94%84%EB%9E%91%EC%8A%A4
- http://100.naver.com/100.nhn?docid=769690
- http://100.naver.com/100.nhn?docid=129207
- http://100.naver.com/100.nhn?docid=769699
- http://blog.naver.com/rkskekz0?Redirect=Log&logNo=130100709937
- http://www.tigers.co.kr/tigers/emblem01.asp
- http://www.samsunglions.com/intro/intro_4_1.asp
- http://cafe.naver.com/artistfanclub.cafe
- http://www.allo-lugh.com/jsp/kor/main/main.jsp
- http://www.canon-ci.co.kr/actions/ProductMainAction?cmd=view&product_code=NPAB796842
- http://www.happybath.co.kr/product/product_view.jsp
- http://www.baskinrobbins.co.kr/main/br_main.jsp
- http://blog.naver.com/isa0814?Redirect=Log&logNo=20060458122
- http://designlib.tistory.com/7015
- http://www.hankyung.com/news/app/newsview.php?aid=201110125468e
- http://news.mk.co.kr/newsRead.php?year=2011&no=438975
- http://www.topfile.co.kr
- http://100.naver.com/100.nhn?docid=750718
- http://www.fashionnetkorea.com/default.asp
- http://www.shuuemura.co.kr/home/skincare/skincare_submain.aspx?code=CHILD1252718133
- http://news.donga.com/3/all/20110421/36587831/1
- http://www.posan.com/?NVKWD=%EC%B8%A1%EC%83%89%EA%B8%B0&NVADKWD=%EC%B8%A1%EC%83%89%EA%B8%B0&NVAR=PL&NVADID=227631679+0w00001u1HXcHv8c009X
- http://imagesearch.naver.com/search.naver?sm=ext&viewloc=0&where= idetail&rev=13&query=%EC%9D%

B8%EC%87%84%EA%B8%B0§ion=image&sort=0&res_fr=0&res_to=0&merge=0&start=1&img_id=dic725
637%7C65986_1&ie=utf8&aq=0&spq=0&nx_search_query=%EC%9D%B8%EC%87%84%EA%B8%B0&nx_and
_query=&nx_sub_query=&nx_search_hlquery=&nx_search_fasquery=

- http://terms.naver.com/entry.nhn?docId=568163
- http://cafe.naver.com/sodamwon.cafe?iframe_url=/ArticleRead.nhn%3Farticleid=716&
- http://blog.naver.com/wdst5507?Redirect=Log&logNo=40071104313
- http://cafe.naver.com/jsundud.cafe?iframe_url=/ArticleRead.nhn%3Farticleid=26158&
- http://ray.kia.co.kr/exterior/rear.html
- http://www.kyeongin.com/news/articleView.html?idxno=619096001&aid=0005388675
- http://news.naver.com/main/read.nhn?mode=LSD&mid=sec&sid1=102&oid=http://www.fnnews.com/view?ra
=Sent0601m_View&corp=fnnews&arcid=0920862866&cDateYear=2006&cDateMonth=11&cDateDay=14
- http://news.sportsseoul.com/read/life/380880.htm?ArticleV=old
- http://okfashion.co.kr/index.cgi?action=detail&number=21259&thread=81r07
- http://www.benettonkorea.co.kr/2011fw/
- http://blog.naver.com/talens?Redirect=Log&logNo=20065862308
- http://hanja.naver.com/search?query=%EB%B0%A9%EC%A0%84%EB%93%B1
- http://standard.ats.go.kr/code02/user/0B/03/SerKS_View.asp?ks_no=KSA0064#

기타

- MBC 특집 다큐멘터리 연평도, 그날 이후 영상
  http://www.dailian.co.kr/news/news_view.htm?id=269346&sc=naver&kind=menu_code&keys=7
- SONY DSLT - A65 CF
- 2009 기상청 기상사진 전시회
- 조이뉴스24, 2008년 9월 15일 기사
- 국립민속박물관, 민속아카이브
- 한국방문의해 위원회
- 뉴시스, 2010년 2월 24일, 달맞이쥐불놀이 기사
- 도로교통공단 운전면허시험장
- 서울메트로 교통센터
- 뉴시스, 2010년 8월 26일 기사
- EKN 뉴스, 유로저널, 박치원의 건축칼럼
- 뉴시스, 2011년 6월 7일, 무형문화제 작품판매전
- 민속연보존회
- 중앙일보, 2010년 5월 23일
- 세계일보, 2010년 12월 21일, 전통을 잇는 사람들

과목별 Test

01 색채는 각각 특정한 사물과 연관되어 인식되기도 하는데 예를 들어 '빨간색'을 보았을 때 '사과'를 떠올리는 것은 색채심리 용어로 무엇이라 하는가?

가. 색채환상　　　　　　　　　　나. 색채기억

다. 색채연상　　　　　　　　　　라. 색채복사

02 색의 항상성 (color constancy)에 대해 가장 바르게 설명한 것은?

가. 대상의 표면색에 대해 무의식적 추론에 의해 거론되는 색채

나. 조명조건이 바뀌어도 일정하게 유지되는 색채감각

다. 주변색의 변화가 규칙적일 때 경험하게 되는 색채변화

라. 동일한 심리적 상태이면 주변환경이 달라져도 같은 색채로 지각하는 현상

03 색채와 상징 내용을 연결시켜 놓은 것 중 잘못된 것은?

가. 보라 : 창조, 우아, 신비, 신앙　　　나. 회색 : 정지, 금지, 불안, 부활

다. 노랑 : 팽창, 희망, 광명, 유쾌　　　라. 파랑 : 심원, 냉정, 영원, 성실

04 문화가 갖는 역사 또는 삶의 방식에 의하여 색채가 전하는 메시지와 상징이 달라지는데, 각 민족색채의 상징적 특징을 대표적으로 표현해 주는 상징물은?

가. 상용되는 자동차 색　　　　　　나. 많이 팔리는 음식물의 색

다. 국기 색　　　　　　　　　　　라. 공공건물의 색

05 색채연상 중 제품 정보로서의 색을 사용한 적절한 예는?

가. 밀크 초콜릿의 포장지를 하양과 초콜릿색으로 구성하였다.

나. 녹색은 구급장비, 상비약의 상징에 사용된다.

다. 노란색은 경고를 나타낸다.

라. 청량음료에 중성색 색채를 사용하였다.

06 다음 안전색과 일반적인 그 사용 예가 잘못 연결된 것은?

가. 빨강 – 방화 표지, 화약 경고표, 금지 표지
나. 노랑 – 주의 표지, 감전 주의 표지, 바닥의 돌출물
다. 파랑 – 관리구역, 비상구 방향 표지, 구명대
라. 녹색 – 대피소 위치 표지, 구호 표지, 노동 위생기

07 몬드리안(Mondrian)의 '브로드웨이 부기우기' 라는 작품에서 드러난 대표적인 색채 현상은?

가. 착시
나. 음성 잔상
다. 항상성
라. 색채와 소리의 공감각

08 지역색(local color)의 개념을 제시하고 이미지를 부각시키는데 중요한 역할을 한 색채 연구가는?

가. 페흐너
나. 몬드리안
다. 고바야시
라. 랑크로

09 다음 대상별 색채선호에 관한 설명 중 사실과 가장 거리가 먼 것은?

가. 색에 대한 일반적인 선호 경향과 특정 제품에 대한 선호색은 같다.
나. 자동차의 경우 대형차와 소형차에 따라서 다른 색채 선호 경향을 보인다.
다. 동일한 제품이라도 여성과 남성의 선호 경향에 따라 다른 색채가 적용된다.
라. 제품의 특성에 따라서 선호되는 색채는 고정된 것이 아니다.

10 다음은 색채의 조절에 대한 심리효과를 이용한 것이다. 적절치 않은 것은?

가. 실내온도가 높은 작업장에서는 한색계통을 주로 사용한다.
나. 방의 방향에 따라 남향과 서향에는 차가운 색 계통을, 북향이나 동향에는 따뜻한 색 계통을 사용하면 효과적이다.
다. 보라는 혈압을 낮게 하고, 빨강의 보색잔상을 막아주므로 병원 내의 색채로 적당하다.
라. 작업장에서는 무거운 물건을 밝은 색으로 도장하여 작업능률을 높일 수 있다.

11 색채 마케팅에서 이해하여야 하는 마케팅의 기초 이론 중 4P Mix에 포함되지 않는 것은 ?

가. Product 　　　　　　　　　　나. Place
다. Promotion 　　　　　　　　　라. Pride

12 색채 마케팅에 관한 설명으로 부적당한 것은?

가. 색채를 이용하여 소비자의 심리에 영향을 주는 것이다.
나. 잘 팔리는 색과 팔리지 않는 색을 말하는 것이다.
다. 라이프스타일에 따른 선호보다 유행색을 중심으로 제품을 개발하는 것이다.
라. 국가별, 지역별 색채감성을 파악하는 것이 필요하다.

13 매슬로우(Maslow)의 욕구 단계에 해당하지 않는 것은?

가. 생리적 욕구 　　　　　　　　나. 사회적 욕구
다. 자아실현 욕구 　　　　　　　라. 필요의 욕구

14 소비자에 대한 심리접근법의 하나인 AIO 법으로 측정할 수 없는 것은?

가. 의견 　　　　　　　　　　　　나. 관심
다. 심리 　　　　　　　　　　　　라. 활동

15 조사하는 대상의 이미지를 나타내는 여러 쌍의 형용사를 반대어 척도에 의해 평가하도록 한 후 이 사이의 상관 계수를 근거로 요인을 분석해서 근원적인 심리적 요소를 찾는 방법을 무엇이라 하는가?

가. 오스굿(C. E. Osgoods)의 SD법 　　　나. 서스톤(Thurston)의 일대일 비교법
다. 순위법 　　　　　　　　　　　　　　라. 표본 추출법

16 국제 유행색 협회(International Commission for Fashion and Textile Colors)에 대한 설명으로 잘못된 것은?

가. 1963년에 설립되었다.
나. 3년 후의 색채 방향을 분석하고 제안한다.
다. S/S, F/W의 두 분기로 유행색을 예측 제안한다.
라. 매년 1월과 7월 말에 협의회를 개최한다.

17 색채 시장조사과정 중 동종시장에서 타제품과의 상대적 위치를 파악함으로써 전반적인 시장에서의 자사의 위치를 파악하고 새로운 제품기회를 포착할 수 있도록 도와주는 마케팅 기법은?

가. 제품 사용성 평가(usability test)
나. 스트리트 워칭(street watching)
다. 표적 마케팅(market targeting)
라. 제품 포지셔닝(product positioning)

18 제품의 라이프 사이클을 순서대로 나열한 것은?

가. 성숙기 – 도입기 – 성장기 – 쇠퇴기
나. 도입기 – 성장기 – 성숙기 – 쇠퇴기
다. 쇠퇴기 – 도입기 – 성숙기 – 성장기
라. 도입기 – 성숙기 – 성장기 – 쇠퇴기

19 경영전략의 하나로 상표이미지를 시각적으로 체계화, 단순화하여 소비자에게 인식시키고 체계적인 관리를 통해 특정 브랜드에 대한 선호를 향상시키는 것을 말하는 것은?

가. Brand Model
나. Brand Royalty
다. Brand Image
라. Brand Identity

20 프로그램과 프로그램 중간에 삽입되는 형식으로 방송하는 광고는 무엇인가?

가. 스폿(spot)광고
나. 블록(block)광고
다. 스폰서쉽(sponsor ship)광고
라. 네트워크(network)광고

정답 11 라 ㅣ 12 다 ㅣ 13 라 ㅣ 14 다 ㅣ 15 가 ㅣ 16 나 ㅣ 17 라 ㅣ 18 나 ㅣ 19 라 ㅣ 20 가

과목별 Test Ⅱ | 색채 디자인

01 여러 세대를 거치면서 형태의 세련과 사용상의 개선이 이루어져 나타난 인간중심의 디자인을 나타내는 디자인 요건은?

가. 친자연성　　　　　　　　　　나. 독창성
다. 합리성　　　　　　　　　　　라. 문화성

02 19세기 말에서 20세기 초에 일어났던 양식운동으로서 자연물의 유기적 형태를 빌려 건축의 외관이나 가구, 조명, 실내 장식, 회화, 포스터 등을 장식할 때 사용되었던 양식은?

가. 아르누보(Art Nouveau)　　　　나. 미술 공예운동(Art and Craft Movement)
다. 디 스틸(De Stijl)　　　　　　라. 모더니즘(Modernism)

03 로고, 심벌, 캐릭터뿐만 아니라 명함 등의 서식류와 외부적으로 보이는 사인 시스템에서 기업의 이미지를 일관성 있게 보여주고 관리하는 시각 디자인의 방법은?

가. POP　　　　　　　　　　　　나. BI
다. Super Graphic　　　　　　　라. CIP

04 다음 중 패션디자인의 요소와 비교적 거리가 가장 먼 것은?

가. 장식미　　　　　　　　　　　나. 기능미
다. 재료미　　　　　　　　　　　라. 색채미

05 디스플레이 디자인(Display Design)에 대한 설명 중 잘못된 것은?

가. 물건을 공간에 배치, 구성, 연출하여 사람의 시선을 유도하는 강력한 이미지 표현이다.
나. 디스플레이의 구성요소는 상품, 고객, 장소, 시간이다.
다. POP(Point Of Purchase)는 비상업적 디스플레이에 활용된다.
라. 시각전달 수단으로서의 디스플레이는 사람, 물체, 환경을 상호 연결시킨다.

06 공공기관이나 기업이 제품의 질을 높이기 위한 정책의 일환으로 디자인이 잘된 제품에 부여하는 마크는?

가. KS Mark

나. GD Mark

다. Green Mark

라. Symbol Mark

07 디자인 사조에서 대표적으로 사용된 색채의 특성에 관한 설명 중 잘못된 것은?

가. 다다이즘의 색은 화려한 면과 어두운 면을 동시에 갖고 있으면서, 극단적인 원색대비를 사용하기도 한다.

나. 아르누보는 큐비즘의 영향을 받아 차분하고 자연적인 색채를 사용하며, 공간적이고 입체적인 색채의 효과를 강조한다.

다. 옵 아트는 색의 원근감, 진출감을 흑과 백 또는 단일색조를 강조하여 사용한다.

라. 팝 아트는 복제성과 보편성을 강조하기 위하여 전체적으로 어두운 색조에 혼란한 강조색을 사용한다.

08 다음 중 환경디자인의 영역에 속하지 않는 것은?

가. 도시계획

나. 건축디자인

다. 인테리어 디자인

라. 운송수단 디자인

09 팝 아트(Pop Art)에 관한 설명 중 가장 적합한 것은?

가. 인간의 시지각 원리에 근거한 것이다.

나. 대중예술에서 유래된 말로, 1960년대에 뉴욕을 중심으로 전개되었던 미술의 한 경향을 가리킨다.

다. 여성의 주체성을 찾고자 한 운동이다.

라. 분해, 풀어헤침 등 파괴를 지칭하는 행위이다.

10 다음 중 디자인의 조형 활동을 평가하기 위한 요건과 거리가 가장 먼 것은?

가. 디자인의 유기성

나. 디자인의 경제성

다. 디자인의 합리성

라. 디자인의 질서성

정답 01 라 | 02 가 | 03 라 | 04 가 | 05 다 | 06 나 | 07 나 | 08 라 | 09 나 | 10 가

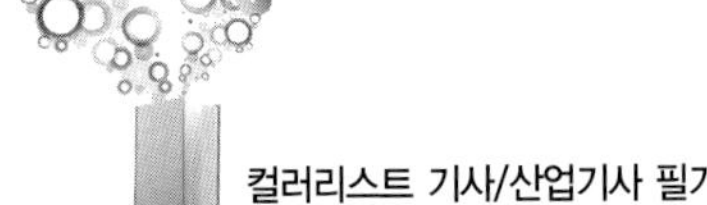

11 원래는 낡은 가구를 모아 새로운 가구를 만든다는 의미 또는 저속한 모방예술을 의미하기도 하였으나 오늘날에 있어서는 예술의 수용방식이나 특수한 상태를 가리키는 말이 된 것은?

　가. 다다이즘　　　　　　　　　나. 아르누보
　다. 키치　　　　　　　　　　　라. 포스트 모더니즘

12 다음 중 유행색에 가장 민감하게 색채계획을 해야 하는 것은?

　가. 주방용품　　　　　　　　　나. 가전제품
　다. 사무용품　　　　　　　　　라. 화장품

13 리디자인(re-design)의 개념은?

　가. 신제품의 디자인 개발　　　　나. 제품 디자인의 개선
　다. 판매를 위한 디자인 개발　　　라. 제품판매를 위한 판촉활동

14 실내 디자인에 대한 설명 중 옳은 것은?

　가. 건축의 외장이 완성되기 이전에 실내 디자인을 반드시 끝낸다.
　나. 실용적인 측면보다는 아름다움이 치중해야 한다.
　다. 선박, 기차, 자동차의 내부도 실내 디자인의 영역이다.
　라. 실내 디자인은 건축계획과 별개로 무관하다.

15 색채 계획 및 배색의 과정에서 사용하는 배색 방법에 대한 설명 중 가장 부적절한 것은?

　가. 주조색이란 전체의 느낌을 전달하는 색으로, 전체의 40% 이상을 차지하는 색을 말한다.
　나. 보조색은 주조색 다음으로 넓은 공간을 차지하며, 약 25% 정도의 면적을 차지한다.
　다. 보조색은 보조요소들을 배합색으로 취급함으로서, 변화를 주는 역할을 한다.
　라. 강조색은 디자인 대상에 액센트를 주는 포인트 역할을 하는 색으로, 전체의 5% 정도를 차지한다.

16 제품색채계획 단계의 순서가 올바른 것은?

가. 시장, 소비자 조사 → 색채 계획서 작성 → 시제품 제작 → 주조색, 보조색, 강조색 결정

나. 시장, 소비자 조사 → 시제품 제작 → 소재 및 재질 결정 → 색채 계획서 작성

다. 시장, 소비자 조사 → 색채 계획서 작성 → 주조색, 보조색, 강조색 결정 → 소재 및 재질 결정

라. 시제품 제작 → 소재 및 재질 결정→ 색채 계획서 작성 → 주조색, 보조색, 강조색 결정

17 윌리엄모리스의 디자인 운동과 관계가 먼 것은?

가. 예술의 민주화, 사회화 주창

나. 중세고딕의 형식언어 추구

다. 레드하우스의 건립

라. 베니스의 돌(The Stone of Venice) 저술

18 다음 유행색에 대한 설명 중 잘못된 것은?

가. 어떤 계절이나 일정기간 동안 특별히 많은 사람에 의해 입혀지고, 선호도가 높은 색이다.

나. 유행 예측색으로 색채전문기관들에 의해 유행할 것으로 예측되는 색이다.

다. 패션산업에서는 실 시즌의 약 2년 전에 유행예측색이 제안되고 있다.

라. 1992년에 설립된 한국유행색산업협회가 있지만 국제유행색협회와는 무관하게 국내활동에 국한되어 있다.

19 병치 보색현상을 도입한 점묘화법으로 대표되며, 최초로 색채를 도구화한 미술 사조는?

가. 인상파

나. 야수파

다. 큐비즘

라. 아르누보

20 멀리서도 위치를 알 수 있는 산, 고층빌딩, 타워, 기념물 등 그 지역의 상징물을 나타내는 환경디자인 용어는?

가. 아고라

나. 캐스케이드

다. 파사드

라. 랜드마크

01 색료에 대한 설명으로 틀린 것은?

가. 색료는 염료와 안료로 구분한다.
나. 염료는 일반적으로 물에 용해된다.
다. 유기안료는 무기안료보다 착색력, 내광성, 내열성이 우수하다.
라. 백색안료에는 산화아연, 산화티탄, 연백 등이 있다.

02 염료에 대한 설명 중 맞는 것은?

가. 천연염료 – 주로 식품이나 의약품에 착색되는 염료이다.
나. 합성염료 – 그림물감으로 이용되는 것이 많다.
다. 식용염료 – 천연물에서 채취하여 식품에만 고유하게 사용되는 염료로 우리나라에서는 식품위
　　생법에 따른 제한을 받는다.
라. 형광염료 – 주로 종이, 합성섬유, 합성수지, 펄프, 양모 등을 보다 희게 하기 위해 사용된다.

03 다음 중 염료와 안료에 대하여 옳게 설명한 것은?

가. 염료는 주로 물에 잘 녹지 않고 안료는 잘 녹는다.
나. 일반 페인트는 주로 안료를 사용하지만, 수성페인트는 염료를 쓴다.
다. 컬러프린터의 인쇄잉크는 염료이고 레이저 토너는 안료이다.
라. 염료는 화학적 반응을 통하여 흡착하고 안료는 접착제를 쓴다.

04 어떤 색채가 매체, 주변 색, 광원, 조도 등이 서로 다른 환경 하에서 관찰될 때 다르게 보여지는 현상은?

가. 컬러 어피어런스(color appearance)　　나. 컬러 맵핑(color mapping)
다. 컬러 변환(color transformation)　　라. 컬러 특성화(color characterization)

05 다음에서 설명하는 것과 가장 관련 있는 것은?

> • 반도체 소자의 일종으로 색채영상입력 디바이스의 기본요소이다.
> • 하나의 소자로부터 다른 소자로 전하를 전송할 수 있다.
> • 기본 단위는 픽셀(pixel)이다.

가. CDP(Compact Disc Player) 나. PDP(Plasma Display Panel)
다. CCD(Charge Coupled Device) 라. LCD(Liquid Crystal Display)

06 다음 중 디바이스 종속 색채계(device dependent color system)는?

가. CIE XYZ 색채계, LUV 색채계, CMYK 색채계
나. LUV 색채계, CIE XYZ색채계, ISO 색채계
다. RGB 색채계, HSV 색채계, HLS 색채계
라. CIE RGB 색채계, CIE XYZ 색채계, CIE LAB 색채계, ISO 색채계

07 컴퓨터 자동배색(computer color matching)을 도입하는 목적 또는 장점이라고 할 수 없는 것은?

가. 다품종 소량에 대응 나. 고객의 신뢰도 구축
다. 메타메리즘의 효율적인 형성 라. 컬러런트 구성의 효율화

08 다음 중 CIE L*a*b*색표계에서 a*에 해당되는 색의 영역을 가장 옳게 나타낸 것은?

가. red~blue 나. yellow~blue
다. red~green 라. red~yellow

09 CIE L*a*b*색좌표계에 다음 색을 표기할 때 가장 밝은 노란색에 해당되는 것은?

가. $L^* = 0$, $a^* = 0$, $b^* = 0$ 나. $L^* = +80$, $a^* = 0$, $b^* = -40$
다. $L^* = +80$, $a^* = +40$, $b^* = 0$ 라. $L^* = +80$, $a^* = 0$, $b^* = +40$

10 다음 중 색온도가 가장 낮은 것은?

가. 주광색 형광등
나. 정오의 태양
다. 백열등
라. 흐린 날의 하늘

11 관찰시야가 2도 시야에서 10도시야로 넓어지면 명도와 채도는 어떻게 되는가?

가. 명도와 채도가 모두 낮게 느껴진다.
나. 명도는 높고 채도는 낮게 느껴진다.
다. 명도와 채도가 모두 높게 느껴진다.
라. 명도는 낮고 채도는 높게 느껴진다.

12 인쇄에 관한 설명 중 틀린 것은?

가. 인쇄잉크의 기본 4원색은 C(Cyan), M(Magenta), Y(Yellow), K(Black)이다.
나. 인쇄용지에 따라 망점 선수를 달리하여 선수가 많을수록 인쇄의 품질이 높아진다.
다. 오프셋(off-set)인쇄는 직접 종이에 인쇄하지 않고 중간 고무판을 거쳐 잉크가 묻도록 되어 있다.
라. 볼록판 인쇄는 농담 조절이 가능하여 풍부한 색을 낼 수 있고 에칭 그라비어 인쇄가 여기에 속한다.

13 그래픽 카드를 이용하여 모니터에서 디지털 색채영상을 구성하는데 사용되는 최소단위는?

가. 픽셀(pixel)
나. 비트(bit)
다. 벡터(vector)
라. 바이트(byte)

14 육안 조색을 할 때 작업면에서의 조도는 일반적으로 몇 lx이상으로 하여야 하는가?

가. 200lx
나. 400lx
다. 800lx
라. 1,000lx

15 육안으로 채도가 강한 색채를 오래 관측하다가 새로운 색채시료를 관측하면 관측했던 색상의 보색 방향으로 잔상이 나타나 다르게 보일 때 가장 좋은 방법은?

가. 회색을 장시간 응시하거나 눈을 감고 잔상이 사라 질 때까지 기다린다.
나. 보색이 되는 색을 2~3분 바라본다.
다. 동일 색상의 채도가 낮은 색을 응시한다.
라. 동일 채도의 보색 색상을 약 5분간 응시한 다음 흰색을 바라본다.

16 물체의 색을 측정하는 방법 중 같은 결과를 얻는 방법을 서로 짝지은 것이다. 맞는 것은?

가. d/0 – 0/90
나. d/0 – 45/0
다. 0/d – 0/45
라. 45/0 – 0/45

17 가장 일반적으로 사용되는 인쇄잉크는?

가. Magenta, Yellow, Green, Blue
나. Red, Yellow, Blue, Cyan
다. Magenta, Yellow, Cyan, Black
라. Red, Pink, Blue, Black

18 광원에 대한 설명이다. 틀린 것은?

가. 낮은 색온도는 따뜻한 색에 대응되고, 높은 색온도는 시원한 색에 대응된다.
나. 주광색 형광등은 연색성이 낮아 병원복도, 경기조명, 식료품매장 등에 적합하다.
다. 인공 광원이 얼마나 기준광과 비슷하게 물체의 색을 보여주는가를 나타내는 것이 연색지수이다.
라. 백열등과 같이 뜨거워져서 빛을 내는 열광원은 흑체의 색온도로 구분하고 열광원이 아닌 경우
　　에는 상관 색온도로 구분한다.

19 조색사가 색료를 선택할 때 고려해야 할 조건과 가장 거리가 먼 것은?

가. 착색의 견뢰성(물리환경적인 조건에서 견디는 성질)
나. 다양한 광원에서의 색채현시(color appearance)
다. 작업공정의 가능성
라. 분해시 발생할 물질 및 분광식색채계의 성능

20 해상도에 대한 바른 설명은?

가. 해상도가 이미지에 필요한 만큼 충족되면 픽셀화가 된다.
나. 픽셀의 수는 이미지의 선명도와 질을 좌우한다.
다. 비트 해상도는 각 픽셀에 저장되는 컬러 정보의 양과 관련 없다.
라. 사진의 이미지를 확대해 보면 거칠어지는데 이는 해상도가 높아졌기 때문이다.

정답 10 다 ㅣ 11 나 ㅣ 12 라 ㅣ 13 가 ㅣ 14 라 ㅣ 15 가 ㅣ 16 라 ㅣ 17 다 ㅣ 18 나 ㅣ 19 라 ㅣ 20 나

01 다음 내용 중 맞는 것은?

가. 간상체는 약한 빛에서 활동한다.
나. 간상체는 유채색을 지각할 수 있다.
다. 추상체는 망막 주변부에 많이, 고르게 분포한다.
라. 추상체에 의한 순응이 간상체에 의한 것보다 늦다.

02 명소시와 암소시의 중간 정도의 밝기에서 추상체와 간상체 모두 활동하고 있는 시각상태는?

가. 잔상시　　　　　　　　　　　나. 유도시
다. 중간시　　　　　　　　　　　라. 박명시

03 빛의 파장 가운데 노랑의 파장 범위는?

가. 380~450nm　　　　　　　　나. 450~500nm
다. 570~590nm　　　　　　　　라. 590~620nm

04 다음 색에 관한 설명 중 옳은 것은?

가. 인간은 약 200개의 색만 변별할 수 있다.
나. 색의 밝기를 채도라고 한다.
다. 색의 순도를 명도라고 한다.
라. 유사한 색끼리 근접하여 배열한 원을 색상환이라고 한다.

05 물체 내부의 시각색소가 흡수하는 빛의 양을 파장별 함수로 나타낸 것은?

가. 흡수 스펙트럼　　　　　　　나. 반사 스펙트럼
다. 굴절 스펙트럼　　　　　　　라. 확산 스펙트럼

06 중간혼색에 관한 설명 중 잘못된 것은?

가. 색을 인접되게 배치하여 혼합된 색으로 보이게 하는 것이다.

나. 컬러인쇄는 중간혼색을 사용한다.

다. 감법혼색의 영역에 속한다.

라. 중간혼색의 예로 베졸드 효과를 들 수 있다.

07 다음 명도대비에 대한 설명 중 틀린 것은?

가. 명도대비는 명도의 차이가 클수록 더욱 뚜렷하다.

나. 유채색보다 무채색이 더욱더 강하게 나타난다.

다. 명도가 다른 두 색을 인접했을 때 밝은 색은 더욱 밝아 보인다.

라. 색채가 검정바탕에서 가장 어둡게 보이고 하얀 바탕에서 가장 밝게 보인다.

08 물감의 3원색에 관한 설명으로 틀린 것은?

가. 섞어서 만들 수 없는 색이다.

나. 모두 혼합하면 검정색이 되는 색이다.

다. 빨강, 녹색, 파랑이 3원색이 되는 색이다.

라. 빛의 3원색을 각각 2개씩 혼색했을 때 만들어지는 간색이 물감의 3원색이다.

09 색의 면적효과에 대한 설명 중 틀린 것은?

가. 동일한 색이라도 면적이 커지면 명도가 증가된다.

나. 동일한 색이라도 면적이 커지면 채도가 증가된다.

다. 면적이 커질수록 색이 뚜렷해진다.

라. 옷감을 고를 때 작은 견본을 보고 고르는 것은 면적효과를 줄이기 위해서이다.

10 흥분과 침정과 같은 색채의 감정적인 효과는 다음 중 주로 어떤 속성과 관계되는가?

가. 색상 　　　　　　　　나. 명도

다. 채도 　　　　　　　　라. 온도감

정답 01 가 ㅣ 02 라 ㅣ 03 다 ㅣ 04 라 ㅣ 05 가 ㅣ 06 다 ㅣ 07 라 ㅣ 08 다 ㅣ 09 라 ㅣ 10 가

11 다음 중 색의 진출하는 느낌에 관한 설명으로 잘못된 것은?

가. 따뜻한 색보다 차가운 색
나. 어두운 색보다 밝은 색
다. 채도가 낮은 색보다 높은 색
라. 무채색보다 유채색

12 보색에 관한 다음 설명 중 틀린 것은?

가. 혼합하여 무채색이 되는 두 색은 서로 보색관계에 있다.
나. 색료혼합의 경우 보색관계에 있는 두 색의 혼합 결과는 검정에 가깝다.
다. 혼색에서 모든 2차색은 그 색에 포함되지 않은 원색과 보색관계에 있다.
라. 색상환에서 비교적 가까운 거리에 있는 색을 보색이라 한다.

13 색의 식별성에 대한 시각적 성질을 색의 명시성이라고 한다. 명시성에 대해 틀린 설명은?

가. 명도가 같을 때 채도가 높은 쪽이 쉽게 식별된다.
나. 간상체와 추상체의 작용과 관계된다.
다. 바탕색과의 관계에서 명도의 차이가 클 때 높다.
라. 바탕색과의 관계에서 채도의 차이가 적을 때 높다.

14 서로 보색관계인 두 색을 인접시켰을 때 서로의 영향으로 본래의 색보다 어떤 특성이 높아 보이는가?

가. 명도
나. 채도
다. 색상
라. 순응도

15 다음 감법혼합 중 틀린 것은?

가. 마젠타 + 노랑 = 빨강
나. 파랑 + 빨강 = 주황
다. 시안 + 마젠타 = 파랑
라. 노랑 + 시안 + 마젠타 = 검정

16 다음 내용 중 괄호 안에 들어갈 용어로 맞는 것은?

> "사무공간은 업무의 성격을 분석하여 정신 집중을 요구하는 곳에서는 (a)을(를), 활동성을 요구하는 곳에서는 (b)을(를) 제안할 수 있다."

가. a : 난색, b : 한색
나. a : 한색, b : 난색
다. a : 고명도, b : 저채도
라. a : 고채도, b : 저명도

17 어떤 색을 일정시간 보고 난 후 그 색의 자극이 망막상에 남아 있는 현상은?

가. 잔상
나. 순응
다. 착시
라. 박명시

18 정상적인 눈의 경우 추상체는 흡수 스펙트럼에 따라 몇 가지로 구분 되는가?

가. 1가지
나. 2가지
다. 3가지
라. 4가지

19 다음 색 중 가장 따뜻하게 느껴지는 색은?

가. 주황
나. 초록
다. 자주
라. 보라

20 다음 색채의 강약감에 대한 설명 중 옳은 것은?

가. 톤(tone)으로 말하면 페일(pale)은 강한색이다.
나. 명도의 영향을 받지 않는게 특징이다.
다. 주로 채도의 높고 낮음에 따라 달라진다.
라. 브라이트(bright), 비비드(vivid) 등의 톤은 약한 색이다.

정답 11 가 ㅣ 12 라 ㅣ 13 라 ㅣ 14 나 ㅣ 15 나 ㅣ 16 나 ㅣ 17 가 ㅣ 18 다 ㅣ 19 가 ㅣ 20 다

01   다음 중 대표적인 현색계가 아닌 것은?

가. Munsell 색체계   나. CIE표준 표색계
다. DIN 색표계   라. NCS 색체계

02   다음 중 혼색계의 장점이 아닌 것은?

가. 환경을 임의로 선정하여 측정할 수 있다.
나. 정확한 측정을 할 수 있다.
다. 색표계 간에 정확히 변환시킬 수 있다.
라. 수치로 구성되는 기기가 없어도 된다.

03   다음 중 먼셀(Munsell) 3속성에 의한 표시 기호 1.5Y 5.0/5.5 와 가장 같은 관용 색명은?

가. 개나리색(chrome yellow)   나. 세피아(sepia)
다. 황토색(yellow ochre)   라. 카키(khaki)

04   색공간 읽는 법으로 맞는 것은?

가. L*a*b*색공간에서 L*는 채도, a*와 b*는 색도좌표를 나타낸다.
나. +a*는 빨간색 방향 +b*는 파란색 방향이다.
다. 중앙은 완전 백색이다.
라. +a*는 빨간색 방향, −a*는 노란색 방향이다.

05   먼셀 표색계의 특징에 관한 설명으로 옳은 것은?

가. 색각이론 중 헤링의 반대색설을 채용하여 24색상환을 사용하였다.
나. 1905년 미국의 화가이자 색채연구가인 먼셀이 측색을 통해 최초로 정량적 표준화를 시도한 것이다.
다. 새로운 안료의 개발 등으로 인한 표준색의 범위 확장을 허용하는 색나무(color tree)개념을 가지고 있다.
라. 채도는 중심의 무채색 축을 0으로 하고 수평방향으로 10단계로 구성하여 그 끝에 스펙트럼상의 순색을 위치시켰다.

06 S3020-Y90R에 대한 해석으로 맞는 것은?

가. 대상색에서 유채색도가 50%의 비율

나. 대상색에서 검정색도가 30%의 비율

다. 대상색에서 하양색도가 20%의 비율

라. 유채색도 c에서 노랑은 90%, 빨강은 10%의 비율

07 음양오행설에서 볼 때 오정색 중 백색이 의미하는 방위는 ?

가. 동

나. 서

다. 남

라. 북

08 오스트발트 표색계에 대한 설명이 잘못된 것은?

가. Y, R, B, G의 4원색을 기준으로 한 24색상환이 있다.

나. 명도와 채도를 따로 분리하여 표시한다.

다. 색삼각형에서 모든 색상의 동일 순도를 가진 색은 같은 위치에 있다.

라. 색입체는 정삼각 구도의 사선배치로 이루어져 있다.

09 색의 배색에서 색채의 면적이 미치는 영향을 고려하여 "저채도의 약한 색은 면적을 넓게, 고채도의 강한 색은면적을 좁게 해야 균형이 맞는다"는 원칙을 정량적으로 이론화한 색채조화론은?

가. 문-스펜서(Moon-Spencer)의 색채조화론

나. 오스트발트(Ostwald)의 색채조화론

다. 저드(Judd)의 색채조화론

라. 쉐뷰럴(Chevreul)의 색채조화론

10 색각의 생리 · 심리원색을 바탕으로 하는 오스트발트 표색계에서 사용하는 색채표시 방법은?

가. S2030-Y90R

나. 20lc

다. 4YR4/10

라. 3:yR

11 국제조명위원회가 1931년에 발표한 CIE 표준표색계에서 제시하고 있는 색도도를 바르게 설명한 것은?

가. 말발굽형의 바깥둘레에 나타난 모든 색은 스펙트럼의 순수파장의 색이다.

나. 색도도 내의 임의의 두 점을 잇는 직선을 그을 때, 그 직선의 양 끝색은 서로 보색이다.

다. 색도도 내의 임의의 한 점은 혼합색을 나타내며, 밝기와 포화도를 함께 읽을 수 있다.

라. 색도도 바깥둘레의 한 점과 백색점(C)을 잇는 선 위에는 포화도만으로 된 색의 변화가 나타난다.

12 오스트발트 색채 조화론에 관한 설명 중 옳은 것은?

가. 조화란 통일과 변화라고 하였다. 매우 감각적이며 배색의 처리방법이 정량적이고 단순하다.

나. 등백 계열에 속한 색들은 순색의 양은 다르나 시각적으로 순도가 같아 보이는 색들이다.

다. 두 가지 이상의 색 사이의 합법적인 관계일 때 이 색들을 조화색이라 한다.

라. 마름모꼴 조화는 인접 색상면에서만 성립되며, 등차색환 조화와 사횡단 조화가 나타난다.

13 먼셀 색입체를 수평으로 절단하면 중심축의 회색 주위에 나타나는 모양은?

가. 같은 명도의 여러 색상

나. 같은 채도의 여러 색상

다. 같은 색상의 채도 변화

라. 같은 색상의 같은 채도

14 한국산업규격의 계통색명과 그 약호가 바르게 표시된 것은?

가. 어두운 녹색 띤 노랑 : dk-gY

나. 회보라 : n-PB

다. 아주 어두운 남색 : vb-B

라. 해맑은 파랑 띤 흰색 : st-nBW

15 다음 중 혼색계의 설명으로 맞는 것은?

가. 심리 · 물리적인 빛의 혼색실험에 기초를 둔 표색계이다.

나. 먼셀 표색계가 가장 대표적인 것이다.

다. 물체의 색채를 표시하는 체계로 표준색표의 번호나 기호를 붙인다.

라. 색지각의 심리적인 속성인 색상, 명도, 채도에 따라 행해지는 체계이다.

16 CIE 표색계에서 내부의 궤적선은 무엇의 변화를 나타내는가?

가. 색온도
나. 색상
다. 명도
라. 반사율

17 먼셀은 색채조화의 기본을 균형으로 생각하였다. 먼셀이 제시한 균형의 원리에 근거할 때, 부조화의 경우는?

가. 회색스케일(gray scale)의 그라데이션(gradation)
나. 하나의 색상에 백색이나 검정을 섞어 만든 색들
다. 채도는 같고 명도가 다른 반대색들이 회색스케일에 따라 일정 간격으로 변화할 때
라. 중간명도의 반대색들로 낮은 채도의 면적을 작게 하고, 높은 채도의 면적은 크게 할 때

18 관용색명에 관한 설명 중 옳은 것은?

가. 우리의 고유색명으로 흑, 백 등이 있다.
나. 동물의 이름에서 유래된 것으로는 쥐색 등이 있다.
다. 식물의 이름에서 유래된 것으로는 세피아 등이 있다.
라. 광물에서 유래된 것으로 라벤더 등이 있다.

19 파버 비렌(Faber Birren)의 색채조화 원리가 아닌 것은?

가. 색삼각형의 연속된 선상에 위치한 색들은 서로 조화 한다.
나. 오스트발트의 조화론과 매우 유사하나 색삼각형을 색채군으로 묶어 단순하게 표현하였다.
다. 색채의 미적 효과를 나타내는 용어는 White, Black, Tone의 세가지이다.
라. 비렌의 색삼각형을 쉽게 접근하기 위해 만든 것이 일본 PCCS 의 휴/톤 시스템이다.

20 가법혼색의 원리를 적용시킨 표색계는?

가. 먼셀 표색계
나. RAL 표색계
다. NCS 표색계
라. XYZ 표색계

Memo

기출문제

2011년 1회 컬러리스트 기사 기출문제

01 기업이 표적시장을 대상으로 원하는 결과를 얻을 수 있도록 활용하는 총체적인 마케팅 수단은?

가. 표적 마케팅

나. 시장 세분화

다. 마케팅 믹스

라. 제품 포지셔닝

해설 | 시장 세분화 전략

• 표적 마케팅 : 다품종 소량색상 체제로 세분화된 시장을 선택하여 이에 알맞은 제품을 제공하는 마케팅으로 최근의 시장은 표적 마케팅에 주력한다.

• 시장 세분화 : 시장을 상이한 제품을 필요로 하는 소비자의 구매집단으로 분할하는 것이다.

• 제품 포지셔닝 : 제품이 소비자들에 의해 지각되고 있는 모습을 말하며 소비자들의 원하는 경쟁자의 포지션에 따라 기존 제품의 포지션을 새롭게 전환시키는 전략을 말한다.

02 지역색(local color)에 대한 설명으로 거리가 먼 것은?

가. 특정 지역에서 추출된 색채

나. 특정 지역의 하늘과 자연광을 반영하는 색채

다. 특정 지역의 흙, 돌 등에 의해 나타나는 색

라. 특정 지역의 사람들이 선호하는 색

해설 | 지역색은 특정 지역의 사람들이 선호하는 색이 아니라 지역에 따라 선호하는 색채를 말한다.

03 다음 중 색채와 공감각에 대한 설명 중 틀린 것은?

가. 소리를 색채와 함께 공감각적으로 인식하면 낮은 음은 밝고 강한 채도의 색을 느끼게 한다.

나. 좋은 냄새는 맑고 순수한 고명도색, 나쁜 냄새는 어둡고 흐린 난색계를 연상하게 한다.

다. 너무 밝은 명도의 색은 식욕을 일으키지 않는다.

라. 공감각 특성을 이용하면 보다 정확하고 강하게 메시지와 의미를 전할 수 있다.

04 표본 추출의 설명으로 틀린 것은?

가. 표본 추출은 편의가 없는 조사를 위해 미리 설정된 집단 내에서 뽑아야 한다.

나. 일반적으로 큰 표본이 작은 표본보다 정확도는 더 높지만 대신 시간과 비용이 증가된다.

다. 일반적으로 조사대상의 속성은 다원적이고 복잡하기에 모든 특성을 고려하여 표본을 선정하는 것은 불가능하다.

라. 표본의 크기는 대상 변수의 변수도, 언구자기 감내할 수 있는 허용 오차의 크기 및 허용오차 범위 내의 오차가 반영된 조사 결과 확률을 고려하여 결정해야 한다.

 표본추출은 색채정보수집에서 가장 많이 쓰인다. 표본추출방법은 대규모집단에서 소규모집단으로 표본을 추출하고 무작위로 선정해야 한다.

05 마케팅에서 소비자 생활유형을 조사하는 목적이 아닌 것은?

가. 소비자의 선호색 조사　　　　나. 소비자의 가치관 조사

다. 소비형태 조사　　　　라. 소비자의 행동특성 조사

 소비자의 생활유형은 특성에 따라 특정문화나 집단의 생활양식을 표현하는 구성요소와 관계가 깊고 소비자의 가치관을 반영하므로 소비자행동을 결정하는 중요한 지표가 된다.

06 기억색을 설명하는 것으로 옳은 것은?

가. 대상의 표면색에 대한 무의식적인 추론에 의해 결정되는 색채

나. 대상물체의 색채가 변하지 않고 그대로 유지된다고 지각하는 것

다. 대상을 물리적 실제와 다르게 지각하는 것

라. 착시현상에 의해 일어나는 색 경험

 나. 항상성을 말한다.
다. 연색성을 말한다.
라. 착시현상을 말한다.

정답 01 다 ｜ 02 라 ｜ 03 가 ｜ 04 가 ｜ 05 가 ｜ 06 가

07 색채 정보 수집을 위해 가장 쉽게 적용되는 연구 방법은?

가. 패널조사법
다. 표본조사법
나. 현장관찰법
라. 실험법

 문제는 표본조사법에 관한 설명이다.

08 판매촉진을 위한 기업방침, 상품의 특성을 전달·확인시키고 라이프스타일을 결정하도록 홍보하기 위한 광고 매체 선택의 전략적 방향이 아닌 것은?

가. 기업 및 상품의 존재를 인지시킨다.
나. 현장감과 일치하여 아이덴티티(identity)를 얻어야 한다.
다. 소비자에게 컨센서스(consensus)를 얻을 수 있어야 한다.
라. 정보의 DB화로 가격과 기능을 전달해야 한다.

09 기업의 내부환경을 분석하고 외부환경을 분석하여 마케팅 전략을 수립하는 SWOT분석과정에 해당되지 않는 것은?

가. 기회
다. 약점
나. 위협
라. 경쟁

S(Strength), W(Weakness), O(Opportunity), T(Threat)의 약자인 SWOT는 강점과 약점 및 기회와 위협요인을 찾아내는 마케팅 기법이다.

10 병원을 위한 색채적용 방법이 가장 바람직한 것은?

가. 분만실은 밝은 청록색이 적당하다.
나. 병실 천장에 생명을 상징하는 녹색을 적용하는 것이 효과적이다.
다. 집중 치료실은 밝고 화사한 색조를 사용하는 것이 바람직하다.
라. 실험실은 붉은 계열의 색을 적용하는 것이 좋다.

 병원의 색채계획은 수술실에는 녹색, 회복기 환자에게는 밝은 조명과 따뜻한 색채, 장기입원 환자에게는 약간 어두운 조명과 시원한 색인 녹색과 청색을 주로 사용한다.

11 색채선호에서 보이는 특성으로 옳은 것은?

가. 제품의 특성에 따라 선호되는 색채가 고정적으로 나타난다.
나. 한 개인의 색채선호는 변하지 않고 고정적으로 나타난다.
다. 노인들은 청년보다 청색에 대한 선호가 두드러진다.
라. 연령이 낮을수록 원색계열과 밝은 톤을 선호하는 경향이 있다.

 가. 제품의 특성에 따라 선호되는 색채가 변한다.
나. 한 개인의 색채선호는 변한다.
다. 성인들이 선호하는 색채는 파란색이지만 청년과 노인의 선호에 대한 결과는 없다.

12 컬러 마케팅의 이론으로 적합하지 않은 것은?

가. 컬러 마케팅의 궁극적인 목표는 제품의 판매를 늘리는 것이다.
나. 글로벌화된 현대 사회에 선진국에서 성공한 제품의 색채는 어느 국가에서나 성공을 보장받는다.
다. 우리나라는 1990년대부터 컬러를 마케팅 수단으로 삼아 제품 판매 경쟁에 돌입하였다.
라. 컬러 마케팅에 있어 광고의 컬러 선정은 목표시장 집단의 색채 감성을 파악하여 이를 활용하여야 한다.

 국가마다 지역적 특성으로 선호하는 색채가 다르기 때문에 선진국에서 성공한 제품의 색채가 어느 국가에서나 성공을 보장받을 수 없다.

13 다음 중 안전을 위한 표준색이 옳게 설명된 것은?

가. 장비의 수리 및 조절의 주의신호 – 파랑
나. 구급장비, 상비약 – 노랑
다. 장애물, 경고 – 빨강
라. 소방기구 – 녹색

 나. 구급장비, 상비약 – 녹색
다. 장애물, 경고 – 노랑
라. 소방기구 – 빨강

14 요하네스 이텐에 의한 계절의 연상과 배색 중 여름에 해당하는 것은?

가. 밝은 톤으로 구성한다.
나. 원색과 선명한 톤으로 구성한다.
다. 갈색, 보라 등 어두운 색조로 구성한다.
라. 차갑고, 후퇴, 희박성을 나타내는 회색 톤으로 구성한다.

 가. 봄은 밝은 톤으로 구성한다.
다. 가을은 갈색, 보라 등 어두운 색조로 구성한다.
라. 겨울은 차갑고, 후퇴, 희박성을 나타내는 회색 톤으로 구성한다.

15 시장 세분화 기준의 분류가 잘못된 것은?

가. 지리적 변수 – 지역, 인구밀도
나. 심리분석적 변수 – 생활환경, 종교
다. 인구통계적 변수 – 소득, 직업
라. 행동분석적 변수 – 사용경험, 브랜드 충성도

 심리분석적 변수는 신념과 태도이다.

16 신문광고 매체의 특성에는 신뢰성, 안정성, 논리성 등이 있다. 다음 중 안정성에 대한 설명은?

가. 신문에 대한 인식이 신문광고에 그대로 연결될 수 있다.
나. 신문 독자의 90% 이상이 정기구독자로 고정된 독자이다.
다. 신문은 정보로서의 가치가 높다.
라. 상품에 대한 통계자료를 이용하여 자세한 내용을 알릴 수 있다.

 가. 경제성을 말한다.
다. 신뢰성을 말한다.
라. 자료전달이 용이하다.

17 소비자의 구매심리과정에 해당하지 않는 것은?

가. 가치(value)
나. 욕망(desire)
다. 흥미(interest)
라. 기억(memory)

 소비자의 구매의사결정과정(AIDMA원칙)으로는 A(attention, 주의), I(interest, 흥미), D(desire, 욕구), M(memory, 기억), A(action, 행위)이다.

18 컬러 마케팅의 직접적인 효과로 보기 어려운 것은?

가. 브랜드 가치의 업그레이드
나. 기업의 아이덴티티 형성
다. 기업의 매출 증대
라. 브랜드 기획력 향상

19 색채 시장조사 기법 중 서베이(survey) 조사에 대한 설명으로 틀린 것은?

가. 일반 소비자들의 제품구매 및 이용 상황에 대한 정보를 수집하고 분석하는 방법이다.
나. 조사원이 직접 거리나 가정을 방문하여 조사하는 방법이다.
다. 서베이 조사의 주목적은 시장 점유율의 변화와 마케팅 변화의 변수를 파악하는 것이다.
라. 기업의 전반적 마케팅 전략수립의 기본 자료를 수집하기 위한 조사로 활용된다.

해설 서베이 조사는 마케팅 조사 중 가장 널리 이용되는 방법으로 주목적은 마케팅활동 전반에 걸친 시장 환경을 조사·분석하는 것이다.

정답 14 나 ㅣ 15 나 ㅣ 16 나 ㅣ 17 가 ㅣ 18 라 ㅣ 19 다

20 다음의 괄호 안에 들어갈 단어를 순서대로 가장 알맞게 나열한 것은?

> 색채 선호에 있어서 (　　　　)가 미치는 영향은 크며, 일조량이 많은 지역은 일반적으로 (　　　　)
> 색을 즐기고 일조량이 적은 지역에서는 (　　　　)색을 선호한다.

가. 지역정서, 장파장, 단파장　　　　나. 지역정서, 단파장, 장파장
다. 기후, 장파장, 단파장　　　　　　라. 기후, 단파장, 장파장

2과목 | 색채 디자인

21 무대 디자인의 용어와 사용 목적에 관한 설명 중 틀린 것은?

가. 시노그라피(scenography) – 3차원의 제한된 공간에 4차원 공간의 리얼리티를 현실화하는 예술이다.

나. 윙(wing) – 관객의 시각선 바깥에 있는 무대 옆쪽의 공간으로 관객에게 보이는 무대 공간을 조절하는 데 쓰인다.

다. 형식적 장치(formal setting) – 하나의 장치를 여러 장면에서 사용하며 장면마다 색채를 바꾸거나 위치를 바꾸어 놓는다.

라. 프로시니엄 아치(proscenium arch) – 극장의 객석과 무대를 구분하는 사진틀 모양의 장식 프레임으로 현대에는 극장에서 무대 기계, 조명, 장치를 관객의 시야에서 숨겨주는 가림 벽의 역할을 한다.

해설 ▸ 형식적 장치(formal setting)
한 무대 위에 여러 장소가 있으나 각 장소의 구체적 위치는 나타나 있지 않으며 배우의 행위나 대사에 따라 장소를 알 수 있다. 변화를 주기 위하여 가끔 이동 가능한 최소한의 장치를 사용하기도 한다.

22 다음 그림과 같은 디자인 원리는?

가. 통일(unity)　　　　　　나. 율동(rhythm)
다. 균형(balance)　　　　　라. 조화(harmony)

23 의상디자인의 발달과정에서 시대별로 나타난 색채사용의 특성 중 타당하지 않은 것은?

가. 1900년대에는 아르누보의 부드럽고 여성적인 경향을 보이는 파스텔 색조가 유행하였다.

나. 1940년대 초반에는 2차 세계대전의 영향으로 검정, 카키, 올리브의 군복의 색조가 즐겨 사용되었다.

다. 1960년대는 팝아트의 영향으로 블루진과 자연의 색조인 파랑, 녹색이 유행하였다.

라. 1980년대에는 재패니스 룩(Japanese look), 앤드로지너스 룩(Androgynous look)으로 검정, 흰색과 어두운 자연계 색이 유행하였다.

1960년대는 팝아트에 사용되었던 선명하고 강렬한 색조들이 사이키델릭의 영향을 함께 받으면서 유사한 색상이지만 명도와 채도가 높은 현란한 색채로 변화하였다.

24 포스터, 잡지, 포장, 광고물 등 우리가 일상생활에서 쉽게 볼 수 있는 시각디자인 영역에서 많이 사용되는 A3의 규격으로 올바른 것은?

가. 594×841

나. 420×594

다. 297×420

라. 210×297

시각디자인 영역에서 사용되는 규격

- A1 : 594×841
- A2 : 420×594
- A4 : 210×297

25 대중문화, 역동성과 움직임, 유선형 디자인과 관련된 디자인 사조는?

가. 미래주의

나. 팝아트

다. 포스트모더니즘

라. 옵아트

- 팝아트(POP art) : 현대 산업사회의 특징인 대중문화 속에 등장하는 이미지를 수용한 사조로, 개방과 비개 성이 특징이다.
- 미래주의(futurism) : 20세기 초 이탈리아에서 일어난 전위예술운동으로 기존의 낡은 예술을 모두 부정하고, 기계 세대에 어울리는 새로운 다이나믹한 미를 창조할 것을 주장하며, 주로 하이테크 소재로 색채를 표현하였다.
- 옵아트(OP art) : 시각과 그것에 의한 시지각 심리를 바탕으로 하여 형태와 색채의 시각적 현상을 작품의 주제로 삼았다.

 **정답** 20 다 | 21 다 | 22 다 | 23 다 | 24 다 | 25 나

26 다음 중 비례에 관한 내용이 틀린 것은?

가. 좋은 비례의 구성은 즐거운 감정을 느끼게 한다.
나. 조형을 구성하는 모든 단위의 크기를 결정한다.
다. 주관적 질서와 실험적 근거가 명확하다.
라. 파르테논 신전 등은 비례를 이용한 형태이다.

 비례는 디자인 내에서 부분들 간의 상대적인 크기 관계를 의미한다.

27 공공환경 색채디자인의 방향과 거리가 먼 것은?

가. 지역의 특수성을 반영한다.
나. 안전성, 기능성, 식별성을 사용한다.
다. 가능한 다양한 색을 사용한다.
라. 부분보다 전체적인 조화를 고려한다.

28 대칭의 특성이 아닌 것은?

가. 정돈하기 쉬운 기본적인 스타일이다.
나. 통일감이 있는 균형을 얻을 수 있다.
다. 정지적이고 전통적인 효과를 얻는데 정확하다.
라. 좌우를 부분 조절함으로써 동세를 나타낸다.

29 인간의 피부색을 결정하는 피부 색소가 아닌 것은?

가. 붉은색 – 헤모글로빈(hemoglobin)
나. 황색 – 카로틴(carotene)
다. 갈색 – 멜라닌(melanin)
라. 흰색 – 케라틴(keratin)

 피부색을 결정하는 피부 색소는 헤모글로빈(hemoglobin), 멜라닌(melanin), 카로틴(carotene)이 있다.

30 컬러 이미지 스케일에서 Soft와 Warm에 위치해 있는 언어 이미지는?

가. Elegant
나. Casual
다. Clear
라. Modern

• Clear : Soft와 Cool
• Modern : Hard와 Cool

31 다음 중 독일공작연맹과 관련이 없는 설명은?

가. 헤르만 무테지우스(Heriman Muthesius)에 의해 결성되었다.
나. 산업, 공예, 예술, 상업과 협력하여 기계제품의 질을 향상시키는 정책을 세웠다.
다. 전통예술을 반대하고 반철학적 태도 아래 물질문명을 찬미하였다.
라. 영국의 디자인 산업 협회(DIA)가 결성되는 계기가 되었다.

전통예술을 반대하고 반철학적 태도 아래 물질문명을 찬미한 것은 다다이즘이다.

32 실내 디자인에 대한 설명으로 옳은 것은?

가. 건축의 외장이 완성되기 이전에 반드시 실내 디자인을 끝내는 것이 일반적인 순서이다.
나. 실용적인 측면보다는 아름다움이 우선되어야 한다.
다. 선박, 기차, 자동차의 내부도 실내 디자인의 영역으로 구분한다.
라. 실내 디자인은 건축계획과는 무관하지만, 제품 디자인과의 연관성을 고려하는 것이 보편적이다.

가. 보통 건축의 외장이 완성된 후에 실내 디자인을 진행한다.
나. 실용적인 측면과 아름다움 모두 고려해야 한다.
라. 실내 디자인은 건축계획과 설계의 과정에서 상호 협력하는 인테리어 디자인의 전문 직업분야로 발전하게 되었다.

33 좋은 디자인 제품으로 평가되기 위해서는 디자인 조건이 충족되어야 한다. 각 조건에 대한 설명 중 틀린 것은?

가. 독창성 – 항상 창조적이며 이상을 추구하는 디자인
나. 경제성 – 최소의 인적, 물적, 금융, 정보를 투자하여 최대의 효과를 가져올 수 있는 디자인
다. 심미성 – 아름다움을 느끼는 미적 의식으로 주관적, 감성적인 특징
라. 합목적성 – 디자인 원리에서 가리키는 모든 조건이 하나의 통일체가 되는 디자인

 합목적성은 실용상의 목적을 의미하며, 일정한 목적에 도달하는데 적합한 대상 또는 행위의 성질로 이성적 합리적, 객관적 특성을 가지게 된다.

34 모형의 종류 중 디자인을 최종 결정하여 관계자에게 제시할 목적으로 실물과 흡사하게 제작하는 것은?

가. 스터디 모델
나. 프리젠테이션 모델
다. 프로토타입 모델
라. 파일롯 모델

프로토타입 모델은 최종 디자인이 결정된 후 제품을 완성한다.

35 다음에 사용된 색 중 가장 적절하지 않은 것은?

가. 고속철도의 외부색으로 고명도의 색을 사용하였다.
나. 공장의 대형 기계에 저명도의 색을 적용하였다.
다. 가을 패션의 주조색으로 갈색(브라운)을 사용하였다.
라. 소파 위의 쿠션에 강한 원색을 사용하였다.

기계류는 노동자의 주의를 집중시키기 위해 담황색과 같은 엷은색으로 두드러지게 하는 것이 좋다.

36 환경과 인간 활동 간의 조화를 모색함으로써 지속성을 보장하고, 지속적인 발전을 유도하는 디자인 접근방식은?

가. 인간 환경적
나. 기술 환경적
다. 환경 문화적
라. 환경 친화적

37 점이, 점증, 반복, 강조, 강약과 관련된 디자인의 원리는?

가. 조화
나. 리듬
다. 균형
라. 변화

 **리듬의 원리**

음악적 감각인 청각적 원리를 시각적으로 표현하는 것으로 규칙된 요소들의 반복으로 나타나는 통제된 운동감으로 공간이나 형태의 구성을 조직하고 반영하여 시각적으로 디자인에 질서를 부여한다.

38 디자인의 보호 및 이용을 도모함으로써 디자인의 창작을 장려하여 산업발전에 이바지함을 목적으로 하는 법은?

가. 저작권법
나. 상표법
다. 디자인보호법
라. 실용신안법

39 멀티미디어의 가장 큰 특징은?

가. 매체의 쌍방향적(two-way communication)
나. 정보 발신자의 의견만을 전달
다. 디지털 기술에 의해 통합된 미디어
라. 디자인의 모든 가치기준과 방향이 미디어 중심으로 변화

매체의 쌍방향적(two-way communication)

문자, 그래픽, 동영상, 사운드 등을 융합함과 동시에 정보 수신자의 간격을 좁힐 수 있는 수단의 함축적 의미이다.

40 다음 중 디자인의 기능과 거리가 먼 것은?

가. 디자인은 생산과 소비의 가치를 부여한다.
나. 디자인은 사회적 차별을 형성한다.
다. 디자인은 커뮤니케이션의 수단이다.
라. 디자인은 경제적 가치를 생성한다.

 **디자인의 기능**

단순히 상품 자체의 물리적 범주만을 포함하는 것이 아니라 소비에 관련된 심리적이고 사회 문화적인 범주까지 확대된다. 크게 실질적, 심미적, 상징적인 세 가지 기능이 있는데 커뮤니케이션 측면에서 고려할 때 이 세 가지 기능은 앞서 언급한 세 가지 수준의 커뮤니케이션의 문제(기술적, 의미적, 효용적)와 직접 관계한다.

3과목 | 색채관리

41 다음 중 색채관련 업무수행 과정에 따른 색채관리의 범위에 해당되지 않는 것은?

가. 측정 및 표준 정량화
나. 색채의 이미지 평가, 원료제조 및 폐기
다. 색채의 기록 및 전달
라. 생산의 효율화

 색채관리는 예측 불가능한 대상을 통제 가능한 것으로 만들어주기 위한 방법이다.

42 CCM을 도입하는 목적에 대한 설명으로 옳은 것은?

가. 색채 혼색과 주색을 구별하기 위해
나. 무조건 등색을 실현하기 위하여
다. 백색광원의 변화를 구별하기 위해서
라. 색채 선호도를 계산하기 위해서

컴퓨터배색 장치란 각 색료들의 분광학적인 특성을 분석하여 입력하고 발색을 원하는 색채샘플의 분광반사율을 입력하면, 그 색채에 대한 처방을 자동으로 산출하는 시스템을 말한다.

43 무조건 등색(isomeric matching 혹은 invariant matching)의 특징으로 틀린 것은?

가. 광원이 바뀌어도 같은 색으로 보인다.
나. 다른 관측자가 보아도 동일한 색으로 보인다.
다. 동일한 색처방으로만 가능하며, 특정한 광원 아래에서만 같은 색으로 보인다.
라. 분광반사율이 일치한다.

해설 무조건 등색

분광반사율이 완전히 일치하여 어떤 조명 아래서나 어떤 관찰자가 보더라도 같은 색으로 보이는 두 색은 아이소메리즘 관계에 있다고 말한다.

44 액정의 투과도에 따라 각종 장치에서 발생되는 전기적인 정보를 시각정보로 변화시켜 전달하는 전자소자로 손목시계나 컴퓨터 등에 널리 쓰이고 있는 평판 디스플레이의 일종을 무엇이라 하는가?

가. trinitron
나. LCD
다. CRT
라. LED

해설 출력체계

- trinitron : 한 개의 전자총에서 3개의 색인 RGB를 방출하는 방식으로 정밀하면서도 색의 변화 등의 나쁜 영향을 받지 않는다.
- CRT : 브라운관이 대표적이고, 전자빔을 이용하여 RGB센서를 출력시켜 이미지를 만드는 방법이다.
- LED : 화합물에 전류를 흘려 빛을 발산하는 반도체소자이다. 컴퓨터 본체에서 하드디스크가 돌아갈 때 반짝이는 불빛을 예로 들 수 있다.

45 다음의 내용 중 괄호 안에 들어갈 가장 적당한 용어는?

> • (   )은(는) 가시한계 내에서는 연속스펙트럼이거나 선스펙트럼 또는 띠 모양의 스펙트럼에 관계없이 같은 색감을 주면 상관없이 적용된다.
> • (   )은(는) 빛의 색을 구별하여 표시하기 위해서 고안해 낸 것이다.

가. 표준광
다. 연색성

나. 색온도
라. 분광률

• **표준광** : 측색이나 측광 분야에서 색의 측정이나 계산에 사용되는 표준광원은 A, B, C로 나뉜다.
• **연색성** : 광원에 따라 물체의 색이 달라지는 효과를 말한다.
• **분광률** : 시감 반사율을 말한다.

46 반사율 측정에 있어 빛의 입사 및 관측 방향에 대한 4개의 CIE 표준기하(geometry)를 정의한 것 중 옳은 것은?

가. 0/45 방식은 수평방향으로 빛을 입사했을 때 40도 방향에서의 광택 성분을 제외하여 측정하는 방식이다.
나. d/0기하는 물체 표면에 수직으로 입사한 후, 반사된 빛을 적분구로 모아 파장별 반사율을 측정하는 것이다.
다. d/0기하는 적분구를 사용하여 모든 각도에서 샘플 표면으로 빛이 입사하였을 때, 표면에 수직인 각도에서 파장별 반사율이 측정되는 경우를 의미한다.
라. 45/0기하는 샘플 표면 수직 방향으로부터 45도 각도로 빛을 입사시킨 후 표면에서 수직한 방향에서 물체에 의한 반사율을 측정하는 방식이다.

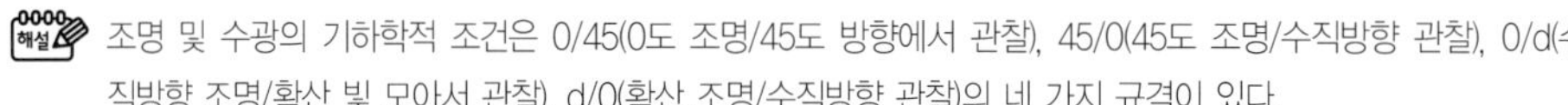
조명 및 수광의 기하학적 조건은 0/45(0도 조명/45도 방향에서 관찰), 45/0(45도 조명/수직방향 관찰), 0/d(수직방향 조명/확산 빛 모아서 관찰), d/0(확산 조명/수직방향 관찰)의 네 가지 규격이 있다.

47 색채의 오차를 육안으로 검사 표기할 경우 여러 문제를 발생시킨다. 이러한 문제들을 일으키는 요인과 가장 거리가 먼 것은?

가. 심리적인 영향
나. 환경적인 요인
다. 관측조건에 따른 요인
라. 색채의 객관적인 오차 표기

 육안으로 검사 시 주관적인 성격이 나타난다.

48 프린터의 색채 구성에 관한 설명으로 틀린 것은?

가. 프린터의 해상도는 dpi라는 단위로 측정된다.
나. 모니터와 컬러 프린터는 색영역의 크기가 같다.
다. 컬러 프린터는 CMYK의 조합으로 출력된다.
라. 색영역(color gamut)은 해상도와 다르다.

 모니터와 컬러 프린터는 색영역의 크기가 다르다.

49 색에 관한 용어의 설명 중 틀린 것은?

가. 휘도순응 – 시각계가 시야의 휘도에 순응하는 과정 또는 순응한 상태
나. 명순응 – 3cd · m^{-2} 정도 이하인 휘도의 자극에 대한 휘도순응
다. 암순응 – 약 0.03cd · m^{-2} 정도 이하인 휘도의 자극에 대한 휘도순응
라. 색순응 – 암순응 상태에서 시각계가 시야의 색에 순응하는 과정 또는 순응된 상태

 색순응은 광원의 분광분포를 기준으로 감도의 변화를 일으켜 점차 그 원래의 색감으로 보이게 되는 순응현상을 말한다.

50 섬유 소재의 분류가 옳게 짝지어진 것은?

가. 식물성섬유 – 폴리에스테르, 대마
나. 동물성섬유 – 명주, 스판덱스
다. 합성섬유 – 면, 석면
라. 재생섬유 – 비스코스레이온, 구리암모늄레이온

 가. 식물성섬유 – 면, 마
　　　　나. 동물성섬유 – 견, 모
　　　　다. 합성섬유 – 레이온, 나일론

51 색채 규격 중 안전색에 해당하는 용도가 아닌 것은?

가. 교통안전표지판　　　　　　　　나. 군사 위장복
다. 해상 구명복　　　　　　　　　　라. 안전 표지판

 위장복은 주위 환경에 잘 적응할 수 있는 색을 사용한다.

52 게임이나 애니메이션 등의 그래픽 형상을 수학적 표현을 통하여 2, 3차원의 색채 영상을 주로 만들 때 사용되는 파일 영상은?

가. 비트맵 영상(bitmap image)
나. 래스터 영상(raster image)
다. 벡터 그래픽 영상(vector graphic image)
라. 메모리 영상(memory image)

53 병원의 여러 활동 공간들 중에서 권장되는 조도단계가 다른 하나는?

가. 소독실　　　　　　　　　　　　나. 주사실
다. 조제실　　　　　　　　　　　　라. 수술실

54 다음은 무엇에 관한 설명인가?

> - 컴퓨터로 색을 섞고 교정하는 과정
> - Quality Control 부분과 Formulation 부분으로 구성
> - 색체계는 CIELAB 좌표를 이용하는 것이 유리함

가. CMM
나. HSB
다. CCM
라. RGB

- CMM : 미국의 대표적인 소프트웨어
- HSB : 먼셀의 기본색상인 색상, 명도, 채도를 중심으로 선택하도록 되어있으며 프로그램 상에서 H, S, B모드로 선택되게 된다.
- RGB : 가법혼색 방법에 의해 정육면체의 공간 내에서 모든 색채들이 정의되는 체계를 말한다.

55 필터식 측색기(filter type color meter)와 분광식 측색기(spectrophotometric color meter)의 차이점을 옳게 설명한 것은?

가. 전방 방식의 분광식 측색기는 형광성이 있는 색채 시료를 측정하기에 적합하다.
나. 필터식 측색기는 백색표준판이 필요 없고, 분광식 측색기는 백색표준판이 필요하다.
다. CCM을 위해서는 분광식 측색기가 필요하다.
라. 필터식 측색기는 다양한 광원과 시야에서 색채값을 동시에 산출해 낼 수 있다.

가. 후방 방식의 분광식 측색기는 형광성이 있는 색채 시료를 측정하기에 적합하다.
나. 필터식 측색기와 분광식 측색기 모두 백색표준판이 필요하다.
라. 필터식 측색기는 색을 직접 측정하는 방법으로 시료대, 전산장치, 광검출기, 텅스텐 램프로 구성되어 있다.

56 다음 중 CII(Color Inconsistency Index)에 대한 설명이 틀린 것은?

가. 광원의 변화에 따라 각 색채가 지닌 색차의 정도가 다르다.
나. CII가 높을수록 안정성이 없어서 선호도가 낮다.
다. 색채의 불일치 정도를 나타내는 지수이다.
라. CII에서는 백색의 색차가 가장 크게 느껴진다.

57 감법혼색에서의 삼원색에 속하지 않는 색은?

가. Magenta
나. Cyan
다. Green
라. Yellow

 가법혼색은 Red, Green, Blue이다.

58 다음 중 측색 시 유의사항으로 옳은 것은?

가. 대상이 지닌 물체의 색을 객관적으로 측정할 수 있도록 일정한 거리를 두고 측색해야 한다.
나. 측색 전에는 백색과 검은색 교정판을 모두 사용하여 측색기를 교정해야 한다.
다. 대상 소재가 굴곡이 심하여 적분구 입구와 거리차가 발생할 때는 mm당 L* 값을 인위적으로 유지해 주어야 한다.
라. 측색기는 가능한 수직을 유지하고 데스크탑 형태의 안정적인 측색기를 사용하는 것이 좋다.

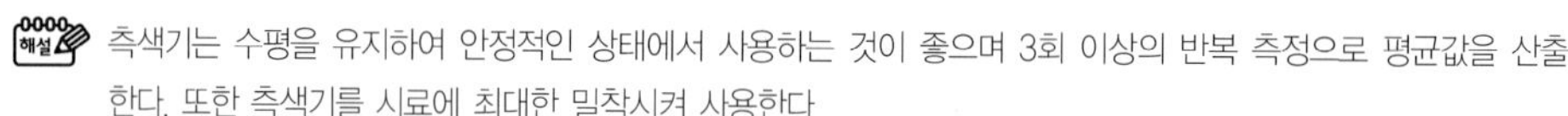 측색기는 수평을 유지하여 안정적인 상태에서 사용하는 것이 좋으며 3회 이상의 반복 측정으로 평균값을 산출한다. 또한 측색기를 시료에 최대한 밀착시켜 사용한다.

59 육안조색을 할 때 색채관측 시 발생하는 이상 현상과 가장 관련 있는 것은?

가. 연색현상
나. 착시현상
다. 잔상, 조건 등색현상
라. 무조건 등색현상

 육안관측 시 채도가 강한 색채를 오래 관측하게 되면 그 색의 보색잔상이 남아 색채가 다르게 보일 수 있으므로 회색을 응시하거나 눈을 감고 잔상이 사라질 때까지 기다리도록 한다.

60 KS M ISO 5631에 규정한 종이 및 판지의 측정기준은?

가. D65 10°
나. D65 2°
다. C 2°
라. C 10°

 CIE 표준으로 색 측정에는 10°, 먼셀의 표기는 2° 시야로 규정지었다.

4과목 | 색채 지각론

61 색의 혼합에 대한 설명 중 의미하는 것이 나머지 셋과 다른 하나는?

가. 원색은 빨강, 녹색, 파랑이다.

나. 혼합하면 명도가 높아진다.

다. 3원색을 합하면 하양이 된다.

라. 물감의 혼합에 사용된다.

해설 색의 혼합

- 가법혼합(가산혼합, 색광혼합)
  - 빛의 혼합, RGB혼합으로 합치면 합칠수록 밝아지는 혼합이다.
  - 컬러인쇄에 쓰이는 네거티브필름의 제조와 무대조명에 쓰인다.
- 감법혼합 (감산혼합, 색료혼합) : CMY혼합으로 합치면 합칠수록 어두워지는 현상이 나타난다.

62 여러 색채 지각설 중 삼원색설에 관한 설명으로 옳은 것은?

가. 빨강 – 녹색, 노랑 – 파랑이 대립적으로 부호화된다는 이론이다.

나. 망막에서 각기 다른 스펙트럼 민감도를 갖는 세 종류의 수용기가 발견됨

다. 모든 빛은 3종의 시세포질에서 6종의 빛으로 분해되어 수용된 후 망막의 신경과정에서 합성됨

라. 19세기 헤링에 의해 제안된 이론

해설 영–헬름홀츠의 삼원색설

우리 눈의 망막조직에는 빨강, 녹색, 파랑의 색각세포가 있다. 색광을 감광하는 시신경 섬유가 있어 이 세포들의 혼합이 시신경을 통해 뇌에 전달됨으로써 색지각을 할 수 있다는 가설이다.

63 눈의 구조에 대한 설명이 옳은 것은?

가. 간상체는 추상체에 비하여 해상도가 떨어지지만, 작은 빛에서 더 민감하다.
나. 빛이 신경정보로 전환되는 부분은 맹점에 있다.
다. 빛 에너지가 전기화학적인 에너지로 변환되기 위해서는 수정체의 굴절도가 중요하다.
라. 주변 망막에는 추상체가 훨씬 많이 분포한다.

해설 눈의 구조
- **망막** : 수정체를 통해 굴절된 상이 맺는 곳을 말한다. 주로 빛 에너지를 전기신호로 변환시키는 부분이며, 카메라에서 필름에 해당되는 부분이다.
- **간상체** : 망막의 외곽에 넓게 분포해 있으면서 명암을 구별하는 시세포를 말한다.
- **추상체** : 망막의 중심부에 모여 있으면서 색상을 구별하는 시세포를 말한다.

64 다음 색의 동화효과에 관한 설명 중 옳은 것은?

가. 동화효과는 색의 전파효과 또는 혼색효과라고 한다.
나. 동화효과는 대비효과의 일종으로서, 음성잔상으로 지각된다.
다. 동화효과는 색의 경연감에 영향을 주는 지각효과이다.
라. 동화효과는 면적이 클수록 효과적이다.

해설 동화현상(전파효과, 혼색효과, 줄눈효과, 베졸드효과)
- 복잡하고 섬세한 무늬에서 많이 나타나는 현상이다.
- 색들끼리 서로 영향을 주어 인접색에 가깝게 느껴지는 현상이다.
- 동화를 일으키기 위해서는 색의 영역이 하나로 종합되는 것이 필요하다.

65 동일한 크기의 제품 중 면적이 가장 크게 보이는 색은?

가. 5G 3/4
나. 5Y 8/12
다. 5R 6/6
라. 5PB 6/7

해설 색의 면적효과
- 고채도, 고명도일 경우 면적이 넓어 보인다.
- 면적이 큰 경우나 채도가 높을 경우 눈이 쉽게 피로해지므로 채도를 낮추는 배색이 좋다.

66 무대에서의 조명과 같이 두 개 이상의 빛이 같은 부위에 겹쳐 합성시키는 것은 어떤 혼색에 해당하는가?

가. 가법혼색
나. 회전혼색
다. 병치중간혼색
라. 감법혼색

가법혼합(가산혼합, 색광혼합)
- 빛의 혼합으로 RGB혼합. 합치면 합칠수록 밝아지는 혼합이다.
- 컬러인쇄에 쓰이는 네거티브필름의 제조와 무대조명에 쓰인다.

67 잔상에 대한 설명 중 틀린 것은?

가. 잔상이 원래의 감각과 같은 밝기나 색상을 가질 때, 이를 양성 잔상이라 한다.
나. 잔상이 원래의 감각과 반대의 밝기 또는 색상을 가질 때, 이를 음성 잔상이라 한다.
다. 양성 잔상은 색상, 명도, 채도 대비와 관련이 있다.
라. 양성 잔상은 원래의 자극과 같아서, 다음에 오는 자극을 더 강하게 할 수 있다.

양성 잔상(정의 잔상)
영화필름이나 애니메이션의 움직이는 효과, 횃불 등을 돌릴 때의 잔상을 말한다. 불꽃을 볼 때 관찰되듯이 처음 본 불꽃의 색과 동일한 밝기, 동일한 색상으로 보이는 것이 양성 잔상이다.

68 외과 의사의 수술복으로 엷은 녹색을 사용하고 있는데, 이는 눈의 피로감을 없애기 위해서 이다. 수술 중 피를 본 후의 어떤 현상을 피하기 위함인가?

가. 동화현상
나. 양성적 잔상
다. 물리보색
라. 보색 잔상

보색 잔상(complementary color after image)
- 유채색을 지속적으로 응시할 때 색순응의 경향이 있다.
- 원색을 보다가 백색면으로 눈을 돌리면 원색의 보색이 보이는 현상이다.
- 1925년 플래그(Plag)가 수술하는 의사의 눈의 피로를 경감시킬 목적으로 제창하였다.

정답 63 가 | 64 가 | 65 나 | 66 가 | 67 다 | 68 라

69 명도대비에 대한 설명으로 틀린 것은?

가. 흰색 배경 위의 회색은 검은색 배경 위의 회색보다 밝아 보인다.

나. 명도가 다른 두 색이 서로 대조가 되어 두 색 간의 명도차가 크게 보이는 현상을 말한다.

다. 배경색의 명도가 높으면 본래의 명도보다 낮아 보인다.

라. 배경색의 명도가 낮으면 본래의 명도보다 높아 보인다.

해설 │ 명도대비

명도가 서로 다른 두색이 있을 때 밝은 색은 더 밝게, 어두운 색은 더욱 어둡게 보이는 현상이다.

70 비잔틴 미술에서 보여지는 모자이크 벽화의 혼색은?

가. 회전 혼색

나. 병치 혼색

다. 감법 혼색

라. 보색 혼색

해설 │ 병치혼합

- 선이나 점이 서로 조밀하게 병치되어 인접색과 혼합
- 모자이크, 직물의 색

71 다음 중 색채의 현상에 대한 설명이 옳은 것은?

가. 광원이 스스로 빛을 내고 있는 동안의 색을 광원색(illuminate color)이라고 한다.

나. 투명체의 부피감을 느끼게 해 주는 색을 경영색(mirrored color)이라고 부른다.

다. 표면색(surface color)은 거울 위에 나타나는 색으로 볼 수 있는 완전반사에 가까운 색이다.

라. 평면색(film color)은 질감과 양감 및 방향감과 위치를 확인할 수 있는 특징을 가진다.

해설 │ 색채의 현상

- **경영색** : 광택이 나는 불투명한 표면에서 완전 반사에 가까운 색으로 물체의 좌우가 바뀌고, 물체의 고유색이 그대로 지각된다.
- **표면색** : 물리적으로 물체에 반사 또는 흡수되어서 보여지는 색의 경우로 질감, 입체감, 거리감, 방향, 위치를 지각할 수 있다. 평상시에 가장 많이 관찰되는 색의 현상이다.
- **평면색** : 거리감이 불확실하고 입체감이 없는 색으로, 미적으로 본다면 부드럽고 쾌감있는 색을 말한다.

72 부드러운 느낌을 주고자 한다면 선택해야 할 의상 색채의 조건은?

가. 채도는 낮으나 밝은 난색계열의 색
나. 명도와 채도가 모두 낮은 난색계열의 색
다. 채도가 높은 한색계열의 색
라. 선명하나 어두운 한색계열의 색

 해설
- 경연감 : 색의 느낌이 부드럽고 딱딱한 것으로, 명도와 채도에 의해서 좌우된다.
- 부드러운 색(따뜻한 색) : 평온함과 안정감을 준다.
- 딱딱한 색(차가운 색) : 긴장감을 준다.
- 딱딱한 느낌 : 명도와 채도가 모두 낮은 색이다.
- 부드러운 느낌 : 명도가 높고, 채도가 낮은 색이다.

73 표준 관측자를 측정하는 색일치 실험(color matching experiment)의 근본적인 색 혼합 원리는?

가. 감법 혼색
나. 가법 혼색
다. 병치 혼색
라. 회전 혼색

 **색일치**

브라운관(CRT) 모니터나 3원색 프로젝터에서 RGB 3색의 빔을 스크린상의 동일 지점에 모을 수 있는 능력을 말한다.

74 색채사용의 설명으로 옳은 것은?

가. 높은 명도의 색채를 사용하여 작업장에서 사용되는 무거운 도구를 가볍게 느끼게 한다.
나. 낮은 채도의 색채를 사용하면 광고의 인상을 강하게 한다.
다. 벽지의 견본은 실제 크기의 벽지보다 화려하고 박력이 더한 인상을 준다.
라. 난색 계열의 색채를 사용하면 기다리는 시간이 많은 공간에서 시간이 짧게 느껴지게 한다.

해설 **색채의 사용**
- 색채의 중량감 : 중량감은 명도의 영향이 크다. 고명도는 가벼운 느낌을 저명도는 무거운 느낌을 준다.
- 시간의 장단 : 붉은색은 시간이 길게 느껴지고, 파란색계열은 짧게 느껴진다.

75 무대 디자이너가 연극무대를 디자인하는데 있어서, 맨 뒤의 배경색과 그 앞의 설치물들을 어떤 식으로 정하는 것이 가장 원근감을 줄 수 있겠는가? (배경색/설치물색)

가. 녹색/노랑　　　　　　　　　　　나. 마젠타/연분홍
다. 회남색/연노랑　　　　　　　　　라. 검정/보라

 색에는 같은 거리에 있음에도 불구하고 속성에 따라 앞으로 진출해 보이는 색과 뒤로 물러나 보이는 색이 있다. 주로 난색계의 밝은 색이 진출해 보이고, 한색계의 어두운 색이 후퇴되어 보인다. 배경색에 후퇴색을, 설치물에 진출색을 사용하면 원근감을 줄 수 있다.

76 전자기파 에너지 스펙트럼 상에서 가시광선의 배열관계가 바른 것은?

가. UHF – 자외선 – 가시광선 – X선 – 초음파 – 적외선
나. X선 – 초음파 – 자외선 – 가시광선 – 적외선 – UHF
다. X선 – 자외선 – UHF – 가시광선 – 초음파 – 적외선
라. UHF – 적외선 – 초음파 – 가시광선 – 자외선 – X선

 가시광선의 380nm보다 짧은파장은 자외선, x선, 감마선이다. 780nm보다 긴 파장은 적외선과 전파이다.

77 보색에 대한 설명으로 틀린 것은?

가. 괴테는 "서로를 필요로 한다"는 눈의 완전성 요구로 보색잔상을 설명하고 있다.
나. 괴테는 "보색은 서로 반대색이다"라고 설명하고 있다.
다. 아른하임은 "어떤 보색의 짝에도 같은 두 기본색이 섞여 있는 예는 없다"고 하였다.
라. 아른하임은 "한 가지 순수한 기본색을 내포하고 있는 모든 보색의 짝에서 두 개의 색은 서로 배타적이다"라고 하였다.

 색채학자인 괴테에 의하여 관찰된 심리보색은 물리보색과 반대되는 개념으로 인간과 관계된 것이다. 따라서 색채의 지각과정 중 물체로부터 인간의 눈에 이르는 과정과 눈에서 뇌에 이르는 과정과 관계된다. 마주보는 색은 심리 보색이며, 서로의 잔상색이 된다.

78 물리적, 생리적 원인에 따른 색채 지각변화에 대한 설명 중 옳은 것은?

가. 망막의 지체현상은 약한 빛 아래서 운전하는 사람의 반응 시간을 짧게 만든다.

나. 망막 수용기에 의해 지각된 색은 지배적 주변상황에서 오는 변수에 따른 반응이 사람마다 동일하다.

다. 빛 강도가 해질녘의 경우처럼 약할 때는 망막의 화학적 변화가 급속히 일어나 시자극을 빠르게 받아들인다.

라. 빛의 강도가 주어진 최소수준 아래로 떨어질 경우 스펙트럼의 단파장과 중파장에만 민감한 간상체가 작용하기 시작한다.

 간상체는 망막의 외곽에 넓게 분포해 있으면서 명암을 구별하는 시세포, 추상체는 색상을 판단하는 시세포를 말한다.

79 밝은 곳에서는 장파장의 강도가 좋다가 어두운 곳으로 바뀌었을 때 단파장의 색에 더 민감하게 반응하는 현상은?

가. 베졸드 현상   나. 푸르킨예 현상

다. 색음현상   라. 순응현상

- 베졸드 현상 : 빛의 세기가 높아지면 색상은 같아 보이고, 위치는 달라져 보인다.
- 색음현상 : 작은 면적의 회색이 채도가 높은 유채색으로 둘러싸였을 때, 유채색의 보색의 색도를 띠어 보이는 현상으로, 괴테에 의해 주장되었다.
- 순응현상 : 어떤 조명이나 물체색을 오랫동안 보면 그 색에 순응하여 색의 지각이 약해지는 현상이다.

80 두 개 이상의 색필터 또는 색광을 혼합하여 다른 색채감각을 일으키는 것은?

가. 색의 지각   나. 색의 혼합

다. 색의 순응   라. 색의 파장

- 색의 지각 : 일상생활에서 색이나 색채를 경험하는 것이다.
- 색의 혼합 : 특정한 목적을 위하여 색을 혼합하는 것이다.
- 색의 순응 : 어떤 조명이나 물체색을 오랫동안 보면 그 색에 순응하여 색의 지각이 약해지는 현상이다.
- 색의 파장 : 물리적인 물체에 반사되어서 보여 지는 빛의 성질이다.

5과목 | 색채 체계론

81 KS A 0011의 유채색의 수식 형용사가 아닌 것은?

가. 선명한
나. 흐린
다. 칙칙한
라. 탁한

유채색의 수식 형용사

선명한(vv), 흐린(st), 탁한(dl), 밝은(lt), 어두운(dk), 진한(dp), 연한(pl), 흰(wh), 밝은 회(lg), 회(g), 어두운 회(dg), 검은(bk)이 있다.

82 색채조화의 공통되는 원리로 기준이 될 수 없는 것은?

가. 질서의 원리
나. 명료성의 원리
다. 동류의 원리
라. 차별화의 원리

저드의 색채조화 원리

질서의 원리, 명료성(비모호성)의 원리, 동류(친근성)의 원리, 유사(공통성)의 원리가 있다.

83 CIE 색도도에 대한 설명으로 틀린 것은?

가. 색도도 내의 두 점을 잇는 선 위에는 포화도에 의한 색 변화가 늘어서 있다.
나. 색도도 바깥 둘레의 한 점과 중앙의 백색점을 잇는 선 위에는 포화도의 변화만으로 된 색 변화가 늘어서 있다.
다. 어떤 한 점의 색에 대한 보색은 중앙의 백색점을 연장한 색도도 바깥 둘레에 있다.
라. 색도도 내의 임의의 세 점을 잇는 3각형 속에는 세 점의 혼합에 의한 모든 색이 들어있다.

말발굽형의 바깥둘레에 나타난 모든 색은 스펙트럼의 순수파장의 색과 함께 스펙트럼에는 나타나 있으며 빛의 혼색으로 나타나는 자주궤적 또한 표시되고 있다. 색도도 내의 임의의 한 점은 혼합색을 나타내며, 색상과 포화도를 나타낼 수 있다.

84 먼셀 색체계의 색체계의 색상속성에 관한 것으로 틀린 것은?

가. 현색계 색표집은 40색상을 기준으로 한다.
나. R, Y, G, B, P의 5개 기본색상을 기준으로 구성하였다.
다. 순서는 항상 시계방향으로 구성하며 R 색상이 12시 방향이다.
라. 각 색상 기호마다 8개의 단위가 있다.

해설 ✎ 먼셀의 색상

기본색상(H, Hue)을 적(R), 황(Y), 녹(G), 청(B), 자(P)의 5원색을 기준으로 한 다음 중간에 YR, GY, BG, PB, RP 를 넣어 10색을 나누고 있다. 현재 우리나라 KS 산업규격 상의 현색계 색표집은 먼셀의 색상환을 기본으로 하여 10개의 각 색상 기호당 2.5, 5, 7.5, 10단계의 40색상환을 사용하고 있다.

85 색상환을 만들 때 고려할 사항이 아닌 것은?

가. 세분된 색상들의 수는 기본색과 기본색 사이에 일정하게 주어야 한다.
나. 일관성 있는 이름을 선정하도록 한다.
다. 색상환의 각 색상의 반대쪽에 그 색의 보색이 있도록 한다.
라. 기본적인 색상보다 특수한 색상에 기준을 둔다.

 색상환은 색의 변화를 계통적으로 표시하기 위해서 색표를 둥근 모양으로 배열한 것으로 색채 체계의 기본색상을 배열한다.

86 한국산업표준에서 유채색의 수식 형용사와 대응영어의 연결이 바른 것은?

가. 어두운 – deep 나. 빛나는 – brilliant
다. 부드러운 – soft 라. 탁한 – dull

해설 ✎ 유채색의 수식 형용사

선명한(vivid), 흐린(soft), 탁한(dull), 밝은(light), 어두운(dark), 진한(deep), 연한(pale), 흰(whitish), 밝은 회(light gary), 회(gary), 어두운 회(dark gary), 검은(blackish)이 있다.

87 오스트발트의 색채조화론의 기본 원리가 아닌 것은?

가. 등백계열의 조화
나. 등순계열의 조화
다. 등가색환에서의 조화
라. N5 조화론

해설 먼셀의 색채조화론

균형의 원리를 색채 조화의 기본으로 여기고 명도단계 N5일 때의 색들을 가장 조화로운 배색을 이룬다고 설명한다.

88 비렌의 색채조화원리 중 색채의 깊이와 풍부함이 있어 램브란트가 작품에 시도한 조화는?

가. WHITE – GRAY – BLACK
나. COLOR – SHADE – BLACK
다. TINT – TONE – SHADE
라. COLOR – WHITE – BLACK

해설 파버 비렌의 색채조화론

색삼각형이라는 개념도를 통해 조화론이 필요하다고 주장하였다. COLOR – SHADE – BLACK의 조화는 색채의 깊이와 풍부함이 있는 배색으로 램브란트의 작품에서 볼 수 있다.

89 문–스펜서 조화론에서 분류하는 조화가 아닌 것은?

가. 동일조화
나. 이색조화
다. 대비조화
라. 유사조화

해설 문–스펜서의 색채조화론

조화는 미적 가치를 가지는 것이고, 부조화는 미적 가치가 없는 것으로 규정하였다. 조화는 동일조화, 유사조화, 대비조화로 구분되고, 부조화의 종류는 제1 부조화, 제2 부조화, 눈부심으로 3가지가 있다.

90 오스트발트의 색상환에서 P의 보색은?

가. UB
나. SG
다. O
라. LG

 헤링의 반대색설에 따라 Yellow, Ultramarine Blue, Red, Sea Green을 기본으로 한다. 기본색 이외에 Orange, Purple, Turquoise, Leaf Green을 추가하여 8색을 다시 3등분해서 24색상을 만들어 사용한다. 색상환에서 마주보는 색은 서로 보색관계이다. UB-Y, SG-R, O-T, LG-P는 보색관계이다.

91 CIE LAB에 대한 특징이 아닌 것은?

가. 물체색 뿐 아니라 빛의 색까지 기술할 수 있다.
나. L*은 밝기, a*는 빨강 – 녹색, b*축은 노랑 – 파랑을 표시한다.
다. L*축에 가까울수록 채도가 높아진다.
라. 색 간의 차이는 직선거리를 계산하여 얻을 수 있다.

 L은 명도를 나타낸다. 100은 흰색, 0은 검정색이다.

92 다음 중 색체계의 설명으로 옳은 것은?

가. 혼색계는 조건등색과 광원의 영향을 많이 받는다.
나. 현색계는 색체계 간에 정확히 변환시킬 수 있다.
다. 혼색계는 색편의 배열 및 개수를 용도에 맞게 조정할 수 있다.
라. 혼색계는 변색, 탈색 등의 물리적 영향이 없다.

색체계

- **혼색계**
  - 심리, 물리적인 빛의 혼색실험에 기초를 둔 표색계이다.
  - 환경을 임의로 선정하여 측정할 수 있으며, 정확한 측정이 가능하다.
  - 색표계 간에 정확히 변환시킬 수 있다.
  - 수치로 표기되므로 반드시 기기가 있어야 하는 단점을 가진다.
- **현색계** : 색채(물체의 색)를 나타내는 표색계이다.

93 다음의 오스트발트 색체계의 기호와 혼합비를 참고하여 24ea의 순색량을 구한 것으로 옳은 것은?

기호	a	c	e	g	i	l	n	p
W	89	56	35	22	14	8.9	5.6	3.5
B	11	44	65	78	86	91.1	94.4	96.5

가. 46%

나. 30%

다. 47.1%

라. 54%

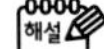 **오스트발트 색체계의 혼합비**
- 흑색량(B) + 백색량(W) + 순색량(C) = 100%
- 24ea는 24색상, e백색량, a흑색량을 말한다.
- 순색량은 백색량과 흑색량의 합을 뺀 나머지가 된다. (100 − (35 + 11) = 54%)

94 단청에 대한 설명으로 틀린 것은?

가. 선사시대 제단이나 제사장 등을 상징적으로 표시하는 것에서부터 비롯되었다.

나. 건물에 신비감을 주거나 액막이의 의미로 사용하기도 하였다.

다. 단청이란 건물에 칠해진 것 이외에 그림을 뜻하기도 하였다.

라. 조선시대에는 주로 단청에 백색(白色)을 많이 사용하여 청렴의 의미를 상징하기도 하였다.

전통 건축물의 주조색이라 할 수 있는 붉은색의 석간주, 녹색의 뇌록이 대표 색상으로 꼽힌다.

95 관용 색명에 관한 설명 중 잘못된 것은?

가. 색을 언어로 표시하는 하나의 방법이다.

나. 감정의 전달, 기억, 연상이 편리하다.

다. 정확성을 가지는 반면, 일상생활에서 이해하기는 어렵다.

라. 예로부터 전해 내려오면서 습관상으로 사용하는 색 하나하나의 고유 색명을 말한다.

관용색명(고유색명)
- 옛날부터 전해 내려오면서 습관상으로 사용하는 색이다.
- 광물, 원료, 식물, 동물, 지명과 인명, 자연현상 등의 이름이다.

96 DIN 색체계와 가장 유사한 색상 구조를 갖는 색체계는?

가. Munsell

나. NCS

다. Yxy

라. Ostwald

 **DIN**

오스트발트 체계를 기본으로 하여 실용화에 주안점을 두고 개발된 독일공업규격 색표계이다.

97 일본색채연구소가 발표한 색채 시스템으로 주로 패션 등에 사용되는 체계는?

가. RAL

나. P.C.C.S.

다. JIS

라. DIN

 **PCCS(Practical Color Coordinate System)색체계**

- 1964년 일본색채연구소에서 개발되어 tone의 개념을 도입해 색조를 색공간에 설정하였다.
- 색채조화와 배색연구를 목적으로 만들어진 시스템이다.

98 NCS 색체계의 표기법에서 6가지 기본 색의 기호가 아닌 것은?

가. N

나. S

다. P

라. B

NCS 색체계는 검정색(S), 흰색(W), 빨간색(R), 노란색(Y), 파란색(B), 녹색(G)의 6가지 속성을 혼합하는 비율이다. 그리고 표색기호에서 S9000–N은 검정이고 S0500–N은 흰색을 나타낸다.

99 **먼셀 표색계에 대한 설명 중 잘못된 것은?**

가. 먼셀의 기본색은 빨강(R), 노랑(Y), 초록(G), 파랑(B), 보라(P)이다.

나. 청색계가 적색계보다 채도의 최대치가 크다.

다. 7.5GY 7/10에 해당하는 관용색 이름은 연두색이다.

라. 먼셀 색입체에서 순색의 위치는 각각 다르다.

 인간의 시감에 따라 청보라색, 파랑색, 녹색 등은 7~8단계가 최대의 채도이지만 빨간색에서 노란색 등은 16단계에 이른다.

100 **먼셀 색체계의 색상 중 기본색의 명도가 가장 높은 색상은?**

가. RED

나. YELLOW

다. GREEN

라. PURPLE

먼셀 색입체의 수평단면의 중심은 무채색의 색상 순으로 방사형이고, 같은 명도에서 색상의 차, 채도의 차를 볼 수 있다.

2011년 2회 컬러리스트 기사 기출문제

1과목 | 색채심리 · 마케팅

01 다음 중 색채 마케팅의 효과에 관한 설명 중 틀린 것은?

가. 경쟁 제품과의 차별화를 가능하게 한다.
나. 브랜드의 정체성을 강조하는 도구가 될 수 있다.
다. 브랜드나 제품의 인지도를 높일 수 있다.
라. 제품의 기능적 우위를 소비자에게 인식시킬 수 있다.

 제품의 기능적 우위를 소비자에게 인식시키기 보다는 정확하고 효과적으로 구매할 수 있도록 돕는다.

02 색채를 활용한 기업 이미지 확립전략에 의한 올바른 CI(Corporate Identity) 도입이 가져올 외적 효과가 아닌 것은?

가. 기업이미지 통일　　　　　　　　나. 잠재고객 확보
다. 경쟁우위 확보　　　　　　　　　라. 업무능력 향상

 라. 색채조절의 목적에 해당한다.

03 색채조사를 위한 설문지 작성으로 부적당한 것은?

가. 개방형은 응답자가 자신의 생각을 자유롭게 응답하는 것이다.
나. 폐쇄형은 두 개 이상의 응답 가운데 하나를 선택하도록 하는 것이다.
다. 정확한 응답을 얻기 위해 전문용어를 활용하는 것이 좋다.
라. 응답의 양과 질을 고려하여 질문의 길이를 결정하여야 한다.

 전문용어나 복잡한 용어, 특정견해, 미래의 행동 등을 예상하는 질의는 피하도록 한다.

04 판매를 촉진시키는 광고의 효과적 집행을 위해 소비자의 구매심리 과정을 파악할 수 있는 방법은?

가. AIO법

나. VALS법

다. AIDMA법

라. Aesop Glim's

 소비자의 구매의사결정과정(AIDMA원칙)은 A(attention, 주의), I(interest, 흥미), D(desire, 욕구), M(memory, 기억), A(action, 행위)이다.

05 비렌이 연구한 색채가 연상되는 형태를 적은 것으로 옳은 것은?

가. 파랑 – 원

나. 빨강 – 삼각형

다. 주황 – 마름모

라. 보라 – 직사각형

 • 빨강 : 사각형
• 주황 : 직사각형
• 보라 : 타원형

06 색채조절의 목적과 거리가 먼 것은?

가. 조명의 효율을 높인다.

나. 안전이 유지되며 사고가 줄어든다.

다. 눈의 피로를 막고 업무에 집중력을 높인다.

라. 경비절감과 시공이 용이하다.

 색채조절의 목적은 심신의 안정, 피로회복, 작업능률향상이다.

07 다음 중 색채 정보 수집에서 가장 많이 사용되는 방법은?

가. 패널 조사법
나. 현장 관찰법
다. 실험 연구법
라. 표본 조사법

해설 **색채 정보 수집방법**
- 패널 조사법 : 신제품 출시 전에 실시하는 조사법이다.
- 현장 관찰법 : 조사의 신뢰도를 높일 때 사용하는 방법이다.
- 실험 연구법 : 조사연구법 혹은 관찰법 이라고 하며 주로 실험 연구에서 많이 사용한다.

08 다음 중 색채기호조사에 대한 설명으로 잘못된 것은?

가. 선호, 비선호 내용을 조사하여 성별, 연령별, 지역별, 기호유형을 알아내는 것이다.
나. 색채기호분석에서는 응답자들의 특성을 비교하여 기호 유형별로 집단을 만들어 주는 빈도분포 분석법을 주로 활용한다.
다. 기호 이미지 라이프스타일 조사 분석으로 응용 범위를 확대할 수 있다.
라. 소비자의 색채감성을 보다 정확히 파악하여 상품 디자인을 위한 효과적인 정보를 얻을 수 있다.

09 다음 중 판매 증대를 위해 색채를 중요한 마케팅 도구로 사용한 사례로 가장 적절한 것은?

가. 빨간 사과와 초록색 사과를 함께 전시하였다.
나. 판매율이 부진한 색의 의류만 30% 할인 판매를 하였다.
다. 발렌타인데이를 위해 초콜릿을 진열대 맨 앞에 배치하였다.
라. 남성용품 코너에 파란색 띠를 둘러 표시하였다.

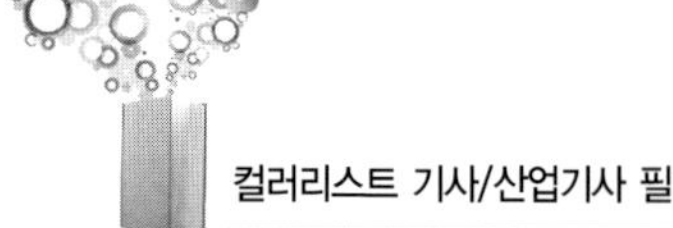

10 다음 중 컬러 피라미드 테스트의 색과 의미가 바르게 연결된 것은?

가. 주황 – 충동적인 감정을 일으키는 색이다.

나. 파랑 – 회향적인 색으로 정서적 욕구가 강하고 그것을 밖으로 쉽게 표현하는 사람이 많이 사용한다.

다. 녹색 – 정서의 조절 및 감수성의 지표를 나타낸다.

라. 보라 – 감정통제의 색으로 진정효과가 있다.

해설 컬러 피라미드 테스트의 색과 의미
- **빨강** : 충동적인 감정을 일으키는 색이다.
- **주황** : 회향적인 색으로 정서적 욕구가 강하고 그것을 밖으로 쉽게 표현하는 사람이 많이 사용한다.
- **파랑** : 감정통제의 색으로 진정효과가 있다.

11 국가별 휴대용 전화기 제품의 색채 선호도를 조사하기 위해서 준비되어야 할 제품의 조건으로 적합한 것은?

가. 제품의 디자인 · 가격 통일, 색채만 변화

나. 제품의 색채 통일, 디자인 · 가격 변화

다. 제품의 가격 통일, 디자인 · 색채 변화

라. 제품의 가격 · 디자인 · 색채 모두 변화

12 행동 모형으로 얻는 하워드 쉐즈 모형이 아닌 것은?

가. 생산변수

나. 투입변수

다. 산출변수

라. 외생변수

해설  하워드 쉐즈 모형은 학습이론에 바탕을 둔 자극 – 반응의 소비자 행동 모형이다.

13 다음과 같이 색과 그 상징이나 연상의 사례를 짝지은 것 중 적절하지 않은 것은?

가. 검정 – 죽음, 어둠
나. 회색 – 전원적, 자연
다. 파랑 – 차가움, 하늘
라. 빨강 – 정열, 사과

 회색은 평범함, 차분함을 연상시킨다.

14 환경색채에 대한 설명으로 옳은 것은?

가. 지역의 자연환경과 인문환경에 영향을 준다.
나. 인공환경에 가장 많은 영향을 받는다.
다. 자연기후나 자연지형에 영향을 많이 받는다.
라. 자연환경인 기후와 일광에 영향을 준다.

 역사성과 인문환경의 영향을 받으며 지역이 고립되고 외부와 차단되어 있을수록 특징이 더욱 강하게 나타난다.

15 시장의 유행성 중 수용기도 없이 도입기에 제품의 수명이 끝나는 유형은?

가. 플로프(flop)
나. 패드(fed)
다. 크레이즈(craze)
라. 트랜드(trend)

 • 패드(fed) : 단시간에 나타났다가 사라지는 유행이다.
• 크레이즈(craze) : 지속적인 유행으로 생활의 패턴, 양식, 사고 등을 이끌어 가는 현상이다.
• 트랜드(trend) : '경향'을 말하며 어느 특정부분의 유행을 말한다.

16 도시의 특성과 이미지를 부각시키는데 중요한 역할을 하면서 한 지역의 정체성을 대변하는 색을 무엇이라 하는가?

가. 국민색
나. 전통색
다. 국기색
라. 지역색

> **해설** 문제는 지역색에 관한 설명이다.

17 일반적인 색채와 맛의 연상이 올바르게 연결된 것은?

가. 신맛 – 연두색
나. 짠맛 – 빨간색
다. 쓴맛 – 회색
라. 단맛 – 녹색

> **해설** **색채와 맛의 연상**
> - 짠맛 : 연녹색
> - 쓴맛 : 올리브 그린
> - 단맛 : 주황색

18 다음 중 색채 이미지와 표현하는 컬러와의 관계가 적합하지 않은 것은?

가. 캐주얼 – 젊음, 명랑한, 유쾌한 – vvR, lty
나. 모던 – 도시풍의, 진보적인, 예리한 – N6, dpB
다. 로맨틱 – 부드러운, 감미로운, 꿈결같은 – dkR, dpYR
라. 엘레강스 – 품위있는, 여성스러운, 섬세한 – lgR, mgP

> **해설** 다. 로맨틱 – 부드러운, 감미로운, 꿈결 같은 – pR, vpYR

19 색채의 기호나 내용을 전달하는 상호작용을 나타내는 것은?

가. 컬러 마케팅
나. 컬러 공유
다. 컬러 커뮤니케이션
라. 컬러 이미지

20 제품 포지셔닝(positioning)에 대해 설명한 것 중 가장 옳은 것은?

가. 제품의 품질, 스타일, 성능을 제품의 가격보다도 우선적으로 고려해야 한다.
나. 제품이나 브랜드를 고객의 마음속에 경쟁제품보다 유리한 위치를 정하도록 하는 노력이다.
다. 경쟁사의 브랜드가 현재 어떻게 포지셔닝되어 있는지를 파악할 필요는 없다.
라. 제품의 속성보다는 제품의 이미지를 더 강조해야 한다.

 가. 제품의 품질, 스타일, 성능을 제품의 가격보다 우선적으로 고려하지 않는다.
다. 경쟁사의 브랜드가 현재 어떻게 포지셔닝되어 있는지 파악해야 한다.
라. 제품의 속성을 강조해야 한다.

2과목 | 색채 디자인

21 디자인 사조와 그 대표 작가들이 옳게 짝지어진 것은?

가. 다다이즘 – 피카소
나. 미래파 – 칸딘스키
다. 야수파 – 시냐크
라. 데스틸 – 몬드리안

 **데스틸**
독일의 표현주의, 소련의 구성주의와 함께 출현하였으며, 몬드리안을 중심으로 한 추상미술운동으로 러시아의 절대주의에 영향을 받아 순수기하학적 형태에 절대미학을 중시하였다.

22 좋은 디자인이 되기 위한 직접적인 조건이 아닌 것은?

가. 합목적성
나. 심미성
다. 독창성
라. 간결성

 좋은 디자인의 조건에는 합목적성, 심미성, 경제성, 독창성, 질서성, 합리성, 친자연성, 문화성이 있다.

23 시지각의 원리에 근거를 둔 추상적, 기계적 형태의 반복과 연속 등을 통한 시각적 환영, 지각 그리고 색채의 물리적 및 심리적 효과에 관련된 착시의 회화는?

가. 팝아트
나. 옵아트
다. 미니멀리즘
라. 포스트모더니즘

 **옵아트(Op Art)**

1960년대 인간의 시지각 원리에 근거를 둔 추상적, 기계적 또는 시각적 환영과 이의 심리적 효과를 연구하는 사조이다.

24 많은 사람들이 일하는 공간인 사무공간의 색채계획으로 가장 올바른 것은?

가. 붉은색의 잔상을 피하기 위해 연한 녹색으로 벽면을 칠한다.
나. 가시도, 정확도, 시각피로의 문제가 가장 중요시되어야 한다.
다. 전체적으로 반사율이 80% 정도의 밝은 공간으로 이루어져야 한다.
라. 주의집중을 위해 회색, 베이지색과 같은 차분한 공간으로 이루어져야 한다.

 사무공간은 피로를 줄여주고 집중력을 높여주는 은회색 혹은 회백색을 사용하는 것이 좋다.

25 굿 디자인(Good Design) 상품의 구성요소가 아닌 것은?

가. 경제성
나. 심미성
다. 환경친화성
라. 장식성

 **굿 디자인(Good Design) 상품의 구성요소**

합목적성, 심미성, 경제성, 독창성, 질서성, 합리성, 친자연성, 문화성이다.

26 다음 중 균형미를 연출하기에 적합한 곡선은?

가. 기하곡선
다. 포물선
나. 자유곡선
라. 쌍곡선

 **곡선의 종류**
- 기하곡선 : 현대적이고 예리한 합리적인 리듬을 표출(유순, 수리적 질서, 자유, 확실, 고상)한다.
- 자유곡선 : 변화가 있고 유연성이 있는 리듬을 표출(명확, 질서, 단정, 여성적)한다.
- 포물선 : 물체를 공중에 던져 올리면 던져진 물체가 그리는 곡선의 자취를 말한다.

27 굿 디자인(Good Design)을 형성하는데 있어 본질적 요건에 해당되지 않는 것은?

가. 독창성
다. 심미성
나. 경제성
라. 차별성

굿(Good) 디자인 요건은 독창성, 경제성, 심미성, 사회성이다.

28 색채계획 과정에서 색채변별능력, 색채조사능력, 자료수집능력은 어느 단계에서 요구되는가?

가. 색채환경분석
다. 색채전달계획
나. 색채심리분석
라. 디자인에 적용

29 다음 중 착시와 관련된 설명으로 틀린 것은?

가. 숫자 8은 균형을 맞추기 위해 아래 부분을 조금 크게 만든다.
나. 같은 길이의 선일 때 수직선은 수평선보다 더 짧아 보인다.
다. 같은 크기일 때, 흰색 제품보다 검은색 제품이 더 작아 보인다.
라. 동일한 도형이라도 크고 작음에 따라 공간적 거리를 느낄 수 있다.

같은 길이의 선일 때 수직선은 수평선보다 더 길어 보인다.

30 상업용 공간의 파사드(facade) 디자인은 어떤 분야에 속하는가?

가. exterior design
나. multiful design
다. illustration design
라. industrial design

31 1 : 4 : 7 : 10 : 13 : …과 같이 이웃하는 두 형의 차이가 일정한 수열에 의한 비례는?

가. 정수비
나. 상가 수열비
다. 등비 수열비
라. 등차 수열비

- 정수비 : 1 : 2 : 3 … 또는 1 : 2, 2 : 3 …과 같은 정수에 의한 비율
- 상가 수열비 : 1, 2, 3, 5, 8, 13 …과 같이 각 항이 앞의 두 항의 합과 같은 수열에 의한 비례
- 등비 수열비 : 1 : 2 : 4 : 8 : 16 …과 같이 이웃하는 두 항의 비가 일정한 수열에 의한 비례

32 디자인 사조 또는 운동을 발생한 시점을 기준으로 볼 때, 시대적인 순서로 바르게 나열한 것은?

가. 아르누보 – 데스틸 – 바우하우스 – 포스트모더니즘
나. 아르데코 – 큐비즘 – 데스틸 – 포스트모더니즘
다. 아르누보 – 바우하우스 – 포스트모더니즘 – 아르데코
라. 아르데코 – 데스틸 – 포스터모더니즘 – 큐비즘

근대 디자인 사조
- 아르누보 : 1900년 전후
- 데스틸 : 1917년
- 바우하우스 : 1919년
- 포스트모더니즘 : 1970년대 말

33

점, 선, 면, 입체, 공간 등 형의 지각에 관한 이론 중에서도 가장 대표적인 것으로 독일의 베르트하이머(Wertheimer)가 중심이 된 게슈탈트(Gestalt) 학파가 제창한 이론이 아닌 것은?

가. 근접요인

나. 폐쇄요인

다. 유사요인

라. 비대칭요인

 게슈탈트(Gestalt) 요인에는 유사성의 요인, 폐쇄성의 요인, 근접성의 요인, 연속성의 요인이 있다.

34

다음 중 주거 공간 색채에 대한 설명으로 틀린 것은?

가. 거실은 가족의 고유 공간이므로 특수한 색채는 어울리지 않는다.

나. 천정, 벽, 마루, 가구 등의 색채는 가급적 심리적 자극을 적게 주도록 베이지나 브라운의 저채도 색을 주조색으로 한다.

다. 커튼, 카펫, 인테리어 소품 등은 액센트 색으로 저채도 색을 사용한다.

라. 침실과 서재는 목적에 맞게 개성있는 색채공간을 연출한다.

 다. 커튼, 카펫, 인테리어 소품 등은 액센트 색으로 고채도 색을 사용한다.

35

빅터 파파넥(Victor Papanek)의 복합기능(function complex) 중 특수한 목적을 달성하기 위한 자연과 사회의 변천작용에 대한 계획적이고 의도적인 실용화를 의미하는 것은?

가. 텔레시스(telesis)

나. 미학(aesthetics)

다. 용도(use)

라. 연상(association)

빅터 파파넥의 복합기능

- 미학(aesthetics) : 디자이너가 가지고 있는 보물 중에서 가장 중요한 것 중의 하나로 그 형태나 색채는 우리를 아름답고 흥미롭고 기쁘게 하여 우리를 감동시켜 의미 있는 실체를 만들어내는 하나의 도구이다.
- 용도(use) : 여러 가지 용도에 맞는 도구를 사용해야 한다.
- 연상(association) : 불확실한 예상 또는 짐작 등에 의해 연상의 가치가 결정되고, 많은 연상적 가치는 보편적인 것이며, 인간의 마음속 깊이 자리 잡고 있는 충동과 욕망에 관계된다.

36 메이크업 디자이너가 얼굴에 입체적인 시각현상을 창조하기 위해 명암의 원칙을 적용하려한다. 하이라이트 처리를 해야 하는 부분은?

가. 관자놀이

나. 눈의 아이홀 부분

다. 콧대

라. 광대뼈 아래 패임

37 환경디자인과 관련성이 가장 적은 법률은?

가. 경관법

나. 도로법

다. 옥외광고물 등 관리법

라. 소비자보호법

38 환경오염문제와 관련하여 생태학적인 건강을 유지하며, 환경에 피해를 주지 않는 디자인을 뜻하는 것은?

가. 그린 디자인

나. 퍼블릭 디자인

다. 유비버셜 디자인

라. 리 디자인

해설 그린디자인은 산업디자인의 신동향 중 하나로 환경 친화적 디자인이라고도 한다.

39 의상 디자인을 결정하는 주요 요소가 아닌 것은?

가. 소비자의 욕구

나. 디자이너의 스타일

다. 시대적 유행

라. 대량생산

40 광고에 있어서 색채의 기능으로 거리가 먼 것은?

가. 심리적 효과　　　　　　　　나. 차별화의 인지
다. 안전성 효과　　　　　　　　라. 사실적 전달

3과목 | 색채관리

41 다음 색채재료 중 CIE C 표준광과 D_{65} 표준광에서의 색좌표가 가장 크게 차이가 날 만한 색채는 어느 색료를 사용한 색채인가?

가. 수용성 색료　　　　　　　　나. 간섭성 색료
다. 열변성 색료　　　　　　　　라. 형광성 색료

 **형광성 색료**
어느 한도량을 넘으면 백색도가 줄고 청색이 되어 버리는 것을 말한다. 즉, 색좌표가 가장 크게 차이나는 색재는 형광성 색료이다.

42 측색의 목적으로 틀린 것은?

가. 색의 정량적 표기　　　　　　나. 색채 전달
다. 표면 온도 측정　　　　　　　라. 색채 오차 측정

측색의 목적은 정확한 색을 파악하고 정확하게 재현하여 전달하는데 있다.

43 육안 검색 시 주의사항으로 틀린 것은?

가. 비교하는 색의 명도 V가 3 이하의 어두운 색인 경우, 조도는 2,000[lx] 이상인 것이 바람직하다.

나. 비교적 조도가 높은 염색물의 색비교인 경우 조도는 400[lx] 정도 이상이면 좋다.

다. 작업면의 색은 원칙적으로 무광택이며 명도 V가 5인 무채색으로 한다.

라. 균제도는 0.8 이상인 것이 바람직하다.

 육안검색 시 조도는 500Lx를 기준으로 하며, 원칙적으로는 1,000Lx 이상으로 한다.

44 육안 조색시 색채관측을 위한 (　　)광원과 (　　)lx 조도의 환경에서 작업을 하면 좋다. (　　) 안에 적합한 것은?

가. D65, 1,000　　　　　　　　　나. D65, 200

다. D35, 1,500　　　　　　　　　라. D15, 100

45 CMYK 모드를 모두 수용할 수 있는 색영역을 가지기 때문에 RGB 모드로의 변환 시에 중간단계로 사용되는 컬러모드는?

가. Grayscale　　　　　　　　　나. Lab

다. HSB　　　　　　　　　　　라. HSV

Lab

각각 256단계를 갖도록 설계되어 있다. 밝기를 나타내는 L*은 100단위의 정수로 표현하거나 256으로 나눈 소수점체계가 이용되며 색상과 채도를 나타내는 a*b*로 표현된다. a*는 빨강색과 녹색을 나타내며 채도도 포함된 값이고 b*는 노란색과 파란색의 색상과 채도를 나타내는 값이다.

46 다음 중 가장 높은 색온도는?

가. 촛불

나. 맑고 깨끗한 하늘

다. 주광색 형광등

라. 약간 구름 낀 하늘

- 촛불 : 2,000K
- 맑고 깨끗한 하늘 : 12,000K
- 주광색 형광등 : 6,500K
- 약간 구름 낀 하늘 : 8,000K

47 색채에 대한 설명이 옳은 것은?

가. 종이, 플라스틱 등은 가시광선만을 흡수한다.

나. 섬유, 종이, 플라스틱 등은 주로 무기물질로 이루어져 있다.

다. 가공하지 않은 상태에서의 무명천은 회색빛을 띠게 된다.

라. 가공하지 않은 상태에서의 실크는 브라운 빛의 노란색을 띠게 된다.

색채는 눈을 통해서 여러 가지 감각과 연관되어 지각되는 심리적 경험효과를 말한다.

48 해상도와 이미지에 관한 설명으로 틀린 것은?

가. 화면 또는 인쇄 등에서 이미지의 정밀도를 나타내는 지표이다.

나. 단위로는 ppi, dpi를 주로 사용한다.

다. 해상도가 높을수록 데이터의 용량이 커져 컴퓨터 속도가 느리다.

라. 같은 해상도라도 큰 모니터에서 볼 때 더 선명해진다.

픽셀 또는 도트의 수가 많을수록 고해상도의 정밀한 이미지가 보여진다. 큰 모니터와는 무관하다.

49 페인트나 플라스틱, 물감, 연료의 혼색방법에 해당되는 것은?

가. 가법혼색　　　　　　　　　　　나. 감법혼색
다. 중간혼색　　　　　　　　　　　라. 병치혼색

 프린트와 같이 오프라인에서 직접적인 색료를 재현하는 페인트나 플라스틱, 물감, 연료는 감법혼색인 Cyan, Magenta, Yellow를 이용하게 된다.

50 색 영역 매핑(color gamut mapping)이란?

가. 디지털 기기 내의 색체계 RGB를 Lab로 바꾸는 것
나. 디지털 기기 내의 색체계 CMYK를 Lab로 바꾸는 것
다. 매체의 색영역과 디지털 기기의 색영역 차이를 조정하여 맞추려는 것
라. 색공간에서 디지털 기기들 간의 색차를 계산하는 것

 색영역 맵핑은 색채를 다루는 기기의 다양화와 함께 재현되는데 색채의 품질을 좌우한다.

51 컬러 인덱스 인터내셔널에서 제공하는 컬러 인덱스에서 얻을 수 있는 정보가 아닌 것은?

가. 염료와 안료에 대한 화학적인 구조를 알 수 있다.
나. 조명변화에 따른 색상변화 정보를 제공한다.
다. 염료와 안료의 활용방법과 견뢰성(fastness)을 알 수 있다.
라. 제조사의 이름뿐만 아니라 판매업체에 관한 정보도 얻을 수 있다.

 나. 색상정보를 제공한다.

52 지역이 다른 두 곳에서 똑같은 회사제품의 색채측정기로 동일 시료, 동일 지점의 색채를 측정하였으나 측정결과가 달랐다. 다음 중 가장 의심되는 요인은?

가. 측정횟수와 표준편차를 처리하는 방법의 차이
나. 색채측정기를 사용한 사람의 차이
다. 시료의 불균일성
라. 백색기준판의 오염

해설 시료를 조명하는 조명광원의 특성을 측색광에 일치시키려면 표준 백색판이 기준이 되기 때문이므로 백색기준판의 오염을 의심해야 한다.

53 아교, 카제인류를 전색제로하여 발화성이 낮아 안전하고 취급이 간편한 페인트는?

가. 수성페인트
나. 합성수지페인트
다. 천연수지페인트
라. 요소수지페인트

54 컴퓨터 자동배색(computer color matching)을 도입하는 목적 또는 장점이라고 할 수 없는 것은?

가. 다품종 소량에 대응
나. 고객의 신뢰도 구축
다. 메타메리즘의 효율적인 형성과 실현
라. 컬러런트 구성의 효율화

해설 다. 메타메리즘의 예측이 가능하다.

55 육안으로 채도가 강한 색채를 오래 관측하다가 새로운 색채시료를 관측하면, 관측했던 색상의 보색 방향으로 잔상이 나타나 다르게 보일 때의 색채 관측 시 가장 좋은 방법은?

가. 회색을 장시간 응시하거나 눈을 감고 잔상이 사라질 때까지 기다린다.
나. 보색이 되는 색을 2~3분 바라본다.
다. 동일 색상의 채도가 낮은 색을 응시한다.
라. 동일 채도의 보색 색상을 약 5분간 응시한 다음 흰색을 바라본다.

56 다음 중 황색으로 염색되는 직접 염료로 9월에 열매를 채취하여 밭에 말려 사용하고, 종이나 직물의 염색 및 식용색소로도 사용되는 천연염료는?

가. 치자염료　　　　　　　　　　나. 자초염료
다. 오배자염료　　　　　　　　　　라. 홍화염료

 치자염료는 치자 열매를 사용한 식물성 염료로 황색을 나타낸다.

57 전구 안에 질소와 같은 불활성가스와 미량의 요오드, 브롬, 염소 등의 원소나 그 화합물을 넣어서 텅스텐 필라멘트가 소모되는 것을 방지한 것으로 높은 효율과 뛰어난 연색성을 지녀 전시물의 하이라이트 액센트 조명으로 널리 사용되는 조명 광원은?

가. 백열등　　　　　　　　　　　나. 고압수은등
다. 주광색형광등　　　　　　　　　라. 할로겐등

• **백열등** : 필라멘트 선에서 열을 발생시켜 열방사를 통해 빛을 얻는 광원으로 붉은색의 빛이 나타난다.
• **고압수은등** : 아크방전에 의해서 빛을 내는 전등을 말한다.
• **주광색형광등** : 유리관에 기체를 넣은 후 방전시켜 빛을 얻는 광원으로 푸른색의 빛이 나타난다.

58

다음 중 유기안료에 대한 설명으로 틀린 것은?

가. 무기안료에 비해 대체적으로 채도가 높은 색상의 재현이 가능하다.

나. 장기적인 내후성이나 열에 견디는 힘이 무기안료보다 우수하다.

다. 인쇄잉크, 도료, 플라스틱 염색 등에 널리 사용된다.

라. 종류가 많아 다양한 색상의 재현이 가능하다.

 유기안료는 무기안료에 비하여 내광성, 내열성이 떨어진다.

59

색온도의 단위는?

가. C

나. F

다. K

라. T

 K(켈빈)을 사용하고 있다.

60

측정하고자 하는 시료의 가시광선 분광반사율을 측정하여 인간의 삼자극효율 함수와 기준광원의 분광도 분포를 사용하여 색채값을 산출하는 색채계는?

가. 분광식 색채계

나. 필터식 색채계

다. 여과식 색채계

라. 휘도 색채계

 필터식 색채계는 보통 3자극치의 값인 XYZ를 구하고 두 색의 색차의 값을 구하는 것이다.

4과목 | 색채 지각론

61 병치혼합에 대한 설명으로 틀린 것은?

가. 점묘파 화가들의 그림
나. 색을 조밀하게 인접시켜 서로 혼합되어 보이는 현상
다. 4도 인쇄 그림 상에 나타난 효과
라. 일반 혼색에 비해 명도와 채도의 저하

해설 병치혼합
- 선이나 점이 서로 조밀하게 병치되어 인접색과 혼합이다.
- 점묘법, 모자이크, 직물의 색
- 인상주의 작가(쇠라, 시냐크)

62 색채의 온도감에 대한 설명으로 옳은 것은?

가. 따뜻한 느낌을 주는 색은 흰색이며, 노랑 · 주황 · 빨강 계열을 말한다.
나. 물을 연상시키는 파랑계열을 중립색이라 한다.
다. 색채의 온도감은 경험적인 것으로 자연환경에 근원을 둔다.
라. 온도감은 명도 → 색상 → 채도 순으로 영향을 준다.

해설 온도감이 가장 낮은 색은 흰색이다. 색의 온도감을 좌우하는 가장 큰 요인은 색상이다.
- **난색** : 따뜻한 느낌의 색, 저명도, 장파장의 색(빨강, 주황, 노랑)
- **한색** : 차가운 느낌의 색, 고명도, 단파장의 색(파란색 계열)
- **중성색** : 중간 느낌의 색, 연두, 녹색, 자주, 보라 등

63

동일한 방향으로 이동하는 사물을 보다가 다른 곳으로 시선을 돌리면 반대 방향으로 움직이는 느낌이 드는 것과 관련 있는 것은?

가. 동화 현상
나. 운동 잔상
다. 플루트(flute) 현상
라. 색각 현상

- 부의잔상(음성잔상) : 원래 자극의 감각과 보색관계에 있는 색으로 남은 감각을 부의 잔상이라 한다. 대부분의 잔상색을 말한다. 부의 잔상은 엠메르트의 잔상과 운동잔상 2가지로 나뉜다.
- 운동잔상 : 이동하는 물체를 보다가 다른 곳으로 시선을 옮기면 반대 방향으로 움직이는 듯한 느낌이 드는 것이다. 또한 망막의 상이 일정기간 동안 이동되었을 때 나타나는 현상이다.

64

간상체와 추상체의 시각은 각각 어떤 빛의 파장에 가장 민감한가?

가. 약 300nm, 약 460nm
나. 약 400nm, 약 460nm
다. 약 500nm, 약 560nm
라. 약 600nm, 약 560nm

추상체는 560nm의 빛에서 민감도가 강하며, 간상체는 507nm의 빛에서 민감도가 강하여 단파장에 민감하다.

65

3쌍의 대응되는 색(적 – 녹, 청 – 황, 흑 – 백)으로 지각된다는 대응색 원리(opponent color principle)를 주장한 사람은?

가. 헤링
나. 오스트발트
다. 먼셀
라. 영 · 헬름홀쯔

헤링의 반대색설

- 눈에는 노랑 – 파랑물질, 빨강 – 녹색물질, 검정 – 흰색물질의 3종의 시세포가 있다.
- 3종의 시세포의 분해, 합성작용에 의해 색을 지각할 수 있다는 이론을 주장하였다.

66 색이 진출되어 보이는 감정효과에 해당되지 않는 것은?

가. 유채색이 무채색보다 진출의 느낌이 크다.

나. 밝은 색이 어두운 색보다 진출의 느낌이 크다.

다. 따뜻한 색이 차가운 색보다 진출의 느낌이 크다.

라. 채도가 낮은 색이 높은 색보다 진출의 느낌이 크다.

- **진출색** : 난색, 고명도, 고채도, 유채색
- **후퇴색** : 한색, 저명도, 저채도, 무채색

67 색지각은 빛이 우리 눈의 망막을 자극해서 시감각을 일으키는 복사현상으로 우리가 색을 물리적으로 지각하기 위해서는 다음의 3요소가 반드시 필요하다. 다음 중 3요소가 아닌 것은?

가. 빛(광원)　　　　　　　　　　나. 물체

다. 눈(시각)　　　　　　　　　　라. 거리

대상의 여러 정보 중에서 색채를 파악하는 과정을 색채지각(color perception)이라고 하며, 색은 빛을 발하는 광원과 빛의 반사 대상 그리고 이 결과를 관찰하는 관찰자가 있기에 존재한다.

68 다음 색의 혼합에 대한 설명 중 옳은 것은?

가. 빨강 조명과 녹색 조명을 양쪽에서 동시에 비추면 흰색을 얻을 수 있다.

나. 포스터컬러에서 검정색이 없을 경우 빨강, 녹색, 파랑을 1/3씩 섞으면 정확히 같은 검정색을 얻을 수 있다.

다. 포스터컬러의 원색 노랑과 원색 빨강을 섞으면 그보다 채도가 높아진 주황을 얻을 수 있다.

라. 무대 조명에 있어 원색광의 강도는 혼합색에 영향을 미친다.

가법혼합(가산혼합, 색광혼합)

- 기본색 Red, Green, Blue는 빛의 혼합색이다.
- 혼합하면 할수록 더욱 밝아진다.

69

색의 밝기(명도)는 어떤 요소에 의해 결정되는가?

가. 주파장
나. 순도
다. 분광 반사율
라. 포화도

해설 | 분광 반사율

물체의 색은 표면에서 반사되는 빛의 각 파장별 분광분포(분광 반사율)에 따라 여러 가지 색으로 정의된다.

70

색채의 팽창과 수축에 대한 설명으로 옳은 것은?

가. 어떤 색의 면적이 실제의 면적보다 크게 느껴질 때의 색을 수축색이라 한다.
나. 따뜻한 색이나 명도가 낮은 색을 팽창색이라 한다.
다. 일반적으로 진출색은 팽창색이다.
라. 빨강은 어느 색보다도 후퇴되어 보인다.

해설 | 일반적으로 진출, 팽창의 성질과 후퇴, 수축의 현상은 동시에 일어난다.
- **진출 · 팽창** : 고명도, 고채도, 난색계
- **후퇴 · 수축** : 저명도, 저채도, 한색계

71

바탕색이 탁한 배경 무늬와 선명한 배경의 무늬는 선명도에서 변화가 있다. 이는 어떠한 색채 심리효과를 이용한 것인가?

가. 색상대비
나. 명도대비
다. 채도대비
라. 면적대비

해설 | 채도대비

채도가 서로 다른 두 가지 색이 배색되어 있을 때 생기는 대비로서, 바탕색에 따라서 어떤 색이 맑게 혹은 탁하게 느껴지는 대비이다.

72 밖에서 암실로 들어가면 더욱 어둡게 보이나 나중에는 밝아진다. 또한 적색을 보다 황색을 보면 Green Yellow로 보인다. 이것은 어떠한 색채 심리적 효과에 의한 것인가?

가. 색상대비　　　　　　　　　　　나. 동시대비
다. 한난대비　　　　　　　　　　　라. 계시대비

해설　계시대비(계속대비)

어떤 색을 보다가 다른 색을 보는 경우 먼저 본 색의 영향으로 다음에 보는 색이 다르게 보이는 대비현상을 말한다.

73 다음 중 가법혼색 시 두 색의 혼합에 의해 나타나는 색을 서로 짝지은 것으로 틀린 것은?

가. Red + Green = Yellow
나. Red + Blue = Magenta
다. Yellow + Green = Green
라. Green + Blue = Cyan

해설　가법혼합(가산혼합, 색광혼합)

- 기본색 Red, Green, Blue의 빛의 혼합
- 빨강(Red) + 녹색(Green) = 노랑(Yellow)
- 녹색(Green) + 파랑(Blue) = 시안(Cyan)
- 파랑(Blue) + 빨강(Red) = 마젠타(Magenta)
- 빨강(Red) + 녹색(Green) + 파랑(Blue) = 백색(White)

74 회색의 물체는 흰 바탕보다 검은 바탕에서 더 밝게 보인다. 이는 어떤 대비효과에 의한 것인가?

가. 색상대비　　　　　　　　　　　나. 명도대비
다. 채도대비　　　　　　　　　　　라. 보색대비

해설　색의 대비

- **명도대비** : 명도가 서로 다른 두색이 있을 때 밝은 색은 더 밝게, 어두운 색은 더욱 어둡게 보이는 현상
- **색상대비** : 두색이 서로 대비해서 색상차가 느껴지는 현상
- **채도대비** : 채도가 서로 다른 두 가지 색이 배색되어 있을 때 생기는 대비
- **보색대비** : 보색관계에 있는 두 가지 색이 배색되었을 때 생기는 대비

75

밤하늘의 별을 볼 때 정면으로 보는 것보다 곁눈으로 보는 것이 더 잘 보이는 이유는?

가. 눈의 망막이 맹점에는 광수용기가 없으므로
나. 망막의 중심부에는 추상체만 있고, 주변망막에는 간상체가 많이 분포되어 있으므로
다. 추상체와 간상체가 각기 다른 해상도를 갖기 때문에
라. 추상체에 의한 순응이 간상체에 의한 순응보다 신속하게 발생하기 때문에

해설 망막에 상을 맺으면 망막에 있는 두 종류의 시세포에서 빛에너지를 수용해 물체의 색을 분별한다.
- 간상체 : 흑백필름역할을 한다. 망막의 외곽에 넓게 분포하고, 밤에 어두운 곳에서 작용하여 명암을 판단한다.
- 추상체 : 컬러필름역할을 한다. 망막의 중심부에 모여 있으며 낮에 밝은 곳에서 작용하여 색을 판단한다.

76

다음 중 색채혼합에 관한 설명으로 틀린 것은?

가. 다색실로 직조된 직물의 색은 병치혼색
나. 색필터를 통한 혼색실험은 가법혼색
다. 컬러인쇄에 사용된 망점의 색점은 감법병치혼색
라. 컬러텔레비전은 가법병치혼색

해설 **감법혼합(감산혼합, 색료혼합)**
색필터의 혼합에서도 감법혼합의 원리가 적용되고, 컬러슬라이드나 아날로그 영화필름, 색채 사진 등도 같은 원리가 적용된다.

77

주목성의 강약 관계로 틀린 것은?

가. 저채도의 노란색 < 고채도의 빨간색
나. 어두운 회색 < 선명한 초록색
다. 고채도의 파란색 < 고채도의 빨간색
라. 따뜻한 느낌의 주황색 < 시원한 느낌의 파란색

해설 **주목성(시인성, 명시도, 거시도)**
난색, 고명도, 고채도가 주목성이 높다.

78 다음 중 가장 수축되어 보이는 색은?

가. 5R 8/2

나. 2.5PB 3/2

다. 5PB 4/8

라. 5G 6/2

 수축색은 한색에 속하며 명도가 낮은 색이 가장 수축되어 보인다.

79 빛의 스펙트럼에 대한 설명으로 틀린 것은?

가. 연속 스펙트럼은 파장이 길면 굴절률이 작고 파장이 짧으면 굴절률이 크기 때문에 일어나는 현상이다.

나. 한줄기 빛이 스펙트럼으로 나누어지는 것을 분광(spectral)이라고 하며, 분광된 빛은 다시 분광된다.

다. 스펙트럼에 있어서의 색 수는 실험방법의 차이나 관찰자의 주관에 따라서 달라질 수 있다.

라. 일반적으로 스펙트럼 파장이 긴 쪽의 방사 에너지가 많이 포함되었을 때는 붉은색으로 보인다.

 스펙트럼의 전개는 빛의 굴절 현상을 이용하여 백색광을 분광시켰다. 분광된 빛은 다시 분광되지 않는다. 전자기파 스펙트럼은 가시광선의 파장 영역을 시각적으로 표현한 것으로 단파장은 청보라색 계열이며, 장파장은 적색계열이다. 스펙트럼 중 인간의 눈에 감지되는 가시 파장은 일정한 색채 영역을 갖고 있는데 색채학자마다 그 영역과 원리의 규명 정도에 따라 다르다.

80 색의 면적효과(area effect)와 관련이 가장 먼 것은?

가. 전시야(全視野)

나. 매스효과(mass effect)

다. 소면적 제3색각이상(小面積 第三色覺異常)

라. 동화효과(assimilation effect)

 • **색의 면적효과** : 색을 차지하는 면적의 대소에 따라 명도나 채도에 변화를 느끼는 것이다.

• **매스효과** : 큰 면적은 명도와 채도가 높아져 실제의 면적보다 밝고 선명하게 보이며, 작은 면적은 명도와 채도가 낮아져 실제의 면적보다 작고 어둡게 보인다. 이것을 매스효과(크기효과)라고 한다.

• **동화효과** : 색들끼리 서로 영향을 주어 인접색에 가깝게 느껴지는 현상이다.

5과목 | 색채 체계론

81 Yxy 색체계에서 사람의 시감과 색표계의 영역이 가장 차이가 많이 나는 색상은?

가. red
나. yellow
다. green
라. blue

 Yxy 색체계는 1931년 맥아담이 색도 다이어그램을 변형하여 제작한 것으로 Y는 반사율(색채의 밝기)을 나타내고, 녹색의 자극치로 명도값을 나타낸다. x, y는 XYZ표색계에서 계산된 색도를 나타내는 좌표이다.

82 한국산업표준(KS)의 색명에 관한 설명으로 틀린 것은?

가. 색 이름을 계통색 이름과 관용색 이름으로 구별한다.
나. 유채색의 수식 형용사로는 선명한, 흐린, 탁한, 밝은, 어두운, 진(한), 연(한)이 있다.
다. 조합색 이름은 기준색 이름 뒤에 색 이름 수식형을 붙여 만든다.
라. 무채색의 수식 형용사로는 밝은, 어두운이 있다.

 한국산업표준의 KS는 ISCC – NBS색명을 기준으로 색명을 사용하고 있다. 감성전달의 정확성이 높고, 의사소통이 간편하도록 색 이름을 표준화한 것이다. 명도와 채도에 관한 톤의 형용사를 통해서 색을 구분하고 있다.

83 다음 중 먼셀 색체계에서 가장 높은 채도 단계를 가진 색상은?

가. 5RP
나. 5BG
다. 5YR
라. 5GY

인간의 시감에 따라 청보라색과 녹색 등은 7~8단계가 최대의 채도이지만 빨간색에서 노란색 등은 16단계에 이른다.

84 먼셀 표색계 5PB 3/12에서 12의 의미와 다른 것은?

가. saturation

나. lightness

다. chroma

라. 포화도

 먼셀 표기법 : 색상 명도/채도, 12는 채도를 나타내며 lightness는 밝기로 명도를 나타낸다.

85 NCS 표기법에서 S3060-Y10R의 설명 중 틀린 것은?

가. S는 순수도를 표시한다.

나. 30%의 검정색도를 가지고 있다.

다. 60%의 유채색도를 가지고 있다.

라. 10%의 빨간색도를 가진 노란색이다.

 **NCS 표기법**

• S3060-Y10R : 앞머리의 S는 NCS 색견본 두 번째 판(Second Edition)을 의미한다.

• 30%의 흑색도, 60%의 순색도와 빨간색이 10% 포함된 노란색을 말한다.

86 NCS 체계를 구성하고 있는 기초적인 6색은?

가. 흰색(W), 검정(S), 노랑(Y), 주황(O), 빨강(R), 파랑(B)

나. 노랑(Y), 빨강(R), 녹색(G), 파랑(B), 보라(P), 흰색(W)

다. 시안(C), 마젠타(M), 노랑(Y), 검정(K), 흰색(W), 녹색(G)

라. 빨강(R), 파랑(B), 녹색(G), 노랑(Y), 흰색(W), 검정(S)

헤링의 R(빨강), Y(노랑), G(녹색), B(파랑)의 기본색에 W(흰색), S(검정)을 추가한 기본 6색을 사용한다.

87 다음 중 먼셀 색체계의 설명으로 옳은 것은?

가. 색상을 hue, 명도를 lightness, 채도를 chroma이다.
나. 혼색계의 대표적인 색체계 중 하나이다.
다. 명도와 Y값의 상관관계가 있다.
라. 색상의 분할은 헤링의 4원색설을 기본으로 하고 있다.

 현색계의 대표 체계인 먼셀 색체계의 구성요소는 색상(H, Hue), 명도(V, Value), 채도(C, Chroma)이다.

88 다음 KS 관용색명 중 겨자색과 가장 가까운 먼셀 기호는?

가. 10YR 6/7.5　　　　　　　　나. 5Y 7/10
다. 6YR 2/3　　　　　　　　　　라. 5PB 5/10

 먼셀 표기법 : 색상 명도/채도, 겨자색은 밝은 황갈색으로 색상인 5Y 7/10에 해당된다.

89 색채조화론과 그 설명이 잘못 짝지어진 것은?

가. 비렌 – 7가지 용어를 사용한 색 삼각형을 만들어 조화론을 설명
나. 먼셀 – 조화는 균형이라고 주장
다. 오스트발트 – 조화는 질서라고 주장
라. 저드 – 조화를 정량적으로 계산함

 • 저드의 색채조화 : 질서의 원리, 명료성(비모호성)의 원리, 동류(친근성)의 원리, 유사(공통성)의 원리
　• 문–스펜서 색채조화 : 최근의 색채 조화론 중에서 가장 과학적인 이론으로, 정량적인 색채 조화설이다.

90 CIE(국제 조명 위원회)에서 제시한 표준광 중 2004년 이후 표준에서 제외된 광원은?

가. 표준광 A
나. 표준광 B
다. 표준광 C
라. 표준광 F

표준광원 F는 CIE 표준광원 F(1~12)의 일반적인 형광광원이다.

91 다음 중 현색계에 해당하는 것은?

가. Munsell 색체계
나. XYZ 색체계
다. RGB 색체계
라. Maxwell 색체계

- **현색계** : 색채(물체의 색)를 나타내는 표색계로, 먼셀표색계, NCS, PCCS, DIN 등이 해당된다.
- **혼색계** : 심리, 물리적인 빛의 혼색실험에 기초를 둔 표색계이다.

92 음양오행을 근간으로 하는 전통색채의 양과 음의 연결이 틀린 것은?

가. 동방 청색과 중앙 황색의 간색은 녹색이다.
나. 서방 백색과 남방 적색의 간색은 자색이다.
다. 중앙 황색과 북방 흑색의 간색은 유황색이다.
라. 서방 백색과 동방 청색의 간색은 벽색이다.

오간색
- 오정색을 섞어서 만든 중간색을 말한다.
- 녹색 = 청색 + 황색
- 홍색 = 적색 + 백색
- 유황색 = 흑색 + 황색
- 벽색 = 청색 + 백색
- 자색 = 흑색 + 적색

93 다음 중 청록색 계열의 전통색은?

가. 훈색(熏色)
나. 치자색(梔子色)
다. 양람색(洋藍色)
라. 육색(肉色)

 한국 전통색 적색계는 훈색과 육색이다. 청록색 계열인 양람색은 인디고를 의미하는 서양원료로 만든 남색을 뜻한다.

94 오스트발트 조화론의 등순색계열 조화는 다음 중 어떤 배색방법과 동일한 개념인가?

가. 톤인톤
나. 톤온톤
다. 까마이외
라. 포까마이외

 • 등순계열의 조화 : 순색량이 같은 계열의 조화이다.
• 톤온톤 배색 : 톤을 겹치게 한다는 의미로 동일색상으로 두 가지 톤의 명도차를 비교적 크게 잡은 배색이다.

95 전통색 이름과 설명이 옳은 것은?

가. 지황색(芝黃色) – 종이의 백색
나. 담주색(淡色朱) – 홍색과 주색의 중간색
다. 감색(紺色) – 아주 연한 붉은색
라. 치색(緇色) – 스님의 옷색

 한국 전통색에서 무채색계는 치색이다.

96 맥스웰(Maxwell)의 색 3각형에 대한 설명으로 틀린 것은?

가. 과학적으로 색을 취급하는데 있어서 합리성을 가지고 있다.

나. RGB 표색계가 만들어진 근원이 되고 있다.

다. 현색계의 원리를 설명하는 수단으로 크게 활용되고 있다.

라. 단색광을 크게 나누어 3개의 기본색으로 구성한다는 토머스 영과 헬름홀쯔의 학설을 증명하고 있다.

 **맥스웰의 색 3각형**

측색학의 기본적인 원리를 위한 것으로 그의 색삼각형을 이용하여 혼색에 대해서 그 양과 질서정연한 혼색의 원리를 설명하고 있다. 색채를 기록할 수 있는 방정식을 발견함으로 맥스웰은 결과적인 조합물들을 삼각형에 배치하였다. 그 삼각형의 모서리에는 red, green, blue의 삼원 분광색을 배치하였다. 각자의 혼합된 색채들은 혼합물의 분리된 요소들을 잇는 선위에 놓여 있다.

97 다음 중 오스트발트 색체계에 대한 설명으로 틀린 것은?

가. 독일의 물리화학자 오스트발트가 연구한 색체계로서 회전혼색기의 색채 분할면적의 비율을 가지고 여러색을 만들고 있다.

나. 페히너의 법칙을 적용하여 동등한 시각 거리들을 표현하는 색단위를 얻어내려 시도하였다.

다. 어느 한 색상에 포함되는 색은 모두 B(흑) + W(백) + C(순색)의 합이 100이 되는 혼합비를 구성하고 있다.

라. 오스트발트의 색상환은 헤링의 반대색설의 보색대비에 따라 5분할하고 그 중간색을 포함하여 10등분한 색을 기준으로 하고 있다.

오스트발트의 색상환은 헤링의 반대색설의 보색대비에 따라 노랑, 빨강, 파랑, 녹색을 기본으로 한다. 기본색 이외에 주황, 청록, 보라, 연두를 추가하였다. 8색을 다시 3등분해서 24색상을 만들어 사용한다.

98

CIELAB 표색시스템의 L*a*b* 색공간에서 a*b*는 색도좌표계를 의미한다. 다음 중 a*b*
의 설명으로 부적당한 것은?

가. 색도좌표계의 종양은 무채색을 나타낸다.

나. +a*는 녹색 방향이고, −a*는 빨강 방향을 나타낸다.

다. +b*는 노랑 방향이고, −b*는 파랑 방향을 나타낸다.

라. a*와 b* 값이 커지는 것은 포화도가 높아지는 것이다.

해설 CIE L*a*b* 색공간(색좌표)
- +a*는 빨강, −a*는 녹색을 나타낸다.
- +b*는 노랑, −b*는 파랑을 의미한다.

99

현색계에 대한 설명 중 옳은 것은?

가. 색을 측색기로 측색하여 어떤 파장의 빛을 반사하는가에 따라 색의 특징을 판별하는 방법이다.

나. 정확한 수치 개념에 입각해 색이 눈에 보이지 않아도 좌표 또는 수치를 이용해 표현하는 체계이다.

다. 실제 눈에 보이는 물체색과 투과색 등 눈으로 보고 비교 검색할 수 있고, 색 공간에서 지각적 색
통합 또는 색 스케일을 만드는 색체계이다.

라. CIE 표색계가 대표적인 시스템이다.

해설 현색계
- 색채(물체의 색)를 나타내는 표색계 : 먼셀표색계, NCS, PCCS, DIN 등이 해당된다.
- 색편의 배열 및 개수를 용도에 맞게 조정할 수 있다.
- 측색기 없이 시각적으로 이해하기 쉽다.
- 빛의 색 표기가 어렵고, 광택과 무광택을 구분하여야 하고, 광원의 영향을 많이 받는다.

100 DIN 색체계에 대한 설명으로 틀린 것은?

가. 24가지 색상으로 구성되어 있다.

나. 채도는 0~15까지로 0은 무채색이다.

다. 16 : 6 : 4와 같이 표기하고, 순서대로 Hue, Darkness, Saturation를 의미한다.

라. 등색상면은 흑색점을 정점으로 하는 부채형으로서 한 변은 가까운 무채색으로, 다른 P은 순색
　　이 된다.

DIN 색체계

- 독일의 표준기관인 DIN에서 도입한 색체계
- 색상(T, Bunton) : 24색상
- 포화도(채도, S, Sattiung) : 무채색을 0으로 가장 순색인 것을 15까지로 하여 총16단계
- 암도(어두운 정도, D, Dunkelstufe) : 이상적인 흰색을 0으로, 이상적인 검정 D = 10으로 하여 0.5스텝으로 나
  누기도 하며 총 16단계까지 나눈다.
- 표기순서는 T : S : D이다.

2011년 1회 컬러리스트 산업기사 기출문제

01 서구문화권의 영향을 받은 대부분의 국가에서 성인의 절반 이상이 가장 선호하는 색은?

가. 청색
나. 적색
다. 흰색
라. 흑색

> **해설** 성인들의 색채선호는 장파장보다 단파장의 색을 선호하며 파랑 – 빨강 – 녹색 – 흰색 – 보라 – 주황 – 노랑의 순으로 선호한다.

02 파란색은 (　　　　)을 연상시키며, 요하네스 이텐에 의하면 (　　　　)은 편안함과 안정을 대변하고 정신성을 상징한다. (　　　　) 안에 알맞은 것은?

가. 수직선
나. 수평선
다. 원
라. 삼각형

03 항구도시의 백색, 독일 라인 강변의 붉은 지붕색 등은 무엇을 대표하는 색인가?

가. 풍토색
나. 지역색
다. 민족색
라. 기억색

> **해설** **지역색**
> 지역 주민들이 선호하는 색채로 국가, 지방, 도시 등의 이미지를 부각시키고 지역의 정체성을 대변하는 진정한 색채이다.

04 코퍼레이트 컬러(corporate color)란?

가. 전통적인 색이라는 의미로 민족적인 또는 국가적인 배경의 이미지를 주는 색이다.
나. 기업이 커뮤니케이션 활동 속에서 기업의 아이덴티티를 소구하기 위한 고유의 색이다.
다. 일반적으로 배색의 대상이 되는 부위에서 가장 넓은 면적의 부분을 차지하는 색이다.
라. 전체 색조에 긴장감을 주거나 시선을 집중시키는 효과가 있다.

05 비콜로 배색에 대한 설명으로 틀린 것은?

가. 비콜로란 바이컬러(bicolor)와 같은 의미이다.
나. 텍스타일의 배색에서 대중적인 배색을 말한다.
다. 소재의 바탕색을 베이스로 하고 한 색을 무늬색으로 프린트한 경우이다.
라. 프랑스 국기가 대표적인 예이다.

> 해설 국기의 배색에서 나온 기법으로 하나의 면을 2가지 색으로 배색한다.

06 환경색채를 형성하는 요인이 아닌 것은?

가. 자생식물　　　　　　　　　　　나. 지역역사
다. 진입교통　　　　　　　　　　　라. 자연기후

> 해설 환경색채는 인간에게 관계된 환경을 통틀어 말하며 경관색채와 의미가 같다.

07 다음 중 차갑고 투명한 느낌을 주어 미래나 내세의 이미지를 연상시키는 색채는?

가. 5VR 5/5　　　　　　　　　　　나. 2.5BG 5/10
다. 2.5PB 4/10　　　　　　　　　　라. 5RP 5/5

08 사회 문화 정보로서 색이 활용된 예로 2002 한일 월드컵에서 붉은 악마 응원단의 빨간색은 다음 중 어떤 역할에 가장 크게 기여 하였는가?

가. 국제적 표준색의 기능
나. 사용자의 편의성
다. 유대감의 형성과 감정의 고조
라. 차별적인 연상 효과

해설) 팀의 색채는 스포츠분야에서 경기의 흐름을 쉽게 읽게 하는 정보체계로서의 역할과 함께 응원하는 팀의 감정을 고조시키고, 지역 및 기업을 상징하기도 한다. (정체성 보여줌)

09 프랑스 색채 연구가 모리스가 제시한 색채와 맛과의 관계가 틀린 것은?

가. 단맛 – white
나. 짠맛 – grey
다. 신맛 – yellow
라. 쓴맛 – olive green

해설) 단맛은 red, orange, yellow, pink의 배색이다.

10 괴테의 색채론에서 시민과 노동자를 상징하는 색채를 차례로 나열한 것은?

가. 파랑, 녹색
나. 녹색, 파랑
다. 주황, 녹색
라. 주황, 파랑

11 강조색의 설명으로 옳은 것은?

가. 전체 50% 이상의 색으로 전체적인 느낌을 전달한다.
나. 전체 25% 정도의 색으로 변화를 주는 역할을 담당한다.
다. 전체 색채효과를 좌우한다.
라. 전체 5% 정도를 명도나 채도에 의해 변화를 주는 방법을 말한다.

해설)
- **주조색** : 전체면적의 약 70%가량을 차지한다.
- **보조색** : 전체면적의 약 20~25%가량을 차지한다.
- **강조색** : 전체면적의 약 5~10% 이내의 면적을 차지한다.

12 **색채의 상징에 관한 내용 중 틀린 것은?**

가. 올림픽마크의 5색은 5대륙의 상징성을 가진 컬러심벌이다.

나. 중국에서의 방위의 구분에 색을 사용하였는데, 청색은 동쪽의 색이다.

다. 색의 상징으로 등급을 구분하거나 방위, 분류 등을 하는데 사용하기도 한다.

라. 조선시대에도 색으로 등급을 구분하였는데, 정1품에서 정3품까지 청색의 옷을 입었다.

> 해설 ▸ 조선시대에도 색으로 등급을 구분하였는데, 정1품에서 정3품까지는 적색의 옷을 입었다

13 **다음 중 동일색상에서 톤의 차를 강조한 배색에 해당하는 것은?**

가. 분홍색 + 하늘색

나. 분홍색 + 남색

다. 하늘색 + 남색

라. 남색 + 흑갈색

14 **다음 중 가장 온도감이 낮은 색채는?**

가. 5B 6/10

나. 2.5G 5/6

다. 7.5YR 5/10

라. N9

> 해설 ▸ • 한색 : 차갑게 보이는 단파장 계열의 색
> • 난색 : 따뜻해 보이는 장파장 계열의 색

15 **색채를 조절할 때 적합하지 않은 것은?**

가. 공장이나 사무실의 천장은 바닥재의 색보다 밝은색이 적합하다.

나. 상품 진열장의 바탕색을 밝은 오렌지색으로 하면 모든 색채가 돋보인다.

다. 시선을 끌어 판매량을 높이는 상점의 색은 밝은 노란색을 사용하면 좋다.

라. 수술실 환경색을 백색에서 청록색으로 바꿔 현기증, 졸도 현상을 해소한다.

> 해설 ▸ 올바른 색채조절을 위해서는 객관적으로 색채를 선정해야 하며, 생활환경, 산업안전, 일의 능률화, 효율의 극대
> 화를 위해 색의 성질과 기능 응용을 활용하여 색채계획을 한다.

16 색채조절의 영향과 거리가 먼 것은?

가. 생활의욕을 상승시킨다.
나. 선호색 사용으로 쾌적하다.
다. 조명의 효율을 높인다.
라. 작업의 안정성을 높인다.

 색채조절에 의한 과학적인 색채계획은 심신의 안정, 피로회복, 작업능률향상을 도모한다.

17 보편적으로 이해되는 공감각적 연결이 적절한 것은?

가. 꽃(floral)향 – 분홍
나. 시원한 음료수 포장 – 빨강
다. 부드러운 감촉 – 검정
라. 민트(mint)향 – 노랑

 나. 시원한 음료수 포장 : 파랑
다. 부드러운 감촉 : 밝은 핑크, 밝은 노랑, 밝은 하늘색
라. 민트(mint)향 : 그린

18 다음 중 유목성을 높이는 방법으로 옳은 것은?

가. 밝은 색 보다는 어두운 색을 선택한다.
나. 바탕색에 비하여 채도를 높게 한다.
다. 일상적으로 흔한 색을 선택한다.
라. 따뜻한 색보다는 차가운 색을 선택한다.

 유목성은 사람의 눈길을 끄는 힘으로 채도가 높은 난색계의 색, 고명도, 고채도의 색이 유목성이 높다. 주위의
환경 색과의 대비에 따라 다르므로 주의가 필요하다.

19 색채 선호에 관한 설명 중 틀린 것은?

가. 일반적으로 열대지역에서는 난색계열의 색이 선호된다.

나. 연령이 낮을수록 원색계열과 밝은 톤을 선호하는 경향이 있다.

다. 아기들이 단파장 영역의 색상을 선호한다.

라. 선호색은 사회 문화적 영향을 받는다.

 아이들은 채도가 높은 원색과 밝은 톤을 선호하며 노랑 – 흰색 – 빨강 – 주황 – 파랑 – 녹색 – 보라의 순으로
나타난다.

20 색채조절을 이용한 색채 계획의 설명으로 적합하지 않은 것은?

가. 북향, 서향의 방에는 따뜻한 색 계통을 사용하면 좋다.

나. 백색, 회색, 흑색은 백색을 위에 놓고 바라보면 불안하지만 흑색을 위로하면 안정감이 있다.

다. 따뜻한 느낌을 주는 색은 다가오는 듯 크게 보인다.

라. 지나치게 낮은 천장에 차가운 색을 칠하면 천장이 높아 보인다.

2과목 | 색채 디자인

21 다음 중 2차원 디자인으로만 나열된 것은?

가. TV 디자인, CF 디자인, 애니메이션 디자인

나. 그래픽 디자인, 심벌 디자인, 타이포그라피

다. 액세서리 디자인, 공예 디자인, 인테리어 디자인

라. 익스테리어 디자인, 애니메이션 디자인, 무대 디자인

 • 2차원 디자인(평면) : 시각전달 디자인(visual design), 그래픽 디자인, 광고 디자인(신문 잡지 광고, 텔레비전광
　고, DM광고, 상표, 디스플레이, 옥외광고), 편집 디자인, 상업 디자인, 사인, 심볼 디자인, 타이포그라피, 레터링,
　일러스트레이션
　• 3차원 디자인(입체)
　• 4차원 디자인(공간)

22

색채계획을 함에 있어 색채를 적용할 대상을 검토할 때 고려조건으로 거리가 먼 것은?

가. 대상이 차지하는 면적
나. 대상의 움직임 여부
다. 경제 조건
라. 조명 조건

 색채표현의 대상 검토 고려조건은 면적효과, 거리감, 움직임, 시간, 공공성의 정도, 조명조건이다.

23

다음 중 주거 공간 색채에 대한 설명으로 틀린 것은?

가. 거실은 가족의 공유 공간이므로 특수한 색채는 어울리지 않는다.
나. 천장, 벽, 마루, 가구 등의 색채는 가급적 심리적 자극을 적게 주도록 저채도색을 주조색으로 한다.
다. 커튼, 카펫, 인테리어 소품 등은 엑센트 색으로 효과를 기대하는 색채에 고채도 색을 사용한다.
라. 방들은 개인 공간이므로 베이지나 브라운의 저채도색을 사용한다.

라. 방들은 개인 공간이므로 개인의 기호에 맞는 색상을 선택한다.

24

색채연구가들은 21세기의 대표적 색채를 청색으로 꼽았다. 청색은 투명하고, 깊이가 있는 디지털 패러다임의 대표색이 되었다. 이것은 색채마케팅 전략의 영향요인 중 어느 요인에 해당하는가?

가. 경제적 환경
나. 기술적 환경
다. 문화적 환경
라. 자연적 환경

25 다음의 내용과 가장 관계 깊은 내용의 디자인은?

> 한 지역의 지리적, 풍토적 자연환경과 인종적인 배경 아래서 그 지역 사람들의 일상적인 생활 습관과 자연스러운 욕구에 의해 이루어진 토속적인 양식은 유기적인 조형과 실용적인 문제해결이라는 측면에서 오늘날의 디자인에 시사하는 바가 크다.

가. 생태학적 디자인(ecological design)
나. 버네큘러 디자인(vernacular design)
다. 그린 디자인(green design)
라. 환경적 디자인(environmental design)

26 기업의 내·외부 환경을 분석하여 마케팅 전략을 수립하는 SWOT분석의 항목 중 자사 제품과 기업내부를 분석해야 하는 항목으로 짝지어진 것은?

가. 강점, 위협
나. 기회, 약점
다. 기회, 위협
라. 강점, 약점

27 디자인의 원리에 대한 설명으로 틀린 것은?

가. 대비는 시각적 힘의 강약에 의한 힘의 감정효과이다.
나. 비대칭은 형태상으로 불균형이지만, 시각상의 힘의 정돈에 의하여 균형이 잡힌다.
다. 등비수열에 의한 비례는 1 : 4 : 7 : 10 : 13…과 같이 이웃하는 두 항의 차이가 일정한 수열에 의한 비례이다.
라. 강조는 단조로움을 덜거나 규칙성을 깨뜨릴 때, 관심의 초점을 만들 때 이용하면 효과적이다.

해설 》 다. 등비수열에 의한 비례는 1 : 2 : 4 : 8 : 16…과 같이 이웃하는 두 항의 비가 일정한 수열에 의한 비례이다.

28 데 스틸(De still)에 관한 설명 중 틀린 것은?

가. 개성을 배제한 주지주의적 추상 미술운동
나. 인간의 정신 속에서 영감을 찾는 순수조형이론
다. 검정, 회색, 녹색, 갈색, 주황 등의 강한 색조를 사용
라. 건축, 산업디자인, 타이포그라피 등에 영향을 줌

> **해설 — 데 스틸(De still)**
>
> 색채는 순수한 원색으로 제한되어 있으며 강한 원색 대비와 무채색의 흑백 대비를 이용한 단순한 면 구성이 특징이다.

29 다음 그림이 나타내는 것은?

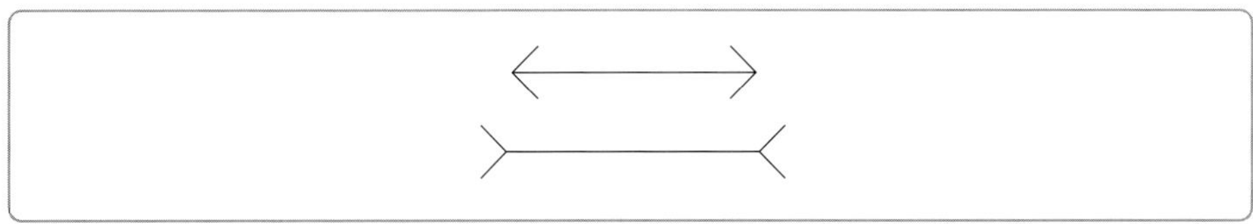

가. 방향의 착시
나. 논리적 법칙
다. 명암의 착시
라. 길이의 착시

30 소비자가 개인적인 제품을 구매하고 결정하는데 가장 영향을 많이 주는 대상은?

가. 한 가지 목적을 가지고 모이는 희구집단
나. 개인의 취향과 의견에 영향을 주는 대면집단
다. 가정의 경제력을 가진 결정권자
라. 사회계급이 같은 계층의 집단

31 다음이 설명하는 미술사조는?

> - 순수주의의 디자인을 거부하는 반 모더니즘 디자인
> - 물질적 풍요로움 속의 상상적이고 유희적인 표현
> - 순수예술과 대중예술이라는 이분법적 위계구조를 불식시킴
> - 기능을 단순화하고 의미를 부여함
> - 낙관적 분위기, 속도와 역동성

가. 다다이즘   나. 추상표현 주의
다. 팝아트   라. 옵아트

- 다다이즘 : 기존의 사상과 전통에 반기를 들고 새롭고 파격적인 것이 미술의 주제가 되어야 함을 강조하면서 시작된 화파이다.
- 옵아트 : 1960년대 미국에서 일어난 추상미술의 한 동향으로 색채의 시지각 원리에 근거를 두고 시각적 환영과 지각 등 심리적 효과를 적극적으로 활용한 미술 사조이다.

32 제품의 색채 디자인에 있어서 색채 선정 시 사용 면적과 주요 사용 목적에 따라 사용할 색을 세 종류로 분류한 것으로 옳은 것은?

가. 주조색, 보조색, 강조색   나. 주요색, 보조색, 강한색
다. 주조색, 보강색, 강조색   라. 주조색, 보조색, 강한색

- 주조색 : 전체의 느낌을 전달하는 색으로 전체의 70% 이상이다.
- 보조색 : 주조색을 보조하며 변화를 주는 색으로 일반적으로 25% 정도의 사용을 권장한다.
- 강조색 : 포인트의 역할로 전체의 5% 정도로 디자인 대상을 변화시키는데 사용한다.

33 메이크업의 3대 관찰요소가 아닌 것은?

가. 배분(proportion)   나. 배치(position)
다. 입체(dimention)   라. 색상(color)

메이크업의 3대 관찰요소는 배분(proportion), 배치(position), 입체(dimention)이다.

34

서로 달라서 일견 관련이 없는 요소를 결합시킨다는 의미로 공통의 유사점, 관련성을 찾아내고 동시에 아주 새로운 사고방법으로 2개의 것을 1개로 조립하는 것을 목표로 하는 이미지 전개 방법은?

가. 브레인스토밍
나. 시네틱스
다. 입출력법
라. 체크리스트법

- 브레인스토밍 : 창조적인 아이디어를 표출해내며 자유분방한 아이디어를 산출하는 방법이다.
- 입출력법 : 출발점(input)과 도달점(output)을 결정해 놓고, 그 사이에 제한 조건을 설정하여 그에 대한 해결방안(process)을 수립해 가는 방법이다.
- 체크리스트법 : 아이디어를 내는 절차상의 점검 기준(check point)로서의 질문 목록을 사전에 준비해놓고 질문 하나하나에 대한 해답을 구해가는 방식이다.

35

샤넬라인(Chanel Line)에 대한 설명으로 틀린 것은?

가. 직선적 실루엣을 이루는 스커트
나. 유행에 따라 좌우되지 않는 길이라는 의미
다. 무릎에서 20cm위의 스커트 길이
라. 시대와 연령을 초월하여 누구에게나 어울리는 선

프랑스 디자이너 G.샤넬이 즐겨 디자인한 무릎 아래 5~10cm의 스커트 길이를 말한다.

36

디자인의 기본 요소에 대한 설명으로 옳은 것은?

가. 적극적인 선이란 선의 밀집이나 선의 집합, 입체화된 점이나 선에 의해서도 성립된다.
나. 소극적인 선이란 사실상의 선은 없지만 두 요소 사이의 심리적으로 연결된 선이다.
다. 소극적인 면(negative plane)은 점과 점으로 이어지는 선이다.
라. 적극적인 면(positive plane)은 점의 확대, 선의 이동, 너비의 확대 등에 의해 성립된다.

- 적극적인 선 : 점과 점이 이어지는 선
- 소극적인 선 : 면의 한계나 교차에 의해서 생기는 선
- 소극적인 면(negative plane) : 선의 밀집이나 선의 집합, 선으로 둘러싸여 성립되며 공간에 있어서 입체화된 점이나 선에 의해서도 성립된다.

37 디자인 역사에 대한 설명 중 잘못된 것은?

가. 구석기 시대에는 대게 주술적 또는 종교적 목적의 디자인이라 아름다움과 실용성을 강조하지 않았다.

나. 18세기 영국에서 일어난 산업혁명은 기계혁명이자 생산혁명인 동시에 디자인 혁명이었다.

다. 중세 말 이탈리아에서 도시경제가 번영하게 되자 자연과 인간에 대한 사고방식이 바뀌었는데, 이를 고전문예의 부흥이라는 의미에서 르네상스라 불렀다.

라. 중세 유럽문화는 크리스트교를 중심으로 하여 교회와 수도원이 그 중심에 있었고, 인간성에 대한 이해나 개성의 창조력이 뛰어났다.

38 일러스트레이션(illustration)에 관한 설명 중 틀린 것은?

가. 회화, 사진, 도표, 도형 등 문자이외의 그림요소이다.

나. 주제를 명확하게 시각화하는 것이다.

다. 커뮤니케이션 언어로서 독자적인 장르이다.

라. 출판 디자인, 북 디자인이라고도 불린다.

 출판, 광고와 같은 인쇄매체를 통해 어떤 목적이나 내용을 효과적으로 전달하기 위한 그림이다.

39 제품 디자인의 색채계획과 관계가 없는 것은?

가. 단일 소재의 재질 안에서 주조색을 정하고 배색을 결정한다.

나. 심미성과 조형성에 관계된다.

다. 광고, 포장, 디스플레이까지 색채가 연계되어야 한다.

라. 배색 시 색채 이미지 스케일이나 색채 감성언어 팔레트를 사용한다.

 디자인 분야별로 주조색의 선정방법은 다를 수 있다.

40 마케팅 자극(4P)에 해당하지 않는 것은?

가. 제품(Product)
나. 가격(Price)
다. 유통구조(Place)
라. 선전(Propaganda)

 마케팅(4P) 구성 요소는 제품(Product), 가격(Price), 유통구조(Place), 촉진(Promotion)이다.

3과목 | 색채관리

41 2, 3차원 공간에 선, 네모, 원 등의 그래픽 형상을 수학적 표현을 통해 나타내는 색채영상은?

가. 벡터그래픽 영상
나. 포스트 스크립트
다. 오버 프린트
라. 래스터 영상

- **포스트 스크립트** : 매끄럽고 섬세한 고품질 폰트와 도형의 이미지를 인쇄하거나 화면에 표시할 수 있게 하는 것을 말한다.
- **오버 프린트** : 날염된 위에 겹쳐서 날염하는 것을 말한다.
- **래스터 영상** : 전자빔의 주사점이 음극선관의 목표 지점을 주사할 때 그리는 모양의 영상을 말한다.

42 다음 중 육안으로 색을 비교할 경우 관찰자는 누가 가장 좋은가?

가. 20대 여성
나. 40대 여성
다. 30대 남성
라. 50대 남성

43 다음의 설명은 어떤 종류의 조명에 대한 것인가?

> 주광색등(6,500K)은 실제색에 가까우므로 상점이나 의류점 등에 유리하다. 은백색 형광등(3,000K)은 안락한 분위기의 고급매장, 전시공간, 세미나실 등에 많이 쓰인다. 삼파장등은 연색성이 우수해 가정용, 사무용으로 많이 쓰인다.

가. 고압방전등　　　　　　　　　나. 저압방전등
다. 할로겐등　　　　　　　　　　라. 백열등

- **고압방전등** : 아주 밝은등이 필요한 곳에 사용되며 에너지 효율이 낮다. 예를 들면, 야구장의 야간경기나 자동차 전조등 등에 사용된다.
- **할로겐등** : 일반적으로 전기음성(電氣陰性)이 강하고 비금속성을 나타내는데 주로 전시회장에서 흔히 볼 수 있다.
- **백열등** : 진공의 유리구 안에 텅스텐으로 된 가는 금속선(필라멘트)을 넣어 만든 전구로서 3,000K 정도의 따뜻한 빛을 내고 있다.

44 우리나라에서 전통적으로 사용하는 천연염료의 하나로, 방충성이 있으며, 이 즙을 피부에 칠하면 세포에 산소공급이 촉진되어 혈액의 순환을 좋게 하는 치료제로 알려진 것은?

가. 자초염료　　　　　　　　　　나. 소목염료
다. 치자염료　　　　　　　　　　라. 홍화염료

45 비트맵 영상에 대한 설명으로 잘못된 것은?

가. 래스터 영상이라고도 한다.
나. 화면의 모든 화소 데이터가 저장되어 있다.
다. 화소 간의 관계식이 저장되어 있다.
라. 화소들은 비트맵이라고 하는 격자 상에 위치한다.

비트맵(bitmap)
컴퓨터나 기타 그래픽 장치에서 그림을 표현하는 방법 중의 하나로 일반적으로는 래스터(raster) 방식(점방식)이라고 한다. 화면상의 각 점들을 직교좌표계를 사용하여 픽셀 단위로 나타낸다. 그림을 확대하면 각 점이 그대로 커져 경계선 부분이 오돌토돌하게 보이는 계단 현상이 나타난다.

46 DMYK로 인쇄된 잡지의 인쇄 강도를 측정하고자 할 때 사용하는 측색기는?

가. 스펙트로포토미터(spectrophotometer)
나. 크로마미터(chromameter)
다. 덴시토미터(densitometer)
라. 글로스미터(glossmeter)

- 스펙트로포토미터(spectrophotometer) : 광원에서의 빛을 모노크로미터로 단색화하여 시료 용액에 투과시켜 투과광의 강도를 전기신호로 변환하여 시료의 흡광도를 측정하는 장치이다.
- 크로마미터(chromameter) : 물체색 측정, 액체 및 투명체 측정 불가한 분광측색기이다.
- 글로스미터(glossmeter) : 물체표면의 광택을 재는 광택계이다.

47 다음 중 CCM 프로그램과 관계없는 것은?

가. 컬러런트 재활용
나. 배색기능
다. Quality Control
라. 효과적 원색 조합

CCM(Computer Color Matching system)진행순서는 quality control부분과 formulation부분으로 구성되어있다. 소프트웨어는 처음에는 색을 측정하고 오차를 판정하는 기능을 하고, formulation에서는 컬러런트를 산출하여 오차부분을 수정하는 correctionrlsmd, 그리고 잉여품을 재활용하는 기능을 포함하고 있다.

48 다음 중 $X_{10}Y_{10}Z_{10}$에서 숫자 10이 의미하는 것은?

가. 10회 측정 평균치
나. $10°$ 시야 측정치
다. 측정 횟수
라. 표준 광원의 종류

$10°$ 시야 등색함수는 50cm 정도 떨어진 곳에서 약 8.8cm지름을 볼 수 있다.

49 다음 중 색채 오차 표기로 사용되지 않는 것은?

가. $\triangle E^+ab$

나. CMC

다. $\triangle E^+dh$

라. CIE2000

50 색채 규격 중 안전색에 해당하는 용도가 아닌 것은?

가. 위장복

나. 교통안전표지판

다. 해상 구명복

라. 안전 표시판

 위장복은 주위 환경에 잘 적응할 수 있는 색을 사용한다.

51 광원이 내는 빛의 총 에너지 측정량을 나타내는 것은?

가. 전광속

나. 조도

다. 광도

라. 휘도

- **조도** : 단위는 룩스(Lux)를 사용하여 단위면적에 1루멘의 광속이 입사하는 에너지를 말한다.
- **광도** : 광원이 일정한 방향으로 에너지를 방사하는 양을 말한다.
- **휘도** : 광원을 직접 보았을 때 또는 물체로부터 반사된 빛이 눈에 들어왔을 때 그 밝기의 감각을 수량적으로 나타낸 것이다.

52 다음 중 색채관리에 대한 설명으로 옳은 것은?

가. 색채계를 사용하여 색채 관리를 보다 객관적이고 과학적으로 한다.

나. 색채관리의 정밀성은 목적한 색채를 얼마나 빠르게 맞추는가의 문제이다.

다. 색채관리의 정확성은 똑같은 조건에서 얼마나 비슷한 색을 구현하는가 하는 척도이다.

라. 정밀한 색채관리가 필요할 때는 표준색 이름을 활용한다.

53

화학적 성분은 스틸벤 이미다졸 쿠마린유도체 등이며, 소량만 사용해야 하고, 어느 한도량을 넘으면 백색도가 줄고 청색이 되어 버리는 염료는?

가. 식용염료　　　　　　　　　　　나. 합성염료
다. 천연염료　　　　　　　　　　　라. 형광염료

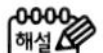

- **식용염료** : 식품의 착색에 사용되는 염료를 말한다.
- **합성염료** : 인공적으로 제조된 염료를 말한다.
- **천연염료** : 자연 그대로 또는 약간의 가공에 의해 염료로 쓸 수 있는 것을 말한다.

54

디지털 색채에 대한 설명 중 옳은 것은?

가. 디지털 색채의 기본색은 시안(cyan), 마젠타(magenta), 블랙(black)이다.
나. 디지털 색채 영상을 구성하는 최소 단위는 픽쳐(picture)이다.
다. 해상도는 모니터의 크기가 커질수록 선명도가 떨어진다.
라. 24비트로 된 한 화소가 나타낼 수 있는 색상의 종류는 1,572,864(= 256 × 256 × 24) 이다.

가. 디지털 색채로 디스플레이를 할 경우 레드(red), 그린(green), 블루(blue), 오프라인에서 사용할 경우 시안(cyan), 마젠타(magenta), 옐로우(yellow), 블랙(black)를 사용한다.
나. 디지털 색채 영상을 구성하는 최소 단위는 픽셀(pixel)이다.
라. 24비트로 된 한 화소가 나타낼 수 있는 색상의 종류는 16,777,216(256 × 256 × 256)이다.

55

색역(Gamut)이 넓은 순으로 옳은 것은?

가. CIELAB > CMYK > RGB
나. RGB > CIELAB > CMYK
다. CIELAB > RGB > CMYK
라. CMYK > RGB > CIELAB

CIELAB의 색역이 가장 넓고, 그 다음은 빛의 공간 RGB, 제일 작은 영역은 CMYK이다.

56 물체의 색을 측정하는 방법으로 CIE가 추천한 것이 아닌 것은?

가. 45/0
나. 0/45
다. 0/d
라. 45/d

 조명 및 수광의 기하학적 조건은 0/45, 45/0, 0/d, d/0의 네 가지 규격이 있다.

57 다음 중 반사율이 파장에 관계없이 높기 때문에 거울로 사용하기에 적합한 금속은?

가. 금
나. 구리
다. 알루미늄
라. 은

 **경면광택도(specular gloss)**
유리면을 기준으로 측정하는 방법으로, 종이섬유는 85°, 75°이고, 도장 면·타일·법랑 등은 60°, 45°, 금속 고
광택도장은 20°이다.

58 필터식 방식이나 분광식 방식의 모든 색채계에 색채측정의 기준으로 사용되는 것은?

가. 백색 기준물
나. 회색 기준물
다. 녹색 기준물
라. 적색 기준물

59 M(Metamerism index)의 광원으로 사용하지 않는 것은?

가. 표준광 A
나. 표준광 D_{65}
다. 표준광 C
라. 표준광 B

60

자동배색장치의 기본원리로서 일정한 두께를 가진 발색층에서 감법혼색을 하는 경우에 성립하는 원리는?

가. 그라스만의 법칙
나. 베버와 페히너의 법칙
다. 애덤스 – 니커슨의 색차식
라. 쿠벨카 문크 이론

해설 자동배색장치의 기본원리인 쿠벨카 문크 이론(Kubelka Munk theory)

CCM과 K/S–CCM은 쿠벨카와 문크 이론에 의한 흡수율과 산란계수인 K/S값을 이용하여 조색비를 계산한다.
[K = 흡수계수, S = 산란계수, R = 분광반사율(0 < R1 ≤ 1)]

4과목 | 색채지각의 이해

61

다음 중 명시성이 가장 높은 배색은?

가. 파랑 바탕에 주황 선
나. 빨강 바탕에 노란 선
다. 빨강 바탕에 초록 선
라. 검정 바탕에 노란 선

해설 명시성

• 눈에 명확하게 잘 들어오는 성질과 배색을 통해 잘 띄는 정도를 말한다.
• 먼 거리에서 잘 보이는 배색은 명시도가 높은 색이다.
• 명시도를 높게 하려면 배색에서 바탕과 무늬의 명도 차이를 크게 한다.
• 교통 표지판이나 광고물 등에 이용하면 그 효과를 높일 수 있다.

62

다음 중 헤링의 심리 4원색을 바르게 나타낸 것은?

가. 빨간색, 녹색, 파란색, 노란색
나. 빨간색, 주황색, 파란색, 노란색
다. 녹색, 청록색, 주황색, 빨간색
라. 빨간색, 파란색, 보라색, 노란색

해설 헤링의 반대색설

괴테의 4원색설을 바탕으로 빨강 – 녹색, 노랑 – 파랑이 대립적으로 작용한다는 이론을 주장하였다.

63 두 개 이상의 색광이나 색료를 서로 혼합하여 다른 색채감각을 일으키는 것은?

가. 색의 동화   나. 색의 잔상

다. 색의 대비   라. 색의 혼합

- **색의 동화** : 색들끼리 서로 영향을 주어 인접색에 가깝게 느껴지는 현상
- **색의 잔상** : 망막이 강한 자극을 받게 되면 시세포의 흥분이 중추에 전해져서 색감각이 생기는 현상
- **색의 대비** : 서로 다른 두 색이 서로 영향을 받아 서로 다르게 보이는 현상
- **색의 혼합** : 두 개 이상의 색료(물감, 잉크, 안료, 페인트 등)나 색필터 또는 색광을 혼합하여 다른 색채감각을 일으키는 것을 색의 혼합 또는 혼색이라고 한다.

64 어느 색을 검은 바탕 위에 놓았을 때 밝게 보이고, 흰바탕 위에 놓았을 때 어둡게 보이는 것과 관련된 현상은?

가. 동시 대비   나. 명도 대비

다. 색상 대비   라. 채도 대비

 **명도 대비**

- 명도가 서로 다른 색끼리 영향을 주어 생기는 대비현상이다.
- 명도가 서로 다른 두 색이 있을 때 밝은 색은 더 밝게, 어두운 색은 더욱 어둡게 보이는 현상을 말한다.

65 색상의 차이가 커도 명도 차이가 작으면 색의 차이가 쉽게 인식되지 않는 것과 관련한 효과(현상)는?

가. 주관색 현상   나. 에렌슈타인 효과

다. 리프만 효과   라. 네온컬러 효과

- **리프만 효과** : 두 색의 경계가 불분명하거나 모호하게 보이는 현상으로 대비현상에 해당된다.
- **네온컬러효과(neon effect)** : 색이나 밝기가 주위로 새어나오는 것처럼 지각되는 착시현상으로 이 색의 지각 상태가 네온관의 빛을 연상시킨다고 해서 네온효과라고 한다.

66

의료공간인 수술실의 주조색은 청록색이 바람직하다고 한다. 이것은 수술하는 의료진들에게 어지러움을 방지하고 눈을 편안하게 해주기 위한 것인데 다음 내용 중 가장 밀접한 연관성이 있는 것은?

가. 대비
나. 동화
다. 잔상
라. 흥분

 **부의잔상**
- 원래 감각과 같은 정도의 밝기나 색상을 띤 잔상으로 일반적으로 느끼는 잔상이다.
- 부의잔상은 거의 원래 색상과의 보색관계로 나타난다.

67

다음 중 빛의 특성에 대한 설명으로 틀린 것은?

가. 파장이 긴 쪽이 붉은색으로 보이고 파장이 짧은 쪽이 푸른색으로 보인다.
나. 햇빛과 같이 모든 파장이 유사한 강도를 갖는 빛을 백색광이라 한다.
다. 백열전구(텅스텐 빛)는 장파장에 비하여 단파장이 상대적으로 강하다.
라. 회색으로 보이는 물체는 백색광 전체의 일률적인 빛의 감소에 의해서이다.

 빨간색의 빛일수록 장파장에 속하고, 파란색의 빛일수록 단파장의 성질을 띠게 된다.

68

다음 중 중성색이 아닌 것은?

가. 주황
나. 자주
다. 보라
라. 연두

- **난색** : 따뜻한 느낌의 색으로 저명도, 장파장의 색(빨강, 주황, 노랑)이다.
- **한색** : 차가운 느낌의 색으로 고명도, 단파장의 색(파란색 계열)이다.
- **중성색** : 중간 느낌의 색으로 연두, 녹색, 자주, 보라 등이 있다.

69 진출색에 대한 설명 중 틀린 것은?

가. 따뜻한 색보다 차가운 색이 더 진출하는 느낌을 준다.
나. 어두운 색보다 밝은 색이 더 진출하는 느낌을 준다.
다. 저채도의 색보다 고채도의 색이 더 진출하는 느낌을 준다.
라. 무채색보다 유채색이 더 진출하는 느낌을 준다.

- **진출색** : 난색, 고명도, 고채도, 유채색
- **후퇴색** : 한색, 저명도, 저채도, 무채색

70 잔상에 대한 설명 중 틀린 것은?

가. 시신경의 흥분으로 잔상이 나타난다.
나. 물체색의 잔상은 대부분 보색잔상으로 나타난다.
다. 심리보색의 반대색은 잔상의 효과가 뚜렷이 나타난다.
라. 양성잔상을 이용하여 수술실의 색채계획을 한다.

- **부의잔상(음성잔상, 소극적 잔상)**
  - 원래 감각과 같은 정도의 밝기나 색상을 띤 잔상으로 일반적으로 느끼는 잔상이다.
  - 부의잔상은 거의 원래 색상과의 보색관계로 나타난다.
  - 수술도중 피의 청록이 아른거리는 이유는 부의잔상 때문이다.
- **정의잔상(양성잔상, 긍정적 잔상)**
  - 원래 감각과 반대의 밝기나 색상을 띤 잔상을 말한다.
  - 부의잔상보다 오래 지속된다.

71 색상 대비에 대한 설명으로 옳은 것은?

가. 적색을 본 후 황색을 보게 되면 황색은 연두색에 가까워 보인다.

나. 스테인드 글라스와 우리나라의 전통적인 색동옷 등에서 볼 수 있다.

다. 빨강과 파랑의 대비는 빨강을 더욱 따뜻하게, 파랑을 더욱 차게 느끼게 한다.

라. 줄무늬와 같이 주위 색의 영향으로 인접색에 가까워지는 현상이다.

색상 대비

- 두 색이 서로 대비해서 색상차가 느껴지는 현상이다.
- 두 가지 색을 동시에 볼 때 일어나는 현상으로 시점을 한 곳에 집중시키려는 색채지각과정에서 일어나는 현상으로 순간적으로 일어난다.

72 다음 중 애브니 효과(Abney effect)에 대한 설명은?

가. 흰색 배경에 검정색 격자무늬로서 격자의 교차점에 흰색점이 지각되는 현상

나. 색자극의 순도가 달라지면 지각되는 색의 밝기가 변하는 현상

다. 색자극의 밝기가 달라지면 그 색상이 다르게 보이는 현상

라. 파장이 같아도 색의 순도가 변함에 따라 그 색상이 변화하는 현상

애브니 효과(Abney effect)

- 파장이 같아도 색의 순도가 변함에 따라 색상이 다르게 보인다.
- 어떤 색의 빛에 백색광을 더해가면 색상 이행이 일어나는 현상으로 색의 순도(채도)가 높아질수록 색상의 변화를 함께 해야 같은 색상임을 느낀다.

73 보색에 대한 설명으로 틀린 것은?

가. 물리보색과 심리보색은 항상 일치하지는 않는다.

나. 색료의 1차색은 색광의 2차색과 보색관계이다.

다. 혼합하여 무채색이 되는 색들은 보색관계이다.

라. 보색이 아닌 색을 혼합하면 중간색이 나온다.

- **보색심리** : 광원에 의해 생기는 물리보색과 인간의 색지각에 의해서 생기는 심리보색 2가지가 있다.
- **물리보색** : 2가지의 색을 혼합하였을 때 흰색, 검정색, 회색이 나오는 색이다.
- **심리보색** : 지각 세포의 한 쪽만 자극 받을 때 잔상으로 보이는 색이다.

 **정답** 69 가 ㅣ 70 라 ㅣ 71 나 ㅣ 72 라 ㅣ 73 나

74 감법혼색의 혼합원리를 옳게 설명한 것은?

가. Cyan + Yellow = Red
나. Magenta + Cyan = Blue
다. Yellow + Magenta = Cyan
라. Blue + Yellow = Cyan

 **감법혼합(감산혼합, 색료혼합)**
- Cyan, Magenta, Yellow이 기본색이다.
- 합치면 합칠수록 어두워지는 현상이다.
- 시안(Cyan) + 마젠타(Magenta) = 파랑(Blue)
- 마젠타(Magenta) + 노랑(Yellow) = 빨강(Red)
- 노랑(Yellow) + 시안(Cyan) = 녹색(Green)
- 시안(Cyan) + 마젠타(Magenta) + 노랑(Yellow) = 검정(Black)

75 가시광선에 대한 설명으로 틀린 것은?

가. 빛은 파장에 따라 굴절률이 다르다.
나. 스펙트럼의 파란색이 인간의 눈에 가장 선명하고 밝게 느껴진다.
다. 빛은 파장에 따라서 서로 다른 색감을 일으킨다.
라. 색의 띠를 프리즘을 이용하여 합치면 백색광을 얻을 수 있다.

스펙트럼은 가시광선의 파장영역을 시각적으로 표현한 것이다. 파장의 중심인 555nm에서 외부로 멀어질수록 인간은 밝기를 느낄 수 없을 뿐 아니라 색채 또한 감지할 수 없게 된다.

76 같은 조건의 명도와 채도를 가진 다음의 색 중 어느 색이 가장 후퇴되어 보이는가?

가. 빨강
나. 노랑
다. 녹색
라. 파랑

후퇴색은 한색, 저명도, 저채도, 무채색이다.

77 하얀 눈이나 검은 우산과 같은 무채색만을 지각할 수 있는 것은?

가. 간상체

나. 수정체

다. 유리체

라. 추상체

- 간상체 : 흑백필름이다. 밤에 어두운 곳에서 작용하여 명암을 판단한다.
- 추상체 : 컬러필름이다. 낮에 밝은 곳에서 작용하여 색을 판단한다.

78 다음 중 동화 효과와 관련이 없는 것은?

가. 베졸드 효과

나. 줄눈 효과

다. 음성 잔상

라. 전파 효과

동화현상(전파효과, 혼색효과, 줄눈효과, 베졸드효과)
- 복잡하고 섬세한 무늬에서 많이 나타나는 현상이다.
- 색들끼리 서로 영향을 주어 인접색에 가깝게 느껴지는 현상이다.
- 동화를 일으키기 위해서는 색의 영역이 하나로 종합되는 것이 필요하다.

79 회전 혼합의 설명 중 틀린 것은?

가. 맥스웰의 혼색원리에 이용되었다.

나. 색들의 면적이 매우 작고, 먼 거리에서 관찰할 때 면적비에 따른 중간색으로 지각된다.

다. 혼색된 결과는 밝기와 색에 있어서 원래 각 색지각의 평균값으로 나타난다.

라. 색팽이를 통해 쉽게 실험해 볼 수 있다.

회전혼색
두 가지 색의 색표를 회전원판 위에 적당한 비례의 넓이로 붙여 빠른 속도로 회전시키면 원판면이 혼색되어 보이는 혼합(맥스웰의 회전판)이다. 회전 혼합된 색상은 명도나 채도가 낮아지거나 높아지지 않고, 두 색의 명도나 채도의 합을 면적비율로 나눈 평균값이다.

80 평면색(film color)에 대한 설명으로 옳은 것은?

가. 거리감이 불확실하고 입체감이 없는 색으로, 미적으로 본다면 부드럽고 쾌감이 있는 색

나. 사물의 질감이나 상태를 나타내는 색으로 거의 불투명도를 가진 물체의 표면에서 느낄 수 있는 색

다. 투명한 착색액이 투명유리에 들어 있는 것을 볼 때처럼 색의 존재감이 그 내부에도 느껴지는 용적 색

라. 거울과 같이 광택이 나는 불투명한 물질의 표면에 나타나는 완전반사에 가까운 색

- 평면색 : 거리감이 불확실하고 입체감이 없는 면색으로서 가장 원초적인 색이 나타난다.
- 표면색 : 물리적인 물체에 반사 또는 흡수되어서 보여지는 색으로 평상시에 가장 많이 관찰되는 색의 현상이다.
- 공간색 : 물체에 빛을 투과시켜 나오는 빛의 색으로 투명한 상태의 물처럼 두께가 형성될 때 지각된다.
- 거울색 : 광택이 나는 불투명한 표면에서 완전 반사에 가까운 색으로 물체의 좌우가 바뀌고, 물체의 고유색이 그대로 지각된다.

5과목 | 색채체계의 이해

81 관용색명에 대한 설명 중 틀린 것은?

가. 생활하면서 필요로 하는 식물, 동물, 광물 등의 이름을 따서 붙여진 것이다.

나. 시대, 장소에 따른 유행색이나 문화적인 면에서 붙여진 이름이다.

다. 예로부터 사용해 온 빨강, 노랑 등의 고유색명이 포함된다.

라. 기본색명에 색의 3속성에 따른 수식어를 붙여 표현하는 방법이다.

일반색명(계통색명)

- 일반적으로 부르는 기본색명에 형용사를 붙여서 사용한 색명법이다.
- 명도와 채도에 관한 톤의 형용사를 통해서 색을 구분하고 있다.

82

다음 중 녹색 정도를 가장 많이 포함되고 있는 색은?

가. $L^*=45,\ a^*=40,\ b^*=-15$

나. $L^*=70,\ C^*=15,\ h=270$

다. $L^*=35,\ a^*=-40,\ b^*=15$

라. $L^*=70,\ C^*=25,\ h=90$

해설 CIE L*a*b* 색공간(색좌표)
- 지각적으로 균등한 간격을 가진 색공간 표색방법이다.
- L은 명도를 나타낸다.
- +a*는 빨강, −a*는 녹색을 나타낸다.
- +b*는 노랑, −b*는 파랑을 의미한다.

83

독일 산업규격으로 채용된 색체계로 올바른 것은?

가. DIN

나. NCS

다. Munsell

라. OSA

해설 DIN은 오스트발트 체계를 기본으로 하여 실용화에 주안점을 두고 개발된 독일공업규격 색표계이다.

84

다음 중 먼셀(Munsell) 3속성에 의한 표시 기호인 2.5Y 5/4에 가장 적합한 관용 색명은?

가. 개나리색(Chrome Yellow)

나. 세피아(Sepia)

다. 황토색(Yellow Ochre)

라. 카키색(Khaki)

해설 먼셀 표기법은 2.5Y 5/4는 색상 2.5Y, 명도 5, 채도 4인 색상이다.

85 쉐브럴의 색채조화이론에 관한 설명으로 옳은 것은?

가. 직물의 혼색에서 보여주는 병치 혼색의 개념을 제시하여 인상파 화가들에게 영향을 주었다.

나. 질서의 원리, 친밀성의 원리, 유사의 원리, 비모호성의 원리로써 색채 조화론을 제시하였다.

다. 색삼각형 내에서 7개의 범주(color, tint, tone, shade, gray, white, black)에 의한 조화의 이론을 제시하였다.

라. 조화(동등, 유사, 대비)와 부조화(제1불명료, 제2불명료, 눈부심)의 범위를 제시한 조화론이다.

 나. 저드의 색채조화론, 다. 파버비렌의 색채조화론, 라. 문—스펜서의 색채조화론이다.

쉐브럴의 색채조화론

- 색채의 대비 현상을 연구하여 색채조화론을 발전시켰다.
- 동시대비의 원리, 도미넌트 컬러, 세퍼레이션 컬러, 보색대비와 같은 4가지의 원리가 있다.

86 1905년 미국의 화가이자 색채연구가인 먼셀이 색의 체계를 정립하는데 사용한 기본 색상 수는?

가. 3

나. 4

다. 10

라. 20

 먼셀의 색상은 기본색상(H, Hue)을 적(R), 황(Y), 녹(G), 청(B), 자(P)의 5원색을 기준으로 한 다음 중간에 YR, GY, BG, PB, RP를 넣어 10색으로 나누고 있다.

87 다음 중 국제적인 색채표준으로 인정되고 있는 색채체계는?

가. NCS 색체계

나. CMYK 색체계

다. RGB 색체계

라. 비렌의 색체계

NCS표색계(Natural Color System)

- 1964년 스웨덴 색채연구소에서 개발했다.
- 헤링의 '색감정의 자연적 시스템' 을 기초로 하고 있다.
- 색채에 대한 표준을 제시하여 컬러 커뮤니케이션의 원활화를 도모한다.
- 환경친화적 색표를 사용하여 1,750개의 색채샘플이 만들어져 있다.

88 문–스펜서의 색채조화론 설명에 해당하지 않는 것은?

가. 오메가 공간을 설정
나. 먼셀 색체계의 H, V, C의 단위로 설명
다. 정성적인 색채조화론
라. 미도(美度)의 개념을 적용

해설 문–스펜서의 색채조화론
- '저채도의 약한 색은 면적을 넓게, 고채도의 강한 색은 면적을 좁게 해야 균형이 맞는다'를 정량적으로 이론화한 색채조화론이다.
- 먼셀의 표색계를 기초로 과학적이고 정량적인 색채조화를 추구한다.
- 수학적 공식 사용 : 미도(M) = O(질서성의 요소) / C(복합성의 요소)

89 S4050–B30G에 대한 설명으로 옳은 것은?

가. 백색도 40%, 흑색도 50%, 30%의 녹색도를 지닌 파란색
나. 흑색도 40%, 순색도 50%, 30%의 녹색도를 지닌 파란색
다. 순색도 40%, 흑색도 50%, 30%의 파란색도를 지닌 녹색
라. 흑색도 40%, 순색도 50%, 30%의 파란색도를 지닌 녹색

해설 NCS 표기법
- S4050–B30G : 앞머리의 S는 NCS 색견본 두 번째 판(Second Edition)을 의미한다. 40%의 흑색도, 50%의 순색도와 녹색이 30% 포함된 파란색을 말한다.
- 무채색을 표기할 때는 검정색의 양만을 표시하고, 크로마틱니스에는 00으로 표기하면 된다.

90 $L^*a^*b^*$ 색공간에서 a^*b^*는 색도좌표계를 의미한다. 이 a^*b^*의 설명 중 틀린 것은?

가. 색도좌표계의 중앙은 무색이다.
나. $+a^*$는 빨강 방향이고, $-a^*$는 녹색 방향을 나타낸다.
다. $+b^*$는 파랑 방향이고, $-b^*$는 노랑 방향을 나타낸다.
라. a^*와 b^*의 값이 커지는 것은 포화도가 높아지는 것이다.

해설 CIE $L^*a^*b^*$ 색공간(색좌표)
- $+a^*$는 빨강, $-a^*$는 녹색을 의미한다.
- $+b^*$는 노랑, $-b^*$는 파랑을 의미한다.

91 오방색의 방위와 색의 연결이 옳은 것은?

가. 동 – 백, 서 – 청
나. 남 – 흑, 북 – 적
다. 동 – 청, 중앙 – 황
라. 북 – 적, 서 – 백

방위	색	사신	오륜
동	청(靑)	청룡	인(仁)
남	적(赤)	주작	예(禮)
중앙	황(黃)	–	신(信)
서	백(白)	백호	의(義)
북	흑(黑)	현무	지(智)

92 다음 중 10YR과 색상의 차이가 가장 가까운 것은?

가. 1R
나. 10R
다. 1Y
라. 10Y

먼셀의 색상

기본색상(H, Hue)을 적(R), 황(Y), 녹(G), 청(B), 자(P)의 5원색을 기준으로 한 다음 중간에 YR, GY, BG, PB, RP 를 넣어 10색을 나누고 있다. 빨간색은 1R부터 10R로 나누는데 대표적인 빨간색은 5R이다.

93 다음 중 표현색 수가 가장 많은 색체계는?

가. 오스트발트 색체계
나. CIE XYZ 색체계
다. 먼셀 색체계
라. NCS 색체계

XYZ 표색계

가법혼색(RGB)의 원리를 기반으로 빨강은 x센서, 녹색은 y센서, 파랑은 z센서에서 감지하여 xyz삼자극치의 값 을 표시하는 것으로 현재 모든 측색기의 기본함수로 사용되고 있다. 실존하는 모든 색을 표현할 수 있다.

94 우리나라에서 색채교육용으로 채택하고 있는 표준 색체계는?

가. 먼셀 표색계
다. P. C. C. S 색체계
나. PANTON 색체계
라. NCS 색체계

 먼셀 표색계는 우리나라 한국 공업규격(KS A0062)에 채택되어 교육용으로 사용하고 있다. 한국, 미국, 일본에서 교육용으로 사용된다.

95 톤(tone)분류를 바탕으로 하는 색 이름의 특성에 관한 설명 중 틀린 것은?

가. 색채의 3속성에 의한 방법보다 색채조화를 훨씬 수월하게 처리할 수 있다.
나. 톤 분류법에 의해 색 이름을 알게 하면 색채를 쉽게 기억할 수 있다.
다. 우리의 일상적인 감각과 어울려 이미지 반영이 용이하다.
라. 색의 이미지를 정량화하여 색상의 고유특성을 부각시킬 수 있다.

라. 관용색명(고유색명)으로 옛날부터 전해 내려오면서 습관상으로 사용하는 색을 말한다.

96 Yxy 색체계의 색을 표시하는 색도도에 대한 설명으로 틀린 것은?

가. red 부분의 색공간이 가장 크고 동일 색채 영역이 넓다.
나. 백색광은 색도도의 중앙에 위치한다.
다. 색도도 안의 한 점은 혼합색을 나타낸다.
라. 말발굽형의 바깥 둘레에 나타난 모든 색은 고유스펙트럼을 가지고 있다.

Yxy 색체계는 1931년 맥아담이 색도 다이어그램을 변형하여 제작한 것으로 Y는 반사율을 나타내고, x, y는 XYZ 표색계에서 계산된 색도를 나타내는 좌표이다. 백색광 C점은 색도도의 중앙에 위치한다. 색도도 안에 있는 한 점은 혼합색을 나타내며, 순수파장의 색은 말발굽형의 바깥둘레에 나타난다.

97 비렌의 색채 조화의 예가 틀린 것은?

가. tint – tone – shade   나. color – shade – white

다. color – white – black   라. white – tint – color

해설 파버비렌의 색채 조화론

비렌의 색채 조화의 예로는 white – tint – color의 조화, color – shade – black의 조화, tint – tone – shade의 조화, white – gray – black의 조화, white – color – black의 조화, tint – tone – shade – gray의 조화가 있다.

98 NCS색체계의 설명으로 틀린 것은?

가. 심리적인 비율척도를 사용해 색 지각량을 표로 나타내었다.

나. 기본개념은 영헬름홀쯔의 '색에 대한 감정의 자연적 시스템'을 채택하였다.

다. 흰색성, 검은색성, 노란색성, 빨간색성, 파란색성, 녹색성의 6가지 기본 속성을 가지고 있다.

라. 인테리어나 외부 환경 디자인에 적합한 색체계이다.

해설 NCS색체계

1964년 스웨덴 색채연구소에서 헤링의 '색감정의 자연적 시스템'을 기초로 개발되었다.

99 ISCC-NIST의 계통색명 표기방법 중 톤의 기호로서 명도와 채도가 가장 낮은 것에 해당하는 것은?

가. moderate   나. deep

다. strong   라. dark

해설 선명한(vivid), 흐린(soft), 탁한(dull), 밝은(light), 어두운(dark), 진한(deep), 연한(pale), 밝은 회(light gary), 회(gary), 어두운 회(dark gary)

100 색채 표준화의 기본적인 조건에 해당하지 않는 것은?

가. 색채 속성배열의 과학적 근거
나. 색채의 속성(색상, 명도, 채도)표기
다. 색채 간 지각적 등보성
라. 특수 안료의 사용

해설 색채표준의 조건

- 국제적인 기호를 사용한다.
- 색표는 동일한 간격(등보성)을 유지한다.
- 색의 3속성을 표기한다.
- 색의 배열은 과학적 규칙에 의해서 사용한다.
- 실용화 및 재현이 가능하다.
- 색채재현 시 안료를 이용해 재현할 수 있어야 한다.

1과목 | 색채심리

01 미국의 색채학자 저드(Judd)의 색채 조화론 가운데 '먼셀의 색체계와 같은 시각적인 등보성의 색공간에서 규칙적으로 뽑은 색은 조화한다' 라는 원리는?

가. 친숙성

나. 유사성

다. 명료성

라. 질서성

 저드의 조화론은 질서의 원리, 친근성의 원리, 공통성의 원리, 명백성의 원리의 원칙이 있다.

02 사용하고자 하는 두 가지 색상의 대비가 지나치게 강하여 색과 색 사이에 다른 색을 삽입하여 조화를 도모하고자 한다. 이러한 효과를 무엇이라 하는가?

가. 연속

나. 분리

다. 반복

라. 강조

 • 연속 : 점진적인 효과와 색으로 율동감, 색상, 명도, 채도 등을 다양하게 구성한다.

• 반복 : 2개 이상을 사용하여 일정한 질서를 준다.

• 강조 : 돋보이게 또는 눈에 띄게 하는 의미를 가지고 있다.

03 다음 중 어른의 색채 선호 경향이 옳게 나열된 것은?

가. 파랑 → 빨강 → 녹색 → 흰색 → 주황

나. 빨강 → 파랑 → 주황 → 녹색 → 흰색

다. 주황 → 파랑 → 녹색 → 흰색 → 빨강

라. 파랑 → 녹색 → 빨강 → 주황 → 흰색

성인들은 장파장보다 단파장의 색을 선호하는데 파랑 – 빨강 – 녹색 – 흰색 – 보라 – 주황 – 노랑의 순이다.

04 색채기호 지역설에 관한 설명 중 틀린 것은?

가. 태양광선이 풍부한 곳에서는 강렬하고 채도가 높은 색채를 선호한다.
나. 백야지역에서는 인간의 황색 시각을 높인다.
다. 태양광선이 부족한 곳에서는 연하고 채도가 낮은 색채를 선호한다.
라. 태양광선의 강도가 인간의 적색시각을 높인다.

 백야지역에서는 한색계를 선호한다.

05 색채의 상징적 의미가 가장 낮게 적용된 것은?

가. 국기색   나. 기업의 CIP색
다. 픽토그램   라. 오방색

픽토그램은 문화와 언어를 초월해서 직관적으로 이해할 수 있도록 한 그림문자를 말한다.

06 다음은 어떤 색에 대한 설명인가?

> 여성성을 상징하며 특히 우아하고 신비로움 등의 이미지를 전달한다. 이 색은 불면증을 치료하는 효과가 있다고 알려져 있다.

가. 파랑   나. 보라
다. 흰색   라. 분홍

07 다음 중 토널(tonal)배색의 예로 적합한 것은?

가. 2.5R 5/6, 2.5R 9/1 　　　　　나. 5YR 8/1, 5PB 8/1
다. 2.5B 5/6, 5RP 5/6 　　　　　라. 5B 5/10, 5R 5/10

 토널배색은 중명도, 중채도의 중간색 계열의 덜톤(dull tone)을 이용한 배색기법이다.

08 예술, 디자인계 사조별 색채특성에 관한 설명 중 틀린 것은?

가. 야수파는 색채의 특성을 이용하여 강렬한 색채를 주제로 사용하였다.
나. 바우하우스는 공간적 질서 속에서 색 면의 위치, 배분을 중시하였다.
다. 인상파는 병치혼합 기법을 이용하여 색채를 도구화하였다.
라. 미니멀리즘은 비개성적, 극단적 간결성의 색채를 사용하였다.

 바우하우스는 기능과 장식을 배제한 스타일과 단순한 색채를 사용하였다.

09 다음 중 장시간 머물면서 사무적인 일을 하는 공간에 적합한 색은?

가. 5G 5/2 　　　　　나. 5G 2/5
다. 2.5PB 8/2 　　　　　라. 2.5PB 2/8

 단파장 계열의 색을 적용하여 지루함을 느끼지 않도록 색채계획을 하는 것이 바람직하다.

10 색채의 계절연상과 배색에 대한 이론 중 틀린 것은?

가. 봄 – 짙은 톤으로 구성한다.
나. 여름 – 원색과 선명한 톤으로 구성한다.
다. 가을 – 봄의 색조와 강한 대비를 이룬다.
라. 겨울 – 차갑고, 후퇴, 희박성을 나타내는 회색 톤으로 구성한다.

봄은 신선하고 밝고 맑은 톤으로 구성하고 주로 노란색, 연두색, 황록색, 밝은 분홍, 밝은 파랑 등을 사용한다.

11 분리색에 의한 배색 효과에 대한 설명으로 틀린 것은?

가. 배색이 너무 평범하고 단조로울 경우에 사용한다.

나. 두 색 간의 대비가 지나칠 때 사용한다.

다. 분리색으로 자주 사용되는 색은 무채색이다.

라. 건축, 회화, 텍스타일 디자인 등에 많이 사용된다.

 분리배색방법은 배색의 관계가 모호하거나 대비가 너무 강한 경우에, 색과 색 사이 분리색을 넣어준다.

12 빈칸에 들어갈 가장 적합한 말은 무엇인가?

> 노인 시설물의 색채계획에서 계단같이 단차가 있는 부분은 (   )를(을) 내어서 고령자들도 알아보기 쉽게 한다.

가. 명도 차이

나. 광택 차이

다. 채도 차이

라. 소재 차이

13 맛을 대표하는 색채끼리 짝지은 것이다. 틀린 것은?

가. 달콤한 맛 – 고동색과 청색의 배색

나. 신맛 – 노랑과 연두색의 배색

다. 짠맛 – 청록색과 회색의 배색

라. 쓴맛 – 밤색과 올리브 그린의 배색

가. 달콤한 맛 – 빨간색, 주황색, 노란색의 배색, red, pink의 배색

14 올림픽 오륜기에서 지역을 나타내는 색의 상징으로 옳은 것은?

가. 아프리카 – 파랑 　　　　　나. 아시아 – 초록
다. 오세아니아 – 노랑 　　　　라. 아메리카 – 빨강

 오륜기는 5대주의 근대 올림픽을 상징하는 색채로써 청색(유럽), 황색(아시아), 흑색(아프리카), 적색(아메리카), 초록(오세아니아)의 오색 고리가 연결되어있는 형태로 세계를 뜻하는 월드의 이니셜인 W를 형상화한 것이다.

15 군인들이 착용하는 군복색에서 가장 중요하게 고려되어야 할 사항은?

가. 연상색 　　　　　　　　　나. 기억색
다. 은폐색 　　　　　　　　　라. 상징색

16 하나의 색상은 긍정적 연상과 부정적 연상을 모두 가지고 있으므로 마케팅 전략을 위해서는 부정적인 연상도 잘 알고 있어야 한다. 부정적 연상으로 유령의, 영적인, 추운, 텅 빈 등의 연상이미지를 갖는 것은?

가. 검정 　　　　　　　　　　나. 흰색
다. 보라 　　　　　　　　　　라. 회색

17 색채를 국제언어적 측면에서 사용한 것이 아닌 것은?

가. 공원표지판의 녹색
나. 교통표지판에서 장애물을 나타내는 노랑
다. 국기에 사용하는 색채
라. 소화기의 빨강

 국제 언어적 측면에서 사용한 경우 녹색은 안전, 비상구, 위생, 피난소, 구급장비 등에 쓰인다.

18 다음 색의 정서적 반응 중 틀린 설명은?

가. 녹색은 희망, 안정, 휴양을 느끼게 한다.
나. 자주색은 황색보다 모든 방향으로 빛을 방사하는 성격을 가지고 있다.
다. 오렌지색은 수용적이며 따뜻하고 친밀한 성격을 담고 있다.
라. 황색은 활동적이며 화려함과 만족감을 준다.

 자주색은 화려하며 불면증 치료에 사용된다.

19 능률향상을 위한 색채계획으로 틀린 것은?

가. 난색계로 구성된 작업 공간이 한색계보다 실제로 머문 시간이 더 짧게 느껴진다.
나. 벽면의 색을 중간 명도의 색으로 사용하면 심리적인 즐거움과 휴식을 줄 수 있다.
다. 강한 빛에서는 검정 바탕의 흰 물체가 가장 잘 드러나 보이지만, 약한 빛에서는 흰색 바탕의 검은 물체가 가장 잘 보인다.
라. 조명과의 관계를 고려하여 책의 바탕색은 흰색인 것이 가장 이상적이다.

 난색계열은 오랜 시간이 지난 것처럼 느끼고 한색계열은 시간이 짧게 느껴진다.

20 부드러운 감촉의 유아용 제품에 적절하게 어울리는 색채는?

가. 채도가 낮은 보라색　　　　　　　나. 밝은 하늘색
다. 어두운 회색　　　　　　　　　　라. 명도가 낮은 녹색

 유아제품은 페일톤(pale tone)인 밝은 핑크, 밝은 노랑, 밝은 하늘색이 사용된다.

2과목 | 색채 디자인 

21 그린 디자인의 개념, 원칙과 가장 거리가 먼 것은?

가. 재사용

나. 재생

다. 절약

라. 문화

해설 그린 디자인의 원칙은 절약, 재사용, 재활용, 재생, 재충전이다.

22 시각 디자인에 관한 설명으로 틀린 것은?

가. 시각 디자인은 포스터, 광고 등 시각매체를 통하여 메시지를 전달하는 것이다.

나. 시각 디자인의 가장 큰 역할은 커뮤니케이션이다.

다. 시각 디자인에 있어서의 색채는 색의 재료와 물리적인 성질을 이해하는 것이다.

라. 포장 디자인 색채는 상품의 특성을 분명하게 해주고 소비자로 하여금 구매충동을 유발시킬 수 있어야 한다.

해설 시각 디자인에 있어서의 색채는 색의 재료와 물리적인 성질을 이해하는 것이 아니라 색채가 가지고 있는 의미와 기능, 색채의 상호작용, 즉 색채들 사이에서 느껴지는 감정과 효과를 연구하는 것이다.

23 18세기에서 19세기에 걸쳐 일어난 산업혁명이 산업디자인에 끼친 가장 커다란 영향은? 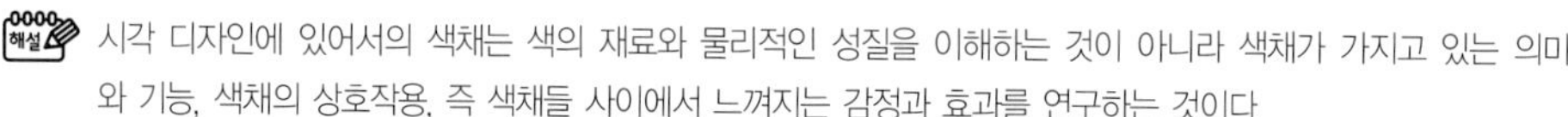

가. 제품이 대량 생산되어 가격이 저렴해짐

나. 다양한 제품이 생산되어 소비자층이 확산됨

다. 제품의 장식이 보다 더 정교해짐

라. 튼튼한 제품 생산으로 제품의 수명주기가 연장됨

해설 산업혁명의 결과로 사회의 양상은 대량생산 중심으로 이루어지는 산업화의 길로 들어선다.

24 디자인 사조와 색채의 관계가 잘못 설명된 것은?

가. 큐비즘의 대표적인 작가인 파블로 피카소는 색상의 대비를 적극적으로 사용하였다.
나. 플럭서스에서는 회색조가 전반을 이루고 색이 있는 경우에는 어두운 색조가 주가 되었다.
다. 아르데코에서는 보라색, 핑크색의 연한 파스텔 색조가 사용되었다.
라. 다다이즘에서는 일반적으로 어둡고 칙칙한 색조가 사용되었다.

 다. 아르데코에서는 야수주의의 영향으로 강렬한 색조가 사용되었다.

25 홈페이지를 기획하고 종합적으로 디자인하는 디자인 직종은?

가. 전산회계사
나. 웹디자이너
다. 몰 마스터
라. 정보처리전문가

26 다음 중 환경 디자인에서 사용되는 용어가 아닌 것은?

가. 스트리트 퍼니처
나. 기업의 CIP
다. 랜드마크
라. 슈퍼그래픽

 기업의 CIP란 시각디자인 분야의 아이덴티티 디자인으로 기업 이미지 통합 계획이다.

27 색채마케팅의 직접적인 기능 및 효과가 아닌 것은?

가. 특별한 이미지 부여
나. 차별적 경쟁력 확보
다. 유통망 개선과 확대
라. 판매촉진과 수익증대

정답 21 라 | 22 다 | 23 가 | 24 다 | 25 나 | 26 나 | 27 다

28 좋은 디자인을 만들기 위하여 디자이너가 고려해야 할 사항으로 부적절한 것은?

가. 최소의 경비로 최대의 효과를 얻을 수 있는 자재, 노력, 경비 등을 고려한 디자인
나. 디자인 제품의 생산과정에 대한 전문적인 지식
다. 창의적이고 독창적인 디자인
라. 과거의 유행 디자인에 대한 단순 모방

 과거의 유행 디자인 또는 관습적 토속적 디자인 요소에 대한 단순 모방보다는 빠르게 변화하는 정보 사회의 요구에 부응하여 긍정적인 결과를 도출하는 방향으로 화합되어야 한다.

29 공간을 구성하는 단위이며, 공간효과를 나타내는 중요한 요소는?

가. 점   나. 선
다. 면   라. 색채

 • 점 : 공간에서 위치를 정의하고 결정하는데 이용하는 형태의 가장 기본적인 생성원이다.
• 선 : 시각적인 형태를 만들어내는 필수적인 요소이다.

30 오스트리아 출신이며 유겐트스틸의 대표적 작가로 윤곽선이 강조된 얼굴이나 모자이크풍으로 평면성과 잠식성이 결부된 의복 등 독자적이고 고혹적인 양식을 창조한 사람은?

가. 윌리엄 모리스   나. 요하네스 잇텐
다. 피엣 몬드리안   라. 구스타프 클림트

 • 윌리엄 모리스 : 19세기 후반 영국에서 미술공예운동을 주도한 영국의 시인이자 예술가이다.
• 요하네스 잇텐 : 스위스의 화가이자 색채이론가로 12색을 기본으로 배색 조화를 전개하였다.
• 피엣 몬드리안 : 네덜란드의 추상미술운동 데스틸의 창시자이다.

31 색채 계획 시 주조색에 대한 설명 중 틀린 것은?

가. 전체의 70% 이상을 차지하는 색이다.

나. 전체 색채 효과를 좌우하는 색이다.

다. 디자인 분야별로 주조색의 경향은 동일하다.

라. 주조색 선정 시 재료, 대상, 목적 등을 고려하여야 한다.

 디자인 분야별로 주조색의 경향 및 선정 방법은 다를 수 있다.

32 르네상스 이후 기독교 고정예술의 반작용으로 프랑스에서 유행한 화려하고 사치스러운 장식과 색채의 귀족예술이 특징인 사조는?

가. 바로크　　　　　　　　　　　　나. 로코코

다. 사실주의　　　　　　　　　　　라. 아르데코

- 바로크 : 1600년부터 1750년까지 이탈리아를 비롯한 유럽의 여러 가톨릭 국가에서, 르네상스의 이성적 규칙에 의한 지나친 속박에서 벗어나려는 시도로부터 발전한 미술양식이다.
- 사실주의 : 19C 중반에 낭만주의와 이상주의의 반동으로 프랑스를 중심으로 일어난 예술사조이다.
- 아르데코 : 아르누보의 뒤를 이어 1920~1930년대에 프랑스를 중심으로 전 세계에 전파되고 유행된 양식이다.

33 최근 환경에 대한 관심과 자연보호에 대한 인식이 높아지면서 자연을 대표하는 색으로 많이 활용되는 색은?

가. 빨강　　　　　　　　　　　　　나. 녹색

다. 노랑　　　　　　　　　　　　　라. 보라

정답　28 라 ｜ 29 다 ｜ 30 라 ｜ 31 다 ｜ 32 나 ｜ 33 나

34 빅터 파파텍이 규정한 복합 기능 중 특수한 목적을 달성하기 위한 자연과 사회의 변천작용에 대한 계획적이고 의도적인 실용화를 의미하는 것은?

가. 방법
나. 용도
다. 필요성
라. 텔레시스

 **빅터 파파텍(Victor Papanek)**

형태와 기능, 미적인 것와 기능적인 것에 대한 개념을 복합기능이라는 용어로 정리했다. 그 기능은 방법, 용도, 필요성, 연상, 텔레시스, 미학이 있다.

35 도시환경의 색채적용 시에 고려할 조건으로 거리가 먼 것은?

가. 면적효과
나. 거리감
다. 조명조건
라. 사용자의 개인적 취향

 도시환경의 색채적용 시에 고려할 조건에는 면적효과, 거리감, 조명조건, 시간, 공공성의 정도가 있다.

36 디자인의 합목적성에 관한 내용으로 관계가 가장 적은 것은?

가. 실용상의 목적을 가리키는 것이다.
나. 객관적, 합리적인 접근이 요구된다.
다. 과학적, 공학적 기초가 필요하다.
라. 토속적, 관습적 접근이 필요하다.

 합목적성은 실용상의 목적을 의미하며, 일정한 목적에 도달하는데 적합한 대상 또는 행위의 성질로 이성적, 합리적, 객관적 특성을 가지게 된다.

37 색의 마케팅 전략의 발전과정을 옳게 나열한 것은?

가. 틈새마케팅 – 표적마케팅 – 맞춤마케팅 – 매스마케팅
나. 표적마케팅 – 매스마케팅 – 맞춤마케팅 – 틈새마케팅
다. 매스마케팅 – 표적마케팅 – 틈새마케팅 – 맞춤마케팅
라. 맞춤마케팅 – 매스마케팅 – 표적마케팅 – 틈새마케팅

38 매슬로우(Maslow)의 기본욕구에 해당하지 않는 것은?

가. 안전욕구
나. 생리적욕구
다. 자아실현욕구
라. 소비욕구

 매슬로우(Maslow)의 욕구단계는 '생리적 욕구 – 안전에 대한 욕구 – 사회적 욕구 – 존경욕구 – 자아실현 욕구' 이다.

39 패션디자인에 관한 설명으로 틀린 것은?

가. 패션디자인의 주요소는 색채, 선, 유행성이라 할 수 있다.
나. 패션디자인에서 색채는 사람들이 가장 먼저 반응하는 요소이다.
다. 현대 사회는 감성적인 측면을 강조하므로 색채는 중요한 디자인 요소이다.
라. 재질이 다른 소재에 같은 색상을 적용하면 변화와 통일감을 줄 수 있다.

 패션디자인의 주요소는 선, 색채, 재질이다.

40 색채계획의 효과와 관계가 적은 것은?

가. 근로자의 피로를 경감시킨다.
나. 쾌적한 작업환경을 만든다.
다. 유지관리 비용이 높아진다.
라. 작업 능률을 높인다.

3과목 | 색채관리

41 특수 잉크 중 잉크의 건조속도가 짧고 다량의 인쇄물을 빠른 속도로 인쇄할 수 있는 것은?

가. 금은 잉크
나. 히트세트 잉크
다. 수성 그라비어 잉크
라. 형광 잉크

- 금은 잉크 : 특수잉크로 금색과 은색의 잉크를 말한다.
- 수성 그라비어 잉크 : 플라스틱 필름에 적용되는 잉크를 말한다.
- 형광 잉크 : 특수잉크로 형광안료를 합성수지에 녹여 만든 잉크를 말한다.

42 빛을 전하로 변환하는 스캐너 부속 광합 칩 장비장치는?

가. CCD(Charge Coupled Device)
나. PPI(Pixel Per Inch)
다. CEPS(Color Electronic Prepress System)
라. OCR(Optical Character Recognition)

- PPI(Pixel Per Inch) : 1인치당 몇 개의 픽셀(pixel)로 이루어졌는지를 말한다.
- CEPS(Color Electronic Prepress System) : 컬러 사진 화상의 수정 및 색 분해 등을 행하는 장치를 말한다.
- OCR(Optical Character Recognition) : 문서에 새겨진 문자를 빛을 이용하여 판독하는 장치를 말한다.

43 다음 중 진주광택 안료의 색채 특성을 측정하기 위하여 필요한 방법은?

가. 다중각(multiangle) 측정법
나. 필터감소(filter reduction)법
다. 이중 모노크로메터법(two – monochromator method)
라. 이중 모드법(two – mode method)

44 분광반사율의 분포가 서로 다른 두 개의 색자극이 광원의 종류와 관찰자 등의 관찰조건을 일정하게 할 때에만 같은 색으로 보이는 경우는?

가. 메타메리즘
나. 무조건 등색
다. 색채적응
라. 컬러인덱스

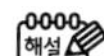

- 무조건 등색 : 분광반사율이 완전히 일치하여 어떤 조명 아래에서 어떤 관찰자가 보더라도 같은 색으로 보이는 두 색을 아이소메리즘 관계에 있다고 말한다.
- 색채적응 : 색을 일정시간 보고 난 후 그 색에 적응된 눈의 상태를 말한다.
- 컬러인덱스 : 합성염료나 안료를 색상 또는 화학 구조에 따라 분류한 데이터베이스를 말한다.

45 다음 중 안료를 사용하여 발색하는 것이 아닌 것은?

가. 플라스틱
나. 유성페인트
다. 직물
라. 고움

46 산업표준의 일치를 통하여 국제적인 표준을 유지하며 각 국가별 공업규격이 따르도록 국제적인 표준규격을 정하는 단체는?

가. ISCC(Inter – Society Color Council)
나. ASTM(American Society for Testing and Materials)
다. ISO(International Standard Organization)
라. CIE(Commission Internationale de l' Eclairage)

- ISCC(Inter – Society Color Council) : 전 미국 색채협의회
- ASTM(American Society for Testing and Materials) : 미국시험재료협회
- CIE(Commission Internationale de l' Eclairage) : 국제조명위원회

정답 41 나 ㅣ 42 가 ㅣ 43 가 ㅣ 44 가 ㅣ 45 다 ㅣ 46 다

47 다음 중 분포온도가 약 2,856K로 상대 분광분포를 가진 광이며, 백열전구로 조명되는 물체 색을 표시할 경우에 사용하는 광원은?

가. 표준광 A
나. 표준광 B
다. 표준광 C
라. 표준광 D

> 해설
> - **표준광 B** : 가시파장역의 직사 태양광
> - **표준광 C** : 가시파장역의 평균적인 주광
> - **표준광 D** : 자외역을 포함한 평균적인 주광

48 무기안료에 대한 설명으로 틀린 것은?

가. 물, 기름, 알코올 등 대개의 유기용제에 녹는다.
나. 내광성, 내열성이 크다.
다. 유기안료에 비해 착색력은 약하다.
라. 특수한 안료로는 야광도료 등에 쓰이는 형광안료가 있다.

> 해설
> 무기안료는 물, 기름, 알코올 등 대개의 유기용제에 녹지 않는다.

49 (　　　) 안에 들어갈 내용은 무엇인가?

> 분자에 있는 전자궤도는 분자를 구성하는 원자의 전자궤도의 중첩으로 볼 수 있다. 따라서 분자가 빛을 흡수하면서 (　①　)에서 (　②　)로 변하고, (　②　)에서 (　①　)로 변하면서 빛을 발한다. 식물이나 동물에서 볼 수 있는 많은 색깔들은 이러한 과정을 통해서 일어난다.

가. ① 바닥상태, ② 기저상태
나. ① 기저상태, ② 바닥상태
다. ① 여기상태, ② 기저상태
라. ① 기저상태, ② 여기상태

50

CCM의 활용 효과가 아닌 것은?

가. 색채의 균일성
나. 비용절감
다. 작업속도 향상
라. 주변색의 색채변화 예측

 **CCM의 장점**

- 조색시간을 단축할 수 있다.
- 다품종소량에 대응할 수 있다.
- 색채품질관리가 가능하다.
- 메타머리즘 예측이 가능하다.
- 고객의 신뢰도 구축이 가능하다.
- 원가절감과 소재변화에 따른 대응이 가능하다.
- 미숙련자도 조색이 가능하다.
- 컬러런트 구성이 효율적이다.

51

연색성을 이용하여 정육점의 조명을 설치하려고 할 때 적합 한 것은?

가. 백열등
나. 적색 광원
다. 텅스텐 램프
라. 온백색 형광등

연색성은 동일한 물체색이 광원에 따라 달라지는 효과를 말한다. 백열등이 따뜻하고 안정된 분위기를, 형광등이 밝고 활발한 분위기를 나타내는 것은 연색성과 관련이 깊다. 따라서 정육점의 고기는 붉은 조명을 설치해야 고기가 신선해 보인다.

52

다음 중 상대적으로 선명한 색채를 제공하나 해독하기 어려울 정도로 그림이나 글씨가 작게 나타나는 해상도는?

가. 640×480
나. 800×600
다. 1024×768
라. 1280×1024

53 광원을 측정하는 광측정 단위와 가장 거리가 먼 것은?

가. 광도

나. 휘도

다. 조도

라. 감도

- **광도** : 광원이 일정한 방향으로 에너지를 방사하는 양을 말한다.
- **휘도** : 인간의 밝기의 시감과 밀접한 관련이 있는 에너지의 양을 말한다.
- **조도** : 단위면적당(1㎡)에 1루멘의 광속이 입사하는 에너지를 말한다.
- **감도** : 외부의 자극 · 작용에 대해 반응하는 예민성의 정도를 말한다.

54 색영역 맵핑(color gamut mpping)에 대한 설명으로 틀린 것은?

가. 색채를 다루는 기기의 다양화와 함께 재현되는 색채의 품질을 좌우한다.

나. 색영역이란 색을 생성하는 기기가 주어진 관찰조건하에서 생성할 수 있는 색의 전 범위를 말한다.

다. 색영역 맵핑 방법은 색영역 클립핑 방법과 색영역 압축방법의 두 가지로 구분할 수 있다.

라. 색영역 맵핑은 멀티폼 색공간에서 이루어져야 한다.

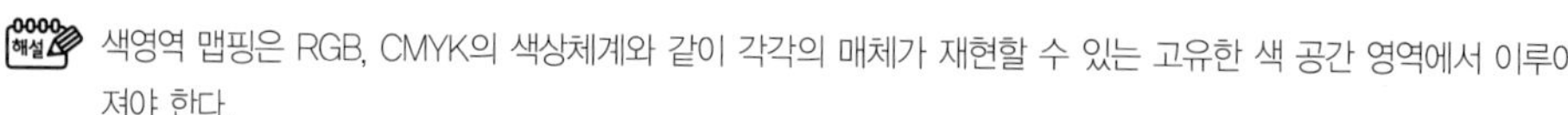

색영역 맵핑은 RGB, CMYK의 색상체계와 같이 각각의 매체가 재현할 수 있는 고유한 색 공간 영역에서 이루어져야 한다.

55 순수하게 색만이 있는 느낌으로서 실체감, 구조, 음영이 아니라 깊이가 애매모호하여 끝없이 들어갈 수 있게 보이는 색은?

가. 면색

나. 표면색

다. 공간색

라. 경영색

- **표면색** : 확실한 물체의 표면으로 인식되는 색을 말한다.
- **공간색** : 3차원 공간의 부피감을 느낄 수 있는 색을 말한다.
- **경영색** : 거울에 비춰진 상을 보면서 실제와 같은 존재감을 느끼는 색을 말한다.

56 다음 중 조명용으로 사용되는 고압방전 등이 아닌 것은?

가. 고압수은등
나. 메탈할라이드등
다. 할로겐등
라. 고압나트륨등

57 구름이 얇고 고르게 낀 상태에서의 태양광 색 온도는?

가. 2,000K
나. 12,000K
다. 9,000K
라. 6,500K

- 2,000K : 일출, 일몰 시
- 12,000K : 맑고 깨끗한 날

58 다음 중 프린터용 기본 디지털 색채에 해당하는 것은?

가. red
나. bluc
다. green
라. yellow

 오프라인에서 직접적인 색료를 재현할 때에는 cyan, magenta, yellow를 이용하게 된다.

59 색채 측정 시, 일반측정 관측조건에 대한 약어인 d/8 : 1의 의미로 옳은 것은?

가. 확산조명과 정반사 요소가 포함된 $8°$ 관측
나. 확산조명과 정반사 요소가 배제된 $8°$ 관측
다. $8°$ 원주의 조명과 수직 관측
라. 수직조명과 $8°$ 원주의 관측

d는 diffuse의 약자로 확산조명을 나타낸다.

60 분광식 측색기의 특징을 가장 바르게 설명한 것은?

가. 백색 기준물의 관리가 필요 없다.

나. 삼자극치 값을 직접 측정하게 된다.

다. 측정이 간편하고 구조가 간단하여 정밀한 측색은 어렵다.

라. 다양한 광원과 표준관측자에 대한 색채 값을 얻을 수 있다.

 가. 정확히 측정하기 위해 백색 기준물의 관리가 필요하다.

나. 삼자극치 값을 직접 측정하는 것은 필터식 색체계를 말한다.

다. 정밀한 측색이 가능하다.

4과목 | 색채지각의 이해

61 보색 잔상 현상을 색채시스템으로 설명한 사람은?

가. 뉴턴(Newton)

나. 영(Young)

다. 호이겐스(Huygens)

라. 헤링(Hering)

헤링의 반대색설(색채지각의 대립과정이론)

빨강 – 녹색, 노랑 – 파랑이 대립적으로 작용한다는 이론으로 보색 잔상 효과와 동시대비 현상을 밝히는데 중요한 이론이 되었다.

62 주목성에 대한 일반적인 설명 중 틀린 것은?

가. 색이 사람의 주의를 끄는 성질을 의미한다.

나. 주목성은 난색계가 높다.

다. 주목성은 색의 배경과 관계가 있다.

라. 주목성이 높은 색은 파란색 계통이다.

주목성(시인성, 명시도, 거시도)

• 색 자체가 명시도처럼 두 가지 색이 배색되지 않고 한색으로 눈에 띄는 색이다.

• 난색, 고명도, 고채도가 주목성이 높다.

63 잔상에 대한 다음의 설명 중 틀린 것은?

가. 원래의 감각과 같은 질의 밝기나 색상을 가질 때를 양성잔상이라 한다.

나. 원래의 감각과 반대의 밝기 또는 색상을 가질 때를 음성잔상이라 한다.

다. 양성잔상은 원래의 자극과 같아서, 다음에 오는 자극을 더 강하게 할 수 있다.

라. 음성잔상은 동화 현상과 관련이 있다.

해설 ▪ 부의잔상(음성잔상, 소극적 잔상)
   – 원래 감각과 같은 정도의 밝기나 색상을 띤 잔상으로 일반적으로 느끼는 잔상이다.
   – 부의잔상은 거의 원래 색상과 보색관계로 나타난다.
▪ 정의잔상(양성잔상, 긍정적 잔상)
   – 원래 감각과 반대의 밝기나 색상을 띤 잔상을 말한다.
   – 부의잔상보다 오래 지속된다.

64 기법 빛 감법혼색에 대한 설명으로 틀린 것은?

가. Magenta와 Cyan을 감법혼색하면 Blue가 된다.

나. 감법혼색은 색료의 혼합으로 점점 탁하고 어두워지는 특색이 있다.

다. Red와 Green을 감법혼색하면 Yellow가 된다.

라. 컬러 슬라이드, 영화 필름 등은 모두 가법혼색을 이용하여 색을 재현한다.

해설 **감법혼합(감산혼합, 색료혼합)**
• Cyan, Magenta, Yellow가 기본색이고 합치면 합칠수록 어두워진다.
• 색필터의 혼합에서도 감법혼합의 원리가 적용되고, 컬러슬라이드나 아날로그 영화필름, 색채 사진 등은 모두 이 방법의 원리가 적용된다.
• 시안(Cyan) + 마젠타(Magenta) = 파랑(Blue)
• 마젠타(Magenta) + 노랑(Yellow) = 빨강(Red)
• 노랑(Yellow) + 시안(Cyan) = 녹색(Green)
• 시안(Cyan) + 마젠타(Magenta) + 노랑(Yellow) = 검정(Black)

65 물체색을 빨간색, 파란색으로 인식하는 것은 빛의 어떤 성질 때문인가?

가. 흡수
나. 반사
다. 투과
라. 굴절

- **반사** : 반사는 빛의 파동이 진행방향을 바꾸어 원래의 매질로 되돌아오는 현상으로 물체색을 결정하는 중요한 요인이다.
- **흡수** : 빛의 파장 과정에서 기체가 액체나 고체 내부로 들어가는 현상으로 빛이 생성되어 소멸되기까지는 많은 단계를 거치게 되나 궁극적으로 흡수되어 소멸된다.
- **투과** : 광선이 물질의 내부를 통과하는 현상이다.
- **굴절** : 빛의 경계면에서 파동의 진행을 바꾸는 것으로 굴절률은 파장에 따라 다르다.

66 색채의 온도감에 대한 설명으로 틀린 것은?

가. 파장이 짧은 쪽이 따뜻하게 느껴진다.
나. 가장 따뜻하게 느껴지는 색은 빨강이다.
다. 연두, 초록, 보라, 자주 등의 색은 차갑게도 따뜻하게도 느껴질 수 있다.
라. 저명도의 색이 고명도의 색보다 따뜻하게 느껴진다.

온도감이 가장 낮은 색은 흰색이다. 색의 온도감을 좌우하는 가장 큰 요인은 색상이다.
- **난색(따뜻한 느낌의 색)** : 저명도, 장파장의 색(빨강, 주황, 노랑)
- **한색(차가운 느낌의 색)** : 고명도, 단파장의 색(파란색 계열)
- **중성색(중간 느낌의 색)** : 연두, 녹색, 자주, 보라 등

67 색에 대한 시간의 느낌을 설명한 것으로 옳은 것은?

가. 장파장 계열의 색은 시간이 짧게 느껴진다.
나. 단파장 계열의 색 공간에서는 장파장 공간보다 같은 시간이라도 지루하게 느껴진다.
다. 패스트푸드점에서 손님들이 짧게 머물기를 원한다면 장파장 계열의 색을 사용한다.
라. 단파장 계열의 운동복을 입으면 빠르게 움직이는 것처럼 보인다.

붉은색은 시간이 길게 느껴지고, 파란색 계열은 짧게 느껴진다.

68 색들끼리 서로 영향을 주어서 인접색에 가까운 것으로 느껴지는 현상은?

가. 계시효과

나. 동시효과

다. 면적효과

라. 동화효과

 **동화현상(전파효과, 혼색효과, 줄눈효과, 베졸드효과)**
- 복잡하고 섬세한 무늬에서 많이 나타나는 현상이다.
- 색들끼리 서로 영향을 주어 인접색에 가깝게 느껴지는 현상이다.
- 동화를 일으키기 위해서는 색의 영역이 하나로 종합되는 것이 필요하다.

69 터널의 양쪽 끝을 밝게 하고 중간 쪽으로 점점 어둡게 만들어져 있는 것과 관계되는 색 지각 현상은?

가. 잔상 현상

나. 푸르킨예 현상

다. 명암순응 현상

라. 계시대비 현상

- **잔상 현상** : 망막이 강한 자극을 받게 되면 시세포의 흥분이 중추에 전해져서 색감각이 생기는 현상이다.
- **푸르킨예 현상** : 감도의 파장 분포에 있어서 추상체에서 간상체로 이동하는 것을 말한다. 밝은 곳에서 빨강, 주황, 노랑 등의 장파장의 감도가 좋고 어두운 곳에서는 청록, 파랑 등의 단파장의 감도가 좋다.
- **명순응** : 추상체만 활동하는 시각의 상태를 명소시 또는 명순응시라고 한다.
- **암순응** : 간상체만 활동하는 시각의 상태를 암소시 또는 암순응시라고 한다.
- **계시대비(계속대비)** : 어떤 색을 보다가 다른 색을 보는 경우 먼저 본 색의 지속적인 영향으로 다음에 보는 색이 다르게 보이는 대비현상이다.

70 다음 중 색의 밝기와 관련된 것으로 묶인 것은?

가. Value, Chroma, Y　　　　　　나. Value, L*, Y
다. L*, Chroma, N　　　　　　　라. L*, N, hue

 CIELAB색표계에서 L* 값이 명도 값을 나타내고, CIE XYZ표색계에서 Y값이 녹색의 자극치로 명도 값을 나타낸다.

학자명	색상	명도	채도
Rood	특색(hue)	밝기(luminosity)	순도(purity)
Hurst	경향(hue)	광량(brightness)	순도(purity)
Wundt	색조(tone)	광도(lightness)	포화(saturation)
Rigway	파장(wavelength)	밝기(luminosity)	색도(chroma)
Munsell	색상(hue)	명암가치(value)	채도(chroma)
Ostwald	색상(hue)	흑색량(blackness) 백색량(whiteness)	순도(saturation)

71 빨간색 사과를 계속 보고 있다가 흰색 벽을 보았을 때 청록색 사과의 잔상이 떠오르는 것을 설명할 수 있는 원리는?

가. 색의 감속현상　　　　　　　나. 망막의 흥분현상
다. 푸르킨예 현상　　　　　　　라. 반사광선의 자극현상

 **색의 잔상**

망막이 강한 자극을 받게 되면 시세포의 흥분이 중추에 전헤져서 색감각이 생기는 현상이다. 음성잔상은 거의 원래 색상과의 보색관계로 나타난다.

72 다음 배색 중에서 명도대비가 가장 크게 일어나는 것은?

가. 빨간색 – 검정색　　　　　　나. 노란색 – 흰색
다. 빨간색 – 노란색　　　　　　라. 검정색 – 흰색

 명도대비란 명도가 서로 다른 두색이 있을 때 밝은 색을 더 밝게, 어두운 색은 더욱 어둡게 보이는 현상을 말한다.

73 색지각이 백색보다 더 밝게 느껴지는 현상은?

가. 투과

나. 편광

다. 광택

라. 광휘

 광휘(光輝)란 인간의 눈으로 보았을 때 환하고 눈이 부시는 것을 말한다.

74 녹색의 빛과 빨간색의 빛을 혼합할 때 빨간 색광이 더 강하면 어떤 색이 되는가?

가. 흰색

나. 노란색

다. 주황색

라. 연두색

 빨강 색광이 강한 경우에는 붉은 빛의 노랑, 주황색의 색광을 볼 수 있다.

75 명도대비에 대한 설명 중 틀린 것은?

가. 흰색 배경 위의 회색이 검은색 배경 위의 회색보다 밝아 보인다.

나. 배경색의 명도가 낮으면 본래의 명도보다 높아 보인다.

다. 배경색의 명도가 높으면 본래의 명도보다 낮아 보인다.

라. 명도차가 다른 두 색이 서로 대조가 되어 두 색 간의 명도차가 크게 보이는 현상을 말한다.

 **명도대비**

명도가 서로 다른 두색이 있을 때 밝은 색은 더 밝게, 어두운 색은 더욱 어둡게 보이는 현상을 말한다. 주위의 명도가 높으면 본래의 명도보다 낮게 보이고, 주위의 명도가 낮으면 본래보다 높은 명도로 보인다.

76 색지각설 중 삼원색설을 주장한 사람은?

가. 뉴튼
나. 헤링
다. 리프만
라. 영-헬름홀쯔

해설 영-헬름홀츠의 3원색설
색광을 감광하는 시신경 섬유가 있어 이세포들의 혼합이 시신경을 통해 뇌에 전달됨으로써 색지각을 할 수 있
다는 가설이다.

77 감법혼색에서 원색으로 C, M, Y(Cyan, Magenta, Yellow)를 사용하는 근본적인 원인은?

가. 최소의 색채로 색역(gamut)을 최대화하기 위하여
나. 물리적이고 화학적인 특성 때문에
다. 기본적인 색으로 알려진 색채이므로
라. 색료의 특성이 좋고 아름다운 색채이므로

해설 빛의 삼원색을 흡수하고 반사하는 과정을 통하여 색영역을 최대화하여 자연색에 가깝게 색을 재현할 수 있다.

78 색의 물체와 배경(figure-ground)관계에서 저명도의 배경일 때 밝은 물체는 어떻게 보이
는가?

가. 후퇴
나. 진출
다. 수축
라. 동화

해설 일반적으로 진출, 팽창의 성질과 후퇴, 수축의 현상은 동시에 일어난다.
• 진출 · 팽창 : 고명도, 고채도, 난색계
• 후퇴 · 수축 : 저명도, 저채도, 한색계

79 다음 중 어떤 색을 보고 난 후에 다른 색을 보는 경우 먼저 본 색의 영향으로 다음에 보이는 색이 다르게 보이는 대비 효과는?

가. 보색대비

나. 한난대비

다. 계시대비

라. 연변대비

- 계시대비(계속대비) : 어떤 색을 보다가 다른 색을 보는 경우 먼저 본 색의 지속적인 영향으로 다음에 보는 색이 다르게 보이는 대비현상
- 보색대비 : 보색관계에 있는 두 가지 색이 배색되었을 때 생기는 대비현상
- 한난대비 : 한색(차가운색)과 난색(따뜻한색)이 온도의 감각에서 나타나는 대비현상
- 연변대비 : 경계면 즉 색과 색이 접해 있는 부분의 대비가 가장 활발하게 일어나는 현상

80 다음 중 빛의 3원색을 동일한 량으로 혼합한 결과는?

가. N0

나. N5

다. N10

라. N15

가법혼합(가산혼합, 색광혼합)
- 빨강(Red) + 녹색(Green) + 파랑(Blue) = 백색(White)
- 명도는 무채색이라는 영어인 Neutral의 N을 약자로 하여 숫자를 붙여 나타낸다.
- 이상적인 검정색 0에서, 이상적인 백색 10까지의 단계를 사용하고 있다.

5과목 | 색채체계의 이해

81 CIELAB색채계는 CIE표준 색채계가 가지는 일부 단점을 개선한 것이다. 어떠한 측면을 개설한 것인가?

가. 측색의 난이성

나. 지각적 거리와 색공간 거리의 불일치

다. 색 재현 범위의 한계성

라. 색표 제작의 문제

CIELAB색채계는 지각적으로 균등한 간격을 가진 색공간 표색방법이다.

82 배색의 기초로 대립의 원리를 꼽을 수 있다. 이런 맥락에서 가장 거리가 먼 것은?

가. 색상대비
나. 명도대비
다. 채도대비
라. 계시대비

- 계시대비(계속대비) : 어떤 색을 보다가 다른 색을 보는 경우 먼저 본 색의 지속적인 영향으로 다음에 보는 색이 다르게 보이는 대비현상으로 예를 들면, 빨강을 보다가 노랑을 볼 때 노란색이 황록색을 띄어 보인다.
- 동시대비 : 두 가지 색을 동시에 볼 때 일어나는 현상(색상, 명도, 채도, 보색대비)이다.

83 상용색표(DIC, PANTONE 등)에 대한 설명으로 틀린 것은?

가. 기업에서 자사제품의 활용을 위해 고객서비스 차원에서 출발하였다.
나. 색의 배열이 불규칙하고 유행색이나 사용빈도가 높은 색으로 편중된 경향이 있다.
다. 상용색표를 활용할 경우 우리나라 고유의 색 감각을 잘 살릴 수 있다.
라. 국가의 표준은 아니더라도 회사의 인지도에 따라 세계적으로 사용되기도 한다.

상용 실용 색표는 표준색표가 되기 위한 중요한 요건인 규칙적 배열과 지각적 등보성이 없다. 배열도 불규칙하여 유행색, 사용빈도가 높은 색 등에 집중되어 있다. 따라서 객관적인 색채 접근이 어렵다. 외국의 색표를 사용할 경우 그 나라의 색채 감각을 살리기 어렵다.

84 한국의 전통색인 오방색에서 오정색과 오간색으로 올바르게 표기한 것은?

가. 오정색 : 빨강, 파랑, 녹색, 검정, 흰색
나. 오정색 : 빨강, 파랑, 노랑, 검정, 흰색
다. 오간색 : 홍색, 벽색, 자색, 유황색, 청색
라. 오간색 : 홍색, 청색, 자색, 녹색, 흰색

- 오정색(오방색) : 적색, 청색, 황색, 백색, 흑색
- 오간색 : 오정색을 섞어서 만든 중간색을 말한다.
  - 녹색 = 청색 + 황색
  - 홍색 = 적색 + 백색
  - 유황색 = 흑색 + 황색
  - 벽색 = 청색 + 백색
  - 자색 = 흑색 + 적색

85 그림의 수직선상이 의미하는 것은?

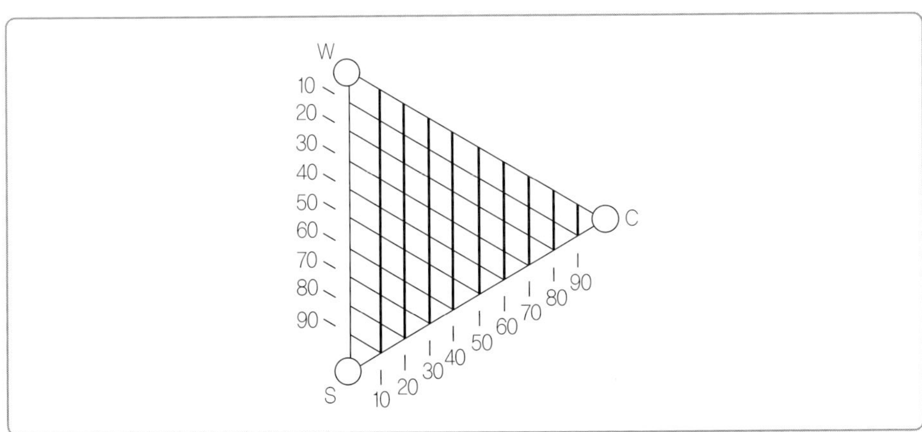

가. 동일 하양색도

나. 동일 검정색도

다. 동일 유채색도

라. 동일 명도

 **NCS표색계(Natural Color System)**
S(검정량) + W(흰색량) + C(유채색량) = 100%

86 저드(Judd)의 색채조화론 중 규칙적으로 선정된 색상, 명도, 채도의 요소가 일정하면 조화를 얻을 수 있다는 원리는?

가. 친근감의 원리

나. 명료성의 원리

다. 합리의 원리

라. 질서의 원리

 • **저드의 색채조화 원리** : 질서의 원리, 명료성(비모호성)의 원리, 동류(친근성)의 원리, 유사(공통성)의 원리
• **질서의 원리** : 색과 색 사이에 어떤 질서가 있을 때를 말한다. 색상이나 톤의 일정한 질서나 규칙이 있을 때 조화가 일어난다는 원리이다.

87 L*a*b* 색채계에서 빨간색을 증가시키려면 좌표상 어떤 방향으로 이동해야 하는가?

가. +L* 방향
나. +a* 방향
다. −a* 방향
라. +b* 방향

 **CIE L*a*b* 색공간(색좌표)**
- +a*는 빨강, −a*는 녹색을 나타낸다.
- +b*는 노랑, −b*는 파랑을 의미한다.

88 먼셀 기호 7.5BG 5/8에 대한 설명으로 옳은 것은?

가. 명도는 7.5이다.
나. 명도는 BG이다.
다. 명도는 5이다.
라. 명도는 8이다.

 7.5BG 5/8는 색상7.5BG, 명도5, 채도 8인 색상을 말한다.

89 다음 중 비렌의 색채 조화론을 설명하기 위한 기본 요소가 아닌 것은?

가. 톤(tone)
나. 검정(black)
다. 명색조(tint)
라. 명도(value)

파버비렌의 색채의 미적 효과를 나타나는데 필요한 기본요소

흰색(white), 검정색(black), 순색(color), 회색조(gray), 밝은 색조(tint), 어두운 색조(shade), 톤(tone)

90 다음 중 ISCC-NIST 색명법에 대한 설명이 옳은 것은?

가. CIE(국제조명위원회)에서 국제적 통용을 위해 제정한 색이름 체계이다.

나. 명도와 채도를 함께 표현하는 톤 개념을 바탕으로 하고 있다.

다. 같은 색상면에서 명도에 따라 중간밝기를 중심으로 3단계로 분류한다.

라. 오스트발트 색입체를 267 블록으로 구분하여 수식어를 붙여 색명으로 부른다.

해설 ISCC-NBS 일반색명

- 1939년 미국의 국제색채협회에서 고안된 계통색명이다.
- 한국의 KS도 ISCC – NBS색명을 기준으로 색명을 사용하고 있다.
- 감성전달의 정확성이 높고, 의사소통이 간편하도록 색 이름을 표준화한 것이다.
- 명도와 채도에 관한 톤의 형용사를 통해서 색을 구분하고 있다.

91 다음 중 하늘색 (Sky Blue)을 나타내는 가장 가까운 L*a*b* 값은?

가. L*a*b* = 84, 5, −18

나. L*a*b* = 85, −64, 74

다. L*a*b* = 57, 88, −51

라. L*a*b* = 56, 73, 34

해설 CIE L*a*b* 색공간(색좌표)

- 지각적으로 균등한 간격을 가진 색공간 표색방법이다.
- L은 명도를 나타낸다. 100은 흰색, 0은 검정색이다.
- +a*는 빨강, −a*는 녹색을 나타낸다.
- +b*는 노랑, −b*는 파랑을 의미한다.

92 NCS 표색계의 표기방법으로 옳은 것은?

가. R40B-5030

나. 40B50/30

다. 60R50/30

라. S5030-R40B

해설 NCS 표기법

- S5030-R40B : 앞머리의 S는 NCS 색견본 두 번째 판(Second Edition)을 의미한다. 50%의 흑색도, 30%의 순색도와 파란색이 40% 포함된 빨간색을 말한다.
- 무채색을 표기할 때는 검정색의 양만을 표시하고, 크로마틱니스에는 00으로 표기하면 된다.

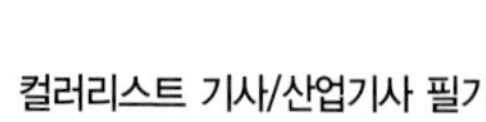

93 먼셀의 색채조화에 있어 가장 중요하게 생각하였던 원리는?

가. 대비의 원리
나. 균형의 원리
다. 보색의 원리
라. 동일성 원리

 먼셀은 균형의 원리를 색채조화의 기본이라 여기고 중심점을 N5에 두었을 때 가장 조화로운 배색이 된다고 설명하였다.

94 가상의 오메가 공간을 통해 기존의 정성색 색채 조화 이론을 보다 정량적으로 다룬 색채 조화 이론은?

가. 문-스펜서 색채조화론
나. 쉐뷰럴 색채조화론
다. 저드 색채조화론
라. 루드 색채조화론

문-스펜서 조화론

- 최근 색채 조화론 중에서 가장 과학적인 이론이고, 정량적인 색채 조화설이다.
- 오메가 공간(space)을 설정하였고, 이 공간은 등지각을 기하학적 거리로 대응시킨다.
- 3차원 공간에서 어떤 방행의 단위 거리도 색의 등지각 보도에 일치시켰다.

95 혼색계에 대한 설명으로 옳은 것은?

가. 색편 사이의 간격이 넓어 정밀한 색좌표를 구하기가 어렵다.
나. 관측하는 사람에 따라 주관적으로 색좌표를 정할 수 있다.
다. 환경을 임의로 설정하여 측정할 수 있다.
라. 색표계의 색역을 벗어나는 샘플이 존재할 수 있다.

혼색계

- 심리, 물리적인 빛의 혼색실험에 기초를 둔 표색계이다.
- 환경을 임의로 선정하여 정확하게 측정할 수 있다.
- 색표계간에 정확하게 변환시킬 수 있다.
- 수치로 구성되어 있어서 측색기가 있어야 한다.

96

ISCC-NIST 색이름 체계에서 deep은 KS산업 표준의 어떤 유채색 수식형용사에 해당되는가?

가. 어두운　　　　　　　　　　나. 선명한
다. 탁한　　　　　　　　　　　라. 진한

 **유채색의 수식 형용사**

선명한(vv), 흐린(st), 탁한(dl), 밝은(lt), 어두운(dk), 진한(dp), 연한(pl), 흰(wh), 밝은 회(lg), 회(g), 어두운 회(dg), 검은(bk)

97

먼셀 색입체의 수직단면에 대한 설명 중 옳은 것은?

가. 두 보색의 등색상면　　　　나. 두 보색의 등명도면
다. 두 보색의 등채도면　　　　라. 두 보색의 등색조면

색입체를 수직으로 절단하면(종단면도) 색상면(등색상면)이 나타나고, 등색상면은 명도를 축으로 하며, 반대편에는 보색이 있다. 명도와 채도를 쉽게 알 수 있다.

98

다음 중 관용색명으로 묶인 것은?

가. 5PB 6/8, deep blue　　　　나. 선명한 빨강, 초록색
다. 에메랄드 그린, 빨강　　　　라. 480nm, 어두운 초록

관용색명(고유색명)

- 옛날부터 전해 내려오면서 습관상으로 사용하는 색이다.
- 광물, 원료, 식물, 동물, 지명과 인명, 자연현상 등의 이름이다.
- 예를 들면, 쥐색(동물), 커피색, 세피아(동물) 등이 있다.

99 다음 중 색채표준의 조건이 아닌 것은?

가. 색채 표시의 지각적 등보성
나. 해독 가능성 및 실용성
다. 특수 안료로의 재현 가능
라. 색채 표기의 국제 기호화

 **색채표준의 조건**

- 국제적인 기호를 사용한다.
- 색표는 동일한 간격(등보성)을 유지한다.
- 색의 3속성을 표기한다.
- 색의 배열은 과학적 규칙에 의해서 사용한다.
- 실용화 및 재현이 가능하다.
- 색채재현 시 안료를 이용해 재현할 수 있어야 한다.

100 다음 중 일반적인 물체색으로 보여지는 검정에 대한 설명으로 옳은 것은?

가. 오스트발트 체계에서 pp
나. L*a*b* 체계에서 L*값이 30
다. Munsell 체계에서 N값이 10
라. NCS 체계에서 0500 – N

L*a*b* 체계에서 L*값이 명도를 나타낸다. 100은 흰색, 0은 검정색이다. Munsell 체계 명도(V, Value)단계에서 0의 검정과 10의 흰색은 실제 존재하지 않는다. NCS 체계에서 무채색을 표시할 때 검정량만 표시하고, 크로마틱니스에는 00으로 표기하면 된다. 예를 들면, 흰색0500 – N, 검정은 9000 – N으로 표기한다.